CULTURA POPULAR
NA IDADE MODERNA

PETER BURKE

CULTURA POPULAR NA IDADE MODERNA
Europa, 1500-1800

Tradução
Denise Bottmann

3ª reimpressão

Copyright © 1978 by Peter Burke

Grafia atualizada segundo o Acordo Ortográfico da Língua Portuguesa de 1990, que entrou em vigor no Brasil em 2009.

Título original
Popular culture in Early Modern Europe

Capa
Jeff Fisher

Preparação
Bruno Fuser

Índice remissivo
Leonardo Ortiz Matos

Revisão
Renato Potenza Rodrigues
Juliane Kaori

Dados Internacionais de Catalogação na Publicação (CIP)
(Câmara Brasileira do Livro, SP, Brasil)

Burke, Peter
    Cultura popular na Idade Moderna: Europa 1500-1800 / Peter
Burke ; tradução Denise Bottmann. — São Paulo : Companhia
das Letras, 2010.

    Título original: Popular culture in Early Modern Europe
    ISBN 978-85-359-1619-5

    1. Características nacionais europeias 2. Cultura popular —
Europa — História — Século 16 3. Cultura popular — Europa —
História — Século 17 4. Cultura popular — Europa — História —
Século 18 5. Europa — Civilização — Século 16 6. Europa —
Civilização — Século 17 7. Europa — Civilização — Século 18
I. Título

10-00985   CDD-940.2

Índice para catálogo sistemático:
1. Europa : 1500-1800 : Cultura popular : História 940.2

2021
Todos os direitos desta edição reservados à
EDITORA SCHWARCZ S.A.
Rua Bandeira Paulista, 702, cj. 32
04532-002 — São Paulo — SP
Telefone: (11) 3707-3500
www.companhiadasletras.com.br
www.blogdacompanhia.com.br
facebook.com/companhiadasletras
instagram.com/companhiadasletras
twitter.com/cialetras

Para Sue

Qui dit le peuple dit plus d'une chose: c'est une vaste expression, et l'on s'étonneroit de voir ce qu'elle embrasse, et jusques où elle s'étend.

LA BRUYÈRE, *Les Caractères*, Paris, 1688,
"Des Grands"

SUMÁRIO

Agradecimentos *9*
Nota *10*
Prólogo *11*
Introdução a esta edição *15*

PARTE I — EM BUSCA DA CULTURA POPULAR
1. A descoberta do povo *26*
2. Unidade e diversidade na cultura popular *50*
    As classes altas e a "pequena tradição" *50*
    Variedades da cultura popular: o campo *57*
    Variedades da cultura popular: as cidades *65*
    Os andarilhos *73*
    Variações religiosas e regionais *80*
    Interação *93*
3. Uma presa esquiva *101*
    Os mediadores *101*
    Abordagens indiretas da cultura popular *116*

PARTE 2 — ESTRUTURAS DA CULTURA POPULAR
4. A transmissão da cultura popular *130*
    Os profissionais *131*
    Os amadores *145*
    Cenários *153*
    Tradição e criatividade *158*
5. Formas tradicionais *163*
    Gêneros *163*

Temas e variações *173*
O processo de composição *189*
6. Heróis, vilões e bobos *204*
Protótipos e transformações *205*
Atitudes e valores populares *231*
7. O mundo do Carnaval *243*
Mitos e rituais *243*
Carnaval *248*
O "mundo de cabeça para baixo" *252*
O carnavalesco *261*
Controle social ou protesto social? *270*

PARTE 3 — TRANSFORMAÇÕES NA CULTURA POPULAR
8. A vitória da Quaresma: a reforma da cultura popular *280*
A primeira fase da reforma, 1500-1650 *280*
A cultura dos devotos *299*
A segunda fase da reforma, 1650-1800 *313*
9. Cultura popular e transformação social *324*
A revolução comercial *324*
Os usos da alfabetização *331*
A política e o povo *342*
A retirada das classes superiores *356*
Da retirada à descoberta *369*

Apêndice 1: A descoberta do povo: antologias e estudos selecionados, 1760-1846 *376*
Apêndice 2: Publicações selecionadas ilustrando a reforma da cultura popular, 1495-1664 *378*

Notas *379*
Bibliografia *418*
Índice remissivo *445*
Sobre o autor *465*

AGRADECIMENTOS

Ao escrever este livro contraí ainda mais dívidas do que o usual. Gostaria de agradecer à Academia Britânica por uma bolsa de intercâmbio, que me permitiu visitar pessoas e museus na Noruega e na Suécia, e à Universidade de Sussex pela licença de dois períodos letivos e pelo reembolso das minhas despesas com a datilografia. Ruth Finnegan, da Open University, e meus colegas de Sussex, Peter Abbs, Peter France, Robin Milner-Gulland, John Rosselli e Stephen Yeo, tiveram a gentileza de comentar os rascunhos de parte ou todo o livro. Minha incursão em seus territórios foi ajudada por diversos estudiosos escandinavos, principalmente Maj Nodermann, em Estocolmo, Marta Hoffmann, em Oslo, e Peter Anker, em Bergen. Também agradeço aos diversos historiadores na Grã-Bretanha que me passaram referências ou responderam a dúvidas. Alan Macfarlane deu-me a oportunidade de submeter algumas ideias do capítulo 7 a um animado grupo de historiadores e antropólogos sociais reunidos no King's College, Cambridge. Um esboço prévio do capítulo 3 foi apresentado numa conferência na Universidade de East Anglia, em 1973, e agora está publicado em C. Bigsby (org.), *Approaches to popular culture*, 1976; gostaria de agradecer a Edward Arnold Ltd. pela permissão para a sua republicação.

Também gostaria de agradecer a Margaret Spufford pelos comentários que chegaram logo antes das provas.

NOTA

Um livro com esse escopo está inevitavelmente abarrotado de nomes e termos técnicos. Avisa-se o leitor que encontrará no índice remissivo, que também traz um glossário, breves detalhes biográficos sobre pessoas mencionadas no texto. Muitas referências apresentadas nas notas estão abreviadas; vêm citadas na íntegra na bibliografia. Exceto indicação em contrário, as traduções são minhas.

PRÓLOGO

O objetivo deste livro é descrever e interpretar a cultura popular dos inícios da Europa moderna. "Cultura" é uma palavra imprecisa, com muitas definições concorrentes; a minha definição é a de "um sistema de significados, atitudes e valores partilhados e as formas simbólicas (apresentações, objetos artesanais) em que eles são expressos ou encarnados".[1] A cultura nessa acepção faz parte de todo um modo de vida, mas não é idêntica a ele. Quanto à cultura popular, talvez seja melhor de início defini-la negativamente como uma cultura não oficial, a cultura da não elite, das "classes subalternas", como chamou--as Gramsci.[2] No caso dos inícios da Europa moderna, a não elite era todo um conjunto de grupos sociais mais ou menos definidos, entre os quais destacavam-se os artesãos e os camponeses. Portanto uso a expressão "artesãos e camponeses" (ou "povo comum") para sintetizar o conjunto da não elite, incluindo mulheres, crianças, pastores, marinheiros, mendigos e os demais grupos sociais (as variações culturais dentro desses grupos estão discutidas no capítulo 2).

Para descobrir as atitudes e valores dos artesãos e camponeses é necessário alterar as abordagens tradicionais da história da cultura, desenvolvidas por homens como Jacob Burckhardt, Aby Warburg e Johan Huizinga, e recorrer a conceitos e métodos de outras disciplinas. A disciplina a que se recorre naturalmente é a do folclore, visto que os folcloristas estão interessados principalmente no "povo" (*the folk*), em tradições orais e rituais. Boa parte do material a ser discutido neste livro tem sido estudada há muito tempo por especialistas no folclore europeu.[3] Parte tem sido estudada por críticos literários; sua ênfase nas convenções dos gêneros literários e sua sensibilidade à linguagem dão-lhes um discernimento que o historiador da cultura não pode dispensar.[4] Apesar das diferenças evidentes entre a cultura dos azandes ou dos bororós e a cultura dos artesãos de Florença ou dos camponeses do Languedoc, o historiador da Europa pré-industrial pode aprender muito com os antropólogos sociais. Em primeiro lugar, os antropólogos dedicam-se a entender o conjunto de uma sociedade estranha a partir de seus próprios termos, ao passo que os historiadores, até recentemente, tendiam a restringir seu interesse às classes superiores. Em segundo lugar, os antropólogos não param quando descobrem a visão do agente sobre o significado de sua ação, mas avançam para estudar as funções sociais dos mitos, imagens e rituais.[5]

O período abarcado por este livro vai, aproximadamente, de 1500 a 1800. Em outras palavras, corresponde ao que os historiadores muitas vezes chamam de "inícios do período moderno", mesmo quando negam sua modernidade. A área em discussão é o conjunto da Europa, da Noruega à Sicília, da Irlanda aos Urais. Essas opções necessitam, talvez, de algumas palavras de explicação.

Originalmente concebido como um estudo regional, este livro se converteu numa tentativa de síntese. Dadas as dimensões do assunto, é óbvio que não se pretendeu nenhum tipo de cobertura abrangente; o livro é antes uma série de nove ensaios sobre temas centrais, ligados entre si, relativos ao código da cultura popular, e não tanto a mensagens individuais, e apresenta uma descrição simplificada das questões recorrentes e das principais tendências. A escolha de um assunto tão vasto tem sérios inconvenientes, e o mais evidente é o fato de que não se pôde estudar nenhuma região em detalhe e profundidade. Também foi preciso ser impressionista, renunciar a certas abordagens quantitativas promissoras, pois as fontes não eram suficientemente homogêneas ao longo desses grandes períodos de espaço e tempo para poderem ser exploradas dessa maneira.[6] Mas há vantagens compensadoras. Na história da cultura popular existem problemas recorrentes que precisam ser discutidos a um nível mais geral do que o da região — problemas de definição, explicações de transformações e, o mais evidente, a importância e os limites da própria variação regional. Enquanto os estudos locais ressaltam acertadamente essas variações, meu propósito é complementá-los, tentando reunir os fragmentos e vê--los como um todo, como um sistema de partes inter-relacionadas. Espero que este pequeno mapa de um imenso território ajude a orientar futuros exploradores, mas também escrevi tendo em mente o leitor comum; um estudo sobre a cultura popular é algo que jamais pode ser esotérico.

Os anos entre 1500 e 1800 foram escolhidos por constituírem um período suficientemente longo para revelar as tendências menos visíveis e por serem os séculos com melhor documentação sobre a história da Europa pré-industrial. A longo prazo, a imprensa solapou a cultura oral tradicional; mas, nesse processo, também registrou grande parte dela, tornando conveniente começar quando os primeiros folhetos e brochuras estavam saindo do prelo. O livro termina no final do século XVIII devido às enormes transformações culturais empreendidas pela industrialização, embora tais transformações não tivessem afetado toda a Europa igualmente em 1800. Em consequência da industrialização, temos de fazer um esforço considerável de imaginação antes de conseguirmos penetrar nas atitudes e valores dos artesãos e camponeses dos inícios da Europa moderna (se é que isso é possível). Deixemos de lado a televisão, o rádio e o cinema, que padronizaram os vernáculos da Europa na memória dos vivos, para não citar transformações menos óbvias, mas talvez mais profundas. Deixemos de lado as estradas de ferro, que provavelmente contribuíram até mais do que o serviço militar obrigatório e a propaganda governamental para corroer a cultura específica de cada província e para converter as regiões em nações. Deixemos de lado a educação e alfabetização universais, a consciência de classe e o nacionalismo. Deixemos de lado a moderna confiança (ainda que abalada) no progresso, na ciência e na tecnologia, e deixemos de lado os modos profanos em que as esperanças e os medos são expressões. Tudo isso (e mais) é necessário antes de conseguirmos penetrar no "mundo (cultural) que perdemos".

Como tentativa de síntese, alguns podem julgar esta obra prematura; espero que não o façam antes de consultar a bibliografia. É verdade que a cultura popular só passou da periferia para o centro dos interesses do historiador ao longo dos últimos quinze anos, graças aos estudos de Julio Caro Baroja, na Espanha, Robert Mandrou e Natalie Davis, na França, Carlo Ginzburg, na Itália, Edward Thompson e Keith Thomas, na Inglaterra. Há, no entanto, uma longa tradição de interesse pelo assunto. Houve gerações de folcloristas alemães com perspectivas históricas, como Wolfgang Brückner, Gerhard Heilfurth e Otto Clemen. Nos anos 1920, um importante historiador norueguês, Halvdan Koht, interessou-se pela cultura popular. No começo do século XX, a escola finlandesa de folcloristas interessou-se por história; Kaarle Krohn e Anti Aarne são exemplos dessa tendência. No final do século XIX, destacados estudiosos da cultura popular, como Giuseppe Pitrè, na Sicília, e Teófilo Braga, em Portugal, tinham clara consciência das transformações ao longo do tempo. Mas as obras de Pitrè e Braga fazem parte de uma tradição compilatória que remonta à época em que os intelectuais descobriram o povo, no final do século XVIII e início do século XIX. É para esse movimento que agora me volto.

INTRODUÇÃO A ESTA EDIÇÃO

Desde quando este volume foi publicado, há uma década, a pesquisa sobre cultura popular cresceu como um riacho que se transforma num caudaloso rio, o que fica muito claro pela leitura da bibliografia suplementar. Contribuições valiosas foram feitas aos tópicos discutidos nos capítulos deste livro.[1]

Um número considerável de novos estudos foi dedicado a quase todos os países da Europa. No caso da Espanha, por exemplo, esses estudos incluem o trabalho de William Christian sobre as religiões populares, ou "locais", como ele prefere chamá-las; o de Jaime Contreras, Jean-Pierre Dedieu, Ricardo García Corcel e outros, sobre a investigação levada a cabo pela inquisição das crenças das pessoas comuns, e a reavaliação de Goya feita por Jutta Held, bem como um conjunto de ensaios sobre literatura popular.[2]

Não apenas monografias, mas algumas densas coleções de artigos foram dedicadas à história da cultura popular na Inglaterra, na França, na Alemanha e na Polônia, bem como no conjunto da Europa.[3]

Os historiadores de outras partes do mundo descobriram a cultura popular ou, para ser mais preciso, alguns deles decidiram, após uma reação inicial de desconfiança, que o conceito de cultura popular pode ser útil em sua pesquisa.[4] Os historiadores americanos da China, por exemplo, realizaram uma conferência sobre a história da cultura popular, enquanto em Cambridge um seminário de historiadores da Ásia meridional focalizava o mesmo tema.[5] Não sei de nenhum simpósio similar sobre a história da cultura popular da América Latina, mas há alguns estudos nessa área, especialmente estudos do Brasil.[6]

O interesse cada vez maior em cultura popular está, certamente, longe de se restringir aos historiadores. É comparti-lhado — e vem sendo compartilhado há muito tempo — pelos sociólogos, folcloristas e estudantes de literatura, aos quais vieram juntar-se mais recentemente os historiadores da arte e os antropólogos sociais, sem falar nessa área vagamente defini-da conhecida na Inglaterra como "estudos culturais".[7] Entre si, esses grupos produziram um respeitável corpo de trabalhos.

Como resultado de todo esse esforço, a cultura popular do início da Europa moderna parece hoje, pelo menos a meu ver, um pouco diferente. Foi-me gratificante ver que uma parte substancial desses estudos novos usa meu trabalho e que alguns conceitos de minha autoria, principalmente o de "reforma" e o de "retirada" da cultura popular, passaram a ter uso geral, apesar das discordâncias quanto à duração ou à explicação exata dessas tendências.

É bastante óbvio que a multiplicação de monografias sobre temas ou regiões particulares modificará um quadro geral da Europa como o que tracei, mas vale a pena enfatizar que os estu-dos sobre a China, a Índia e a América Latina (e, esperemos, estudos futuros sobre a África e o Oriente Médio) também são relevantes para uma tal síntese. Eles definem por contraste o que é especificamente europeu e revelam os pontos fortes e fracos de conceitos fundamentais, ao testá-los em situações para as quais não foram originalmente criados (tais como sociedades nas quais tribos ou castas perpassam divisões entre "elite" e "povo").

É impossível resumir em uma fórmula única todas as su-gestões feitas no decorrer de dez anos de debate sobre cultura popular, mas ele tendeu a concentrar-se em dois temas ou questões principais. A primeira questão é "O que é 'popular'?", a segunda, "O que é 'cultura'?".

O PROBLEMA DO "POPULAR"

A noção do "popular" foi há muito reconhecida como pro-blemática, e como tal discutida na primeira edição deste livro.

16

Assim mesmo, as discussões recentes revelaram mais problemas, ou chamaram a atenção mais diretamente para algumas dificuldades.

Uma questão hoje levantada frequentemente é que o termo "cultura popular" dá uma falsa impressão de homogeneidade e que seria melhor usá-lo no plural, ou substituí-lo por uma expressão como "a cultura das classes populares" (Mandor 1977, Ginzburg 1979). Como o capítulo 2 deste livro foi dedicado a esse problema, parece desnecessário falar mais sobre ele aqui.

Outra objeção, ao que se chama às vezes de "modelo de duas camadas" de cultura de elite e popular, é a seguinte.[8] A fronteira entre as várias culturas do povo e as culturas das elites (e estas eram tão variadas quanto aquelas) é vaga e por isso a atenção dos estudiosos do assunto deveria concentrar-se na interação e não na divisão entre elas. O interesse cada vez maior no trabalho do grande crítico russo Mikhail Bakhtin, cuja maior parte está agora traduzida para as línguas ocidentais, revela ao mesmo tempo que estimula essa mudança de ênfase.[9] O destaque dado por ele à importância da "transgressão" dos limites é aqui obviamente relevante. Sua definição de Carnaval e do carnavalesco pela oposição não às elites, mas à cultura oficial, assinala uma mudança de ênfase que chega quase a redefinir o popular como o rebelde que existe em todos nós, e não a propriedade de algum grupo social.[10]

As interações entre as duas culturas (em suas múltiplas variedades) foram discutidas em vários momentos na primeira edição deste livro, mais especialmente nas seções que tratavam do que chamei de "biculturalidade" das elites, suas tentativas de "reformar" a cultura popular, sua "retirada" dela e finalmente sua "descoberta", ou mais exatamente "redescoberta" da cultura do povo, especialmente os camponeses.

Não obstante, aprendi muito das discussões recentes dessas interações, inclusive das críticas explícitas às minhas próprias formulações, e embora eu não veja ainda nenhuma razão para abandonar qualquer uma delas, gostaria de acrescentar algumas nuances.

Concordo, por exemplo, que o termo "cultura popular" tem um sentido diferente quando usado por historiadores para referir-se: (1) à Europa por volta do ano de 1500, quando a elite geralmente participava das culturas do povo, e (2) ao final do século XVIII, quando a elite tinha geralmente se retirado.[11]

Em outras palavras, o assunto deste livro não é no final do período o mesmo que era no início, dificuldade com a qual têm de se haver os historiadores das tendências de longa duração.

Outra objeção diz respeito a meu uso do termo "bicultural". Cunhei esse termo seguindo o modelo de "bilíngue", para descrever a situação de membros da elite que aprenderam o que hoje chamamos de canções e contos populares na infância, como todo mundo aprende, mas que também participaram de uma cultura "alta", ensinada em escolas secundárias, universidades, cortes etc., às quais as pessoas comuns não tiveram acesso. Um paralelo linguístico mais exato poderia ser *"diglossia"*, ou seja, a competência em duas variedades da mesma língua (árabe clássico e coloquial, por exemplo), com um mesmo orador passando de uma variedade a outra de acordo com a situação, o assunto da conversação e assim por diante.[12] A sugestão de que a cultura popular tem um significado diferente para quem também tem acesso à cultura da elite me parece razoável, mas não é uma objeção séria ao uso do termo "bicultural".[13] É provável, afinal de contas, que os bilíngues e os monolíngues tenham atitudes de algum modo diferentes em relação à língua.

Outra sugestão, ou crítica, deixa-me em dúvida. Um historiador de diversões "populares" na Paris do século XVIII argumenta que membros da elite participavam dos espetáculos apresentados nas feiras e nas ruas com tal frequência que é possível falar de "convergência entre cultura popular e cultura de elite".[14] Considerando que a análise da situação local esteja certa, permanecem problemas. Essa "convergência" era um fenômeno comum na Europa de então? Se sim, era o resultado da comercialização da cultura popular? E de novo nos defrontamos com o problema da significação. Uma apresentação em uma feira de Paris tem o mesmo significado para as elites que participavam e

18

para as "classes populares"? Algumas dificuldades estão associadas ao termo "participação", que é mais vago do que pode parecer, pois é usado geralmente para referir-se a um leque de atitudes que variam da total imersão à observação desinteressada.

As ideias e iniciativas das pessoas comuns também foram reexaminadas, e fui gentilmente repreendido por alguns historiadores ingleses por sugerir no capítulo sobre a "Vitória da Quaresma" que houve um movimento liderado pela elite que visava à reforma da cultura popular.[15] Talvez seja elucidativo abordar ou enfatizar dois aspectos. O primeiro é que a cultura popular não foi o único objeto do ataque dos reformadores. Eles tendiam a opor-se à cultura "profana" ou mundana indiscriminadamente. Contudo, eles frequentemente escolhiam ideias e práticas que atribuíam ao "povo". O segundo aspecto a ser enfatizado é que esse movimento reformista não se restringia a uma elite social ou cultural; "os artesãos piedosos existiram". Não pretendo sugerir que a reforma era imposta de cima no sentido de que as pessoas comuns nunca a apoiavam espontaneamente. Nem toda a elite apoiava as reformas e nem todo o povo se opunha a elas. A questão que levantei era e é simplesmente a de que "a liderança do movimento estava nas mãos dos cultos, normalmente o clero", Andreas Osiander, João Calvino, Carlos Borromeu e outros. Por mais espontâneas que fossem, as ações de um artesão piedoso eram resposta a uma iniciativa que vinha originalmente de cima. Alguns estudiosos descreveriam tais ações como um exemplo da hegemonia cultural do clero.

Uso essa frase para chamar a atenção para uma ausência notável do quadro de referência deste livro; a noção de Gramsci de "hegemonia cultural", noção esta que foi muito empregada nos últimos anos em discussões das interações entre cultura de elite e cultura popular, notadamente por Edward Thompson.[16] Essas discussões fizeram-me perceber que meu próprio estudo não era suficientemente político e que muito mais poderia ter sido dito sobre o Estado em meus capítulos sobre a mudança.[17] Mesmo assim, fico um pouco apreensivo sobre o constante apelo à "hegemonia cultural" em estudos recentes, e sobre o modo

19

como um conceito usado pelo próprio Gramsci para analisar problemas particulares (tais como a influência da Igreja na Itália meridional) foi retirado de seu contexto original e usado mais ou menos indiscriminadamente para tratar de uma série mais ampla de situações. Gostaria de sugerir, como um antídoto contra essa inflação ou diluição do conceito, que os que o usam tivessem em mente as três seguintes questões.

1) A hegemonia cultural deve ser considerada um fator constante ou ela só tem operado em certos lugares e épocas? Nesse caso, quais as condições e os indicadores de sua existência?

2) O termo é descritivo ou explicativo? Nesse caso, refere-se a estratégias conscientes da classe dominante (ou de grupos em seu interior) ou à racionalidade inconsciente ou latente de suas ações?

3) Como devemos considerar a realização dessa hegemonia? Ela pode estabelecer-se sem o conluio ou a conivência de pelo menos alguns dos dominados (como no caso dos artesãos piedosos)? Pode-se opor-lhe resistência com sucesso? Se sim, quais são as principais "estratégias contra-hegemônicas"?[18] A classe dominante impõe seus valores às classes subalternas ou há algum tipo de compromisso, com definições alternativas da situação? O conceito de "negociação", como é usado correntemente pelos sociólogos e historiadores sociais, podia ser muito útil nesta análise.[19]

Todas as objeções à ideia de cultura popular discutidas até aqui são relativamente brandas no sentido de que envolvem qualificações ou mudanças de ênfase. Outras objeções são mais radicais e envolvem tentativas de substituir inteiramente o conceito. Duas dessas objeções merecem, particularmente, ser discutidas; a de William Christian e a de Roger Chartier.[20]

Em seu estudo de votos, relíquias e santuários na Espanha do século XVI, Christian argumenta que o tipo de prática religiosa que está descrevendo "era uma característica tanto da família real quanto dos camponeses analfabetos", e recusa-se, consequentemente, a usar o termo "popular". Em seu lugar ele usa o termo "local", argumentando que "a grande maioria dos lugares e monumentos sagrados tinha significado apenas para os habitantes locais".[21] Essa ênfase nas características locais do que geralmente se chama de religião "popular" é importante, apesar de não ser exatamente nova. O que é novo é a sugestão de que abandonemos um modelo binário, o de elite e povo, e o substituamos por outro, o de centro e periferia. Esses modelos centro-periferia têm sido usados cada vez mais por historiadores nos últimos anos, em história econômica, história política e mesmo na história da arte. Eles têm seu valor, e certamente eu mesmo os considero úteis na análise das reações de "Roma" às pressões locais por canonização.[22] Entretanto, não estão livres de problemas e ambiguidades. A noção de "centro", por exemplo, é difícil de definir, pois os centros espaciais e os centros de poder nem sempre coincidem (pensamos em Londres, Paris, Pequim...). No caso do Catolicismo, podemos razoavelmente assumir que Roma seja o centro, mas é bastante claro que as devoções não oficiais eram tão comuns naquela cidade santa quanto em qualquer outro lugar. Ao se tentar eliminar uma dificuldade conceitual, criou-se outra.

O problema básico é que uma "cultura" é um sistema com limites muito indefinidos. O grande valor dos ensaios recentes de Roger Chartier sobre "hábitos culturais populares" é que ele tem essa indefinição sempre em mente. Ele argumenta que "não faz sentido tentar identificar cultura popular por alguma distribuição supostamente específica de objetos culturais", tais como ex-votos ou a *literatura de cordel*, porque esses objetos eram na prática usados ou "apropriados" para suas próprias finalidades por diferentes grupos sociais, nobres e clérigos assim como artesãos e camponeses.[23] Seguindo Michel De Certeau e Pierre Bourdieu, ele sugere que o consumo cotidiano é um tipo de produção ou criação, pois envolve as pessoas imprimindo significado aos objetos. Nesse sentido todos nós nos engajamos em *bricolage*.[24] Chartier prossegue sugerindo que os historiadores estudem "não conjuntos culturais definidos como 'populares' mas sim os modos específicos pelos quais esses conjuntos culturais são apropriados".

Aceito esses argumentos, e admiro a análise da Bibliothèque Bleue francesa que Chartier fez nessa direção, mas não acho que deva, em consequência, alterar muita coisa deste livro. O que Chartier está fazendo, ao enfocar os objetos, é complementar e não contraditório com o que fiz ao focalizar grupos sociais, quando escrevi sobre as elites do começo da Europa moderna como "biculturais", participando da cultura popular mas preservando sua própria cultura; ou efetivamente quando defini cultura com ênfase na mentalidade como "um sistema de significados, atitudes e valores compartilhados, e as formas simbólicas (apresentações, artefatos) nas quais eles se expressam ou se incorporam". Ainda assim, a noção de cultura precisa ser reexaminada.

A NOÇÃO DE "CULTURA"

Os problemas suscitados pela utilização do conceito de "cultura" são no mínimo ainda maiores que os suscitados pelo termo "popular". Uma razão para esses problemas é que o significado do conceito foi ampliado na última geração à medida que os historiadores e outros intelectuais ampliaram seus interesses. Na era da chamada "descoberta" do povo, o termo "cultura" tendia a referir-se a arte, literatura e música, e não seria incorreto descrever os folcloristas do século XIX como buscando equivalentes populares da música clássica, da arte acadêmica e assim por diante. Hoje, contudo, seguindo o exemplo dos antropólogos, os historiadores e outros usam o termo "cultura" muito mais amplamente, para referir-se a quase tudo que pode ser aprendido em uma dada sociedade — como comer, beber, andar, falar, silenciar e assim por diante. Em outras palavras, a história da cultura inclui agora a história das ações ou noções subjacentes à vida cotidiana. O que se costumava considerar garantido, óbvio, normal ou "senso comum" agora é visto como algo que varia de sociedade a sociedade e muda de um século a outro, que é "construído" socialmente e portanto requer explicação e interpretação social e histórica. Essa nova história cultural é às vezes chamada história "sociocultural" para distingui-la das histórias mais tradicionais da arte, da literatura e da música.

Minha definição original de cultura levou em conta o cotidiano. Eu pretendia que os termos-chave "artefatos" e "apresentações" fossem compreendidos num sentido amplo, estendendo a noção de "artefato" para incluir construções culturais tais como as categorias de doença, sujeira, gênero ou política, e a de "apresentação" para abarcar formas de comportamento culturalmente estereotipadas, tais como festas ou violência. Na prática, devo admitir, o livro concentra-se numa série mais estreita de objetos (principalmente imagens, material impresso e casas) e atividades (especialmente canto, dança, representação teatral e participação em rituais), a despeito da tentativa de colocar esses objetos e atividades em um contexto social, econômico e político mais amplo. A revolta popular foi discutida com algum detalhe, mas pode-se dizer que sexo, casamento e vida familiar, por exemplo, foram virtualmente omitidos.[25]

Foi acertada essa decisão de optar na prática por uma definição mais restrita de cultura? No início dos anos 1970, quando comecei a pesquisa para este estudo, poucos exemplos do novo tipo de história sociocultural haviam já sido publicados, de modo que não havia amadurecimento para uma síntese. Pode-se dizer que o preço pago pelas ambições geográficas mais amplas do livro, por sua tentativa de pesquisar a Europa da Irlanda e Portugal até os Urais, foi limitar nesse sentido suas ambições temáticas e concentrar-se no que podia ser comparado e contrastado com algum grau de precisão, como baladas e *chap-books*.

Se estivesse começando a pesquisa agora, não estou certo do que faria. A ideia de escrever uma história sociocultural geral do início da Europa moderna é por certo atraente. Por outro lado, ainda me parece que há lugar para um livro que se concentra nos artefatos e apresentações em sentido estrito, porque esse tema mais limitado permite um estudo comparativo mais rigoroso do que o tema mais amplo.

Certamente é impossível traçar um limite preciso entre o sentido estrito e o amplo de "cultura", e pode ser útil concluir essa introdução pela discussão de alguns exemplos de pesquisa recente que se situam entre os dois. Tomemos, por exemplo, o caso dos insultos, que podem ser considerados, pelo menos em algumas culturas, tanto como uma forma de arte ou gênero literário, quanto como uma expressão de hostilidade genuína.

Na Roma do século XVIII, por exemplo, eles assumiram tanto forma escrita e pictórica quanto oral, usaram tanto o verso quanto a prosa, e fizeram alusão a, ou parodiaram, epitáfios e comunicados oficiais.[26] Alguém pode, novamente, tomar exemplos de cultura material, notando, como, por exemplo, Hans Medick fez, os meios pelos quais o consumo conspícuo de alimentos e roupas "funcionava como um veículo da autoconsciência plebeia" no século XVIII.[27] O trabalho recente de arqueólogos e antropólogos ilustrou os diferentes modos pelos quais o estudo da "vida social das coisas" pode revelar os valores de indivíduos, grupos e sociedades inteiras. No caso da América do Norte de meados do século XVIII, por exemplo, argumentou--se que as mudanças nas práticas funerárias, no modo de consumo dos alimentos e na organização do espaço vital sugerem todas uma mudança em valores que pode ser descrita como o nascimento do individualismo e da privacidade.[28]

Exemplos como esses sugerem que apesar de ser útil distinguir o conceito de "cultura" do de "sociedade", em vez de usá-lo para referir-se a quase tudo, essa distinção não deveria seguir linhas tradicionais. Os historiadores da cultura deveriam definir-se não em termos de uma área ou "campo" particular como arte, literatura e música, mas sim de uma preocupação distintiva com valores e símbolos, onde quer que estes se encontrem.

Este texto foi originalmente publicado como introdução à edição espanhola de *A cultura popular na Idade Moderna*, e é aqui reproduzido por sugestão do Autor. (N. E.)

Parte 1
EM BUSCA DA
CULTURA POPULAR

1. A DESCOBERTA DO POVO

Foi no final do século XVIII e início do século XIX, quando a cultura popular tradicional estava justamente começando a desaparecer, que o "povo" (o *folk*) se converteu num tema de interesse para os intelectuais europeus. Os artesãos e camponeses decerto ficaram surpresos ao ver suas casas invadidas por homens e mulheres com roupas e pronúncias de classe média, que insistiam para que cantassem canções tradicionais ou contassem velhas estórias. Novos termos são um ótimo indício do surgimento de novas ideias, e naquela época começou-se a usar, principalmente na Alemanha, toda uma série de novos termos. *Volkslied*, por exemplo: "canção popular". J. G. Herder deu o nome de *Volkslieder* aos conjuntos de canções que compilou em 1774 e 1778. *Volksmärchen* e *Volkssage* são termos do final do século XVIII para tipos diferentes de "conto popular". Há *Volksbuch*, palavra que se popularizou no início do século XIX, depois que o jornalista Joseph Görres publicou um ensaio sobre o assunto. Seu equivalente inglês mais próximo é o tradicional *chap-book* (livreto de baladas, contos ou modinhas). Há *Volkskunde* (às vezes *Volkstumskunde*), outro termo do início do século XIX que se pode traduzir por "folclore" (*folklore*, palavra cunhada em inglês em 1846). Há *Volkspiel* (ou *Volkschauspiel*), termo que entrou em uso por volta de 1850. Palavras e expressões equivalentes passaram a ser usadas em outros países, geralmente um pouco mais tarde do que na Alemanha. Assim, *Volkslieder* para os suecos eram *folkviser*, para os italianos *canti popolari*, para os russos *narodnye pesni*, para os húngaros *népdalok*.[1]

O que estava acontecendo? Visto que tantos desses termos surgiram na Alemanha, talvez seja útil procurar aí uma resposta. As concepções por trás do termo "canção popular" vêm expressas vigorosamente no ensaio premiado de Herder, de 1778, sobre a influência da poesia nos costumes dos povos

26

nos tempos antigos e modernos. Seu principal argumento era que a poesia possuíra outrora uma eficácia (*lebendigen Wirkung*), depois perdida. A poesia tivera essa ação viva entre os hebreus, os gregos e os povos do norte em tempos remotos. A poesia era tida como divina. Era um "tesouro da vida" (*Schatz des Lebens*), isto é, tinha funções práticas. Herder chegou a sugerir que a verdadeira poesia faz parte de um modo de vida particular, que seria descrito posteriormente como "comunidade orgânica", e escreveu com nostalgia sobre povos "que chamamos selvagens (*Wilde*), que muitas vezes são mais morais do que nós". O que parecia estar implícito no seu ensaio é que, no mundo pós-renascentista, apenas a canção popular conserva a eficácia moral da antiga poesia, visto que circula oralmente, é acompanhada de música e desempenha funções práticas, ao passo que a poesia das pessoas cultas é uma poesia para a visão, separada da música, mais frívola do que funcional. Conforme disse seu amigo Goethe, "Herder nos ensinou a pensar na poesia como o patrimônio comum de toda a humanidade, não como propriedade particular de alguns indivíduos refinados e cultos".[2]

A associação da poesia ao povo foi ainda mais enfática na obra dos irmãos Grimm. Num ensaio sobre o *Nibelungenlied*, Jacob Grimm observou que o autor do poema era desconhecido, "como é usual em todos os poemas nacionais e assim deve ser, porque eles pertencem a todo o povo". A autoria era coletiva: "o povo cria" (*das Volk dichtet*). Numa epigrama famosa, ele escreveu que "toda epopeia deve escrever a si mesma" (*jedes Epos muss sich selbst dichten*). Esses poemas não eram feitos: como árvores, eles simplesmente cresciam. Por isso, Grimm considerou a poesia popular uma "poesia da natureza" (*Naturpoesie*).[3]

As ideias de Herder e dos Grimm tiveram enorme influência. Surgiram coletâneas e mais coletâneas de canções populares nacionais.* Para citar apenas algumas das mais famosas, uma coletânea de *byliny*, ou baladas russas, foi publicada em 1804 sob

---

* O apêndice 1 apresenta as principais publicações sobre a cultura popular de 1760 a 1846.

o nome de um certo Kirsha Danilov; a coletânea Arnim- -Brentano de canções alemãs, *Des Knaben Wunderhorn*, baseou- -se na tradição oral e folhetos impressos, e foi publicada em partes entre 1806 e 1808; a coletânea Afzelius-Geijer de bala- das suecas foi recolhida da tradição oral em Västergötland e publicada em 1814; as baladas sérvias editadas por Vuk Stefano- vić Karadžić foram publicadas pela primeira vez em 1814 e mais tarde ampliadas; e as canções finlandesas de Elias Lönnrot, coletadas da tradição oral e organizadas numa epopeia, a *Kale- vala*, foram publicadas em 1835.

Os países mediterrânicos retardaram-se nesse movimen- to, e um famoso editor inglês, tradicionalmente considerado um pioneiro, na verdade não o foi. Thomas Percy, clérigo de Northamptonshire, publicou as suas *Reliques of English poetry* ("Relíquias da poesia inglesa") em 1765. Essas "relíquias" (*reli- ques*), como as denominou com uma ortografia deliberadamente arcaica, incluíam uma série de baladas famosas, tais como *Chevy Chase, Barbara Allen, The Earl of Murray* e *Sir Patrick Spence*. Percy (que era um tanto esnobe e mudou o sobrenome de "Pearcy" para Percy, a fim de reivindicar uma ascendência nobre) não achava que as baladas tivessem alguma relação com o povo, mas que eram compostas por menestréis com alto *status* nas cortes medievais. Contudo, as *Reliques* foram interpretadas, de Herder em diante, como uma coletânea de canções populares, recebidas entusiasticamente na Alemanha e outros lugares.[4]

Embora existissem os céticos, a visão da natureza da poesia popular segundo Herder e Grimm se tornou ortodoxa rapida- mente. O grande poeta-historiador sueco Erik Gustav Geijer empregou a expressão "poesia da natureza", sustentou a autoria coletiva das baladas suecas e referiu-se com nostalgia aos dias em que "todo o povo cantava como um único homem" (*et helt folk söng som en man*).[5] Da mesma forma, Claude Fauriel, estu- dioso francês que editou e traduziu a poesia popular dos gregos modernos, comparou as canções populares a montanhas e rios, e utilizou a expressão "poésie de la nature".[6] Um inglês de gera- ção anterior assim resumiu a tendência:

28

A balada popular [...] é resgatada das mãos do vulgo para obter um lugar entre as coleções do homem de gosto. Versos que poucos anos atrás eram considerados dignos somente da atenção das crianças são agora admirados por aquela simplicidade natural que outrora recebeu o nome de grosseria e vulgaridade.[7]

Além da canção popular, outras formas de literatura popular também passaram a ser elegantes. Lessing colecionava e apreciava o que chamou de *Bilder-reimen* ("versos para imagens"), em outras palavras, panfletos satíricos alemães. O poeta Ludwig Tieck era um entusiasta de livros populares de contos alemães e fez suas versões pessoais de dois deles, *Os quatro filhos de Aymon* e *A bela Magelone*. Tieck escreveu:

> O leitor comum não deve fazer pouco das estórias populares (*Volksromane*) que são vendidas nas ruas por velhinhas a um ou dois *groschen*, pois *Siegfried de cornos*, *Os filhos de Aymon*, *Duque Ernst* e *Genoveva* têm uma maior inventividade autêntica e são mais simples e muito melhores do que os livros atualmente em voga.[8]

Joseph Görres, em seu ensaio sobre o tema, expressou uma admiração semelhante pelos livretos populares. Havia também o conto popular transmitido por tradição oral. Vários volumes de contos populares foram publicados na Alemanha antes do aparecimento, em 1812, da famosa coletânea dos irmãos Grimm.[9] Os Grimm não empregaram o termo "conto popular", dando ao livro o nome de *Kinder- und Hausmärchen* [Contos infantis e domésticos], mas acreditavam de fato que essas estórias exprimiam a natureza do "povo", e a elas acrescentaram dois livros de contos históricos alemães (*Sagen*). O exemplo dos Grimm logo foi seguido em toda a Europa. Georg von Gaal publicou em 1822 a primeira coletânea em alemão de contos populares húngaros. Não os coletou no campo, mas em Viena, com os hussardos de um regimento húngaro, cujo coronel, amigo de Von Gaal,

29

ordenou aos seus homens que pusessem por escrito quaisquer estórias que conhecessem.[10] Na Noruega e na Rússia, foram publicadas duas coletâneas de contos particularmente famosas: *Norske Folk-Eventyr*, de P. C. Asbjornsen e J. Moe (1841), que incluía a estória de Peer Gynt, e *Narodnye russkii skazki*, de A. N. Afanasiev (1855 em diante). Finalmente, havia a "peça popular", categoria que incluía o teatro de bonecos sobre Fausto que inspirou Lessing e Goethe; a tradicional peça suíça sobre Guilherme Tell, estudada por Schiller antes de escrever a sua; os *autos sacramentales* espanhóis descobertos com entusiasmo pelos românticos alemães; os mistérios ingleses publicados por William Hone, e os alemães publicados por F. J. Mone.[11]

Esse interesse por diversos tipos de literatura tradicional era, ele mesmo, parte de um movimento ainda mais amplo, que se pode chamar a descoberta do povo. Houve a descoberta da religião popular. Arnim, aristocrata prussiano, escreveu: "para mim, a religião do povo é algo extremamente digno de respeito". Já o aristocrata francês Chateaubriand, em seu famoso livro sobre o "gênio da cristandade", incluiu uma discussão sobre as *dévotions populaires*, a religião não oficial do povo, que via como uma expressão da harmonia entre religião e natureza.[12] Houve ainda a descoberta das festas populares. Herder, que nos anos 1760 morava em Riga, ficou impressionado com a festa de verão da noite de são João.[13] Goethe ficou entusiasmado com o Carnaval romano, que presenciou em 1788 e interpretou como uma festa "que o povo dá a si mesmo".[14] Esse entusiasmo levou à pesquisa histórica e a livros como o de Joseph Strutt, sobre esportes e passatempos, o estudo de Giustina Renier Michiel, sobre os festejos venezianos, e o livro de Snegirov, sobre os feriados e cerimônias do povo russo.[15] Houve a descoberta da música popular. No final do século XVIII, V. F. Trutovsky (um músico da corte) publicou algumas canções populares russas, juntamente com as respectivas melodias. Nos anos 1790, Haydn fez arranjos com canções populares escocesas. Em 1819, um decreto do governo ordenou que as autoridades locais da Baixa Áustria, em nome da Sociedade de Amigos da Música, procedessem à coleta de melodias populares. Uma coletânea de canções populares da Galícia, publicada em 1833, traz as melodias e os versos.[16] Houve tentativas de se escrever a história do povo, ao invés da história do governo: na Suécia, Erik Geijer, que já editara canções populares, publicou *A história do povo sueco*. Embora dedicasse a maior parte do livro às políticas dos reis, a história de Geijer realmente trazia capítulos separados sobre "a terra e o povo". Pode-se dizer o mesmo do historiador tcheco Frantisek Palacký (que na juventude se dedicara a coletar canções populares na Morávia) e sua *História do povo tcheco*, das obras históricas de Jules Michelet (admirador de Herder, tendo planejado, certa vez, uma enciclopédia de canções populares) e de Macaulay, cuja *History of England* [História da Inglaterra], publicada em 1848, contém o famoso terceiro capítulo sobre a sociedade inglesa no final do século XVII, baseado em parte nas baladas impressas que tanto apreciava.[17] A descoberta da cultura popular teve um impacto considerável nas artes. De Scott a Púchkin, de Victor Hugo a Sándor Petöfi, os poetas imitavam a balada. Compositores inspiravam-se na música popular, como a ópera de Glinka, *Uma vida para o Czar*, de 1836. O pintor Courbet inspirou-se em xilogravuras populares, mas até 1850 não se desenvolveu um interesse sério pela arte popular, talvez porque os objetos artesanais populares, até então, não tivessem sido ameaçados pela produção em massa.[18]

As ilustrações mais marcantes das novas atitudes em relação ao povo talvez provenham dos viajantes, que agora iam em busca não tanto de ruínas antigas, mas de maneiras e costumes, de preferência os mais simples e incultos. Foi com esse propósito que, no início dos anos 1770, o padre italiano Alberto Fortis visitou a Dalmácia, e no relato de suas viagens dedicou um capítulo ao modo de vida dos *morlacchi*, sua religião e "superstições", suas canções, danças e festas. Como disse Fortis, "a inocência e a liberdade natural dos séculos pastoris ainda sobrevivem em Morlacchia". A certa altura, ele comparou os *morlacchi* aos hotentotes. Samuel Johnson e James Boswell percorreram as ilhas ocidentais da Escócia "para especular", segundo as palavras de Johnson, "sobre os resquícios da vida pastoril", para procurar "costumes primitivos", para entrar nas choupanas dos pastores, ouvir a gaita de foles e encontrar gente que ainda não falava inglês e usava a capa escocesa. Em Auchnasheal, Boswell observou ao dr. Johnson que "era quase a mesma coisa que estar numa tribo de índios", pois os aldeões "eram tão escuros e de aparência tão rústica quanto qualquer selvagem americano".[19]

Enquanto Johnson e Boswell observavam os habitantes das Terras Altas com distanciamento, outros membros das classes superiores tentaram se identificar com o povo, atitude que parece ter ido mais longe na Espanha. *A duquesa de Alba como Maja*, de Goya, lembra-nos que os homens e mulheres da nobreza espanhola por vezes vestiam-se como as classes trabalhadoras de Madri. Eles mantinham relações amigáveis com os atores populares. Uma observação da época sobre as festas populares nos sugere que os nobres também participavam dessas ocasiões: "um fidalgo que, seja por curiosidade ou gosto depravado, assiste aos divertimentos do vulgo, geralmente é respeitado, desde que seja mero espectador e mostre-se indiferente às mulheres".[20]

É por causa da amplitude do movimento que parece razoável falar na ocorrência da descoberta da cultura popular nessa época; Herder de fato usou a expressão "cultura popular" (*Kultur des Volkes*), em contraste com a "cultura erudita" (*Kultur der Gelehrten*). Antes disso, estudiosos de antiguidades já tinham descrito costumes populares ou coletado baladas impressas em *broadside*.* O que há de novo em Herder, nos Grimm e seus seguidores é, em primeiro lugar, a ênfase no povo, e, em segundo, sua crença de que os "usos, costumes, cerimônias, superstições, baladas, provérbios, etc." faziam, cada um deles, parte de um todo, expressando o espírito de uma nação. Nesse sentido, o tema do presente livro foi descoberto — ou terá sido inventado? — por um grupo de intelectuais alemães no final do século XVIII.[21]

---

* *Broadside*: folha impressa de um só lado, usualmente colocada numa parede.

Por que a descoberta da cultura popular ocorreu naquele momento? O que significava exatamente o povo para os intelectuais? Naturalmente, não existe uma resposta simples a tal pergunta. Alguns dos descobridores eram, eles mesmos, filhos de artesãos e camponeses: Tieck era filho de um cordoeiro; Lönnrot, de um alfaiate de aldeia; William Hone era livreiro; Vuk Stefanović Karadžić e Moe, filhos de camponeses. A maioria deles, porém, provinha das classes superiores, para as quais o povo era um misterioso Eles, descrito em termos de tudo o que os seus descobridores não eram (ou pensavam que não eram): o povo era natural, simples, analfabeto, instintivo, irracional, enraizado na tradição e no solo da região, sem nenhum sentido de individualidade (o indivíduo se dispersava na comunidade). Para alguns intelectuais, principalmente no final do século XVIII, o povo era interessante de uma certa forma exótica; no início do século XIX, em contraposição, havia um culto ao povo, no sentido de que os intelectuais se identificavam com ele e tentavam imitá-lo. Como disse o escritor polonês Adam Czarnocki, em 1818, "temos de ir até os camponeses, visitá-los em suas cabanas cobertas de palha, participar de suas festas, trabalhos e divertimentos. Na fumaça que paira sobre suas cabeças, ainda ecoam os antigos ritos, ainda se ouvem as velhas canções".[22]

Houve uma série de razões para esse interesse pelo povo nesse momento específico da história europeia: razões estéticas, razões intelectuais e razões políticas.

A principal razão estética era a que se pode chamar de revolta contra a "arte". O "artificial" (como "polido") tornou-se um termo pejorativo, e "natural" (*artless*), como "selvagem", virou elogio. Pode-se ver essa tendência com bastante clareza nas *Reliques* de Percy. Ele gostava dos velhos poemas que publicou porque tinham aquilo que Percy chamou de "uma simplicidade agradável e muitos encantos naturais", qualidades que sua geração considerava ausentes na poesia da época. Seus outros gostos literários revelam mais sobre as suas preferências. A primeira publicação de Percy foi a tradução de um romance chinês e alguns fragmentos de poesia chinesa, escritos numa época (sugeriu ele) em que os chineses viviam num estado de "natureza selvagem".[23] Sua publicação seguinte foi *Five pieces of Runic poetry translated from the Icelandic* [Cinco peças de poesia rúnica traduzidas do islandês], com um prefácio que chamava a atenção para a inclinação que aquela "raça valorosa e inculta", os europeus do norte, demonstrava em relação à poesia. Em suma, como outros homens do seu tempo, Percy era um entusiasta pelo exótico, fosse da China, da Islândia ou, como *Chevy Chase*, da Nortúmbria. O apelo do exótico estava no fato de ser selvagem, natural, livre das regras do classicismo.[24] Esse último ponto foi, talvez, de importância especial para o mundo germanófono, visto que J. G. Gottsched, professor de poesia em Leipzig, vinha naquele momento estabelecendo as leis para a literatura, insistindo em que os dramaturgos deviam observar as supostas unidades aristotélicas de tempo, espaço e ação. O crítico suíço J. J. Bodmer, que publicou em 1780 uma coletânea de baladas inglesas e suábias tradicionais, revoltou-se contra Gottsched. Goethe também se rebelava contra as regras do teatro clássico e escreveu: "A unidade espacial parecia tão opressora como uma prisão, as unidades de tempo e ação como pesados grilhões sobre nossa imaginação".[25] O teatro de bonecos e peças de mistério suscitavam interesse justamente por ignorarem essas unidades. Assim se deu com Shakespeare, traduzido por Tieck e Geijer e objeto de um ensaio de Herder.

O apelo estético do inculto, não clássico e (para empregar uma outra palavra cara à época) "primitivo" talvez se veja mais marcadamente na popularidade de "Ossian".[26] Ossian, ou Oiséan MacFinn, era um bardo gaélico (dito do século III) cujas obras foram "traduzidas" pelo poeta escocês James Macpherson nos anos 1760. De fato, a tradução não foi uma tradução, como veremos adiante. Os poemas ossiânicos tiveram uma enorme popularidade por toda a Europa no final do século XVIII e início do século XIX. Foram traduzidos para uma dezena de línguas europeias, do espanhol ao russo. Nomes como "Oscar" e "Selma" devem sua difusão a eles; a abertura *A caverna de Fingal* de Mendelssohn (escrita em 1830, depois de uma viagem às Hébridas), foi inspirada por eles; Herder e Goethe, Napoleão e Chateaubriand estavam entre os seus admiradores entusiásticos. Pode-se perceber o que os leitores da época viram em Ossian pela "dissertação crítica" sobre ele, escrita por Hugh Blair, amigo de Macpherson. Blair descreveu Ossian como um Homero celta. "Ambos se distinguem pela simplicidade, sublimidade e brilho." Admirava particularmente os poemas enquanto exemplos da "poesia do coração", e sugeriu que "muitas condições daqueles tempos que chamamos de bárbaras são favoráveis ao espírito poético" porque os homens de então eram mais imaginativos. Foi com essas ideias na mente que Herder coletou canções populares em Riga, Goethe na Alsácia, e Fortis na Dalmácia.[27]

Em suma, a descoberta da cultura popular fazia parte de um movimento de primitivismo cultural no qual o antigo, o distante e o popular eram todos igualados. Não surpreende que Rousseau gostasse de canções populares, as quais lhe pareciam tocantes por serem simples, ingênuas e arcaicas, pois ele foi o grande porta-voz do primitivismo cultural da sua geração. O culto ao povo veio da tradição pastoril. Boswell e Johnson foram às Hébridas para ver uma sociedade pastoril; por volta de 1780, pequenas figuras de porcelana de camponeses noruegueses uniram-se a pastorinhas de Dresden, entre os objetos decorativos das salas de visitas elegantes.[28] Esse movimento foi também uma reação contra o Iluminismo, tal como se caracterizava em Voltaire: contra o seu elitismo, contra seu abandono da tradição, contra sua ênfase na razão. Os Grimm, por exemplo, valorizavam a tradição acima da razão, o surgido naturalmente acima do planejado conscientemente, os instintos do povo acima dos argumentos dos intelectuais. A revolta contra a razão pode ser ilustrada pelo novo respeito à religião popular e pela atração dos contos populares relacionados ao sobrenatural.

O Iluminismo não era apreciado em certas regiões, como, por exemplo, na Alemanha e na Espanha, por ser estrangeiro e constituir mais uma mostra do predomínio francês. Na Espanha, o gosto pela cultura popular em fins do século XVIII era um modo de expressar oposição à França. A descoberta da cultura popular

35

estava intimamente associada à ascensão do nacionalismo. Não no caso de Herder, que era um verdadeiro europeu, e mesmo um verdadeiro cidadão do mundo; sua coletânea de canções populares incluía traduções do inglês e francês, do dinamarquês e espanhol, do leto e esquimó. Os Grimm também publicaram baladas dinamarquesas e espanholas, e mostraram um interesse considerável pela cultura popular dos eslavos.[29] Entretanto, as coletâneas posteriores de canções populares muitas vezes eram de inspiração e sentimento nacionalista. A publicação de *Wunderhorn* coincidiu com a invasão da Alemanha por Napoleão. Um dos seus dois editores, Achim von Arnim, pretendia que fosse um livro de canções para o povo alemão, com a finalidade de estimular a consciência nacional, e o estadista prussiano Stein recomendou-o como um elemento auxiliar para libertar a Alemanha dos franceses.[30] Na Suécia, a coletânea de canções populares de Afzelius-Geijer inspirou-se na "sociedade gótica" fundada em 1811. Seus membros adotavam nomes "góticos" e trabalhavam para o renascimento das antigas virtudes suecas ou "góticas". Liam juntos, em voz alta, velhas baladas suecas. O que impulsionou a formação dessa sociedade, que era ao mesmo tempo literária, arqueológica, moral e política, foi o impacto sofrido pelos suecos com a perda da Finlândia para a Rússia em 1809.[31]

Os finlandeses estavam bastante satisfeitos por escaparem aos suecos, mas também temiam a Rússia: eles não queriam perder a sua identidade para o Império russo. Já tinham começado a estudar sua literatura tradicional no final do século XVIII; um dos primeiros estudos importantes sobre o folclore é a dissertação em latim de H. G. Porthan sobre a poesia finlandesa, publicada em 1766. Depois de 1809, esse estudo do passado nacional assumiu significado mais político. Como disse um intelectual finlandês na época:

> Nenhuma pátria pode existir sem poesia popular. A poesia não é senão o cristal em que uma nacionalidade pode se espelhar; é a fonte que traz à superfície o que há de verdadeiramente original na alma do povo.[32]

Foi nessa atmosfera político-cultural que Lönnrot se encontrou ao ir para a universidade de Turku. Seu professor incentivou-o a coletar canções populares, e dessa coleta surgiu o *Kalevala*.[33]

Também em outros lugares o entusiasmo pelas canções populares fazia parte de um movimento de autodefinição e libertação nacional. A coletânea de canções populares gregas de Fauriel foi inspirada pela revolta grega de 1821 contra os turcos. O polonês Hugo Kołataj esboçou um programa de pesquisa sobre a cultura popular quando estava na prisão, onde ficou recluso depois de participar do levante de Kósciuszko contra a ocupação russa; e a primeira coletânea, o *Lud Polski* ("O povo polonês"), de Gołebiowski, coincidiu com a revolta de 1830. Niccolò Tommaseo, o primeiro colecionador italiano importante de canções populares, era um exilado político, devido à sua oposição ao domínio austríaco sobre a Itália. O belga Jan--Frans Willems, editor de canções populares flamengas e holandesas, é considerado o pai do movimento nacionalista flamengo, o *Vlaamse Beweging*. Mesmo no caso da Escócia, onde era tarde — ou cedo — demais para se falar em libertação nacional, Walter Scott declarou que tinha compilado o *Minstrelsy of the Scottish border* [Cancioneiro dos menestréis da fronteira escocesa] com o objetivo de ilustrar "os traços particulares" da personalidade e costumes escoceses.[34] A descoberta da cultura popular foi, em larga medida, uma série de movimentos "nativistas", no sentido de tentativas organizadas de sociedades sob domínio estrangeiro para reviver sua cultura tradicional. As canções folclóricas podiam evocar um sentimento de solidariedade numa população dispersa, privada de instituições nacionais tradicionais. Como colocou Arnim, elas "uniam um povo dividido" (*er sammelte sein zerstreutes Volk*).[35] De maneira bastante irônica, a ideia de uma "nação" veio dos intelectuais e foi imposta ao "povo" com quem eles queriam se identificar. Em 1800, artesãos e camponeses tinham uma consciência mais regional do que nacional.

É claro que o significado político da descoberta da cultura popular não foi o mesmo nas várias partes da Europa, e a discussão um pouco mais detalhada de um exemplo particular pode ilustrar a complexidade do problema: é o caso dos sérvios. As canções folclóricas dos sérvios foram publicadas por Vuk Stefanović Karadžić, a figura de destaque na cultura do que hoje é a Iugoslávia. Karadžić vinha de uma família de camponeses, na região sérvia que então estava sob domínio turco. Ele participou do levante sérvio de 1804 contra os turcos e, quando a revolta foi esmagada, em 1813, ele atravessou a fronteira do Império Habsburgo e foi para Viena, onde encontrou Jernej Kopitar, um esloveno que era censor imperial para as línguas eslavas. Kopitar queria que Viena se convertesse no centro da cultura eslava, de modo que os sérvios, tchecos e outros pudessem preferir a Áustria à Rússia. Ele conhecia a coletânea de canções populares de Herder e mostrou-a a Karadžić, oriundo de uma família de cantores, que decidiu seguir o exemplo de Herder. Para o seu livro, ele não coletou, mas rememorou as canções (mais tarde, Karadžić realmente passou a coletá-las). Publicou a primeira parte de sua antologia em 1814, com um prefácio em estilo pastoral comentando as canções "tais como são cantadas naturalmente e sem artifícios por corações inocentes simples", dizendo que as tinha aprendido quando, "na condição mais feliz conhecida pelos mortais, eu cuidava de carneiros e cabras". O prefácio foi provavelmente escrito com um ar irônico em relação ao leitor culto; Karadžić ficava indignado quando se referiam a ele como inculto pastor de cabras, e aspirava a um grau honorário numa universidade alemã. Ele não estava reagindo contra o rococó, o classicismo ou a cultura letrada; de fato, acreditava que, "entre tudo que o homem pode ter inventado neste mundo, nada pode se comparar à escrita", e redigiu uma gramática sérvia, um livro de ortografia e um dicionário. No prefácio, o que ele disse realmente a sério foi sobre sua esperança de que a coletânea de canções agradasse a "todos os sérvios que amam o espírito nacional da sua raça". Publicar canções sérvias, inclusive algumas sobre elementos fora da lei, nos anos 1814-5, época do esmagamento do levante sérvio, era um gesto político. Não surpreende que Metternich não permitisse a Karadžić publicar sua coletânea ampliada de canções em Viena, temendo que o governo turco a julgasse subversiva; a segunda edição, de fato, foi publicada em Leipzig, em 1823-4.[36]

A maioria dos exemplos citados até agora deve ter mostrado que a descoberta da cultura popular ocorreu principalmente nas regiões que podem ser chamadas de periferia cultural do conjunto da Europa e dos diversos países que a compõem. Itália, França e Inglaterra há muito tempo tinham literaturas nacionais e línguas literárias. Seus intelectuais, ao contrário, digamos, dos russos ou suecos, vinham se afastando das canções e contos populares. Itália, França e Inglaterra haviam investido mais do que outros países no Renascimento, Classicismo e Iluminismo, e portanto demoraram mais a abandonar os valores desses movimentos. Como já existia uma língua literária padronizada, a descoberta do dialeto era um elemento divisor. Não surpreende que, na Inglaterra, fossem principalmente os escoceses a redescobrir a cultura popular, ou que o movimento do cancioneiro popular tardasse na França, surgindo com um bretão, Villemarqué, cuja coletânea *Barzaz Braiz* foi publicada em 1839.[37] Também na Itália, Tommaseo, o equivalente de Villemarqué, vinha da Dalmácia, e quando o folclore italiano foi estudado mais seriamente pela primeira vez, no final do século XIX, as contribuições mais importantes se realizaram na Sicília. Quanto à Espanha, a descoberta do folclore nos anos 1820 não se iniciou no centro, em Castela, mas na periferia, na Andaluzia. Também na Alemanha, a iniciativa veio da periferia: Herder e Arnim tinham nascido a leste do Elba.

Assim, existiram boas razões literárias e políticas para que os intelectuais europeus descobrissem a cultura popular no momento em que o fizeram. No entanto, a descoberta podia ter se mantido puramente literária, não fosse a existência de uma tradição mais antiga de interesse pelos usos e costumes que remontava à Renascença, mas que vinha tomando um colorido mais sociológico no século XVIII. A diversidade de crenças e práticas em diferentes partes do mundo vinha se mostrando cada vez mais fascinante, como um desafio para revelar a ordem sob o aparente caos. Do estudo dos usos e costumes no Taiti ou entre os iroqueses, foi apenas um passo para que os intelectuais franceses passassem a olhar para os seus próprios camponeses, que julgavam quase igualmente distantes em suas crenças e estilo de vida. O interesse não implicava necessariamente uma simpatia, como mostra largamente o uso frequente de termos como "preconceito" ou "superstição". Assim, em 1790, o abade Grégoire elaborou e distribuiu um questionário sobre os costumes e dialetos regionais franceses. Em 1794, J. de Cambry visitou Finistère para observar os usos e costumes da região. Sua atitude em relação ao povo era ambivalente. Como bom republicano, achou os bretões atrasados e supersticiosos, mas não pôde deixar de admirá-los pela sua simplicidade, hospitalidade e imaginação.[38] Na Escócia, em 1797, uma comissão da Sociedade das Terras Altas fez circular um questionário com seis itens sobre a poesia gaélica tradicional. Em 1808, J. A. Dulaure e M. A. Mangourit, membros (como Cambry) da recente Academia Céltica (interessada na história antiga da França), montaram um questionário com 51 itens sobre os costumes populares franceses: festas, "práticas supersticiosas", medicina popular, canções, jogos, contos de fadas, locais de peregrinação, irmandades religiosas, feitiçarias e o calão dos mendigos. "O povo se dedica a alguma prática supersticiosa específica durante o Carnaval?", perguntavam eles, ou "existe alguma mulher conhecida como feiticeira, adivinha ou velha que viva disso? Qual é a opinião do povo sobre elas?"[39] Quando a Itália estava sob domínio napoleônico, um questionário com cinco perguntas do mesmo gênero foi enviado a professores e funcionários públicos, pedindo informações sobre festividades, costumes, "preconceitos e superstições" e "as chamadas canções nacionais" (o termo *canti popolari* ainda não começara a ser usado). Poucos anos depois, em 1818, um funcionário local, Michele Placucci, publicou um livro sobre os "costumes e preconceitos" dos camponeses da Romagna, um estudo regional inspirado no questionário italiano e baseado nas respostas a ele. Placucci incluiu canções e provérbios populares no livro, citado na página de rosto como "uma obra sério-jocosa", sugerindo que ele sentia um certo embaraço em publicar algo sobre um assunto ainda não totalmente respeitável.[40] Um embaraço semelhante pode se ocultar por trás de pseudônimos adotados por uma série de escritores sobre cultura popular nesse período e mesmo depois: "Otmar", "Chodokowski", "Merton", "Kazak Lugansky" e, mais recentemente, "Saintyves" e "Davenson".[41]

A cultura popular de 1800 foi descoberta, ou pelo menos assim julgavam os descobridores, bem a tempo. O tema de uma cultura em desaparecimento, que deve ser registrada antes que seja tarde demais, é recorrente nos textos, fazendo com que eles lembrem a preocupação atual com as sociedades tribais em extinção. Assim, Herder, em Riga, estava preocupado com a retração da cultura popular letã antes do avanço da cultura germânica. "Otmar" coletou contos populares nos montes Harz num momento que (escreveu o autor) eles "estavam caindo rapidamente no esquecimento".

> Em cinquenta ou cem anos, a maioria dos velhos contos populares que ainda sobrevivem aqui e ali terá desaparecido [...] ou terá sido levada para as montanhas solitárias pela ação sistemática das planícies e cidades, cujos habitantes participam cada vez mais ativamente dos acontecimentos políticos da nossa época de transformações.[42]

Sir Walter Scott declarou que coletava baladas da fronteira a fim de "contribuir um pouco para a história do meu rincão natal; os traços característicos da sua personalidade e costumes estão diariamente se fundindo e dissolvendo entre os da sua irmã e aliada". Ele acreditava que seus contemporâneos estavam ouvindo o que realmente constituía a trova do último menestrel. Ele descreveu um cantor como "talvez o último dos nossos professos recitadores de baladas", e um outro como "provavelmente o exemplo realmente último do ofício de menestrel propriamente dito". Arnim achava que a canção popular estava condenada em toda a Europa; na França, escreveu ele, as canções folclóricas haviam desaparecido quase por completo antes da Revolução Francesa. "Também na Inglaterra, as canções populares são cantadas apenas raramente; na Itália, elas decaíram em ópera, graças a um desejo vazio por inovação; mesmo na Espanha, muitas canções se perderam."[43] Na Noruega, poucos anos depois, um colecionador comparou o país a "uma casa em chamas", com o tempo exato para salvar as baladas antes que fosse tarde demais.[44] Sem dúvida, Arnim estava exagerando, mas as outras testemunhas, que falavam de regiões que conheciam bem, merecem ser levadas a sério. Mesmo antes da revolução industrial, a cultura popular tradicional vinha sendo minada pelo crescimento das cidades, a melhoria das estradas e a alfabetização. O centro invadia a periferia. O processo de transformação social deu aos descobridores uma consciência ainda maior da importância da tradição.

Se a descoberta não ocorresse quando ocorreu, seria praticamente impossível escrever o presente livro ou qualquer outro estudo sobre a cultura popular dos inícios da Europa moderna. Temos uma enorme dívida para com os homens que tiraram tudo o que conseguiram da casa em chamas, coletando, editando e descrevendo. Somos os seus herdeiros. No entanto precisamos encarar criticamente essa herança, que inclui, além de bons textos e ideias fecundas, corruptelas e interpretações errôneas. É muito fácil continuar a ver a cultura popular através das lentes românticas e nacionalistas dos intelectuais do início do século XIX.

Comecemos com a herança dos textos. Uma das glórias dessa era de descobrimentos foi o fato de que os antiquários eram poetas, e os poetas eram antiquários. O belga Jan-Frans Willems e o italiano Niccolò Tommaseo eram poetas e editores de cancioneiros populares. Em Portugal, Almeida Garrett foi ao mesmo tempo o revitalizador da poesia portuguesa e o redescobridor de baladas populares. Scott era poeta e igualmente antiquário, e combinou esses dois interesses ao escrever *The lay of the last minstrel* [A trova do último menestrel, 1805], sobre o tema de uma cultura em desaparecimento. Geijer, que, pelo menos na juventude, fora poeta e historiador, escreveu o análogo sueco do poema de Scott, *Den Sista Skalden* [O último escaldo, 1811].

Essa combinação entre poetas e antiquários tem uma séria desvantagem, do ponto de vista do historiador. Os poetas são criativos demais para serem editores confiáveis. Pelos moldes modernos, que vieram a ser aceitos nesse setor no final do século XIX, a obra dos primeiros editores de poesia popular é quase escandalosa. O caso mais famoso é o de James Macpherson, o descobridor do Homero celta, o bardo gaélico "Ossian". Nem todos os seus contemporâneos partilhavam da crença de Hugo Blair sobre a antiguidade dos poemas ossiânicos; alguns, como o dr. Johnson, consideravam Macpherson um "impostor" que escrevera pessoalmente os poemas. Depois de uma geração de controvérsias, a Sociedade das Terras Altas da Escócia formou uma comissão, em 1797, para investigar a autenticidade dos poemas, perguntando a anciãos de regiões remotas da Escócia se já tinham ouvido falar do épico. Nenhum ouvira, mas muitos conheciam canções sobre os mesmos heróis, tais como Fion, ou "Fingal", e Cù Chulainn, canções que às vezes se pareciam muitíssimo com algumas passagens de Macpherson, dados os descontos pelo problema de se traduzir o gaélico medieval para o inglês do século XVIII. Em outras palavras, partes de Macpherson eram autenticamente tradicionais (se elas remontavam ao século III é uma outra questão), mas o conjunto não. A comissão declarou crer que Macpherson "completara lacunas e fornecera ligações, inserindo passagens que não tinha encontrado, e acrescentara o que julgava ser dignidade e delicadeza à composição original, eliminando passagens, atenuando incidentes, refinando a linguagem [...]". A avaliação dos estudiosos modernos é mais ou menos a mesma. Macpherson coletou canções da tradição oral, estudou os manuscritos de coletâneas recentes e pode muito bem ter pensado que estava reunindo os fragmentos de um épico antigo, e não construindo algo novo.[45]

Entre Macpherson, geralmente considerado como um "falsificador", e Percy, Scott, os Grimm, Karadžić, Lönnrot e outros, geralmente considerados como "editores", existe uma diferença mais de grau do que de natureza. O paralelo mais óbvio é com Lönnrot, que construiu o épico nacional finlandês a partir de canções que coletara, e acrescentou passagens de sua própria lavra. Ele se justificou assim:

> Finalmente, quando nenhum outro cantor podia mais se comparar a mim quanto ao conhecimento de canções, eu decidi que tinha o mesmo direito que, na minha opinião, a maioria dos outros cantores se reservava livremente para si, a saber, o direito de dar um arranjo às canções conforme parecesse mais adequado a elas.[46]

Segundo o estudioso da Antiguidade Clássica F. A. Wolf, que escreveu no final do século XVIII, foi exatamente o que Homero fizera com o material tradicional da *Ilíada* e da *Odisseia*. De forma semelhante, em 1845 Jacob Grimm perguntou a Karadžić se as canções sobre o príncipe Marko Kraljević poderiam ser reunidas para montar um épico.[47]

Muitos editores, em pequena escala, seguiram o método de Macpherson e Lönnrot. Percy "aprimorou" suas baladas, conforme confessou:

> Com algumas ligeiras correções ou acréscimos, destacou--se um sentido mais bonito ou mais interessante, e isso de maneira tão natural e fácil que o editor dificilmente conseguiria se convencer a satisfazer a vaidade de apresentar uma pretensão formal ao aprimoramento: mas ele deve se declarar culpado da acusação de ocultar sua participação pessoal nas emendas sob algum título geral como "cópia moderna".

Essas emendas nem sempre eram "ligeiras". No caso de *Edom o'Gordon* (Child 178), sobrevive uma carta de Percy, criticando o final da balada (quando o marido enganado comete suicídio), sugerindo a omissão da estrofe e o acréscimo de um verso que insinuasse o enlouquecimento do marido.[48] Algo nas baladas parece ter sido um estímulo à invenção. John Pinkerton tentou fazer passar *Hardyknute*, composição de sua autoria, como uma balada tradicional coligida da tradição oral em Lanarkshire, e sir Walter Scott reescreveu (se é que não compôs) *Kinmont Willie*. Arnim e Brentano não chegaram a esse ponto, mas "aprimoraram" e expurgaram canções de sua famosa coletânea.[49] Os editores de contos populares seguiam os mesmos princípios dos editores de baladas. Para o seu famoso livro de *Märchen*, os Grimm coletaram estórias da tradição oral em Hesse, pedindo aos seus colaboradores que as enviassem "sem acréscimos e os chamados aprimoramentos" (*ohne Zusatz und sogennante Verschönerung*). No entanto os irmãos não publicaram exatamente o que haviam encontrado. Para começar, as estórias circulavam em dialeto, e os Grimm traduziram-nas para o alemão, criando, em consequência, uma obra-prima da literatura alemã. Mas o que eu quero ressaltar é o que se perdeu e o fato de que na Alemanha daquela época a língua das classes médias era literalmente diferente da dos artesãos e camponeses. Assim, as versões originais das estórias teriam sido ininteligíveis para quem se destinava o livro. A tradução era imprescindível, mas necessariamente envolvia distorções. Algumas estórias foram expurgadas pois, de outra forma, teriam chocado seus novos leitores. As idiossincrasias individuais do relato foram atenuadas, de modo a dar um estilo uniforme à coletânea. Onde as diferentes versões do mesmo conto se complementavam, os Grimm as amalgamaram (de modo bastante justificável, tendo em vista sua teoria de que quem criava não era o indivíduo, mas "o povo"). Finalmente, um estudo das diferenças entre a primeira edição dos *Märchen* e outras posteriores mostra que os Grimm emendaram os contos, tentando dar-lhes um tom mais oral. Por exemplo, inseriram fórmulas tradicionais em *Branca de Neve* que iam desde "era uma vez" (*Es war einmal*) até "eles viveram felizes para sempre" (*sie lebten glücklich bis an ihr Ende*). O "aprimoramento" saía pela porta, mas voltava pela janela.[50]

No caso da música folclórica, são particularmente evidentes as alterações feitas pelos descobridores e colecionadores ao transmitir o que tinham encontrado a um novo público. A música tinha de ser escrita, visto que não havia outra forma de preservá-la, e escrita segundo um sistema de convenções que não fora feito para tal tipo de música. Ela era destinada a um público de classe média com piano e ouvido afinado para as canções de Haydn, e posteriormente Schubert e Schumann: assim, como confessam as páginas de rosto dessas publicações, ela tinha de ser "harmonizada". V. E. Trutovsky publicou uma coleção de músicas populares russas no final do século XVIII; como explica um escritor moderno, "ele não só alterou deliberadamente o esquema melódico [...] em alguns casos, como também introduziu sustenidos e bemóis em afinações modais diferentes, e deu-lhes acompanhamentos harmônicos".[51] William Chappell publicou uma coletânea de "árias nacionais inglesas" (canções populares) no início do século XIX; nessas versões impressas, "foram impostos padrões harmônicos acadêmicos a melodias populares, suprimidas as antigas modalidades, igualadas as afinações irregulares". Ele também omitiu as letras, sempre que fossem "grosseiras demais para publicação".[52]

Assim, ler o texto de uma balada, de um conto popular ou até de uma melodia numa coletânea da época é quase como olhar uma igreja gótica "restaurada" no mesmo período. A pessoa não sabe se está vendo o que existia originalmente, o que o restaurador achou que existia originalmente, o que ele achou que devia ter existido, ou o que ele achou que devia existir agora. Além dos textos e edifícios, também as festas estavam sujeitas a "restaurações". Algumas festas tradicionais remanescentes existiam de forma inalterada desde os tempos medievais, os inícios dos tempos modernos ou mesmo antes, mas outras não. O Carnaval de Colônia foi revivido em 1823, o Carnaval de Nuremberg, em 1843, o Carnaval de Nice, em meados do século XIX.[53] A tradição do Eisteddfod não sobrevivera à época dos druidas; foi revivida por um maçom de Glamorgan, Edward Williams (Iolo Morgannwg), que formou em 1819 o Círculo

Gorsedd, em Carmarthen, e os trajes foram desenhados mais tarde por *sir Hubert Herkomer*.[54]

Dos intelectuais do início do século XIX herdamos não só textos e festas, mas também ideias, algumas fecundas, outras enganosas. A principal crítica a ser feita às ideias dos descobridores é a de que não discriminaram o suficiente. Não distinguiram (ou, pelo menos, não com bastante agudeza) o primitivo do medieval, o urbano do rural, o camponês do conjunto da nação.[55] Percy descreveu em termos muito semelhantes os antigos poemas chineses, os poemas islandeses e as baladas de fronteira. Amontoou-os juntos por não serem clássicos, sem se importar com as diferenças entre eles. Herder chamou a Moisés, Homero e os autores do *Minnesang* alemão de "cantores do povo". Claude Fauriel dissertava sobre a "poesia popular" como a de Homero, Dante, a dos trovadores e as baladas da Grécia e da Sérvia. Os intelectuais desse período gostavam de comparar as sociedades camponesas que iam visitar com as sociedades tribais sobre as quais tinham lido — é um paralelo frequentemente esclarecedor, mas às vezes enganoso. Quando Boswell e Johnson estiveram em Glenmorison, nas Hébridas, ofenderam o anfitrião: "seu orgulho parece ter ficado muito ferido quando nos surpreendemos pelo fato de possuir livros". Eles estavam ansiosos demais em ver os habitantes das Terras Altas como "selvagens americanos".[56]

Herder, os Grimm e seus seguidores insistiram em três pontos específicos sobre a cultura popular, os quais foram de grande influência, mas também altamente questionáveis. Talvez seja útil identificar esses pontos, chamando-os de "primitivismo", "comunitarismo" e "purismo".

O primeiro ponto se referia à época das canções, estórias, festividades e crenças que haviam descoberto. Eles tendiam a situá-las num vago "período primitivo" (*Vorzeit*) e a acreditar que as tradições pré-cristãs tinham sido transmitidas sem alterações ao longo de milhares de anos. É indubitável que algumas delas são muito antigas; o Carnaval italiano, por exemplo, pode muito bem ter se desenvolvido a partir da Saturnal romana, e a *commedia dell'arte* a partir das farsas clássicas. Contudo, por falta de provas precisas, essas hipóteses não podem ser comprovadas. O que se pode comprovar é que em época relativamente recente, entre 1500 e 1800, as tradições populares estiveram sujeitas a transformações de todos os tipos. O modelo das casas rurais podia se alterar, ou um herói popular podia ser substituído por outro na "mesma" estória, ou ainda o sentido de um ritual podia se modificar, enquanto a forma se mantinha mais ou menos a mesma. Em suma, a cultura popular de fato tem uma história.[57]

O segundo ponto era a famosa teoria dos irmãos Grimm acerca da criação coletiva: *das Volk dichtet*. O valor dessa teoria residia no fato de chamar a atenção para uma diferença importante entre as duas culturas; na cultura popular europeia, em 1800, o papel do indivíduo era menor e o papel da tradição, o passado da comunidade, era maior do que na cultura erudita ou de minoria da época. Como metáfora, a frase dos Grimm é elucidativa. Tomada ao pé da letra, porém, ela é falsa; os estudos dos cantores populares e contadores de estórias mostraram que a transmissão de uma tradição não inibe o desenvolvimento de um estilo individual.[58]

O terceiro ponto pode ser chamado de "purismo". De quem é a cultura popular? Quem é o povo? Ocasionalmente, o povo era definido como todas as pessoas de um determinado país, como na imagem de Geijer sobre todo o povo sueco a cantar como um só indivíduo. Na maioria das vezes, o termo era mais restrito. O povo consistia nas pessoas incultas, como na distinção de Herder entre *Kultur der Gelehrten* e *Kultur des Volkes*. Às vezes, o termo se restringia ainda mais: Herder escreveu uma vez que "o povo não é a turba das ruas, que nunca canta nem compõe, mas grita e mutila" (*Volk heisst nicht der Pöbel auf den Gassen, der singt und dichter niemals, sondern schreit und verstümmelt*).[59] Para os descobridores, o povo *par excellence* compunha-se dos camponeses; eles viviam perto da natureza, estavam menos marcados por modos estrangeiros e tinham preservado os costumes primitivos por mais tempo do que quaisquer pessoas.

Mas essa afirmação ignorava importantes modificações culturais e sociais, subestimava a interação entre campo e cidade, popular e erudito. Não existia uma tradição popular imutável e pura nos inícios da Europa moderna, e talvez nunca tenha existido. Portanto, não há nenhuma boa razão para se excluir os moradores das cidades, seja o respeitável artesão ou a "turba" de Herder, de um estudo sobre cultura popular.

A dificuldade em se definir o "povo" sugere que a cultura popular não era monolítica nem homogênea. De fato, era extremamente variada. A tarefa do próximo capítulo será a de discutir algumas dessas variedades e a unidade que subjaz a elas.

2. UNIDADE E DIVERSIDADE NA CULTURA POPULAR

AS CLASSES ALTAS E A "PEQUENA TRADIÇÃO"

Se todas as pessoas numa determinada sociedade partilhassem a mesma cultura, não haveria a mínima necessidade de se usar a expressão "cultura popular". Essa é, ou foi, a situação em muitas sociedades tribais, tais como foram descritas pelos antropólogos sociais. Essas descrições podem ser simplificadamente resumidas da seguinte maneira: uma sociedade tribal é pequena, isolada e autossuficiente. Entalhadores, cantores, contadores de estórias e o seu público formam um grupo que está face a face, partilhando os valores básicos e os mitos e símbolos que expressam esses valores. O artífice ou o cantor caça, pesca ou cultiva o solo como outros membros da comunidade, e estes entalham ou cantam como ele, ainda que não o façam tão bem nem com a mesma frequência. A participação das demais pessoas na apresentação artística é importante. Elas respondem a charadas e cantam em coros. Mesmo o entalhe pode ser uma atividade semicoletiva; entre os tivs da Nigéria, se um homem que está entalhando uma vara é chamado e se afasta, alguém do lado pode pegar a lâmina e continuar o trabalho.[1]

Essa descrição simplificada, ou "modelo", tem sua importância para a Europa no início dos tempos modernos, pelo menos nas regiões mais pobres e distantes, onde eram raros os nobres e clérigos. Estudiosos de baladas na Escócia, Sérvia, Castela ou Dinamarca por vezes descreveram a "comunidade da balada", como a denominam, em termos semelhantes aos que usa o antropólogo referindo-se à sociedade tribal.[2]

No entanto, é evidente que esse modelo não se aplica à maior parte da Europa do nosso período. Na maioria dos lugares, existia uma estratificação cultural e social. Havia uma minoria que sabia ler e escrever, e uma maioria analfabeta, e parte dessa minoria letrada sabia latim, a língua dos cultos. Essa estratificação cultural faz com que seja mais adequado um modelo mais complexo, que foi apresentado nos anos 1930 pelo antropólogo social Robert Redfield. Em certas sociedades, sugeriu ele, existiam duas tradições culturais, a "grande tradição" da minoria culta e a "pequena tradição" dos demais.

> A grande tradição é cultivada em escolas ou templos; a pequena tradição opera sozinha e se mantém nas vidas dos iletrados, em suas comunidades aldeãs [...] As duas tradições são interdependentes. A grande tradição e a pequena tradição há muito tempo têm se afastado reciprocamente e continuam a fazê-lo [...] Os grandes épicos surgiram de elementos de contos tradicionais narrados por muita gente, e os épicos voltaram novamente ao campesinato para modificação e incorporação nas culturas locais.

A questão relativa ao movimento recíproco entre as duas tradições é importante e voltaremos a ela depois. O que agora deve-se ressaltar é que Redfield, assim como Herder, oferece o que pode se chamar de definição "residual" da cultura popular, enquanto cultura ou tradição dos incultos, dos iletrados, da não elite.[3]

Ao aplicar esse modelo aos inícios da Europa moderna, podemos identificar com bastante facilidade a grande tradição. Ela inclui a tradição clássica, tal como era transmitida nas escolas e universidades; a tradição da filosofia escolástica e teologia medievais, de forma alguma extintas nos séculos XVI e XVII; e alguns movimentos intelectuais que provavelmente só afetaram a minoria culta: a Renascença, a Revolução Científica do século XVII, o Iluminismo. Subtraia-se tudo isso da cultura dos inícios da Europa moderna e o que restará? As canções e contos populares, imagens devotas e arcas de enxoval decoradas, farsas e peças de mistérios, folhetos e livros de baladas, e principalmente festividades, como as festas de santos e as grandes festas sazonais, o Natal, Ano-Novo, Carnaval, Primeiro de Maio e Solstício de Verão. Esse é o material que interessará basicamente neste livro: artesãos e camponeses, livros impressos e tradições orais.

O modelo de Redfield é um ponto de partida útil, mas passível de críticas. Sua definição da pequena tradição enquanto tradição da não elite pode ser criticada, de modo bastante paradoxal, por ser ao mesmo templo ampla e estreita demais.

A definição é estreita demais porque omite a participação das classes altas na cultura popular, que foi um fenômeno importante na vida europeia, extremamente visível nas festividades. O Carnaval, por exemplo, era para todos. Em Ferrara, no final do século XV, o duque se reunia à diversão, saindo mascarado às ruas e entrando em casas particulares para dançar com as damas. Em Florença, Lorenzo de Medici e Niccolò Machiavelli participavam do Carnaval. Em Paris, em 1583, Henrique III e seu séquito "iam pelas ruas mascarados, indo de casa em casa e cometendo mil insolências". Nos carnavais de Nuremberg, no início do século XVI, as famílias aristocráticas desempenhavam papel de destaque.[4] As associações de foliões, como a Abbaye de Conards, em Rouen, ou a Compagnie de la Mère Folle, em Dijon, eram dominadas pelos nobres, mas se apresentavam nas ruas para todos. Henrique VIII ia para os bosques no dia Primeiro de Maio, exatamente como os outros rapazes. O imperador Carlos V participava de touradas durante as festas, e seu bisneto Filipe IV gostava de assistir a elas.[5]

Não era apenas nesses tempos de comemorações coletivas ritualizadas que as classes altas ou cultas participavam da cultura popular. Pelo menos nas cidades, ricos e pobres, nobres e plebeus assistiam aos mesmos sermões. Poetas humanistas, como Poliziano e Pontano, registraram o fato de que eles ficavam na *piazza* como todo mundo, para ouvir o cantador de estórias, o *cantastorie*, e que apreciavam o espetáculo. Importantes poetas do século XVII, como Malherbe e P. C. Hooft, gostavam de canções folclóricas. Entre os apreciadores de baladas, encontravam-se reis e rainhas, como Isabel, de Espanha, Ivã, o Terrível, da Rússia, e Sofia, da Dinamarca.[6] O mesmo pode-se dizer da nobreza. Na Dinamarca e na Suécia, versões de baladas dos séculos XVI e XVII sobreviveram porque homens e mulheres da nobreza anotaram-nas em seus livros manuscritos de canções, ou *visböcker*. Um desses livros foi compilado por nada menos que Per Brahe, o Jovem, membro de uma das maiores famílias nobres da Suécia, que se tornou chanceler e membro do conselho regente. De maneira semelhante, várias canções gaélicas sobreviveram porque foram coletadas, por volta de 1500, por sir James MacGregor, deão de Lismore, em Argyll. Nobres ofereciam proteção para apresentadores tradicionais de destaque. O poeta Tinódi viveu nas cortes de András Báthory e Tamás Nádasdy, enquanto o harpista John Parry era sustentado por sir Watkin Williams Wynne.[7]

Os palhaços eram populares tanto nas cortes como nas tavernas, e muitas vezes eram os mesmos. Zan Polo, o famoso bufão veneziano, apresentou-se perante o doge em 1523. As palhaçadas de Richard Tarleton eram muito apreciadas pela rainha Elizabeth, que "ordenou-lhes que levassem o criado embora por fazê-la rir tão desmedidamente", e na sua morte escreveram-lhe elegias latinas. O bufão francês Tabarin apresentou-se perante a rainha Maria de França em 1619, e a dedicatória numa coletânea de suas piadas afirma que a obra se destinava a cortesãos, nobres, mercadores, e, de fato, para todos. Ivã, o Terrível, como observou um visitante inglês, adorava "bufões e anões, homens e mulheres que fazem cambalhotas à sua frente e cantam muitas canções à maneira russa". Ele também era um aficionado do açulamento de cães contra ursos acorrentados, e costumava ouvir, antes de se deitar, contos populares contados por cegos. Mesmo no final do século XVIII, na Rússia, cegos punham anúncios nos jornais, oferecendo-se para o cargo de contador de estórias para famílias da fidalguia.[8] Nobres e camponeses parecem ter dividido entre si o mesmo gosto por romances de cavalaria. No século XVI, o *sieur* de Gouberville, cavaleiro normando, lia *Amadis de Gaule* em voz alta para os seus camponeses em dias de chuva. Folhetos e livros de baladas parecem ter sido lidos por ricos e pobres, cultos e incultos. Sugeriu-se que os panfletos alemães do século XVII (que combinavam uma apresentação visual simples com citações latinas) visavam a agradar a todos. Sobrevivem exemplares de almanaques franceses, em encadernações de couro decoradas com as armas de nobres franceses. Curandeiros tinham protetores nas classes altas. Na Suécia, em 1663, existiam apenas vinte médicos em todo o país, de modo que os nobres não tinham outra alternativa de tratamento. Os nobres usavam objetos geralmente descritos hoje em dia como produtos de arte folclórica, como os *kåsor* finlandeses, vasos de madeira entalhada reservados para bebidas cerimoniais. Alguns exemplares remanescentes dos séculos XVI e XVII estão pintados com as armas de nobres suecos.[9]

Não era apenas a nobreza que participava da cultura popular; o clero também, particularmente no século XVI. Durante o Carnaval, como observou um florentino:

> [...] homens da Igreja estão autorizados a se divertir. Frades jogam bola, encenam comédias e, vestidos a caráter, cantam, dançam e tocam instrumentos. Mesmo as freiras são autorizadas a celebrar, vestidas como homens [...]

Não era absolutamente incomum ver os padres a cantar, dançar ou usar máscaras nas igrejas em ocasiões festivas, e eram os noviços que organizavam a festa dos Loucos, grande festejo de algumas regiões da Europa. Um caso singular mostra melhor esse ponto. Quando Richard Corbet era doutor em teologia (assim nos conta Aubrey):

> [...] ele cantou baladas na encruzilhada de Abingdon num dia de feira [...] O cantor de baladas reclamou que ele não tinha o hábito e não podia apresentar suas baladas. O jovial doutor tira sua toga e põe o jaleco de couro do cantor de baladas, e sendo um homem bonito, e com uma bela voz cheia, em pouco tempo vendeu inúmeras e teve uma grande audiência.

Na Suécia do século XVIII, o pároco tinha a primeira dança com a noiva nos casamentos rurais, trinchava o pernil na festa e muitas vezes emprestava ao noivo suas roupas de padre, com as quais ele se casava, o que constitui forte indício de que os párocos participavam da cultura camponesa.[10]

A esta altura, alguém pode objetar que pintei um quadro róseo demais sobre as relações entre as classes. A classe dominante e culta não desprezava o "monstro de muitas cabeças", o povo? De fato sim. "Falar do povo é realmente falar de uma besta-fera", escreveu Guicciardini. Sebastian Franck escreveu sobre "a ralé volúvel e instável chamada o homem comum". Essas citações podem ser multiplicadas.[11] Contudo, é necessário insistir aqui que a gente culta ainda não associava baladas, livros populares e festas à gente comum, precisamente porque também participava, ela mesma, dessas formas de cultura.

Outra objeção possível a essa tese de participação poderia ser que a nobreza e o clero não ouviam as canções folclóricas nem liam os livros de baladas da mesma forma ou pelas mesmas razões que os artesãos e camponeses. "Participação" é um termo impreciso: é mais fácil ver como os nobres podiam participar de uma festa do que de um sistema de crenças. Quando os membros da elite liam livros de contos ou baladas, eles podiam estar interessados no folclore, exatamente como alguns intelectuais hoje em dia. Isso decerto é possível, e quanto mais se avança no século XVIII, mais provável é essa interpretação. Em relação ao início desse período, porém, é preciso lembrar que muitos nobres e clérigos não sabiam ler nem escrever, ou só o conseguiam com dificuldade, da mesma forma que os camponeses; na área de Cracóvia, por volta de 1565, mais de 80% dos nobres sem fortuna eram analfabetos. O estilo de vida de alguns nobres rurais e curas paroquiais não era tão diferente do dos camponeses ao redor. Também estavam mais ou menos separados da grande tradição, o que também se aplica a inúmeras mulheres da nobreza, pois raramente recebiam muita educação formal. Talvez as mulheres nobres devam ser vistas como intermediárias entre o grupo a que pertenciam socialmente, a elite, e o grupo a que pertenciam culturalmente, a não elite; é interessante notar que vários dos *visböcker* foram compilados por mulheres. Os nobres, eruditos, mantinham contato com a cultura popular através de suas mães, irmãs, esposas e filhas, e em muitos casos teriam sido criados por amas camponesas, que lhes cantavam baladas e contavam-lhes estórias populares.[12]

O modelo de Redfield precisa ser modificado, e pode ser reformulado da seguinte maneira: existiram duas tradições culturais nos inícios da Europa moderna, mas elas não correspondiam simetricamente aos dois principais grupos sociais, a elite e o povo comum. A elite participava da pequena tradição, mas o povo comum não participava da grande tradição. Essa assimetria surgiu porque as duas tradições eram transmitidas de maneiras diferentes. A grande tradição era transmitida formalmente nos liceus e universidades. Era uma tradição fechada, no sentido em que as pessoas que não frequentavam essas instituições, que não eram abertas a todos, estavam excluídas. Num sentido totalmente literal, elas não falavam aquela linguagem. A pequena tradição, por outro lado, era transmitida informalmente. Estava aberta a todos, como a igreja, a taverna e a praça do mercado, onde ocorriam tantas apresentações.

Assim, a diferença cultural crucial nos inícios da Europa moderna (quero argumentar) estava entre a maioria, para quem a cultura popular era a única cultura, e a minoria, que tinha acesso à grande tradição, mas que participava da pequena tradição enquanto uma segunda cultura. Essa minoria era anfíbia, bicultural e também bilíngue. Enquanto a maioria do povo falava apenas o seu dialeto regional e nada mais, a elite falava ou escrevia latim ou uma forma literária do vernáculo, e continuava a saber falar em dialeto, como segunda ou terceira língua. Para a elite, mas apenas para ela, as duas tradições tinham funções psicológicas diferentes: a grande tradição era séria, a pequena tradição era diversão. Uma analogia contemporânea dessa situação encontra-se na elite anglófona da Nigéria, cuja educação de estilo ocidental não a impede de participar da sua cultura tribal tradicional.[13]

Essa situação não se manteve estática ao longo do período. As classes altas foram deixando gradualmente de participar da pequena tradição, no curso dos séculos XVII e XVIII, tema que será discutido no capítulo 9. Tudo o que está sendo apresentado aqui é uma descrição simplificada, um modelo. Uma objeção mais séria ao modelo é a de que ele não distingue grupos diferentes dentro do "povo", cuja cultura não era a mesma. Visto que a cultura popular é um conceito residual, é importante ver como esse resíduo pode ser estruturado.

VARIEDADES DA CULTURA POPULAR: O CAMPO

A definição de pequena tradição, de Redfield, pode ser considerada estreita demais por excluir aquelas pessoas para quem a cultura popular constituía uma segunda cultura. Ela também pode ser considerada ampla demais; ao falar da "pequena tradição" no singular, sugere-se que ela era relativamente homogênea, o que está longe de ser verdade nos inícios da Europa moderna. Como Antonio Gramsci disse uma vez, "o povo não é uma unidade culturalmente homogênea, mas está culturalmente estratificado de maneira complexa".[14] Existiam muitas culturas populares ou muitas variedades de cultura popular — é difícil optar entre as duas formulações porque uma cultura é um sistema de limites indistintos, de modo que (como Toynbee descobriu, ao tentar enumerar as civilizações do mundo) é impossível dizer onde termina uma e começa outra. O que despreocupadamente chamamos de "cultura popular" muitas vezes era a cultura da parcela mais visível do povo, os YAMs (*young adult males*), que representam todo o povo de maneira tão insuficiente quanto os WASPs (*white anglo-saxon protestants*) representam os EUA.

Para os descobridores da cultura popular, o "povo" eram os camponeses. Os camponeses compunham de 80% a 90% da população da Europa. Foi às suas canções que Herder e amigos chamaram "canções populares", às suas danças de "danças populares", às suas estórias de "contos populares". Sua cultura era uniforme? Olhando os camponeses húngaros, conforme os conhecera por volta de 1900, Zoltan Kodály tinha certeza que não:

> Não se deve pensar na tradição folclórica como um único conjunto uniforme e homogêneo. Ela varia fundamentalmente segundo a idade, as condições sociais e materiais, a religião, a educação, o local e o sexo.

Evidentemente, seria arriscado aplicar indiscriminadamente essa afirmação ao período anterior a 1800 e ao conjunto de toda a Europa. Kodály estava escrevendo sobre uma sociedade camponesa tão consciente das distinções sociais que, por exemplo, os homens casados e os solteiros sentavam-se em lugares diferentes na igreja e, mais, em mesas separadas nas estalagens.[15] No entanto, existem razões para se pensar que a visão de Kodály, de modo geral, é válida para os inícios da Europa moderna.

A cultura surge de todo um modo de vida, e os camponeses dos inícios da Europa moderna não tinham um modo de vida uniforme. Alguns viviam em aldeias, como na Inglaterra; alguns em cidades, como no sul da Itália; alguns em herdades isoladas, como na Noruega. Não eram socialmente homogêneos. Alguns eram livres, outros eram servos — em toda a imensa área a leste do rio Elba, os camponeses de modo geral foram convertidos em servos ao longo do século XVI e início do século XVII. Existiam camponeses ricos e pobres. Numa região relativamente limitada, como o Beauvaisis no século XVII, a sociedade rural podia ser extremamente estratificada, com diferenças consideráveis no estilo de vida do *laboureur* rico ("pequeno proprietário rural", e não "lavrador"), e do *journalier* pobre.[16] Em muitas partes da Europa, essa distinção entre o camponês rico, que era dono da sua terra e empregava terceiros para ajudá-lo no trabalho, e o lavrador "sem terra de que viver, a não ser seus braços",[16a] era muito importante. Não se pode esquecer esse aspecto da "comunidade orgânica" tradicional.

58

Já menos fácil é dizer se existia uma estratificação cultural, tal como social, dentro do campesinato. Aqui, como em outras partes deste capítulo, estamos abordando sistemas de significados partilhados através de um pequeno número de sinais ou indicadores externos, e é fácil lê-los incorretamente. Os camponeses mais ricos tinham maior probabilidade de serem letrados, pois podiam se permitir o tempo para aprender a ler e escrever e tinham mais facilidade para adquirir livros de baladas e estórias. Também podiam mais facilmente possuir jarros e pratos pintados, cortinas e travesseiros bordados, e cangas de boi ou arcas de enxoval entalhadas com esmero, símbolos evidentes de riqueza e *status* na aldeia bem como corporificações da cultura popular. Já se sugeriu, de maneira bastante plausível, que aquilo que chamamos de "arte folclórica" ou "arte camponesa" é, na realidade, a arte criada para uma aristocracia rural.[17] Agora, dizer que os camponeses mais pobres eram culturalmente carentes não quer dizer que tivessem uma cultura alternativa; eles podem ter aspirado à cultura dos aristocratas camponeses. Mas Kodály achava que "os abastados gostam de se distinguir dos mais pobres, mesmo em suas canções", e muitas canções folclóricas tradicionais são apropriadas apenas para um só grupo social, como o *drängvisor* escandinavo, ou canção dos braços rurais, e o *piqvisor*, as "queixas" das empregadas domésticas maltratadas.[18]

Se a cultura surge de todo um modo de vida, é de esperar que a cultura camponesa varie segundo diferenças ecológicas, além das sociais; diferenças no ambiente físico implicam diferenças na cultura material e estimulam também diferentes atitudes. A ilustração mais óbvia desse aspecto é, certamente, o contraste entre a cultura das montanhas e a cultura das planícies. O dr. Johnson observou que "assim como as montanhas existem muito antes de serem conquistadas, da mesma forma existem muito antes de serem civilizadas", conservando os hábitos tradicionais por mais tempo do que as planícies. Quando as "partes cultivadas" (no duplo sentido) mudam sua língua, os montanheses podem "se converter numa nação distinta, impedida por diferença de fala de conversar com os seus vizinhos", como no caso dos habitantes das Terras Altas escocesas, dos bascos e dos "dalecarlianos". Os montanheses, continuava ele, são "belicosos" e também "gatunos", "porque são pobres e, não tendo manufaturas nem comércio, só podem enriquecer com o furto"; de qualquer maneira, o braço da lei dificilmente pode alcançá-los.[19]

As ideias do dr. Johnson foram aperfeiçoadas e reforçadas por uma série de estudiosos. Na Inglaterra, arqueólogos ressaltaram a diferença entre as zonas baixas e as pobres e mais conservadoras zonas altas: diferenças de linguagem, de tipos de casas, e muitos outros traços culturais. Na Andaluzia, os montanheses dos Alpujarras foram os últimos a adotar o islamismo e também os últimos a abandoná-lo.[20] Otmar estava certo (ver p. 41) em procurar contos folclóricos tradicionais nos montes Harz. Zonas altas são refúgios óbvios para bandidos e outros fugitivos que "vão para os montes", e essas zonas continuaram a ser o lar da "poesia heroica tradicional", louvando suas proezas. Danças em que os participantes saltam parecem estar associadas a regiões montanhosas, no País Basco, na Noruega, nas terras altas da Baviera, Polônia e Escócia, provavelmente por serem velhas formas de dança que não sobreviveram nas planícies.[21] As caças às bruxas dos séculos XVI e XVII parecem ter sido particularmente intensas em áreas montanhosas, como os Alpes e Pireneus, seja porque, como costumavam pensar os estudiosos, o ar da montanha estimula as fantasias ou, de forma mais plausível, devido à hostilidade dos moradores das terras baixas contra os habitantes das terras altas e as diferenças entre as duas culturas.[22] Mais surpreendente, à primeira vista, é o fato de que, no final do período, algumas regiões montanhosas eram áreas com alto grau de alfabetização. A Noruega e a Suécia são exemplos óbvios, ao passo que na França o atual departamento dos Altos Alpes tinha um índice de alfabetização de 45% no final do século XVIII, mais que o dobro da média nacional. Isso talvez porque, como notou um observador em 1802, "o clima frio não lhes permite nenhuma outra atividade durante o inverno". Elementos do excedente populacional dos Alpes franceses viravam mestres-escolas, ao passo que muitos vendedores ambulantes de livros de contos e baladas vinham do Alto Comminges, nos Pireneus franceses.[23]

Sobrepondo-se ao contraste entre habitantes das terras baixas e das terras altas, havia uma outra divisão importante entre agricultores e pastores: pastores de porcos, cabras, vacas (em castelhano, *vaqueros*, os primeiros *cowboys*) e, sobretudo, carneiros.* A cultura do pastor, em particular, era tão característica, tão diferente da cultura do camponês que merece ser descrita com certo detalhe.[24] Seu aspecto característico era simbolizado por roupas especiais, como o avental. Os pastores podiam ser oriundos de uma aldeia agrícola, mas não poderiam morar lá durante boa parte do ano, porque tinham de migrar com os rebanhos. Na Espanha, por exemplo, os rebanhos passavam o verão nas montanhas em torno de Soria, Segóvia, Cuenca e León, e a invernada nas planícies do sul. Os pastores eram pobres e isolados. Um missionário jesuíta que os procurou em suas choupanas perto do Eboli, no sul da Itália, considerou-os tão ignorantes que mal pareciam humanos. "Indagados sobre quantos deuses existiam, um disse 'cem', outros, 'mil'."[25] Os pastores também eram livres; na Polônia, onde os camponeses eram servos, um pastor servo constituía uma rara exceção. Os pastores estavam longe da interferência de clérigos, nobres e funcionários do governo. Não admira que seu modo de vida fosse idealizado na poesia pastoril. Eles tinham tempo à vontade, podendo passá-lo a entalhar cajados, bordões e polvorinhos de chifre.[26] Podiam fazer música, tocando gaita de foles, feita de couro de carneiro ou cabra, popular em qualquer lugar onde houvesse muitos pastores, desde as Terras Altas da Escócia até a grande planície da Hungria, ou tocando flauta, lenta e tristemente, quando os carneiros se perdiam, e alegremente, quan-

---

* As terras altas geralmente eram pastoris, mas nem todas as terras baixas eram cultiváveis — a óbvia exceção no período era a grande planície húngara.

do eram encontrados. Como diz o provérbio catalão (talvez exprimindo a inveja dos camponeses): *"Vida de pastor, vida regalada/ Cantant i sonant guanya la soldada"* [Vida de pastor, vida regalada/ Cantando e tocando ganha a soldada]. Aos pastores frequentemente atribuíam-se poderes mágicos, como o conhecimento dos astros, pois viviam em locais privilegiados para observá-los (daí o título do *Calendrier des Bergers*), ou a habilidade de curar animais e pessoas.[27] Nem o seu conhecimento nem a sua ignorância correspondiam aos dos agricultores.

Em compensação pela sua solitária vida de trabalho, os pastores desenvolveram um conjunto elaborado de festividades, pelo menos na Europa central. Tinham suas próprias guildas e irmandades. Tinham seus santos próprios, como são Wendelin (conta a estória que era um filho de rei que virou pastor), são Wolfgang ou são Bartolomeu, cuja festa, em 24 de agosto, marcava a passagem do quadrante de verão para o do inverno. Nesse dia, os pastores locais convergiam para certas cidades do sul da Alemanha, como Markgröningen, Rothenburg e Urach, para escolher seu rei e sua rainha, banquetear-se e dançar suas danças próprias. Também no Natal faziam algo alegre; na Espanha e em outros lugares representavam a adoração dos pastores nos *autos del nacimiento* ou peças natalinas.[28]

Não surpreende que os pastores muitas vezes se casassem entre si, como em Hanover, nos séculos XVII e XVIII. Tinham seu orgulho pessoal e eram rejeitados pelo resto da sociedade, como frequentemente ocorre a pessoas sem teto fixo. Os agricultores constantemente acusavam-nos de serem preguiçosos e desonestos. Muitas guildas alemãs consideravam os filhos de pastores como *unehrlich*, "sem honra", e portanto sem direito a serem indicados como membros dos grêmios. Quando alguns pastores de Brie, no final do século XVII, foram acusados de *maleficia*, de praticar o mal por meios sobrenaturais, isso nos lembra uma versão em miniatura das caças às bruxas nos Alpes e Pireneus, uma perseguição aos estranhos.[29]

Alguns grupos importantes de gente do campo não eram agricultores nem pastores; é muito difícil dizer até que ponto tinham atitudes e valores diferenciados. Havia os artesãos da aldeia, como os ferreiros, carpinteiros ou tecelãos (em tempo integral ou parcial), os quais é natural imaginar numa posição intermediária, culturalmente falando, entre outros aldeães que não eram artesãos, e outros artesãos que não eram aldeães. Particularmente os ferreiros parecem ter desfrutado de um certo prestígio, e Novak Kovač, o Forjador, era um herói do épico sérvio. A seguir, há os heróis ligados às florestas, em especial os lenhadores e carvoeiros, que podiam viver nas matas durante semanas a fio. Eles formam um grupo obscuro, separados da cultura aldeã como os pastores, mas aparentemente (ao contrário dos lenhadores modernos) sem uma cultura alternativa própria, vivendo à margem da sociedade. Às vezes (como no caso dos *cagots* do sudoeste da França), eram tratados como párias, perseguidos como feiticeiros, associados à lepra. Na Rússia, porém (como nos Bálcãs), a cultura desse grupo era dominante, e visitantes ingleses observaram, surpreendidos, que "as suas igrejas são feitas de madeira" e, ainda, que "não havendo liga de estanho, as xícaras feitas de bétula são muito boas". Os machados, para russos e sérvios, além de utilitários, eram objetos sagrados, símbolos de proteção. As árvores tinham uma função importante nos rituais russos — abetos no Natal, bétulas na semana da Santíssima Trindade.[30]

Os cossacos e outros grupos similares, como os *hajduks* da Europa central, não eram propriamente camponeses, nem soldados ou mesmo ladrões, mas um pouco dos três ao mesmo tempo. Orgulhavam-se do seu *status* e muitas vezes desprezavam seus vizinhos camponeses. Seus valores eram distintamente democráticos e igualitários — os cossacos, por exemplo, elegiam seus líderes ou *atamans*. À sua maneira, vestiam-se bem. Como lembrou Vuk Stefanović Karadžić:

Os *hajduks* da nossa época na Sérvia geralmente vestiam calças de tecido azul brilhante [...] um barrete de seda bordada de onde pendiam borlas de seda de cada lado até o peito — estes eram usados por poucos que não fossem *hajduks*. Gostavam particularmente de usar discos de prata sobre o tórax.

Eles tinham suas próprias danças de armas e canções, "principalmente canções sobre *hajduks*".[31] Se os cossacos e outros heróis bandidos tantas vezes ingressaram na cultura popular da Europa central e oriental, isso não significa necessariamente que os bandidos fossem sempre populares entre os camponeses de sua época.

Um outro grupo orgulhoso, autoconsciente, sobre o qual existem mais informações, é o dos mineiros. Sem dúvida, o risco do seu trabalho, os metais preciosos que descobriam, a diferença entre suas tarefas e as "normais", a concentração de mineiros em poucas regiões — tudo isso ajudou a criar a consciência que tinham de si mesmos. Na Europa central, as minas vinham prosperando no início do nosso período: Kutná Hora, uma cidade mineira na Boêmia, era a segunda cidade do reino, e novas cidades vinham brotando perto das minas, como Jachymov, também na Boêmia, conhecida na Alemanha como Joachimstal, ou as três Annabergs, na Saxônia, Silésia e Estíria. Os mineiros tinham os seus santos padroeiros próprios, como santa Ana (por causa do tesouro escondido que trazia em si), santa Bárbara (porque partiu para as montanhas) e o profeta Daniel (devido à sua associação com as idades do ouro e da prata). Suas roupas eram diferenciadas, e particularmente os capuzes. Tinham suas capelas, suas peças e suas canções, o *Bergreiheb* ou *Bergmannslieder*, e no século XVI foram publicadas coletâneas dessas canções. Tinham suas danças, como a dança dos mineiros de Durrenberg, que os imitava no trabalho; sobre isso há documentos do século XVII. Os mineiros tinham suas lendas, que se referiam principalmente aos espíritos das minas (o *Berggeist*, o *Bergmönch* e o *Bergmännlein*, ou anão), que guardavam os tesouros e precisavam ser apaziguados com oferendas. Esse tipo de lendas, sobre a descoberta de tesouros graças a auxílio sobrenatural, era corrente não só na Alemanha mas em áreas de mineração por toda a Europa, desde a Cornualha até os Urais. Dada a existência dessa rica cultura dos mineiros, não é de surpreender que o clérigo luterano Johann Mathesius, pastor de Joachimstal, tenha escrito hinos e sermões especialmente para eles.[32] Os mineiros, assim como os pastores, podem ter desenvolvido sua cultura própria por terem sido rejeitados pelo mundo que os rodeava. Os mineiros de carvão escoceses do século XVII estavam submetidos à servidão e eram desprezados, e em Fife não podiam ser enterrados nos mesmos cemitérios onde estavam os trabalhadores livres. Esta quadra espanhola tem um tom particularmente condescendente:

> *Pobresitos los mineros,*
> *Qué desgrasiaítos son,*
> *Pasan su bida en las minas,*
> *Y mueren sin confesión.**

Uma pintura do século XV sugere que o mundo exterior não fazia uma distinção cuidadosa entre os anões ou gnomos que viviam nas minas e os próprios mineiros, miúdos e encapuzados como andavam.[33]

VARIEDADES DA CULTURA POPULAR: AS CIDADES

A cultura popular rural, portanto, estava longe de ser monolítica. Apesar disso, ela pode ser contrastada com a cultura popular das cidades. Nas cidades, as festas ocorriam em escala muito maior; e, o que é mais importante, todo dia era uma festa, no sentido de que havia permanentemente à disposição diversões, oferecidas por profissionais. Pelo menos nas grandes cidades, os cantores de baladas e palhaços apresentavam-se o tempo inteiro, ao passo que os aldeães só os viam de vez em quando. As cidades abrigavam minorias étnicas, as quais mui-

---

* Coitadinhos dos mineiros,/ Que desgraçadinhos são,/ Passam sua vida nas minas,/ E morrem sem confissão.

tas vezes viviam juntas e partilhavam uma cultura que excluía os de fora. Os judeus em seus guetos são o exemplo mais evidente, mas também havia os mouros nas cidades do sul da Espanha, os gregos e eslavos em Veneza, e muitos outros grupos menores.

O sistema de guilda ajudava a dar a artesãos e comerciantes uma cultura comum, diferente da dos camponeses. As guildas tinham os seus santos padroeiros, suas tradições e rituais próprios, e organizavam tanto o trabalho como o lazer dos seus membros. As peças religiosas encenadas em várias cidades para a festa de Corpus Christi muitas vezes eram organizadas a partir das guildas, e o mesmo acontecia com algumas representações seculares, como o espetáculo do Lorde Prefeito de Londres. Em alguns carnavais alemães, a guilda dos açougueiros desempenhava papel de destaque, por vezes apresentando uma dança armada com seus trinchantes ou fazendo com que os seus aprendizes pulassem dentro de um rio. Muitas vezes as irmandades religiosas eram recrutadas a partir de guildas específicas. Os artesãos tinham seus mitos próprios, como o mito londrino de Dick Whittington ou as inúmeras estórias sobre os fundadores de certos ofícios. Eles eram exigentes quanto às pessoas que seriam admitidas no ofício, e, além dos filhos de pastores, podiam ser excluídos os filhos de mendigos, verdugos, coveiros ou menestréis, por não serem "gente honrada".[34]

Talvez devêssemos ser mais precisos, falando de culturas de artesãos no plural, distinguindo entre os tecelãos, os sapateiros, e assim por diante. Cada ofício tinha sua cultura própria, no que refere às suas habilidades particulares, transmitidas de geração a geração, mas pelo menos alguns deles parecem ter tido uma cultura própria em sentido mais amplo e completo. A documentação sobre essas culturas é uma mescla do que os membros do ofício diziam sobre si mesmos e o que os outros diziam deles; as evidências, se não são totalmente confiáveis, pelo menos são sugestivas. Pode-se partir das roupas da profissão. Os carpinteiros tendiam a usar aventais de couro e a carregar uma régua. Um alfaiate andaria bem-vestido com uma agulha e linha fincadas no casaco.[35] Existia também a "canção da profissão" (*Ambachtslied*, *Yrkevisa*).

Os tecelãos possuíam mais condições de ter uma cultura à parte do que a maioria dos artesãos. Entre eles, incluíam-se alguns trabalhadores relativamente orgulhosos e prósperos, que lidavam com materiais caros como a seda; eram numerosos e, na verdade, dominavam algumas cidades, como Norwich, Lyon e Segóvia; seu trabalho permitia-lhes ler, se quisessem, apoiando o livro no tear. Na Lyon do século XVIII, cerca de três quartos das pessoas que trabalhavam com seda eram letrados. Isso ajuda a explicar o predomínio dos tecelãos nos processos por heresia na Inglaterra, França ou Itália no início do século XVI. O lollardismo* exercia atração sobre os trabalhadores têxteis em Colchester, Newbury, Tenterden e outros lugares. O exemplo inglês é evidente para ser apresentado aqui, visto que a Inglaterra ocupava um lugar importante nas indústrias têxteis da Europa. Thomas Deloney, o tecelão que trabalhava seda e que se tornou escritor profissional, nunca deixou de se orgulhar de seu ofício anterior. Sua famosa estória *Jack of Newbury* apresentava um herói-tecelão, e o livro foi dedicado a trabalhadores têxteis para mostrar "a grande reverência e respeito a que homens do ofício tinham chegado em tempos anteriores". Nos séculos XVII e XVIII, Deloney foi reimpresso com frequência, às vezes em edições populares resumidas. Ele não foi o único escritor a levar em conta o público tecelão. O pastor presbiteriano John Collinges, por exemplo, poderia ser descrito como um Deloney espiritual. Ele era ministro em Norwich, e o seu *The weavers' pocket-book* [Livro de bolso dos tecelãos] dirigia-se particularmente aos profissionais daquela cidade que teciam fios de lã. Sua intenção era a de "espiritualizar" a arte da tecelagem, com instruções aos leitores sobre "como elevar meditações celestiais a partir das

---

* Lollardismo: seita inglesa ou escocesa que adotava os ensinamentos religiosos de John Wycliffe, teólogo e reformador do século XIV. (N. T.)

várias partes do seu trabalho". Imprimiam-se almanaques especiais para uso dos tecelãos, e o poema *The Triumphant Weaver* ("O tecelão triunfante"), publicado como livreto popular no final do século XVII, tratava em seus três cantos da antiguidade, utilidade e excelência do ofício. O louvor aos tecelãos em linho foi cantado num poema alemão semelhante, impresso em 1737:

> *Dass Gott sei ein Erheber*
> *Des Handwerks der Leinweber,*
> *Macht mir die Bibel kund.**

Mostras ainda mais expressivas da existência de uma cultura tecelã provêm de suas canções de trabalho, cantadas ao ritmo do tear. Muitas delas foram registradas no século XIX, de Lancashire à Silésia, numa época em que a tecelagem em tear manual vinha declinando. Provavelmente datam do século XVIII, se não antes, e sugerem que a cultura tecelã tinha uma marca internacional.[36]

Há também boas razões para se falar da existência de uma cultura sapateira, visto que os sapateiros constituíam um outro grupo letrado e autoconsciente. No século XVIII, 68% dos sapateiros de Lyon sabiam assinar seus nomes, proporção que não os deixa muito atrás dos tecelãos. Deloney invocou esse grupo em seu panegírico *The gentle craft* [O ofício distinto], que se lê como uma tentativa de se dar forma literária a tradições orais, e Dekker e Rowley recorreram a temas de Deloney, para convertê-los em peças. Nessas estórias, os sapateiros transformam-se em santos, e filhos de reis não desdenham praticar esse ofício "distinto", isto é, nobre. Os sapateiros aparecem como heróis também na Europa continental; na famosa canção folclórica francesa *Le petit cordonnier*, é o sapateiro que fica com a moça tão disputada. Sobrevivem

---

* Que Deus é um enaltecedor/ Do ofício do tecelão em linho,/ Faz-me a Bíblia saber.

canções e estórias germânicas em louvor à sapataria; da mesma forma os *skomakarvisa* escandinavos, isto é, canções de trabalho dos sapateiros, e a Pomerânia polonesa registra o *szewc*, dança do sapateiro.[37] Também se atribuíam comportamentos próprios aos membros deste ofício nobre. O estereótipo do sapateiro-filósofo remonta pelo menos até Luciano, no século II d.C, mas é fácil encontrar nos inícios da Europa moderna casos reais de sapateiros que, ao invés de se aferrarem às suas fôrmas de sapato, faziam-se de remendões de heresias. Jakob Boehme, de Görlitz, na Lusácia, é sem dúvida o sapateiro heterodoxo mais famoso desse período, seguido por Gonçalo Anes Bandarra, português do século XVI, cujas profecias foram levadas a sério durante séculos, apesar de ter sido preso pela Inquisição e ter abjurado de seus erros. Bandarra não foi o único sapateiro português do século XVI a se tornar famoso pelas suas opiniões religiosas. Luís Dias, de Setúbal, foi julgado, em 1542, por ter se proclamado messias, e o "santo sapateiro" Simão Gomes fez suas profecias no final do século XVI. A heterodoxia desses três homens pode ser explicada pela experiência de "cristãos novos", descendentes de judeus; já a dos outros sapateiros, não. Quando o calvinismo se difundiu em Cévennes, no século XVI, foi através de sapateiros. A Inglaterra também pode contribuir com seu quinhão de exemplos: John White, de Rayleigh, Essex, que declarou ser são João Batista, em 1586; Samuel How, o sapateiro-pregador que publicou *The Sufficiency of the spirit's teaching* [A suficiência do ensinamento espiritual, 1639]; Jacob Bauthumley, de Leicestershire, que era um *ranter*; Nicholas Smith, de Petworth, em Sussex, que publicou suas *Wonderful prophecies* [Profecias maravilhosas] em 1652; e, evidentemente, o quacre George Fox. Em Viena, nos anos 1790, três sapateiros faziam parte de um grupo que negava a divindade de Cristo.[38] Também podem-se encontrar sapateiros na vanguarda de movimentos políticos, como o "capitão Remendão" (Nicholas Melton), líder do levante de Lincolnshire, em 1536, e os 41 *cordonniers* entre os 514 *sans-culottes* militantes do Ano II (1793), estudados por Albert

Soboul.[39] O que os sapatos têm a ver com heresias e revoluções? Talvez seja simplesmente porque essa atividade sedentária oferecia tempo livre para refletir sobre a vida — era o equivalente urbano do pastoreio de carneiros.

Poderíamos continuar a percorrer a lista de guildas, e não esgotaríamos as complexidades da cultura do artesão. As guildas eram dominadas pelos mestres dos ofícios, mas os oficiais e aprendizes também tinham suas organizações e tradições. Os oficiais franceses, por exemplo, tinham os seus *compagnonnages* ou *devoirs*, cujos membros ativos consistiam principalmente de solteiros entre dezoito e 26 anos de idade. O historiador da economia há muito tempo se interessa por esses grupos enquanto protótipos de sindicatos que por vezes organizavam greves, como o "desafio corajoso" dos tecelãos londrinos, em 1768. Do ponto de vista do historiador da cultura, é mais importante dizer que esses grupos eram sociedades secretas com ritos de iniciação e mitos a respeito dos seus fundadores, formando uma "cultura fechada" ao lado da cultura popular, como um historiador francês recentemente colocou. Assim, os oficiais de impressores de Lyon, no século XVI, pertenciam à sociedade dos Griffarins, com um rito de iniciação secreto, apertos de mão, senhas e juramentos. Em Paris, uma série de *compagnonnages* praticava rituais semelhantes, e foram condenados por dez doutores da faculdade de teologia, em 1655. Importante para os oficiais franceses era o *tour de France*, o costume de que eles deviam de fato "viajar" ou percorrer o país por rotas mais ou menos estabelecidas, sabendo que seriam bem recebidos entre os colegas de ofício, onde quer que fosse. Essa instituição foi certamente um incentivo a uma cultura nacional dos oficiais.[40]

Os *compagnonnages* não se restringiam à França. Na Inglaterra, Thomas Gent, um oficial impressor, descreveu como foi sua iniciação numa estalagem em Blackfriars, por volta de 1713, que incluiu "golpear-me ajoelhado, com uma espada de lâmina larga; e derramar cerveja na minha cabeça", e lhe dar o título de "conde de Fingall". Na Alemanha, as migrações dos oficiais, que eram obrigatórias e duravam de três a quatro anos, estão muito bem documentadas; Hans Sachs, por exemplo, conta-nos que entre 1511 e 1516 ele foi a Innsbruck, no sul, a Aachen, no oeste, até Lübeck, no norte, e então retornou a Nuremberg. As perambulações dos oficiais poloneses do século XVII levavam-nos à Boêmia, Alemanha e Hungria. Sobreviveram várias canções de oficiais alemães desse período, incluindo descrições específicas de cenas cotidianas, que os suecos chamam de *Veckodagsvisa*, sobre o trabalho que não tinham feito a cada dia da semana. Um exemplo húngaro do gênero — que não consegui datar — diz:

> *Vasárnap bort iszom,*
> *Hétfőn nem dolgozom.*
> *Jó kedden lefekudni,*
> *Szeredán felkelni.*
> *Czütörtök gyógyulni,*
> *Pénteken számolni,*
> *Hej! Szombaton kérdezni,*
> *Mit fogunk dolgozni?* [*41]

Aos oficiais deveríamos talvez somar os pedreiros, e mesmo os mestres do seu ofício. Como os pedreiros passavam de emprego para emprego, sua unidade de organização não era a guilda da cidade, mas a "loja",[**] a oficina montada no local da construção. Como uma guilda, os pedreiros tinham seus santos padroeiros, em especial os *"quatuor coronati"* (quatro pedreiros romanos que foram mártires do cristianismo primitivo); mas, sob outros aspectos, a organização dos pedreiros se parecia mais com a dos oficiais do que dos mestres — eles iniciavam os membros novos com rituais assustadores, faziam-lhes jurar sigilo e ensinavam

---

* Domingo bebo vinho,/ Segunda não faço nada./ Terça é bom para descansar,/ Quarta para levantar./ Quinta para recuperar,/ Sexta para fazer as contas,/ Ei! Sábado para perguntar,/ O que temos para trabalhar?

** *Lodge*: Aqui o autor joga com dois sentidos da palavra, o de alojamento e o de loja maçônica, como se verá adiante. (N. T.)

sinais secretos de reconhecimento mútuo, ritual transmitido pelos pedreiros profissionais para os pedreiros-livres "especulativos" (isto é, maçons) que começavam a fundar suas próprias lojas no século XVIII. Existiam também rituais para as fundações de uma nova construção. Uma balada bastante conhecida da Europa oriental (*Kelémen* ou *Manole, o pedreiro*) registra a crença de que esse ritual por vezes incluía sacrifícios humanos. Os pedreiros também tinham um jargão próprio, registrado no século XIX, mas que provavelmente existia muito antes.[42]

Finalmente chegamos aos aprendizes. Existem provas de que às vezes atuavam como um grupo autoconsciente, até mesmo como um grupo formalmente organizado. Em Londres, dizia-se que eram mais propensos a ir a teatros e provocar tumultos — ao grito de "cacetes" (*clubs*) — do que os artesãos adultos. Alguns dos livretos populares ingleses pareciam se destinar aos aprendizes; pelo menos, satisfaziam às fantasias naturais desse grupo. Assim, uma balada chamada *The honour of a London prentice* [A honra de um aprendiz de Londres] corrente no século XVIII e, provavelmente, muito antes, conta-nos de um aprendiz da época da rainha Elizabeth que luta num torneio e se casa com a filha de um rei. Tendo em conta o grau de alfabetização dos artesãos franceses e a popularidade dos romances de cavalaria em livretos populares do outro lado do Canal, é curioso que não existam estórias equivalentes na França. Na Inglaterra, de qualquer forma, parece conveniente falar não só da "cultura do artesão", mas também da "cultura do aprendiz", uma forma inicial da cultura do jovem.[43]

É fácil exagerar e se deixar tentar pelo impulso de subdividir. Não podemos esquecer que os aprendizes se tornavam oficiais e até, às vezes, mestres; que os mestres, oficiais e aprendizes trabalhavam juntos na oficina, conversando e cantando enquanto trabalhavam; que as diversas guildas da cidade cooperavam entre si durante as grandes festas. Um outro fator que unia a cultura artesã e a cultura urbana, separando-as da cultura camponesa, era a alfabetização. Os habitantes da cidade tinham oportunidades muito maiores de aprender a ler e escrever do que os camponeses, visto que tinham mais acesso a mestres-escolas. Tinham mais contato com textos do que os camponeses, seja através de livros, cartazes ou pichações. As representações nas cidades, em Londres, por exemplo, ou em Granada, muitas vezes incluíam personagens segurando cartazes explicativos, que permitia a compreensão das imagens mais incomuns. Em Roma, do início do século XVI em diante, eram colados periodicamente versos satíricos na estátua de "Pasquino", para que os passantes os lessem e repetissem.[44]

OS ANDARILHOS

Agora talvez valha a pena parar e fazer um levantamento. Afirmamos que a cultura popular desse período estava longe de ser homogênea; que a cultura do artesão e a cultura do camponês divergiam de muitas maneiras; que a cultura do pastor e a do mineiro diferiam da do agricultor. O *quanto* diferiam é a questão mais importante e mais difícil de responder. Não se devem exagerar as diferenças mais pitorescas. Os mineiros tinham os "seus" santos, suas canções, suas peças, danças e lendas, mas eles eram selecionados dentre o repertório comum da cultura popular. Uma devoção especial a santa Ana, por exemplo, só tem sentido dentro do contexto de uma devoção mais geral pelos santos e, de qualquer forma, os mineiros não monopolizavam santa Ana. A ideia de Cristo como "o cordeiro de Deus" ou "o bom pastor" ou a frase "ele porá as ovelhas à direita, e os cabritos à esquerda" (*Mateus* 25, 33) podiam ter um significado especial para os pastores, mas esse significado especial dependia do significado comum dessas ideias na cultura em geral. Para descrever as diferenças entre as canções, rituais ou crenças dos nossos quatro grupos principais, o termo "subcultura" talvez seja mais útil do que "cultura", pois sugere que essas canções, rituais e crenças não eram totalmente, e sim parcialmente, autônomas, diferentes mas não separadas por completo do resto da cultura popular. A subcultura é um sistema de significados partilhados, mas as pessoas que participam dela também partilham os significados da cultura em geral.[45]

Não sendo urbanos nem rurais, uma série de grupos profissionais itinerantes também formavam subculturas, de caráter ainda mais evidentemente internacional do que as outras citadas até agora: os soldados, marinheiros, mendigos e ladrões.[46]

Na primeira metade do período, os soldados dos inícios da Europa moderna formavam um grupo internacional de mercenários, que pegavam a estrada no inverno, quando terminava a estação de campanha, e também entre as guerras. Os soldados desengajados (falsos ou verdadeiros) eram reconhecidos como uma categoria à parte de mendigos, designados pelos franceses como *drilles* e pelos italianos como *formigotti*. Eles podiam ser ladrões eficientes, como os bandos de *rougets* e *grisons* que atacaram os parisienses no início dos anos 1620. Depois de 1650, os exércitos mercenários foram gradativamente substituídos por exércitos nacionais, incluindo recrutados e voluntários, e os soldados, quando não estavam em campanha, ficavam confinados aos quartéis. Distinguindo-se pelos trajes, odiados, temidos — e admirados — pelos civis, é fácil perceber como os soldados formavam uma subcultura. Eles estavam à margem da sociedade comum; seu emprego era perigoso; os homens eram arrancados da sua cultura local tradicional; um regimento era uma "instituição total", fazendo exigências ilimitadas aos seus membros. Os soldados tinham a sua gíria própria e canções para cantar em marcha ou em campo; canções de batalha, canções de despedida, canções de recrutamento (como os *verbunkos* do Império Habsburgo no século XVIII), canções de desmobilização, canções que exprimiam o orgulho pela profissão de soldado e canções que exprimiam a desilusão com ela. Pensemos na canção *Landsknecht*, do século XVI, sem butins nem soldos ("*Es ging ein Landsknecht, über Feld... Er hat kein Beutel noch kein Geld*"), ou na dos hussardos prussianos do século XVII, com as mesmas preocupações e rimas:

Wir preussischen Hussaren, wann kriegen wir das Geld?
Wir müssen ja marschieren ins weite, weite Feld [...]
Und wer sich in preussische Dienst will begebn,
Der soll sich sein Lebtag kein Weibel nicht nehmn [...] *

Como a cultura dos mineiros e marinheiros, a cultura dos soldados era uma cultura de homens sem mulheres (mais ou menos). Foi, por acaso, o adeus de um soldado, uma canção escrita para os soldados do regimento de Württemberg, mandados para a África do Sul em 1787, que inspirou Arnim a compilar o *Wunderhorn*.[47]

A subcultura do marinheiro era ainda mais distinta do que a do soldado, decerto porque as tripulações viviam ainda mais isoladas da cultura popular comum do que os regimentos. Todo mundo conhece as canções do mar, cantadas pelos marinheiros durante o trabalho. Nos anos 1480, o frei Felix Fabri descreveu as canções de marinheiros como um diálogo "entre alguém que canta e manda e os trabalhadores que cantam em resposta". O autor anônimo do *Complaynt of Scotland* [Lamento da Escócia, 1549] menciona a visão de uma galeaça e as ordens do mestre para que os marinheiros puxassem a bolina:

> [...] than ane of the marynalis began to hail and to cry, and al the marynalis ansvert of that samyn sound, hou hou. pulpela pulpela. boulena boulena. darta darta. hard out steif, hard out steif. afoir the vynd, afoir the vynd. god send, god send. fayr vedthir, fayr vedthir [...]**

* Nós, hussardos-prussianos, quando conseguiremos dinheiro?/ Bem temos que marchar no vasto, vasto campo [...]/ E quem quer entrar no serviço prussiano/ Não pode se casar por toda a sua vida [...]

** [...] então um dos marinheiros começou a saudar e a gritar, e todos os marinheiros responderam com o som: puxa puxa, gente a gente a bolina bolina. inclina o gurupés, inclina o gurupés. à frente o vento, à frente o vento. deus dê, deus dê. bom tempo, bom tempo [...]

Não fica claro se esse diálogo era gritado ou cantado. Outra vez, quando o poeta português Camões, do século XVI, descreve o levantar da âncora (*Lusíadas* 2, 18), é "com a náutica grita costumada". De qualquer modo, na forma "clássica" da canção dos marinheiros, o mestre não canta ordens, mas canta uma cantiga, e o coro não repete as palavras do mestre, mas canta um refrão, como nesta canção marítima portuguesa para o levantar da âncora:

Mestre:
A grande nau Catharineta
Tem os seus mastros de pinho:

Coro:
Ai lé, lé, lé,
Marujinho bate o pé,

Mestre:
O ladrão do dispenseiro
Furtou a ração do vinho:

Coro:
Ai lé, lé, lé,
Marinheiro vira à ré.

É de se acrescentar que o líder da cantiga estava tradicionalmente autorizado a improvisar como quisesse e a insultar os oficiais impunemente. Essa forma de diálogo entre líder e coro pode ter sido extraída de antigas canções de trabalho africanas, e nesse caso isso ilustraria as influências exóticas que ajudaram a diferenciar a subcultura do marinheiro.[48]

Os marinheiros se distinguiam de vários modos dos homens de terra firme. Em primeiro lugar, pelas roupas; o marinheiro gascão do século XVI podia ser reconhecido pelo seu boné vermelho, o marinheiro inglês do século XVIII pelo seu rabo de cavalo, sua camisa xadrez e, acima de tudo, nessa época, sua calça. Os marinheiros também eram identificáveis pela sua linguagem, em que termos técnicos, gírias e pragas se multiplicavam para formar uma língua particular. Termos como "espicha", "lais" ou "vela da gávea maior" formavam um sistema de significados partilhados entre os marinheiros do qual estavam excluídos os homens de terra firme, criando uma solidariedade dentro da subcultura. Essa linguagem particular tende a ser apresentada pelos de fora com uma pitada de zombaria, como quando Ned Ward descreve os velhos lobos do mar ou *tarpaulins* [chapéus de oleado] nas tavernas londrinas, conversando em "dialeto" marítimo e reclamando que o canecão não "tem lugar para carga".[49]

Os marinheiros também tinham seus rituais próprios, como o batizado dos barcos ou libações lançadas ao mar em pontos perigosos da viagem (os marinheiros gregos e turcos jogavam pão ao mar quando passavam ao lado de Lectum, perto de Troia), ou a simulação de batismos ou de fazer a barba de quem estivesse cruzando o Equador pela primeira vez, atravessando o cabo Kullen (em águas dinamarquesas) ou o cabo Raz (na Bretanha). Os marinheiros tinham o seu folclore próprio, com destaque especial às sereias (tidas como figuras sinistras) ou navios-fantasmas, como o "Holandês Voador", uma versão marítima da *"Caçada Selvagem"*, onde se veem fantasmas cavalgando pelos ares. Eles tinham sua magia própria, como a de assobiar para fazer o vento soprar; sua arte própria, como arcas marítimas pintadas ou peças de madeira de mangue entalhadas (as miniaturas de navios em garrafas remontam apenas a meados do século XIX, com a produção em massa de garrafas) e suas danças próprias, como o *hornpipe*, fácil de se dançar sozinho num espaço pequeno. Eles tinham seu ritmo próprio de trabalho e lazer, com longos intervalos de tédio e frustração crescente a bordo (como os pastores e prisioneiros, tinham tempo livre para fazer entalhes elaborados), alternados com períodos curtos e violentos de diversão em terra. Se a disposição para rixas não era característica exclusiva deles, já o seu andar gingado certamente era. Os marinheiros frequentemente eram letrados, pelo menos na Marselha do século XVIII (50%, comparados aos 20%

dos camponeses homens), e tinham seus almanaques próprios, com informações sobre as marés cheias e as prumadas em diversos ancoradouros. Eles tinham suas estalagens próprias nos portos e suas próprias confrarias, muitas vezes dedicadas a são Nicolau, como em Lübeck e Riga. Não admira muito encontrar clérigos especialmente empenhados em penetrar na subcultura dos marinheiros, da mesma forma como faziam no caso dos mineiros. John Ryther, de Wapping, dito "o pregador dos homens do mar", adotou o texto sobre Jonas e publicou os seus sermões como *A plat for mariners* [Um mapa para marinheiros, 1675]. John Flavel, ministro em Dartmouth, também se concentrou no público marinheiro, com a sua *Navigation spiritualised* [Navegação espiritualizada, 1682], onde ele comparava o corpo a um navio, a alma à sua mercadoria, o mundo ao mar, e o céu ao porto para onde o marinheiro precisa se dirigir com orientação.[50]

Novamente devemos ter cuidado em não traçar com excessiva nitidez os limites da subcultura. Não eram apenas os marinheiros que cantavam canções do mar, e não eram apenas canções do mar que cantavam os marinheiros. Os pescadores viviam em aldeias e viam suas mulheres com mais frequência do que os marinheiros, mas ainda partilhavam em boa medida a sua cultura marítima. Também batizavam os barcos-novos (na Bretanha, o barco tinha padrinho e madrinha). Pescadores e marinheiros tinham a mesma preocupação com tempestades e naufrágios, e, se estavam em perigo, faziam votos nos mesmos altares, como Nossa Senhora de Bonaria, na Sardenha, ou Notre Dame de Bon Port, perto de Antibes. Seus provérbios derivavam da mesma experiência. O provérbio inglês "prepare o feno enquanto o sol brilha" (isto é, aproveite a oportunidade enquanto é tempo) tem um sabor marítimo em holandês: "Tem que se navegar enquanto o vento está a favor" (*men moet zeilen, terwijl de wind dient*). Ademais, é difícil saber se se incluem ou se excluem os barqueiros de grandes rios, como o Danúbio, o Volga e o Vístula. Eles também viviam uma vida diferente dos homens de terra firme e desenvolveram uma linguagem particular. A gíria dos barqueiros do Vístula foi registrada no século XVII por um poeta polonês: ela tem um sabor antes germânico. O nome de um aprendiz de piloto era "Fritz", e *lad* [terra] designava o banco do rio.[51]

A mais diferenciada entre todas as subculturas populares era a dos mendigos e ladrões, reconhecida e evocada na literatura picaresca, notadamente em *Guzmán de Alfarache*, de Alemán, e na "novela exemplar" de Cervantes, *Rinconete y Cortadillo*, Os valores dos ladrões e mendigos profissionais (principalmente os falsos) eram necessariamente diferentes dos do mundo normal que eles exploravam. Essa separação ficava nitidamente marcada na linguagem. Os mendigos e ladrões tinham seu calão ou jargão próprio, termos que se referiam à linguagem particular desse grupo social, antes de virem a significar algum tipo de gíria; e muito a propósito, pois o jargão de uma subcultura criminosa é necessariamente mais autoconsciente, mais cuidadosamente deliberado para excluir elementos de fora, do que os jargões de outros grupos profissionais. Na gíria dos ladrões do século XV, na Itália, registrada pelo poeta Luigi Pulci, uma moça era *pesce* [peixe], a estrada era *polverosa* [poeirenta], os florins eram *rughi* [rugas], e assim por diante. Na Londres elisabetana, *cony* [coelho] era uma vítima, *cony-catcher* [apanhador de coelhos] era um trapaceiro de confiança, *prigger of prancers* [picador de empinadores] era um ladrão de cavalos, um *nip* roubava as bolsas, cortando-as dos cintos a que vinham presas, e não tinha nada a ver com um *foist* que pilhava bolsos.[52] Na Espanha, a especialização parece ter sido ainda maior, e García, um contemporâneo da época, distingue entre treze tipos de ladrões, como os *devotos*, que só agem em igrejas, e os *mayordomos*, que só trapaceiam estalajadeiros. Tal divisão de trabalho sugere um alto grau de organização, e García chega a descrever a "república" dos ladrões e gatunos, com seu chefe, sua hierarquia e suas leis. Na época, era corrente a ideia de guildas de ladrões, com seus aprendizes e mestres. Cervantes construiu *Rinconete y Cortadillo* em torno dessa ideia, ao passo que dois contos populares da coletânea dos Grimm, os de número 129 e 192, referem-se a mestres ladrões e seu orgulho profissional. Existe uma estória parisiense do século XVII sobre a forma como um rapaz "passa a mestre" entre os cortadores de bolsas, desempenhando uma operação difícil que lhe fora imposta pelos mais velhos. É difícil determinar se essas guildas realmente existiram; se não existiram, seria necessário inventá-las, para satirizar o mundo respeitável e ilustrar o lugar-comum do "mundo virado de cabeça para baixo". Entretanto, os ladrões realmente tinham o seu rito de iniciação próprio, conhecido na Londres elisabetana como *stalling to the rogue*, investidura na dignidade da malandragem; como outras iniciações de artesãos, o rito incluía o derramamento de um quarto de cerveja sobre a cabeça do candidato à admissão. Eles tinham suas próprias instituições de treinamento; o escrivão Fleetwood, de Londres, escreveu a William Cecil, em 1585, relatando a descoberta de uma "escola montada para ensinar rapazinhos a cortar bolsas", perto de Billingsgate. Esse exótico mundo criminal era uma dádiva para os escritores profissionais dos inícios da Europa moderna, a quem devemos a maior parte do que sabemos sobre ele. Nem sempre é fácil determinar se um certo detalhe é fruto da imaginação fértil do criminoso ou da pessoa que escreveu sobre ele. Mas, se se pode duvidar dos detalhes específicos, já não é o caso quanto à existência da subcultura criminosa.[53]

VARIAÇÕES RELIGIOSAS E REGIONAIS

Os mendigos e ladrões podem ser considerados antes elementos de uma "contracultura" do que de uma subcultura, no sentido de que não só diferiam do mundo à sua volta, mas também o renegavam. O mesmo vale para algumas seitas cristãs, notadamente os anabatistas na Alemanha e Países Baixos, os huguenotes na França, os quacres na Inglaterra, "povo peculiar" cuja contracultura se mostrava de maneira particularmente evidente, afetando sua linguagem e indumentária, e os "velhos crentes"* na Rússia. Olhando-se a Europa como um todo, entre 1500 e 1800, as diferenças religiosas estão entre as diferenças culturais mais impressionantes. Em 1500, a Europa cristã já estava dividida entre católicos e ortodoxos; logo viria a se dividir ainda mais, com o surgimento do protestantismo. Algumas das diferenças entre a cultura católica e a protestante serão discutidas adiante (p. 288 ss.).

Em todo caso, alguns europeus do período não eram cristãos. Havia os judeus, principalmente nas cidades do Sul da Espanha e do Leste da Europa, e havia os muçulmanos, mais ou menos nas mesmas áreas, cada um com seus valores e rituais próprios. Os judeus da Espanha e da Europa oriental tinham seus menestréis, suas canções folclóricas, suas peças, como as peças de Ester registradas no século XVI. Os judeus da Espanha adotaram baladas da cultura que os rodeava, mas adaptaram-nas para seu uso próprio, expurgando as referências cristãs. Os muçulmanos da Bósnia falavam uma língua parecida com a dos sérvios ortodoxos e cantavam épicos heroicos semelhantes sobre as guerras entre cristãos e muçulmanos, mas, como observou Karadžić ao coletar essas canções, "nas versões deles, geralmente era o seu próprio povo que vencia".[54] Os muçulmanos da Espanha foram convertidos à força depois da tomada de Granada pelos cristãos, em 1492, mas isso não apagou sua cultura particular, que se manteve sólida por todo o século XVI, e mesmo depois. Os mouros praticavam secretamente sua religião, guardando a sexta-feira como dia de descanso, jejuando durante o Ramadã e, depois, correndo pelas ruas e atirando água perfumada e laranjas, como os cristãos, durante o Carnaval. Eles tinham os seus homens santos, ou faquires, e seus amuletos, com versos extraídos do Corão. Estavam proibidos de falar, ler ou escrever em árabe, mas isso não os deteve;

---

* No original *Old Believers*: os que se recusavam a aceitar as reformas da Igreja russa do século XVII.

e, quando falavam espanhol, era um espanhol característico. Tomavam um número de banhos muito maior do que os cristãos por razões religiosas, e suas mulheres continuavam a usar véu. Apesar das denúncias do clero, continuavam a dançar a *zambra*. Partilhavam com seus vizinhos cristãos o gosto pelas baladas e romances de cavalaria, mas nas suas versões, como na Bósnia, eram os muçulmanos heroicos que venciam.[55]

Judeus e mouros, evidentemente, constituíam minorias religiosas e étnicas, e suas culturas características não podem ser analisadas em termos apenas religiosos. Igualmente característica era a cultura de uma outra minoria étnica, os ciganos, muitas vezes designados, nesse período, como "egípcios", "sarracenos" ou "boêmios", que apareceram na Europa no começo do século XV.* Gente respeitável frequentemente os associava aos mendigos e ladrões, mas os ciganos mostram ter se conservado como grupo distinto do resto, tanto nos costumes como na linguagem. Nos século XVI e XVII, já praticavam as atividades pelas quais são conhecidos atualmente. Os homens eram funileiros ambulantes, comerciantes de cavalos, amestradores de ursos e músicos, enquanto as mulheres dançavam e liam a sorte através das mãos. Eram suspeitos de magia, pactos com o demônio e ignorância ou recusa da verdadeira religião. "Eles não sabem o que é a Igreja e não entram nela a não ser para cometer sacrilégio. Não conhecem nenhuma oração [...] comem carne o tempo inteiro, sem respeitar a sexta-feira nem a Quaresma." Contudo, o interesse dos ciganos por artes como dança e canto contribuiu para uma certa interação entre eles e pessoas mais sedentárias. Os músicos ciganos eram populares na Hungria e outros lugares da Europa central durante o século XVIII e deixaram marcas indeléveis na música popular da região.[56]

As variações mais evidentes na cultura popular foram deixadas quase por último — as variações sexuais e regionais.

---

* Ainda hoje a palavra utilizada em inglês para designar cigano é *gipsy*, derivada diretamente de *Egyptian* (egípcio).

Há muito pouco a se dizer sobre as mulheres, por falta de provas. Tanto para os antropólogos sociais como para os historiadores da cultura popular, existe um "problema das mulheres". A dificuldade de reconstruir e interpretar a cultura dos assim chamados inarticulados é aqui mais aguda; a cultura das mulheres está para a cultura popular assim como a cultura popular está para o conjunto da cultura, de modo que é mais fácil dizer o que ela não é do que o que ela é. A cultura das mulheres não era a mesma que a dos seus maridos, pais, filhos ou irmãos, pois, ainda que muitas coisas fossem partilhadas, também existiam muitas das quais as mulheres estavam excluídas. Elas estavam excluídas das guildas e, frequentemente, também das irmandades. O mundo das tavernas tampouco era para elas. As variações profissionais entre as culturas dos agricultores e pastores, mineiros e marinheiros poderiam ter um significado relativamente pequeno para as suas mulheres. Pelo menos na Europa oriental, as mulheres tinham suas canções próprias. Uma coletânea de canções populares da Galícia distingue entre "canções de mulheres" (*pięśni zenśkie*), principalmente cantigas de amor, e "canções de homens" (*pięśni męskie*), principalmente baladas. Karadžić fez a mesma distinção para a Sérvia, embora tenha notado que os rapazes às vezes cantavam o que ele chamou de "canções de mulheres". As mulheres das aldeias francesas se reuniam para as *veillées*, na qual fiavam, cantavam e contavam estórias (com ou sem visitantes masculinos). As mulheres tinham suas próprias canções de trabalho, tais como canções de fiar, canções de empastamento da lã (para o encolhimento do tecido) e canções de moer cereais. Se há algo de claro nessa área obscura é o fato de que a cultura das mulheres era mais conservadora do que a dos seus homens, vindo a se distinguir cada vez mais dela com o decorrer do tempo. As mulheres eram muito menos letradas do que os homens. Em Amsterdam, em 1630, 32% das noivas sabiam assinar o nome, contra 57% dos noivos, e na França como um todo, no final do século XVII, cerca de 14% das noivas sabiam assinar, contra 29% dos seus noivos. Assim, a palavra escrita somava-se

83

à lista de itens culturais não partilhados pelas mulheres, e elas começaram a superar os homens como guardiãs da tradição oral mais antiga. Quando as mulheres liam, eram tipos específicos de livros, ou, para nos manter mais adstritos às evidências, os escritores e impressoras da Inglaterra e Países Baixos destinavam certos livros a um público feminino. A religião, em particular a religião extática, concedia às mulheres um meio de autoexpressão. Podem-se encontrar mulheres pregadoras entre as seitas da Guerra Civil inglesa e os huguenotes da Cévennes.[57]

Se é muito pouco o que se pode dizer acerca das variações por sexo na cultura popular, o contrário vale para as variações regionais. As provas estão por todos os cantos, quer se olhe para a cultura material ou imaterial, objetos artesanais ou apresentações. A cultura popular era percebida como cultura local. *A cada terra el seu ús* [a cada terra, o seu uso], dizia o provérbio catalão. Era a região, a cidade ou mesmo a aldeia o que determinava a lealdade entre aquelas pessoas; essas unidades formavam comunidades fechadas, com estereótipos hostis contra os forasteiros, relutando em admitir novas pessoas ou novos costumes. A guerra dos camponeses alemães de 1525 fracassou principalmente porque os grupos de camponeses de regiões diferentes não cooperaram o suficiente entre si. No final do século XVII, um pároco de Sologne descreveu seus paroquianos da seguinte forma: "Eles só amam sua própria região (*leur pays*) [...] não estão interessados nas novidades ou condutas de outras partes, mas mantêm-se totalmente afastados de tudo o que ocorre no resto do mundo".[58] Ele bem podia estar falando de muitas partes da Europa.

A variação regional na cultura era de fato muito grande, e remontava havia muito tempo. A mitologia céltica não havia desaparecido da Escócia ou Irlanda, do País de Gales ou da Bretanha, durante esse período: o culto às fontes de água se mantinha, e na Cornualha ainda se falava uma língua celta. Os bretões se orgulhavam dos seus santos locais, como Nonna e Corentin, muitos deles desconhecidos em outros lugares e que podiam ser divindades pré-cristãs batizadas. Os moldes célticos de povoamentos dispersos diferenciavam o País de Gales do século XVI de sua vizinha Inglaterra. Da mesma forma, a mitologia norueguesa havia sobrevivido em partes da Escandinávia. Nos Alpes escandinavos e na Lapônia, o deus nórdico Tor ainda era venerado no século XVIII, e guardava-se a quinta-feira como dia santo. Mitos noruegueses sobreviveram na Escandinávia, sob a forma de baladas tradicionais. Na Lituânia (que se tornou oficialmente cristã apenas no século XIV) e na Rússia, os cultos pré-cristãos eram extremamente evidentes. Em 1547, dizia-se que os lituanos ainda adoravam os seus tradicionais deuses Perkúnas, Laukosargas e Zemepatis; em 1549, o embaixador imperial Herberstein observou que, na região russa de Perm, "ainda se encontram idólatras nas florestas" e que o velho deus do trovão, Perun, ainda era reverenciado.[59] (As florestas, assim como as montanhas, são barreiras eficientes contra a difusão de novas crenças e costumes.)

Tais tradições étnicas duradouras contribuíram para as variações regionais, mas não foram sua única causa. A região constituía uma unidade cultural por razões ecológicas, visto que o ambiente físico diferente favorecia, se é que não impunha, modos diferentes de vida. Italianos construíam em pedra, holandeses, em tijolos, e russos, em madeira, por razões suficientemente óbvias. As baladas de fronteira inglesas e escocesas refletem o modo de vida de uma comunidade de fronteira, com sua ênfase sobre gados e parentes, rixas e incursões. Quando os contos folclóricos migravam de uma para outra região, eles podiam ser modificados de modo a torná-los mais significativos, introduzindo-se referências a atividades locais. Num conto popular grego sobre são Nicolau, ele vinha em auxílio dos marinheiros em aflição; na versão corrente na Rússia, ele ajudava um camponês cuja carroça atolara.[60]

A importância da região para o estudo da cultura popular foi formulada do modo mais preciso e magistral por um dos grandes folcloristas do século XX, Carl von Sydow, que adotou dos botânicos o termo "ecotipo", referente a uma variedade botânica hereditária adaptada a um certo meio pela seleção natural, e aplicou-o em seus estudos de contos folclóricos. Ele sustentava que uma determinada tradição "sofre um processo de unificação em sua própria área através do controle mútuo e influência recíproca dos seus portadores", de modo que se forma um ecotipo de conto popular. Ele ressaltou a importância das barreiras para a difusão. Existem barreiras linguísticas, que sustam em particular a difusão de poesias; e existem barreiras políticas, fronteiras que sustam o movimento dos portadores de tradições. Os aldeões, observou Von Sydow, não aprendem com os vizinhos, a quem muitas vezes são hostis; esta é uma terceira barreira à difusão. Duas crenças podem ter a mesma função e assim se excluem mutuamente; onde uma delas está presente na tradição popular, ela forma uma quarta barreira, pois a outra então é supérflua, e, se é introduzida, não se popularizará.[61]

Essas questões são importantes, e os historiadores provavelmente vão considerá-las bastante plausíveis. No entanto, não esgotam o conjunto. Um dos argumentos centrais do presente livro — e sua única justificativa — é o de que o nível regional não é o único nível em que se deve estudar a cultura popular.

O conceito "região", na verdade, é menos preciso do que parece. É possível enumerar as regiões em que se divide a Europa? Se não é possível, está lançada a dúvida sobre a eficiência das barreiras. As unidades mais evidentes a se tomar são as províncias, como as antigas províncias francesas, antes da introdução dos *départements*, no final do nosso período. A Bretanha é uma região? Ou são duas regiões, a Alta Bretanha e a Baixa Bretanha? A divisão entre as duas não foi meramente administrativa, e sim cultural: a Alta Bretanha, no século XVII, falava francês, e a Baixa Bretanha falava bretão. No entanto, podem-se encontrar ecotipos num nível mais básico do que este. Na Baixa Bretanha, era possível distinguir entre o dialeto bretão falado na Cornualha e o corrente em Morbihan ou no Finistère. A antiga Cornualha bretã era uma "região"? Ou ela pode ser decomposta nas aldeias que a constituíam? Existe alguma razão para se parar de dividir, antes de se chegar à família ou mesmo ao indivíduo? Seria o mesmo caso se adotássemos outros critérios ou tomássemos outras regiões. A arte popular da Noruega e Suécia do século XVIII se destaca caracteristicamente da arte do resto da Europa. Se observarmos mais detalhadamente a Suécia, veremos que é possível distinguir entre a pintura da Suécia central (em especial Dalarna e Hälsingland) e a do sul (em especial Småland e Halland). Observando Dalarna mais cuidadosamente a encontramos dividida em duas regiões, Rättvik e Leksand... Os trajes dos camponeses moravianos do século XIX distinguiam-se dos da Eslováquia vizinha. Mas a Eslováquia moraviana formava uma unidade própria, subdividida em nada menos que 28 "distritos de trajes".[62] Parece termos voltado ao problema de Toynbee, à impossibilidade de enumerar culturas ou subculturas, por serem sistemas vagamente delimitados.

Assim como as províncias podem ser decompostas em unidades culturais menores, da mesma forma podem ser proveitosamente fundidas em unidades maiores, como nações e até grupos de nações. A língua constitui uma barreira, é verdade, mas é uma barreira que pode ser rompida. As baladas podiam seguir as rotas comerciais da Escandinávia à Escócia, ajudadas pelo fato de que as línguas não tinham estruturas tão diferentes entre si, de modo que alguns lugares-comuns das baladas podiam ser adotados com alterações mínimas. Assim, o meio-verso *"Op staar"* ou *"Op stod"* podia ser vertido como *"Up then started"* ou *"Up and spake"*; *"Ind saa kom"* podia virar *"In then came"*; *"den liden Smaadreng"* podia ser traduzido como *"his little foot-page"*. O mesmo vale para algumas fórmulas de baladas norueguesas: *fager og fin* corresponde para os escoceses a *fair and fine*, *baka og bryggje* a *bake and brew*.

As verdadeiras barreiras não são tanto as que separam as línguas, mas sim os grupos linguísticos; isso é o que nos sugere a difusão de uma parelha de versos subversivos, que associamos a John Ball e à revolta dos camponeses de 1381:

> *When Adam delved and Eve span,*
> *Who was then the gentleman?**

Essa parelha ficou praticamente restrita às línguas germânicas, que podiam manter a rima sem alterações; ela está registrada em alemão, holandês e sueco, todos do final do século XV:

> *Da Adam reütet und Eva span*
> *Wer was die Zeit ein Edelman?*

> *Wie was doe de edelman*
> *Doe Adam graeff ende Eva span?*

> *Ho war tha een ädela man*
> *Tha Adam graff ok Eva span?*

Ela era menos conhecida nas línguas eslavas, onde não fluía tão bem; em polonês, por exemplo, ficou:

> *Gdy Adam z Ewą kopał,*
> *Kto komu na ów czas chłopał?*** [63]

As estórias podiam viajar ainda mais facilmente. A variação regional visível às vezes oculta uma unidade subjacente. As pessoas de Cava, no reino de Nápoles, eram representadas como tolas numa série de estórias locais, que se suspeitam terem sido propagadas pelos seus rivais da vizinha Salerno. O que seria mais local do que isso? No entanto, um levantamento europeu traz à luz estórias sobre os tolos de Beira, em Portugal, de Fünsing, na Baviera, de Mundinga, na Suábia, de Mols, na Dinamarca, de "Malleghem", em Flandres, ou, para virmos mais perto de nós, de Gotham, em Nottinghamshire. Algumas

---

* Quando Adão cavava e Eva fiava,/ Onde então o fidalgo estava?
** Quando Adão e Eva cavavam,/ Quem era então o camponês?

estórias idênticas correm nessas regiões diferentes, como por exemplo: "quatro homens carregam o cavalo para não calcar o campo" ou "um cavaleiro leva o saco de comida nas costas para aliviar a carga da sua montaria".[64] As cores locais foram aplicadas a um perfil padronizado. Esse exemplo não é isolado; muitos enredos de baladas e contos populares foram registrados em cantos opostos da Europa. Um exemplo famoso é a balada que os holandeses chamam de *Heer Halewijn*. Ela fala de uma moça que vai com um homem para a floresta, descobre que ele tenciona matá-la, mas consegue enganá-lo e mata-o com a própria espada dele. Essa balada é muito conhecida na Alemanha e na Escandinávia, e aparece na Grã-Bretanha sob a forma de *Lady Isabel and the elf-knight* [Lady Isabel e o cavaleiro elfo, Child 4]. Ela também é conhecida fora da área de língua germânica, como na Polônia e na Hungria, onde é chamada de *Molnár Anna*. E ainda a estória da "donzela salva", que inutilmente pede socorro a cada membro de sua família e é afinal salva pelo seu amado, é conhecida em regiões tão distantes e com tradições culturais tão diferentes quanto a Inglaterra, a Finlândia e a Sicília. Evidentemente, é preciso indagar que proporção de seus contos uma determinada região partilha com outras, mas, nesse campo, ainda está por se fazer uma pesquisa.[65]

O cristianismo havia muito tempo vinha convertendo a cultura europeia num conjunto unitário. As mesmas festas eram celebradas por toda a Europa; os mesmos santos principais eram venerados em todos os lugares; espécies semelhantes de peças religiosas eram encenadas. Mesmo os muçulmanos foram influenciados pelo cristianismo popular. Na Dalmácia do século XVIII, os muçulmanos recorriam a padres cristãos, pedindo um *zapis*, um pedaço de papel com inscrições de nomes sagrados, usado como talismã no turbante ou colocado nos chifres do gado, para protegê-lo. As melodias viajavam de uma ponta a outra da Europa — e mesmo além —, ainda que, nesse percurso, se separassem da letra original. Os modelos das casas se repetem sempre que a necessidade deles se repete. A casa de pedra apúlia, ou *trullo*, por muito tempo foi considerada única, mas existem equivalentes seus na Espanha e na Irlanda. Mesmo padrões formais, como decorações geométricas em arcas de enxoval, podem ser encontrados de um extremo a outro da Europa.[66]

Na verdade, seria um erro determo-nos no extremo da Europa. Um folclorista ilustre acentuou que "as terras da Irlanda à Índia formam uma importante área de tradição, onde se encontram as mesmas estórias". Contos populares árabes, como os relatados em *O livro de Simbá*, e hindus, como os do *Panchatantra*, circulavam na Europa muito antes de 1500. O teatro popular turco tradicional incluía um tipo de peça, *orta oiunu*, elaborada em torno de diálogos cômicos entre um patrão e seu criado bufão, em tudo parecidos a Pantalone e Pulcinella. A festa Holi na Índia, onde os papéis são invertidos, os chefes da aldeia são encharcados de água — ou coisa pior — e têm de montar de costas num asno, é, para dizê-lo de modo leve, "carnavalesca". Sentimo-nos tentados a seguir o exemplo de Jacob Grimm e dos linguistas do início do século XIX e pensar em termos de uma cultura "indo-europeia".[67] Ou será ir longe demais?

Existem pouquíssimos estudos sérios que podem nos auxiliar a decidir. O que a área indo-europeia tem culturalmente em comum só pode ser descoberto com uma comparação sistemática com outras partes do mundo, por exemplo, o Japão. A tentativa mais séria feita até agora foi a "amostragem etnográfica do mundo" (referente a sociedades e também à cultura em nossa acepção), de Murdock, que dividia o mundo em seis regiões; ele agrupou a Europa, o Oriente Próximo e o norte da África na região "Circum-Mediterrânica", mas não incluiu a Índia.[68] Para serem convincentes, os estudos sobre a unidade e a diversidade indo-europeia terão de ser tão rigorosos como a obra de Von Sydow. Terão de ser quantitativos, tentando estabelecer a proporção em que uma determinada região partilha sua cultura com os seus vizinhos.

Enquanto isso, parece aceitável limitarmo-nos à Europa, sugerir que o nível regional não é o único nível em que se deveria estudar a cultura popular tradicional e que talvez seja útil falar em subculturas regionais tal como falamos de subculturas profissionais. A separação entre a subcultura e o resto da cultura popular não deve ser exagerada em nenhum desses casos. A cultura catalã, digamos, tal como a cultura dos mineiros, é uma seleção a partir do repertório comum, e não algo totalmente diferente. Não são os motivos e sim a combinação específica de motivos que permite ao especialista dizer que uma determinada pintura vem de Rättvik e não de Leksand. O propósito do presente livro é dizer algo sobre esse repertório comum, esses elementos a partir dos quais se formaram os padrões locais.

Para dizê-lo de outra forma: existiu uma grande variação regional na cultura popular dos inícios da Europa moderna, mas essa variação era estruturada e coexistia com outros tipos de variação. Os folcloristas compilaram atlas de cultura popular a nível nacional ou regional, um estudioso de baladas identificou sete "distritos de baladas" e os antropólogos dividiram a África em "áreas culturais", mas ninguém, até onde sei, tentou descrever a geografia cultural da Europa como um todo.[69] Isso é uma tarefa para um livro, não para um parágrafo; no entanto, a forma como poderia se estruturar um tal livro é extremamente relevante para o argumento deste capítulo.

Uma geografia cultural da Europa teria de ser histórica, voltada para as transformações de longo prazo. Também teria de levar em conta um grande número de diferenças ou oposições culturais que muitas vezes se sobrepõem, mas raramente coincidem entre si. Existe o contraste, por exemplo, entre aldeolas e vilarejos; as aldeolas predominam ao longo da costa atlântica e entre os eslavos do sul, e os vilarejos nos outros lugares. A vida dos vilarejos — e sobretudo o envolvimento com o comércio — parece ter incentivado a consciência política, desde a Guerra Camponesa alemã até a Revolução Francesa. O tipo de vilarejo irregular e compacto contrasta com o vilarejo linear planejado, associado à colonização de terras ermas. Assim, existe uma geografia da arquitetura vernacular, em parte moldada pela disponibilidade de materiais de construção: áreas onde predominava a pedra, em torno do Mediterrâneo, áreas onde predominava a madeira, como na Noruega ou na Rússia, e áreas de tijolos, que no século XVII vinham substituindo a madeira nos Países Baixos e em outros locais. Existe uma geografia da alfabetização. Na França dos séculos XVII e XVIII, a divisão entre o nordeste letrado e o sudoeste relativamente iletrado seguia uma diagonal que saía de Mont-Saint-Michel e ia até o lago de Genebra. Na Europa como um todo, no século XVIII, havia uma área de alto grau de alfabetização no noroeste (Suécia, Prússia, Grã--Bretanha) e uma área de baixo grau de alfabetização no sul e leste. Os protestantes letrados contrastavam com os católicos menos letrados e os cristãos ortodoxos ainda menos letrados, sobrepondo-se ao contraste entre o norte mais frio e escuro, onde as atividades culturais se desenvolviam principalmente a portas fechadas, e o sul mais quente e luminoso, onde a cultura popular estava associada ao ar livre, à *piazza* ou à *plaza*.[70] No sul, a festa de primavera do Carnaval era mais importante; no norte, era a festa de verão da noite de São João. E havia ainda a divisão linguística entre românico, germânico e eslavo, complicada por grupos linguísticos menores, como o celta e o fino--úgrico. Havia a divisão social entre os camponeses a leste do Elba, submetidos à servidão nos séculos XVI e XVII, e os camponeses a oeste, que eram relativamente livres.

A seguir, há os contrastes que podem se encontrar em diversas partes da Europa, entre zonas de terras altas e terras baixas, florestas e clareiras, regiões costeiras e interioranas, áreas centrais e fronteiriças. Estudiosos das baladas inglesas e escocesas sabem muito bem como elas brotaram das condições de vida na fronteira, mas a fronteira entre a Inglaterra e a Escócia era apenas uma entre várias que também estimulavam baladas e visões de mundo heroicas. A fronteira entre os Impérios Otomano e Habsburgo na Croácia e Hungria constituía um mundo heroico em escala menor do que os limites ocidentais, centrais e orientais entre a Inglaterra e a Escócia, mas seus valores e canções eram semelhantes em muitos aspectos.[71] Também os cossacos eram uma espécie de homens de fronteira.

O padrão formado pela interação de todos esses contrastes pode ser muito grosseiramente resumido como uma distinção entre três Europas: noroeste, sul e leste. Assim, a Europa do sul, a Europa mediterrânica falava o românico, era católica (com bolsões de huguenotes, muçulmanos etc.), com uma cultura ao ar livre, "a casa de pedra de quinhentas toneladas" (como Chaunu a designa), baixo grau de alfabetização (com bolsões de alto grau de alfabetização, na Itália do século XVI) e um sistema de valores com grande ênfase na honra e desonra.[72] Contudo, para entender a cultura de uma comunidade particular, é preciso não só situá-la dentro de uma dessas Europas, mas também relacioná-la aos eixos de contraste que acabamos de descrever. A cultura, digamos, de uma vila de pescadores bretões precisa ser vista como parte, não de um, mas de vários conjuntos: parte da cultura francesa, da cultura marítima, da cultura céltica, da cultura católica, e assim por diante. Sempre que vários contrastes coincidissem, poder-se-ia ver uma diferenciação cultural relativamente aguda. Os tecelãos huguenotes em Spitalfields, no século XVIII, compunham ao mesmo tempo uma subcultura étnica, religiosa e profissional, assim como os sapateiros judeus na Europa central. De fato, a Reforma pode ter exercido atração sobre alguns grupos étnicos ou profissionais por reforçar seu sentido de identidade coletiva; dificilmente terá sido por acaso que na Transilvânia, onde conviviam três grupos linguísticos, os alemães tenham adotado de modo geral as doutrinas do seu conterrâneo Lutero, os húngaros tenham virado calvinistas e os romenos tenham se mantido ortodoxos.

INTERAÇÃO

Dada a existência de grandes e pequenas tradições, por variadas que fossem, nos inícios da Europa moderna, era natural que existisse uma interação entre elas. A natureza dessa interação tem sido muito discutida. Swift descreveu as "opiniões como moda" "sempre descendo dos de qualidade para o tipo médio, e daí para o vulgo, onde finalmente elas caem em desuso e desaparecem".[73] Os descobridores da cultura popular, como Herder e os Grimm, inverteram essa concepção, julgando que a criatividade provinha de baixo, do povo. Os folcloristas na Alemanha do início do século XX, que discutiram essa questão de forma explícita e exaustiva, voltaram à concepção anterior. Sustentaram que a cultura das classes baixas (*Unterschicht*) era uma imitação fora de moda da cultura das classes altas (*Oberschicht*). Imagens e temas, canções e estórias gradualmente "rebaixavam", como diziam, para a base da escala social.[74]

Qual das teorias está certa? O debate se complicou com diferenças de definição, mas se continuarmos a usar os termos "cultura erudita" e "cultura popular" tal como foram definidos antes neste capítulo, pode-se afirmar com segurança que existia um tráfego de mão dupla entre elas. Como disse Redfield, "a grande tradição e a pequena tradição por muito tempo se afetaram mutuamente e continuam a fazê-lo". Alguns poucos exemplos esclarecerão esse aspecto.[75]

A arte popular oferece uma série de exemplos óbvios de "rebaixamento". Os pequenos proprietários rurais ingleses do final do século XVI e começo do século XVII construíram casas segundo o estilo da fidalguia local. Na Europa central, no século XVIII, existia um barroco camponês cerca de um século depois do estilo barroco original. A arte camponesa da Noruega e Suécia, no mesmo período, emprestou motivos aos estilos renascentista, barroco e rococó. Os móveis e entalhes de igrejas eram suas principais fontes de inspiração.[76]

A literatura também desceu a escala social. Quando Addison visitou a Itália ele observou "um costume em Veneza, que eles me dizem ser próprio do povo comum dessa região, de cantar estrofes de Tasso. Elas são postas numa melodia bastante solene, e quando alguém começa em qualquer passagem do poeta, o provável é que outro que o ouve por acaso logo lhe responda". O costume é atestado tanto por italianos como por estrangeiros. Em Florença, entre os séculos XIV e XVI, Dante parece ter feito parte da cultura popular. Grazzini escreveu um madrigal sobre a morte de uma coruja, que começa:

> *Nel mezzo del cammin della sua vita*
> *Il mio bel gufo pien d'amore e fede*
> *Renduto hal l'alma...**

e que perderia boa parte de sua graça se não se reconhecesse aí a parodia a Dante.[77] Na Inglaterra, os atores de pantomimas emprestavam versos de peças mais sofisticadas; "Ampleforth play" [peça de Ampleforth] contém fragmentos de *Love for love* [Amor por Amor], de Congreve, e a "Mylor play" [peça de Mylor] inclui trechos de *Fair Rosamond* [Bela Rosamunda], de Addison, assim como peças populares russas do século XIX trazem versos de Lermontov e Púchkin. Na Flandres do século XVIII, peças aldeãs mostram o gosto por acrósticos, como se o barroco literário tivesse chegado ao campo após ter sido abandonado pela cidade.[78]

Outro exemplo a favor da teoria do rebaixamento é a difusão gradual dos romances de cavalaria. Parece razoável supor que os romances de cavalaria foram originalmente criados para a nobreza; eles tratam das aventuras de nobres, apresentam acontecimentos e pessoas do ponto de vista da nobreza e expressam valores aristocráticos. Contudo, em 1500, as estórias de Carlos Magno e seus paladinos eram cantadas nas praças de mercado italianas para todos que as quisessem ouvir, e em 1800 os romances de cavalaria ficaram entregues aos camponeses, mais particularmente na Sicília. Não é fácil saber por que os camponeses sicilianos haveriam de achar as proezas de Orlando e Rinaldo tão atraentes, mas não foi só na Itália que os romances de cavalaria tiveram tal apelo. Na França, nos séculos XVII e XVIII, cerca de 10% da Bibliothèque Bleue, composta de livretos

---

* No meio do caminho de sua vida/ Meu belo mocho cheio de amor e fé/ Entregou a alma...

populares, consistia dessas obras, com *Pierre de Provença, Ogier, o dinamarquês* e *Os quatro filhos de Aymon* entre os títulos mais populares. *Pierre de Provença* também era popular em Portugal, *Ogier, o dinamarquês* (não admira muito) na Dinamarca, e *Os quatro filhos de Aymon* na Holanda. Na Inglaterra, as aventuras de Guy de Warwick e Bevis de Hampton faziam parte do repertório dos menestréis do século XVI, e eram ainda mais acessíveis como baladas impressas e romances editados em livretos populares.[79] As ideias religiosas também desciam a escala social: as ideias de Lutero, Calvino, Zwinglio e também as dos seus adversários católicos.

Mas a teoria do rebaixamento é tosca e mecânica demais, sugerindo que as imagens, estórias ou ideias são passivamente aceitas pelos pintores e cantores populares e seus respectivos espectadores e ouvintes. Na verdade, elas são modificadas ou transformadas, num processo que, de cima, parece ser de distorção ou má compreensão, e, de baixo, parece adaptação a necessidades específicas. As mentes das pessoas comuns não são como uma folha de papel em branco, mas estão abastecidas de ideias e imagens; as novas ideias, se forem incompatíveis com as antigas, serão rejeitadas. Os modos tradicionais de percepção e intelecção formam uma espécie de crivo que deixa passar algumas novidades e outras não. Isso é claríssimo no caso da pintura. Os pintores camponeses suecos adotaram detalhes barrocos, mas a estrutura de suas obras se manteve medieval. No caso da religião, Edward Thompson levanta o mesmo ponto, ao considerar que os cristãos comuns "só aceitam da Igreja o tanto de doutrina que possa ser assimilado à experiência de vida dos pobres". Os textos e rituais oficiais podem ser imitados, mas a imitação muitas vezes escorrega para a paródia (ver pp. 170 e ss.).[80]

O outro grande defeito da teoria do rebaixamento é ignorar o tráfego na direção oposta, escala social acima. Um exemplo óbvio é o da dança. A nobreza adotava regularmente animadas danças do campesinato, gradualmente tornava-as mais sóbrias, e então novamente adotava outras. Um caso do final do nosso período é a ascensão social da valsa. Outro exemplo de "ascensão" é a festa cortesã da Renascença. As festas das cortes muitas vezes ocorriam na mesma época das festas populares, como o Carnaval e os doze dias de Natal. Em alguns casos do início do nosso período, parece ter sido pequena a diferença entre elas, exceto quanto ao *status* dos participantes. Ao longo do século XVI, as festas das cortes tornaram-se mais privadas, elaboradas e formais. Usavam mais acessórios, desenvolveram uma unidade temática maior e vieram a exigir organizadores profissionais, como o mestre de folias na Inglaterra. O "mascaramento" informal se converteu na "máscara" formal. As festas das cortes continuaram a trazer as marcas de suas origens populares. O falso rei, "senhor do desgoverno", ainda desempenhava um papel importante, ainda se usavam máscaras e ainda se travavam falsas batalhas. Aqui também vemos a apropriação e a transformação criativa do que foi apropriado.[81]

As festas das cortes não são absolutamente o único exemplo. O grande épico húngaro do século XVII, *A catástrofe de Sziget*, de Miklós Zrínyi, era um poema de dupla tradição: a tradição do épico literário à maneira de Tasso, a quem Zrínyi muito admirava, e a do épico oral popular dos croatas — Zrínyi tinha propriedades na Croácia e falava croata, além do húngaro e italiano. O *Fausto* de Goethe tomou de empréstimo alguns elementos do tradicional teatro de bonecos de Fausto. Quando Händel esteve em Roma, para o Natal de 1709, ouviu os pastores dos Abruzzi a tocar fole; ele anotou a música e usou-a para o seu *Messias*. *The dancing master* [O mestre de danças], de John Playford, era uma coletânea de danças para "cavalheiros habilidosos" e suas damas, mas os títulos de muitas delas sugerem uma origem popular: *Gathering peascods* [Catando ervilhas], *Jack a Lent* [Zé Quaresma], *Milkmaid's Bob* [Bob da ordenhadora] ou *Row ye well, Mariners* [Remem bem, marinheiros].[82]

Esse tipo de empréstimo pode se dar por várias razões, e os que tomavam emprestado podem ter atitudes muito diferentes em relação à cultura popular. Quando Pulci escreve a Lorenzo de Medici no jargão dos ladrões, está apenas brincando e mostrando sua inventividade. Quando Villon emprega o jargão, isso pode expressar a identificação do poeta com os ladrões, como no caso do seu equivalente espanhol do século XVI, Alonso Alvarez de Soria, filho de um rico mercador que virou pícaro e escreveu poemas sobre o mundo picaresco até sua execução, em 1603. Ou quem toma de empréstimo pode ter uma atitude mais irônica em relação ao material, como é seguramente o caso da *The beggars' opera* [Ópera do mendigo], de John Gay, que adapta algumas canções de rua da época. A atitude de Gay em relação aos mendigos e ladrões, de quem emprestou seu material, parece a da zombaria carinhosa — o que não significa que também não estivesse zombando do seu próprio mundo. Quando um veneziano educado do século XVII emprega o dialeto vêneto para escrever uma sátira política anônima, ele está sugerindo que o povo comum não está satisfeito com a política do governo e deixa ao leitor que decida se está querendo dizer algo mais. Quando Perrault alimenta-se do folclore francês para os seus *contes*, o que está fazendo? Igualando o povo comum às crianças? Dando força aos modernos na sua luta contra os antigos?[83]

Em outros casos, podemos estar razoavelmente seguros de que um tema determinado ia e voltava entre as duas tradições, ao longo dos séculos. Sabemos que Rabelais bebeu na cultura popular; a primeira parte do seu *Pantagruel*, em particular, baseou-se no folheto popular *Grandes et inestimables chroniques de l'enorme géant Gargantua*. Por outro lado, Bruscambille e Tabarin, palhaços do século XVII, basearam-se em Rabelais. No século XIX, as tradições orais bretãs incluíam muitas lendas sobre Gargântua e é impossível dizer se essas tradições recuam para antes de Rabelais ou refletem o impacto do seu livro.[84] Ariosto é um outro exemplo de duplo tráfego. Ele extraiu sua estória dos épicos orais tradicionais dos cantadores italianos de estórias e elaborou-a (como Zrínyi faria posteriormente) segundo as ideias das classes sofisticadas. Alguns cantos do seu *Orlando furioso* voltaram à cultura popular sob a forma simplificada de folhetos. Canções francesas iam das ruas à corte e da corte voltavam às ruas. A poesia pastoral bebeu na cultura dos pastores, mas também encontramos autênticos pastores a cantar canções influenciadas pelas convenções das pastoris eruditas.[85]

Um dos casos mais extraordinários de interação entre a tradição erudita e a popular é o da bruxa. Jacob Grimm achava que a crença nas bruxas vinha do povo; Joseph Hansen, no final do século XIX, sustentou que ela tinha sido elaborada por teólogos, a partir de materiais extraídos das tradições clássica e cristã. Pesquisas mais recentes sugerem que ambos estavam certos — em parte: a imagem da bruxa corrente nos séculos XVI e XVII envolvia elementos populares, como a crença de que certas pessoas tinham o poder de voar pelos ares ou de fazer mal aos seus vizinhos por meios sobrenaturais, e elementos eruditos, notadamente a ideia de um pacto com o diabo.[86]

Essas interações entre cultura erudita e cultura popular se tornavam ainda mais fáceis porque, para acrescentar uma última restrição ao modelo de Redfield, havia um grupo de pessoas que ficavam entre a grande e a pequena tradição, e atuavam como mediadores. Certamente é possível apresentar a cultura dos inícios da Europa moderna como constituída por três, e não duas, culturas, visto que a barreira da alfabetização não coincidia com a barreira do latim. Entre a cultura letrada e a cultura oral tradicional vinha o que se poderia chamar de "cultura de folhetos", a cultura dos semiletrados, que tinham frequentado a escola, mas não por muito tempo. (O inglês infelizmente não dispõe da distinção que os italianos traçam entre a *literatura popolare* e a *literatura popolareggiante*.) Essa cultura de folhetim pode ser vista como uma forma inicial daquilo que Dwight Macdonald chama de *midcult*, situada entre a grande e a pequena tradição, alimentando-se de ambas.[87] É sabido que os folhetos propagavam as baladas tradicionais. O que aqui requer maior ênfase é o fato de que os folhetos e livretos também se alimentavam da grande tradição. Acabei de mencionar o fato de que os livretos italianos do século XVI apresentavam cantos de Ariosto em forma simplificada. De modo semelhante, livretos espanhóis ofereciam versões curtas e simples das peças de Lope de Vega e Calderón; livretos franceses incluíam peças de Corneille, adaptações de Ariosto e popularizações de Rousseau; livretos ingleses incluíam versões de *Moll Flanders* e *Robinson Crusoe*, cada qual reduzido a 24 páginas. A existência dessas brochuras sugere que existia um público interessado nos autores, mas sem condições de comprar, ou entender, os textos integrais. Nessa categoria, poderiam caber autores que não se ajustam facilmente na tradição erudita ou popular: italianos, como Giulio Cesare Croce; espanhóis, como Juan Timoneda; alemães, como Hans Sachs; ingleses, como Thomas Deloney.[88] Pode-se arriscar a hipótese de que a espinha dorsal dessa cultura de folhetos consistia nos oficiais impressores, que participavam da cultura artesã, mas tinham familiaridade com o mundo dos livros. Como as mulheres da nobreza, eles estavam numa boa posição para servir de intermediários entre a grande e a pequena tradição.

Neste capítulo, tentei definir a cultura popular, e essa definição do indefinido revelou-se uma tarefa longa e complexa. Agora deveria ser possível passar em revista as fontes para o nosso conhecimento sobre a cultura popular entre 1500 e 1800. De fato, geralmente elas são contaminadas. Estamos perante o problema do "mediador" num outro sentido, não o mediador entre a grande e a pequena tradição, mas o mediador entre nós e eles. Os problemas postos por esse tipo de mediação serão discutidos no próximo capítulo.

3. UMA PRESA ESQUIVA

A cultura popular dos inícios da Europa moderna é esquiva. Ela escapa do historiador porque ele é um homem moderno letrado e autoconsciente, que pode achar difícil entender pessoas diferentes dele próprio, e também porque os indícios a respeito de suas atitudes e valores, esperanças e temores são muito fragmentários. No período, grande parte da cultura popular era oral, e "as palavras passam". Grande parte dela assumia a forma de festas, que eram igualmente transitórias. Queremos saber sobre apresentações artísticas, mas o que sobrevive são textos; queremos ver essas apresentações através dos olhos dos artesãos e camponeses, mas somos obrigados a enxergá-las com os olhos de forasteiros letrados.[1] Não admira que alguns historiadores tenham julgado impossível descobrir como era a cultura popular naquele período. É importante termos consciência das dificuldades, e assim, na seção que se segue, me farei de advogado do diabo e defenderei a causa do cético. Ao mesmo tempo, creio de fato que podemos descobrir muita coisa sobre a cultura popular do período através de meios mais ou menos indiretos, e na segunda seção tentarei sugerir essas possíveis abordagens indiretas.

OS MEDIADORES

Os historiadores estão acostumados a tratar com textos, com "os documentos", sejam manuscritos ou impressos. No entanto, uma coisa é estudar uma sociedade como a Grã-Bretanha no início do século XX, onde a maioria das pessoas era letrada, através de textos; outra coisa totalmente diferente é estudar os artesãos e camponeses dos inícios da Europa moderna, quando

101

a maioria não sabia ler ou escrever. Suas atitudes e valores se expressavam em artefatos e apresentações, mas esses artefatos e apresentações só eram documentados quando as classes altas letradas se interessavam por eles. Os únicos textos sobreviventes de canções e estórias populares russas do século XVII foram registrados por dois visitantes ingleses, Richard James e Samuel Collins; foi preciso que um estrangeiro julgasse essas tradições orais dignas de transcrição. Muito do que sabemos sobre os grandes carnavais em Roma e Veneza, entre 1500 e 1800, provém dos relatos feitos por visitantes estrangeiros, como Montaigne, Evelyn e Goethe, que estão sujeitos a perder todo tipo de alusões locais ou tópicas e podem entender mal o significado dos festejos para os participantes.

Outras atividades populares estão documentadas simplesmente porque as autoridades da Igreja ou do Estado estavam tentando eliminá-las. A maior parte do que sabemos sobre as rebeliões, heresias e feitiçarias do período foi registrada porque os rebeldes, hereges e bruxas foram levados a julgamento e interrogados. Se os historiadores sabem alguma coisa sobre a cultura dos mouros de Granada do século XVI, é principalmente por causa dos relatos anotados nos trabalhos do sínodo de Guadix em 1554, o qual estava tentando erradicar essa cultura. Sabemos do "jogo de verão do senhor" na aldeia de South Kyme, em Lincolnshire em 1601, só porque o jogo satirizava o conde de Lincoln, que apresentou uma nota de protesto na Star Chamber. Em todos esses casos, a situação em que a atividade foi documentada pode distorcer o registro, visto que os inquisidores não estavam interessados em determinar o que significavam as rebeliões, heresias ou sátiras para os acusados.[2]

Uma outra categoria de documentos, que parece menos sujeita a distorções, é a das "obras" de atores, poetas e pregadores populares, que podiam ser publicadas durante suas vidas ou logo depois de suas mortes. É este o caso dos *Jests* ("Chistes"), de Richard Tarleton, de *As bravatas do capitão Terror do Vale dos Infernos*, coletânea de discursos de "soldado jactancioso", publicada por Francesco Andreini, que se especializou nesse papel,

102

das canções de Cristofano dell'Altissimo e Sebastyén Tinódi, dos sermões de Olivier Maillard e Gabriele Barletta.[3]

Esses textos são fontes indispensáveis para o historiador da cultura popular, mas não são exatamente o que ele quer. Um texto não pode registrar convenientemente uma apresentação, seja o de um palhaço ou de um pregador. Falta o tom da voz, faltam as expressões faciais, os gestos, a acrobacia. Thomas Fuller indicou o ponto crucial em sua biografia de Tarleton: "Grande parte da sua graça estava na sua própria aparência e ações [...] na verdade, as mesmíssimas palavras, ditas por um outro, dificilmente fariam uma pessoa alegre sorrir; pronunciadas por ele, obrigariam uma criatura triste a gargalhar". O historiador tem a tarefa frustrante de escrever sobre Tarleton sem poder vê-lo.[4]

Existe ainda um outro problema. Não podemos nos permitir supor que esses textos impressos são registros fiéis das apresentações, mesmo na limitada medida em que os textos podem sê-lo. O texto podia se destinar a um público diferente daquele que assistia às apresentações; na verdade, devia se dirigir a um público mais educado, mais abastado, simplesmente para vender. Sabemos muito pouco sobre o processo de surgimento desses textos impressos. Os palhaços, pregadores ou poetas eram consultados? Andreini deu seu próprio nome a *Capitão Terror*, mas os poemas de Altissimo foram editados para a publicação, e não podemos saber com certeza o que significava "editar". Um dos seus poemas, *Derrota de Ravena*, sobrevive em manuscrito, mas este se interrompe com a nota: "Aqui faltam algumas estrofes, as últimas, porque o poeta estava tão inspirado na conclusão que nem a pena nem a memória do homem que estava anotando conseguiam acompanhá-lo".[5] Em outros casos, não sabemos o que aconteceu. O texto seria transcrito com fidelidade durante a apresentação? Sofria censura? Acrescentava-se alguma coisa? Os acréscimos e eliminações seriam feitos com ou sem o consentimento do artista?

No caso dos sermões, há mais um complicador. Maillard pregava em francês e Barletta em italiano, mas seus sermões foram publicados em latim, deixando claro que o público visado era muito diferente dos ouvintes originais. O interesse da publicação não era registrar a apresentação; era pôr os temas e *exempla* à disposição de outros pregadores por toda a Europa. Assim, uma famosa coletânea de sermões era conhecida como *Dormi secure*, porque assegurava aos pregadores um bom sono nas noites de sábado. O latim dessas coletâneas de sermões não é muito literário — pode ser "macarrônico" ou misturado com o vernáculo —, mas constitui mais um obstáculo para a recuperação da apresentação, não só de uma apresentação específica, mas, e que importa ainda mais para o nosso ponto de vista, da apresentação típica do período. Os sermões impressos podem estar cheios de referências eruditas. O texto de Barletta se refere a Tito Lívio, Eusébio e são Bede, o Venerando — será que no sermão propriamente dito ele se referiu a eles?[26]

Por trás desse problema da relação entre texto e apresentação artística está um outro ainda mais sério. Os textos raramente são produzidos diretamente pelos artesãos e camponeses cujo comportamento tentamos reconstruir; não nos aproximamos deles diretamente, mas através de mediadores. O historiador da cultura popular nos inícios da Europa moderna enfrenta os mesmos tipos de problemas que tem o historiador da África negra tradicional. Os documentos da história africana foram escritos por pessoas de fora, viajantes, missionários ou militares, gente que com frequência desconhecia a língua local, ignorava também a cultura local e que, às vezes, estava tentando eliminá-la. Estudar a história do comportamento dos iletrados é necessariamente enxergá-la com dois pares de olhos estranhos a ela: os nossos e os dos autores dos documentos que servem de mediação entre nós e as pessoas comuns que estamos tentando alcançar. Pode ser útil distinguir seis tipos de mediação.

(I) O problema se mostra mais claramente no caso dos grandes escritores que têm sido estudados como fontes da cultura popular, como Villon e Rabelais. Esses dois autores naturalmente tinham familiaridade com a pequena tradição do seu tempo, a cultura da taverna e da praça de mercado; mas também tinham familiaridade com a grande tradição, e basearam-se livremente nela. Eles não eram exemplos não sofisticados da cultura popular, mas sim mediadores sofisticados entre as duas tradições.

O equívoco é particularmente fácil de ocorrer no caso de Villon, que levou uma vida de vagabundo e criminoso. Ele foi preso em 1461 e novamente em 1462, tendo sido condenado à morte depois de uma rixa, embora não se saiba se a sentença foi executada ou não. Ele escreveu alguns poemas em *argot*, provavelmente no jargão dos Coquillards, um grupo de criminosos interrogados em Dijon em 1445. Numa *ballade*, ele se refere à polícia da Paris medieval, os *sergents*, chamando-os de "anjos", eufemismo que pode ter sido sugerido por gravuras do arcanjo Miguel pesando as almas. Ele empregou formas da cultura popular, como o falso testamento e o provérbio — de fato escreveu uma *ballade* feita de provérbios:

> *Tant grate chièvre que mal gist,*
> *Tant va le pot à l'eaue qu'il brise* [...]
> *Tant crie l'on Noël qu'il vient.**

No entanto, é de se lembrar que Villon era um universitário, com grau de mestre em Paris. Seus poemas não se referem apenas a criminosos e tavernas, mas também a autores clássicos, como Aristóteles e Vegécio, e a filósofos escolásticos, como Jean Buridan. Suas *ballades* fazem parte de uma tradição literária, e se os elementos proverbiais de uma delas são populares, o poema como um todo não o é.[7]

O caso de Rabelais é parecido. Rabelais não inventou Gargântua, um gigante que já existia nos folhetos e tradições orais franceses. O estilo de Rabelais também deve muito à cultura popular, como destacou o talentoso crítico russo Mikhail Bakh-

---

* Tanto esgaravata a cabra que acaba mal/ Tanto vai o pote à água que se quebra [...]/ Tanto se grita por Noel que ele vem.

tin, chamando a atenção para "a linguagem da praça de mercado em Rabelais" e o uso que faz das "formas de festas populares", principalmente as carnavalescas. Bakhtin estava absolutamente correto, mas não se deve esquecer que Rabelais também era um erudito, formado em teologia e medicina, bom conhecedor dos clássicos e bem informado das leis. O uso que faz da cultura popular era deliberado, e não espontâneo; Rabelais tinha consciência (como um crítico francês sugeriu recentemente) das "potencialidades subversivas" do folheto popular, que imitou a fim de minar a hierarquia tradicional dos gêneros literários. Os leitores do século XX, que estão alheios às duas tradições, a erudita e a popular, da França do século XVI, facilmente podem não saber quando Rabelais está trabalhando dentro de uma tradição e quando está misturando as duas.[8]

O equívoco também é igualmente fácil no caso de escritores menores da grande tradição, que beberam na cultura popular com objetivos próprios. Carlos García escreveu um livro que pretende registrar uma discussão na prisão entre o autor e um famoso ladrão, o qual descreve as especialidades de sua profissão, os estatutos e as leis que a governam. Ele não nos oferece um acesso direto ao mundo do pícaro, à semelhança das obras evidentemente mais literárias de Cervantes, Alemán ou Quevedo. O *Pentamarone*, coletânea de estórias em dialeto napolitano publicada no século XVII, tem sido estudado desde a época dos Grimm como fonte para o folclore italiano. No entanto, ele foi escrito por um nobre, Gianbattista Basile, poeta barroco no estilo de Marino, que se sentiu atraído pelas estórias por serem fantásticas e bizarras. Pode não ter alterado os enredos, mas a forma como ele conta as estórias é típica da cultura erudita de sua época — frases longas, profusão de sinônimos, "imagens" extraordinárias.[9]

(II) Os sermões dos frades, em particular dos franciscanos, estão entre as fontes mais importantes para a cultura popular da Europa católica. Os frades não raro eram filhos de artesãos e camponeses; Abraham a Sancta Clara, o grande pregador alemão do final do século XVII, era filho de um servo estalajadeiro.

O modo de vida simples dos frades mantinha-os próximos do povo. Suas simpatias voltavam-se frequentemente para Lázaro contra o rico, para os fracos contra os poderosos. Muitas vezes viam-se em apuros por denunciarem padres e leigos importantes, e até por incitarem rebeliões, como o frade dominicano John Pickering durante a peregrinação da Graça.

Os frades eram pregadores populares, no sentido em que apelavam deliberadamente para os incultos, e muitas vezes atraíam grandes públicos. Savonarola, certa feita, pregou para dezenas de milhares de ouvintes em Florença. Os frades constantemente pregavam ao ar livre, e as pessoas subiam nas árvores ou se sentavam no alto dos telhados para ouvi-los. Levou 64 dias para serem consertados os telhados, depois de uma visita de Olivier Maillard a Orléans.[10] Os frades baseavam-se na cultura popular do seu tempo. Pregavam em estilo coloquial, usando muitos trocadilhos, rimas e aliterações, gritando e gesticulando, recorrendo a contos populares para ilustrar suas mensagens e compondo canções para serem cantadas pelas suas congregações. Não surpreende que os folcloristas tenham se baseado em sermões para estudar os contos populares desse período.[11]

Eles estão certos nisso, mas é preciso cuidado. Os frades eram anfíbios ou biculturais, homens da universidade e homens da praça de mercado. Muitas vezes tinham formação em filosofia escolástica e teologia, e estavam interessados em transmitir em seus sermões pelo menos algum elemento da grande tradição. Savonarola, por exemplo, era filho de um médico e tinha estudado teologia na Universidade de Ferrara. Num sermão, ele explicou o universo (segundo o sistema ptolomaico) aos ouvintes, comparando-o a uma cebola que tem a Terra no centro, cada camada da cebola correspondendo a uma das esferas cristalinas em que se moviam os planetas. A imagem é caseira, mas não devemos supor que essa imagem do mundo fizesse parte da cultura da maioria do seu público; Savonarola podia estar popularizando a ciência. Thomas Murner, o franciscano que escreveu panfletos vivos e coloquiais contra Lutero, era um acadêmico. Era doutor nos "dois direitos" (direito civil e direi-

107

to canônico), autor de uma introdução à lógica escolástica, e escrevia em latim e alemão. Mesmo nas suas obras em alemão, Murner às vezes emprega termos técnicos das escolas, como *"Text und Gloss"*, em que *"gloss"* é o comentário escrito entre as linhas do texto. Abraham a Sancta Clara, cujos folhetos eram ainda mais vivos e coloquiais que os de Murner, era doutor em teologia, formado em retórica e pregador na corte.

Os frades geralmente pregavam em estilo coloquial, mas isso não significa que estivessem apenas se expressando com naturalidade. A opção pelo estilo coloquial era uma opção literária consciente entre três estilos possíveis, sendo os dois outros o estilo direto e o estilo rebuscado.[12] Cada estilo tinha suas regras próprias. O público podia não conhecê-las, mas os pregadores conheciam. Os frades baseavam-se em temas populares, mas constantemente alteravam-nos. Contavam estórias tradicionais, mas davam-lhes uma moral que não era necessariamente tradicional. Usavam melodias populares, mas escreviam novas letras para elas. Alguns elementos de sua atuação podem ser cultura popular, mas, como no caso dos provérbios de Villon, o conjunto não é.

(III) Se os sermões dos frades não nos dão acesso direto à cultura popular, talvez deem-no os folhetos e livretos populares. Mas também aqui há problemas. As canções e estórias impressas nesse formato barato *podem* ter expressado os valores de artesãos e camponeses (principalmente artesãos), mas há outras possibilidades. Tome-se, por exemplo, o chamado *genre poissard*, corrente na França durante o século XVII. Essas brochuras pretendem reproduzir a linguagem dos camponeses ou peixeiras de Les Halles, mas são imitações literárias, provavelmente escritas por membros das classes altas para membros das classes altas, tendo tão pouco a ver com as peixeiras reais quanto a pastoral da Renascença com pastores verdadeiros.[13]

O *Eulenspiegel* é um livreto que teve muitas edições na Alemanha e outros lugares, sendo muito mais conhecido do que qualquer outra brochura do *genre poissard*. É uma coletânea de estórias com o mesmo herói, um trapaceiro, escritas com contos folclóricos. O autor anônimo declara não saber latim. Apesar disso, alguns capítulos parecem ter sido extraídos de uma coletânea em latim, que ainda não fora traduzida na época da primeira edição de *Eulenspiegel*. Talvez os dois livros simplesmente se baseassem em tradições orais comuns, mas é possível também que o livro tenha sido escrito por um mediador, alguém que apenas simulasse ignorar o latim. Foi por vezes atribuído a Thomas Murner, ele também um frade.[14]

Quem estuda folhetos e livretos populares tem que ter sempre presente a questão da propaganda. Eles eram os "meios de comunicação de massa" daquele período, e era evidente para os líderes políticos e religiosos que tais meios deviam ser usados para influenciar o maior número possível de pessoas. Durante a Guerra Camponesa alemã, em 1525, foram impressas inúmeras baladas em folhetos, tratando dos acontecimentos em curso. Geralmente são hostis aos camponeses e ressaltam que os rebeldes, ao tomarem armas, tinham quebrado sua palavra. Talvez elas simplesmente expressem a hostilidade da população urbana contra os camponeses, mas algumas cidades colaboraram de fato com os camponeses em 1525, de modo que é possível que essas baladas tenham sido encomendadas pelas classes dirigentes, com finalidades propagandísticas. Em todo caso, o que as baladas não expressam são as atitudes dos rebeldes. Vale a pena ter em mente o comentário de Andrew Fletcher de Saltoun, feito no final do século XVII: "Conheci um homem muito sábio, que acreditava que se um homem fosse autorizado a fazer todas as baladas, não precisaria se preocupar com quem faria as leis de uma nação". De modo semelhante, em 1769, um escritor do *The London Magazine* se indagava:

[...] [por que] nenhum governo neste país, para o seu próprio bem, ou nenhum digno magistrado, para o bem público, se esforçou em fazer com que circulassem entre o povo baladas com uma tendência adequada. Tenho certeza que não se poderia empregar melhor o dinheiro e que nenhum ocupante de cargo público ou pensionista pode ser tão útil quanto poderia ser um grupo bem escolhido de cantores de baladas.

Em outras palavras, alguns contemporâneos tinham consciência do valor dos meios de comunicação de massa como instrumento de controle social.[15]

Esse exemplo alemão deveria nos tornar um pouco cautelosos em aceitar as recentes declarações de estudiosos franceses, segundo as quais a Bibliothèque Bleue é um espelho das atitudes dos camponeses franceses do Ancien Régime. Essa "biblioteca" era uma coleção de livretos populares, publicada em Troyes e outros lugares, a partir dos inícios do século XVII em diante, e distribuída por todo o país por *colporteurs* ou mascates. Foram vendidos tantos exemplares que pelo menos alguns devem ter chegado às mãos de camponeses, e se apenas 29% dos adultos homens sabiam ler no final do século XVII, na França, outros podiam ter ouvido a leitura dos livros em voz alta. Os livretos populares também eram comprados e lidos por artesãos.

Contudo, seria imprudente concluir inadvertidamente que as atitudes conformistas em relação ao rei, nobres e clero, expressas nesses textos, eram as atitudes de artesãos e camponeses na França moderna em seus primórdios. Em primeiro lugar, não podemos assumir que a Bibliothèque Bleue representasse toda a cultura dos artesãos e camponeses franceses. Ela coexistia com tradições orais e em algumas regiões era muito menos importante do que tais tradições. Os livretos populares podem ter sido um elemento importante da cultura da Champagne do final do século XVIII, onde eram impressos e três quartos dos adultos homens eram letrados, mas dificilmente teriam sido levados muito a sério em Morbihan no final do século XVII, onde o índice de alfabetização para os adultos homens estava abaixo de 10% e a língua falada não era o francês, e sim o bretão.

Em segundo lugar, não devemos esquecer o mediador. Os livros que os vendedores ambulantes faziam circular muitas

110

vezes tinham sido escritos por padres, nobres, doutores e advogados, às vezes alguns séculos antes. *Melusine*, por exemplo, fora escrito no final do século XIV por Jean D'Arras, por ordem do duque de Berry. Alguém revisou, resumiu ou traduziu o livro, e alguém mais resolveu imprimi-lo. Um mascate escolheu-o para o seu estoque de vendas, e assim o livro chegou a uma determinada aldeia. Existe, pois, toda uma cadeia de intermediários entre um texto específico e os camponeses cujas atitudes supostamente vêm nele expressas, e não podemos supor que os camponeses aceitassem passivamente as ideias expressas nos textos, da mesma forma como os espectadores atuais não acreditam em tudo o que veem na televisão.[16]

(IV) Se as fontes impressas são enganadoras, certamente podemos confiar na tradição oral. A descoberta da cultura popular no final do século XVIII levou à coleta de muitas canções e estórias entre artesãos, camponeses ou suas mulheres. No entanto, entre esses indivíduos e o leitor moderno há, uma vez mais, toda uma cadeia de intermediários. O editor, como vimos, pode ter tomado liberdades com os textos que coletou (p. 43 ss.). Mesmo que não o fizesse, seus informantes podem ter feito. Percy imprimiu baladas que tinham-lhe sido enviadas por conhecidos seus, e os Grimm foram ajudados por amigos. Em todo caso, a presença do compilador, um forasteiro com um livrinho de notas na ocasião em que se canta ou conta uma estória, vai afetar o que ele quer registrar. Os cantores podem simplesmente se recusar a cantar. Karadžić anotou os problemas que teve para convencer mulheres sérvias a cantar, e, como a maioria dos compiladores eram homens, grande parte da cultura tradicional das mulheres se perdeu.

Mesmo o próprio cantor ou contador de estórias pode ser em certo sentido um mediador, visto que, nos inícios da Europa moderna, o oral e o escrito, o campo e a cidade, a pequena e a grande tradição coexistiam e interagiam mutuamente. Exemplos do século XX mostram muito claramente essa interação. Um compilador americano teve grandes problemas e despesas para visitar uma região distante no sudoeste, onde recolheria canções folclóricas, "só para descobrir [...] que grande parte do que reunira tinha sido aprendido em recentes programas de rádio do leste". Na Iugoslávia, canções recolhidas da tradição oral nos anos 1930 às vezes tinham sido aprendidas em fontes impressas, inclusive a própria coletânea de Karadžić. Assim, um folclorista ajuda a criar o folclore que outros virão coletar.[17]

Esse tipo de situação às vezes pode ser documentado para o período anterior a 1800. O exemplo inglês clássico é o da sra. Brown, de Falkland, uma cantora que forneceu as versões de 33 baladas de Child, incluindo cinco desconhecidas por outras fontes. No entanto, ela não era camponesa, mas filha de um professor e conhecedora de Ossian e Percy. É provável que esse seu conhecimento tenha afetado suas versões das baladas, e, de qualquer forma, seu interesse pelo sobrenatural, seu sentimentalismo e recusa do erótico refletem atitudes de classe média do final do século XVIII. Ela era uma mediadora. O que está documentado sobre a sra. Brown pode ser estendido a outros casos. Dos contos dos irmãos Grimm, 21 remontam a um único informante, uma mulher chamada *"die Frau* Viehmännin". Ela nasceu em 1775, de ascendentes huguenotes refugiados após a revogação do édito de Nantes. Conheceria ela a coletânea de Perrault? Algumas das semelhanças entre as coleções de Perrault e dos Grimm resultarão dessa dependência fortuita a uma informante específica? Izaak Walton registrou certa vez que tinha ouvido uma ordenhadora a cantar "Venha viver comigo e ser meu amor". Qual era a fonte dessa tradição oral? Muito possivelmente um folheto impresso.[18]

(V) Se não se pode confiar nos registros de tradições orais feitos pelos primeiros folcloristas, talvez se possa confiar nos inquisidores. Os julgamentos e confissões de hereges e bruxas são, evidentemente, uma fonte importante sobre o comportamento popular. Nos registros dos processos, o historiador pode descobrir os modos de expressão prediletos dos acusados e quase ouvir suas vozes. Mas aqui também existem mediadores, pois as confissões muitas vezes não eram espontâneas. As confissões das bruxas, por exemplo, são resultantes de uma situação em que o

112

inquisidor, geralmente um frade, homem culto, está frente ao acusado, enquanto um escrivão anota o que está sendo dito. O historiador tem acesso ao registro do escrivão, muitas vezes em latim, sobre um diálogo em que o inquisidor, que podia ser novo na região, provavelmente falava uma forma padronizada do vernáculo, enquanto o acusado respondia em dialeto. As possibilidades de mal-entendidos eram consideráveis. O inquisidor já passara várias vezes antes por situação semelhante e sabia muitíssimo bem o que estava tentando descobrir. O acusado não sabia o que estava acontecendo, e podia mesmo estar procurando freneticamente pistas e deixas sobre o que se queria. A situação era como que uma paródia das entrevistas que os antropólogos modernos fazem aos seus informantes em campo — os antropólogos ficam muito preocupados com a possibilidade de que as respostas recebidas sejam pouco mais do que eles próprios já sugeriram inconscientemente ao informante. Os interrogatórios de supostas bruxas eram um guia totalmente não confiável para as suas verdadeiras opiniões, na medida em que o inquisidor tinha poder sobre a acusada, e a acusada sabia disso, e também porque podia-se usar a tortura para extrair as confissões. Como o famoso médico italiano Girolamo Cardano apontou em meados do século XVI, as confissões de tipo padrão não eram de confiança porque "essas coisas são ditas sob tortura, quando eles sabem que uma confissão desse tipo porá termo à tortura". Em outras palavras, o acusado podia dizer aos inquisidores aquilo que eles esperavam ouvir, e o que eles esperavam ouvir era o que tinham lido nos tratados sobre bruxaria. Os tratados descreviam o que era confessado nos julgamentos, mas os julgamentos também seguiam o que era descrito pelos tratados. É muito difícil ao historiador escapar desse círculo vicioso e descobrir o que o acusado achava que tinha feito, se é que achasse que fizera algo.[19]

(VI) Se os julgamentos por heresia e feitiçaria são provas contaminadas, talvez os tumultos e rebeliões nos deem um acesso mais direto à cultura popular. Ao invés de ouvir indivíduos isolados e derrotados, podemos ver grandes grupos. As ações falam mais alto do que as palavras; os tumultos e rebeliões podem ser vistos não só como expressões de "fúria cega", mas também como expressões dramáticas de atitudes e valores populares. Essa abordagem recentemente mostrou-se fecunda, mas, para empregá-la com segurança, o historiador precisa se lembrar do mediador.

Uma fonte para essa história das rebeliões é o interrogatório dos participantes capturados, fonte que traz o mesmo tipo de distorções intrínsecas dos interrogatórios de hereges e bruxas. Um outro tipo de fonte é a narrativa ou relato escrito na época, geralmente em relatórios de funcionários que tentavam sufocar as rebeliões. Assim, sabemos das numerosas revoltas que ocorreram na França entre 1620 e 1648 quase exclusivamente através dos relatórios de funcionários provinciais enviados ao chanceler Séguier, cujos documentos casualmente sobreviveram. Os valores desses funcionários, tão diversos dos dos rebeldes, podem ter afetado não só as avaliações transmitidas, as quais podem ser facilmente descontadas, mas também as descrições apresentadas. Para os funcionários, seria natural interpretar como "fúria cega" um movimento visto pelos participantes como uma defesa planejada de direitos tradicionais específicos. Os funcionários são mediadores entre nós e os rebeldes, e, como tais, não confiáveis.[20]

O historiador nem sempre é forçado a enxergar as revoltas exclusivamente através dos olhos oficiais. As reivindicações dos rebeldes muitas vezes sobreviveram em forma manuscrita ou mesmo impressa e constituem evidentemente um tipo de fonte muito preciosa, desde que seja autêntica. Quando os camponeses bretões se insurgiram em 1675, redigiram suas reivindicações num *Code Paysan*. Tal documento, em caligrafia do século XVII ou XVIII, sobrevive, e se for autêntico revela-nos muito sobre a mentalidade dos rebeldes. Ele contém a seguinte cláusula: "É proibido, sob pena de passar pelas varas, dar abrigo à *gabelle* e seus filhos [...] mas, pelo contrário, ordena-se que todos disparem contra ela, como fariam com um cachorro louco". Em outras palavras, os bretões achavam que o apavorante imposto sobre o sal, a gabela, contra o qual tinham se revoltado, fosse uma pessoa. Será mesmo? O texto pode ter sido alterado, e esses detalhes "folclorísticos" podem ter sido acrescentados para fazer com que o movimento parecesse absurdo. A existência do mediador fica mais clara no caso de um texto com as reivindicações dos camponeses na diocese de Speyer em 1502, pois ele não conseguiu resistir ao comentário: "Oh, a pecaminosidade da mente camponesa! Que perdição ela sempre foi para o clero!".[21]

As reivindicações dos rebeldes durante a Guerra Camponesa alemã, em 1525, sobrevivem numa forma mais confiável por terem sido impressas, na época, para dar publicidade à causa. Mas continua um problema, porque não sabemos como os artigos foram redigidos. Os famosos Doze Artigos de Memmingen (uma cidadezinha na Suábia, onde se reuniu um dos exércitos camponeses) começam com a exigência de que cada paróquia pudesse escolher seu próprio pároco. Os artigos foram redigidos com o auxílio de homens de Memmingen, inclusive do escrivão da cidade, Sebastian Lotzer, e um pregador, Christoph Schappeler. Essa exigência seria a que mais importava para os camponeses, ou para os homens que redigiram as reivindicações em nome deles? De fato, esse direito de *Pfarrerwahl* vem mencionado em apenas 13% das listas de queixas locais dos camponeses suábios e em apenas 4% das redigidas antes dos Doze Artigos.[22]

Os líderes dos levantes camponeses muitas vezes eram nobres ou padres, e não camponeses, fosse porque haviam sido escolhidos para legitimar o movimento, fosse porque os camponeses não tinham experiência de liderança. Ocasionalmente é possível que esses nobres ou clérigos não fossem sequer líderes voluntários, tendo sido obrigados a assumir o comando; pelo menos foi o que várias vezes declararam depois, talvez tentando escapar à responsabilidade. Líderes voluntários ou não, esses homens também eram mediadores, e é difícil para o historiador descobrir o que a grande massa do movimento — como as bruxas — realmente achava que estava fazendo.

As listas de queixas locais de 1525 são como que uma espécie de pesquisa de opinião pública distorcida, e a mesma objeção vale para os famosos *cahiers* franceses de 1789. Existem 40 mil desses documentos, discutidos em assembleias de vilas. A assembleia podia incluir todos os homens com 25 anos ou mais que pagavam impostos, mas pouco sabemos sobre a formulação de suas queixas. Num caso, um *commerçant* local tirou uma lista do bolso e ela foi aceita com pequenas modificações.[23]

ABORDAGENS INDIRETAS DA CULTURA POPULAR

Vimos que as objeções feitas pelos historiadores tradicionais à história da cultura popular têm certo peso, ao alegarem que essa empresa é impossível devido à falta ou não confiabilidade dos documentos, contaminados como estão por mal-entendidos ou finalidades propagandísticas para determinadas causas. No entanto, os historiadores nunca podem confiar totalmente nos seus documentos. A questão sobre os diversos tipos de documentos até aqui discutidos não é que eles não tenham valor, mas que são distorcidos, e a distorção pode ser admitida até um certo grau — na verdade, a tarefa tradicional do historiador é essa. Alguns documentos podem ser mais confiáveis que outros, e algumas partes suas mais confiáveis que outras, como sugere um reexame dos processos de feitiçaria.

Alguns historiadores que estudam a feitiçaria chegaram recentemente a novas conclusões, e não com a descoberta de novos tipos de fonte, mas com uma nova forma de utilização de velhas fontes. Um estudioso de processos de feitiçaria na Itália deu atenção particular aos casos em que o inquisidor parecia desconcertado com as respostas da acusada, pois é claro que nesses casos as respostas não se conformavam ao estereótipo inquisitorial. Em Friuli, no nordeste da Itália, na década de 1570, as acusadas declararam que não eram bruxas, mas inimigas das bruxas, com quem lutavam à noite com talos de funcho, enquanto as bruxas se armavam de talos de milho, "e se nós vencemos, aquele ano é abundante, e se perdemos, naquele ano há fome". Dois estudiosos de feitiçaria inglesa utilizaram registros de processos para responder a questões que não interessavam imediatamente aos inquisidores e, portanto, tinham menor probabilidade de serem distorcidas: perguntas sobre o *status* social do acusado e do acusador, as relações entre eles e as situações a partir das quais surgiram as acusações. Se isso não nos faz avançar muito na compreensão da mentalidade dos próprios bruxos, por outro lado lança de fato uma grande luz sobre os seus vizinhos.[24]

Por certo, o ponto essencial é aceitar o fato de que com frequência não podemos alcançar diretamente os artesãos e camponeses dos inícios da Europa moderna, mas podemos chegar a eles através de pregadores, impressores, viajantes, funcionários. Esses homens eram intermediários entre a cultura erudita e a cultura popular e, numa situação de coexistência entre a grande e a pequena tradições, eram um fato fundamental da vida cultural, enviados bem ou mal recebidos do mundo exterior para a pequena comunidade. Visto que é impossível uma abordagem direta, uma abordagem indireta da cultura popular através desses mediadores é a menos capaz de nos pôr na pista errada. De fato, existem várias abordagens indiretas.

Uma abordagem indireta é estudar textos quando o que se quer recuperar é a apresentação. Os riscos dessa abordagem já foram discutidos, mas há um outro aspecto a se levantar, isto é, que alguns textos estão muito mais próximos das apresentações do que outros. Entre os documentos que sobreviveram, existem manuscritos em que alguns menestréis registraram o seu repertório. Um famoso exemplo inglês é o manuscrito Ashmole nº 48, associado ao menestrel Richard Sheale, do século XVI. Conhecemos alguns pregadores populares apenas através de edições latinas póstumas de suas obras, mas também conhecemos outros através de registros feitos no momento. Alguns dos sermões de são Bernardino de Siena foram impressos a partir de um manuscrito do século XV, copiados por um homem que ia aos sermões com tábuas de cera, a fim de transcrever taquigraficamente cada palavra dita. Os sermões de Calvino também foram taquigrafados à medida que ele os apresentava, para que pudessem ser impressos imediatamente com precisão.[25]

Uma segunda abordagem da cultura popular pode ser descrita como socialmente indireta. Consiste em estudar as atitudes de artesãos e camponeses através dos testemunhos do clero, nobreza e burguesia. Os riscos desse procedimento já foram ressaltados, mas não são intransponíveis. Por exemplo, as classes altas participavam autenticamente da cultura popular, em especial na primeira metade do período, de forma que não eram estranhas de todo a ela. As baladas e carnavais, e até mesmo os tumultos e rebeliões, podiam ser compreendidos por elas a partir de dentro. Particularmente precioso é o testemunho de homens que nasceram artesãos ou camponeses e depois ascenderam socialmente. Alguns escreveram suas autobiografias, como Benvenuto Cellini ou Giulio Cesare Croce, John Bunyan ou Samuel Bamford, e esses textos são os que mais aproximam o historiador àquele mundo desaparecido.[26]

Três abordagens mais indiretas precisam ser discutidas com maiores detalhes — o método iconográfico, o método regressivo e o método comparativo.

A iconografia foi definida por um dos seus maiores praticantes, o falecido Erwin Panofsky, como "aquele ramo da história da arte que se interessa pelo tema ou significado das obras de arte, em oposição à sua forma".[27] O método inclui tarefas prosaicas, como a identificação dos santos pelos seus atributos, e um nível de análise mais profundo, que Panofsky chamou de "iconologia", que envolve a diagnose das atitudes e valores cujos sintomas são as obras de arte. *Grosso modo*, pode-se dizer que a iconografia se refere ao que os contemporâneos sabiam sobre obras de arte e a iconologia ao que eles não sabiam sobre si mesmos — ou, pelo menos, não sabiam que sabiam. Não há por que não estudarmos dessa forma o imaginário popular, tal como se estudam as obras de arte produzidas para príncipes e nobres, quer olhemos as figuras de cerâmica de Staffordshire, as peças de madeira entalhada e colorida à mão feitas em Epinal ou as pinturas camponesas de Dalarna.

Visto que os artesãos e camponeses de que tratamos frequentemente eram analfabetos e tinham mais facilidade em usar as mãos do que as palavras, a abordagem iconográfica de suas atitudes e valores deve ser fecunda. Os objetos artesanais por eles produzidos constituem nosso contato mais imediato com os mortos, cujo mundo estamos tentando reconstruir e interpretar, e em tal medida imediato que até pode parecer estranho considerá-lo um tipo de abordagem indireta. O que justifica isso é simplesmente o fato de que a história é escrita; assim, quando um historiador da cultura interpreta um objeto artesanal, ele traduz em palavras o que está na tela, madeira ou pedra para as palavras.

Esse tipo de tradução sempre é um tanto presunçoso. Ele se mostra particularmente difícil no caso da arte popular pela mesma razão que o faz tão necessário, isto é, a falta de evidências literárias confiáveis sobre a visão de mundo dos iletrados. Não admira muito que pouco se tenha feito nesse campo. Os objetos artesanais foram reunidos em museus de arte folclórica, a distribuição deles foi cuidadosamente mapeada e muitos problemas iconográficos, no sentido estrito do termo, foram resolvidos, de modo que é possível reconhecer a caridade de são Martinho, o "moinho dos jovens" ou o "mundo virado de cabeça para baixo". Mas o que o "mundo de ponta-cabeça" significava para o povo comum? As associações ligadas a ele eram apavorantes ou engraçadas? A frequência com que os soldados aparecem na arte popular do século XVIII significa que o povo comum aprovava as guerras? Mal se começou a tentar responder a perguntas desse tipo; a abordagem iconológica da cultura popular simplesmente permanece fora de alcance.

A iconologia da rebelião pode nos conduzir às intenções da plebe de maneira mais direta que as confissões dos líderes. Os camponeses alemães do início do século XVI muitas vezes marcharam para a revolta seguindo um estandarte com a imagem de um sapato, o *Bundschuch*: o que essa imagem significava exatamente para eles? Na peregrinação inglesa da Graça, destacava-se o estandarte das Cinco Chagas; na revolta normanda de

1639, o estandarte dos rebeldes representava são João Batista. Os participantes estavam acostumados a seguir esse tipo de estandarte nas procissões religiosas. As imagens religiosas talvez legitimassem a revolta aos seus olhos, transformando-a numa peregrinação ou numa cruzada. A imagem de são João Batista, que andava descalço, talvez fosse uma figura com que os pobres podiam se identificar facilmente...

Toda a imensa área de cultura material é um objeto em potencial para a análise iconológica. As roupas, por exemplo, formam um sistema simbólico. Numa determinada comunidade onde se partilham significados, existem certas regras que regem o que pode ser vestido, por quem, em quais ocasiões, de tal forma que as roupas usadas por um indivíduo transmitem várias mensagens aos membros da comunidade. Ao nível iconográfico, isso é bastante evidente; um rápido olhar para uma jovem camponesa revelaria ao iniciado a aldeia de onde ela vinha, o grau de prosperidade de sua família, se era casada ou não. Um historiador também conseguiria estudar a iconologia das roupas? Grandes variações regionais nos trajes dizem ao observador que os usuários se identificam muito com a sua região; uma aguda distinção entre dias comuns, de trabalho, e dias festivos pode vir expressa numa aguda distinção entre roupas de trabalho e as "melhores roupas de domingo". Uma abordagem iconológica das casas também é possível, pois uma casa não é apenas um instrumento de moradia, mas também um centro de rituais. A lareira e a soleira eram locais de importância simbólica — daí enterrarem frascos mágicos sob elas em casas de East Anglia, nos séculos XVI e XVII. As casas refletem e modelam necessariamente a vida familiar e os hábitos de trabalho ou lazer; também elas podem ser vistas como sistemas de signos. A organização do espaço e a disposição das principais peças de mobília transmitem, num nível, mensagens sobre os homens e mulheres que ali moram e, em outro, sobre a cultura em que vivem.[28] É claro que temos de lembrar que não podemos entrar numa casa do século XVIII, e que os interiores que vemos em museus de arte folclórica são reconstruções — isto é, interpretações.

Se de algum modo é possível estudar a cultura material dos inícios do período moderno como um sistema de signos, uma outra abordagem indireta deve ser utilizada, agora cronologicamente indireta, o chamado "método regressivo". Essa expressão foi cunhada pelo grande historiador francês Marc Bloch, quando estudava a história rural. Ele tentou ler a história do campesinato francês a partir dos campos cultivados, e descobriu que havia indícios relativamente bons para o século XVIII (quando, por exemplo, eram comuns os mapas dos campos), mas fragmentários para os séculos anteriores. Assim Bloch propôs ler a história retrospectivamente.

> Não é inevitável que, em geral, os fatos do passado mais remoto sejam também os mais obscuros? Como se pode escapar à necessidade de se trabalhar do mais para o menos conhecido?[29]

O historiador da cultura popular tradicional está numa posição parecida. Gravuras, folhetos e livretos populares do século XVIII são muito mais numerosos do que os anteriores, seja porque se imprimiram mais ou porque sobreviveu uma parcela maior. Uma alta porcentagem dos objetos artesanais conservados em museus de arte popular são do século XVIII em diante.[30] Foi somente no final do século XVIII que as baladas e estórias passaram a ser, como vimos, sistematicamente recolhidas da tradição oral e os costumes e festejos populares sistematicamente descritos. Há, portanto, boas razões para se escrever a história da cultura popular para trás utilizando o final do século XVIII como base de avaliação das evidências mais fragmentárias dos séculos XVII e XVI.

Em certas áreas onde os indícios são particularmente escassos, o historiador até pode ser obrigado a tomar como base um período posterior e trabalhar retrospectivamente a partir dele. Nem é preciso dizer que ele precisa tomar muito cuidado. Suponhamos, por exemplo, que queremos reconstruir a cultura dos servos na Europa central e oriental dos séculos XVII e XVIII.

Certamente seria um erro negligenciar os contos populares coletados em Mecklenburgo, por exemplo, no início do século XX: são estórias coletadas de anciões e anciãs cujos avós provavelmente estavam vivos no final do século XVIII, tradições orais que revelam alguma coisa sobre as atitudes dos servos em relação aos seus senhores.[31]

Da mesma forma, se quisermos estudar as canções populares dos inícios da Europa moderna, o método regressivo é indispensável, e deve-se tomar como ponto de partida os anos em torno de 1900. Foi só aí que começou o estudo sério da música folclórica, tentando-se registrá-la tal como era cantada, sem harmonizá-la. Foi em 1903 que Cecil Sharp gravou sua primeira canção popular, "As sementes do amor", no jardim de uma paróquia em Somerset, e, um ano depois, no outro extremo da Europa, na Transilvânia, Béla Bartók começou suas coletas. Foi só nessa época que os recursos de gravação começaram a se tornar acessíveis. Sharp não gostava do fonógrafo em cilindro por achar que tirava a espontaneidade dos cantores, mas Bartók gravou um bom número de músicas camponesas em cilindros de cera, o que permitiu comparar execuções individuais.[32]

Ninguém que se interesse pelas técnicas dos poetas orais ou cantores de estórias pode se permitir ignorar os registros feitos em campo durante os séculos XIX e XX. As *byliny* russas estavam transcritas desde antes de 1800, mas foi só nos meados do século XIX que a pessoa que as registrava deu alguma atenção às variações de execução. Ainda mais úteis, desse ponto de vista, são as gravações em *tape* dos cantores de estórias iugoslavos que o estudioso americano Milman Parry fez nos anos 1930; elas permitem comparar as versões de dois cantores da mesma canção, e a mesma canção cantada pelo mesmo cantor em ocasiões diferentes. Aliás, a intenção de Parry era testar hipóteses sobre as técnicas poéticas de Homero, ambição esta que faz com que nossa tentativa de remontar ao século XVI pareça extremamente tímida! Mais recentemente, um outro estudioso americano, também equipado com um gravador, estudou a arte verbal de pregadores negros em algumas partes dos EUA. Mais uma vez, a informação que temos sobre a arte divinatória e a medicina popular na França, Noruega ou Iugoslávia é incomparavelmente mais detalhada para o século XX do que para períodos anteriores. Os historiadores cujas fontes consistem de textos fragmentários têm muito a aprender com os folcloristas cujas fontes são pessoas vivas, que podem ser observadas em ação e até interrogadas.[33]

Para evitar mal-entendidos, gostaria de dizer logo o que não é o método regressivo. Ele não consiste em pegar descrições de situações relativamente recentes e supor despreocupadamente que elas se aplicam da mesma forma a períodos anteriores. O que defendo é antes um uso mais indireto do material moderno, para criticar ou interpretar as fontes documentais. Ele é particularmente útil para sugerir ligações entre elementos que podem ser documentados para o período em estudo, ou para dar sentido a descrições que são tão alusivas ou elípticas que, por si sós, não fazem sentido.[34]

O método regressivo, tal como é aqui defendido, é muitíssimo menos ambicioso que a abordagem de Wilhelm Mannhardt, sir James Frazer e outros eruditos do século XIX que adotaram os costumes dos camponeses de sua própria época, como o ritual do último feixe ou as lutas simuladas dos atores de pantomimas, como base para a reconstrução daquilo que eles gostavam de considerar como "a religião primitiva dos arianos". Eles estavam preocupados com o estudo das origens, em detrimento do estudo do significado desses rituais para as gerações posteriores, e estavam dispostos a pular milhares de anos, negligenciando as transformações sociais e culturais do período que decorreu entre Tácito e eles próprios. Aceitavam com muita facilidade o mito de uma cultura popular imutável, criado pelo homem culto da cidade que vê os camponeses mais como parte da natureza do que como parte da cultura, em outras palavras, mais como animais do que como homens. Marc Bloch não cometeu esse erro. Sua intenção não era a de pular milênios, mas refazer o seu caminho, passo a passo, por um ou dois séculos. Sua ideia não era que a transformação estivesse ausente do campo francês, mas sim que era lenta.

Em comunidades aldeãs onde a maioria das famílias ali permanecia ao longo das gerações, vivendo nas mesmas casas dos pais e avós, lavrando o mesmo solo, é razoável supor uma grande continuidade cultural. Nesse tipo de comunidade, as tradições orais provavelmente eram estáveis e, assim, constituem um guia mais confiável para o passado do que os historiadores modernos se dispõem a admitir. Existem ainda hoje homens que moram nas Terras Altas ocidentais, ocupando a mesma terra que ocupavam seus antepassados no século XVII e possuindo tradições familiares que remontam a essa mesma época. Em outras partes da Inglaterra contemporânea, como mostraram os Opie, as crianças são guardiãs fiéis da tradição oral.

> Em sua comunidade fechada, sua cultura e linguagem básica nem parecem se alterar de geração para geração. Os meninos [...] fazem charadas que eram feitas quando Henrique VIII era garoto. Meninas [...] repreendem outra do seu grupo que pede de volta um presente com uma parelha de versos usada no tempo de Shakespeare.[35]

É claro que as tradições orais realmente mudam ao serem transmitidas. Incidentes ocorridos com séculos de diferença podem se combinar na mesma versão, ou questões modernas podem ser projetadas no passado. Contudo, o historiador que tem consciência de estar empregando uma abordagem indireta lembrará de dar os descontos. Ele confiará no método regressivo mais para as estruturas do que para os detalhes, mais para a interpretação do que para a definição das atitudes. Seu problema básico continua a ser o de saber o quanto atribuir à transformação num caso qualquer, o problema de fazer a ligação entre as duas abordagens.

A história das peças de pantomimas inglesas pode ilustrar essa dificuldade. Sobrevivem mais de seiscentos textos, mas quase todos são (como os textos dos *maggi* toscanos ou as "peças de estrelas" suecas) do século XIX em diante. Vários deles têm como herói são Jorge. Em Norfolk, em 1473, sir John

124

Paston referiu-se a um homem que mantivera consigo "durante três anos para encenar são Jorge". O problema é fazer com que as pontas se encontrem e reconstruir a peça do século XV a partir de versões registradas cerca de quatrocentos anos depois. Podemos começar por eliminação, retirando personagens como Oliver Cromwell, rei Guilherme (seja Guilherme III ou Guilherme IV) e o almirante Vernon, que aparecem nas versões do século XIX. A crítica dos textos permitiu aos estudiosos recuperar alguns nomes e frases que tinham sofrido corruptelas ao longo da transmissão oral, reconhecendo em *"Turkey snipe"* [Narceja da Turquia] o *"Turkish knight"* [Cavaleiro turco]. Temos que dar um certo desconto pelo fato de que algumas versões do século XIX foram registradas sob forma expurgada por párocos locais, os mediadores onipresentes. Como um restaurador de quadros que retira camada por camada de pinturas sobrepostas, o historiador se depara com a estrutura fundamental da ação: a sequência de combates, a morte do herói e sua ressurreição.[36]

Nesse último exemplo, o método regressivo pode ser complementado com uma última abordagem indireta: a comparação. As formas antigas e o possível significado de algumas pantomimas inglesas se esclareceram com uma comparação com as peças de são Jorge encenadas na Trácia, no começo do século XX. As peças gregas ajudaram a imaginar o que eram as peças inglesas antes dos expurgos. Se estamos tentando determinar até onde remonta a figura do médico cômico, será útil saber que aparece um personagem parecido nas peças carnavalescas alemãs dos séculos XV e XVI.[37]

Talvez seja proveitoso seguir Marc Bloch um pouco além e distinguir entre duas variedades do método comparativo.

A primeira é a comparação entre vizinhos. A balada 4 de Child, *Lady Isabel and the elf-knigh*, é curta e críptica. As versões coletadas do outro lado do mar do Norte, nos Países Baixos, onde a balada se chama Heer Halewijn, são mais completas e numerosas, e assim servem para interpretar a variante inglesa. O historiador dos rituais tem uma necessidade ainda maior do método comparativo do que o historiador de baladas. Seria difícil reconstruir ou interpretar os carnavais romanos do século XVI sem se fazer alguma comparação com Florença ou Veneza. Quanto mais fragmentárias as provas sobreviventes de uma região, tanto mais útil é a abordagem comparativa. Ela tem de ser empregada com prudência — a pessoa não se pode permitir ignorar as variações regionais, como tampouco a transformação ao longo do tempo — mas, utilizada como abordagem conscientemente indireta, tem suas utilidades.[38]

Mais controversa é a segunda variedade dessa abordagem, a saber, as comparações entre duas sociedades relativamente remotas no tempo ou no espaço. O historiador dos inícios da Europa moderna terá algo a aprender com os antropólogos sociais que estudaram os habitantes das ilhas trobriandesas, os nuers ou a Sicília ou a Grécia contemporâneas? É desnecessário dizer que ele não pode simplesmente adotar suas conclusões. No entanto, os antropólogos experimentaram em primeira mão aquilo que os historiadores tentam imaginar com tanta dificuldade, ou seja, a qualidade de vida em sociedades pré-industriais, e voltaram para nos contar a respeito em nossa própria língua. Os antropólogos muitas vezes estão mais à vontade com os conceitos e têm maior clareza sobre os seus métodos do que os seus colegas historiadores, e isso faz com que valha a pena seguir seu exemplo, em especial num campo como o da história da cultura popular, que não foi suficientemente cultivado pelos historiadores para que se tenha logrado alcançar qualquer consenso a respeito de métodos.

Um exemplo óbvio do que um historiador de crenças populares pode aprender com os antropólogos sociais que trabalham em outro continente encontra-se na pesquisa recente sobre feitiçaria. Certos estudiosos de feitiçaria africana consultaram curandeiros e até se tornaram seus aprendizes, de modo que chegaram a entender a feitiçaria por dentro. Os historiadores não podem imitar esses métodos, mas o exemplo dos antropólogos ajudou a libertá-los da pressão, exercida pelos documentos, no sentido de encarar as bruxas pelos olhos dos seus juízes.[39]

Para os historiadores interessados nas atitudes e valores dos camponeses que raramente deixaram registros escritos, o estudo dos rituais públicos é evidentemente importante e também nesse campo os antropólogos há muito tempo movem-se à vontade. Um estudioso dos carnavais europeus tem algo a aprender, como sugerirá um capítulo posterior, com os trabalhos recentes sobre os "ritos de inversão" na Índia e na África. Mais uma vez, eu não teria me atrevido a sugerir que os historiadores algum dia poderão analisar as casas de camponeses europeus como sistemas de signos se o antropólogo Pierre Bourdieu não tivesse feito uma análise desse tipo a respeito da casa berbere da Argélia moderna, descrevendo o contraste entre o espaço masculino e o espaço feminino, entre "a parte superior, nobre e iluminada da casa", local do fogo, e "a parte inferior, escura e noturna da casa, local de objetos que são úmidos, verdes ou crus".[40]

Os antropólogos que se tornaram etno-historiadores também deram dois exemplos importantes quanto ao uso cuidadoso e consciente do método regressivo. Para avaliar a influência da Espanha na cultura da América Latina, George Foster tentou reconstruir a cultura do campesinato espanhol do século XVI e para tanto ele trabalhou regressivamente a partir do século XX, fazendo seu trabalho de campo na Espanha e recorrendo à pesquisa de folcloristas. Georges Balandier escreveu uma história do reino do Congo nos séculos XVI e XVII. As fontes documentais para esse período são obra de funcionários e missionários brancos, e expressam, o que é bastante natural, os seus pontos de vista. Para complementar essas fontes, Balandier recorreu a tradições orais coletadas nos séculos XIX e XX. As tradições orais podem não fornecer uma narrativa confiável sobre os acontecimentos, mas são evidências inestimáveis sobre as reações a esses acontecimentos, para vê-los com "a visão dos vencidos". Fica bastante evidente a analogia entre os problemas de Balandier e os de um historiador da cultura popular europeia.[41]

O método comparativo, tal como o regressivo, supõe especulações. Se ele parecer especulativo demais, o leitor deve se lembrar que o método não é para ser utilizado sozinho, mas junto com todos os outros métodos, e principalmente para dar sentido a fragmentos de provas sobreviventes, e não como substituto delas. Herder uma vez chamou as canções folclóricas de "o arquivo do povo" (*das Archiv des Volkes*). É impossível ler em tal arquivo sem esse tipo de técnica. Visto que a cultura popular dos inícios da Europa moderna é tão esquiva, ela tem de ser abordada por rodeios, recuperada por meios indiretos e interpretada com uma série de analogias. As dificuldades serão vivamente ilustradas no próximo capítulo, dedicado a cantores e contadores de estórias, atores, entalhadores e pintores que transmitiram a cultura popular desse nosso período. Alguns deles foram celebrados em sua própria época, mas todos são agora figuras obscuras.

Parte 2
ESTRUTURAS DA CULTURA POPULAR

4. A TRANSMISSÃO DA CULTURA POPULAR

Cada artesão e cada camponês estava envolvido na transmissão da cultura popular, da mesma forma que sua mãe, mulher e filhas. Eles a transmitiam cada vez que contavam uma estória tradicional a uma outra pessoa, ao passo que a criação dos filhos necessariamente incluía a transmissão dos valores de sua cultura ou subcultura. A vida numa sociedade pré-industrial estava organizada em base à coisa feita à mão pelo próprio indivíduo num grau que hoje em dia mal podemos imaginar. Os pastores faziam e tocavam suas próprias gaitas de foles. Os homens da casa faziam os móveis e as mulheres faziam as roupas; no campo, esses eram os afazeres naturais do inverno. Quem ficava doente ou sofria um acidente seria tratado em casa. Grande parte dos entretenimentos também estava organizada na base do "faça você mesmo".

Grande parte, mas não tudo. Nem a casa e tampouco a aldeia eram culturalmente autônomas. Dentro da aldeia, alguns homens e mulheres cantavam ou contavam estórias melhor que outros, como *"die Frau* Viehmännin", a viúva de um alfaiate da região de Kassel, de cujo talento temos notícia porque os irmãos Grimm transcreveram 21 estórias suas.[1] Se um camponês ou o seu gado ficavam doentes e os remédios caseiros não surtiam efeito, ele recorreria a um "homem de saber" ou a uma "mulher sábia", isto é, curandeiros semiprofissionais. Se ele queria uma ferramenta de metal, ele iria ao ferreiro local, artesão profissional, ou esperaria a vinda de um vendedor ambulante à aldeia. Menestréis ou atores itinerantes proporcionavam esporadicamente divertimentos profissionais. Em suma, é útil distinguir entre o que o folclorista sueco Carl von Sydow chamou de "portadores ativos" das tradições populares e os restantes, que eram relativamente passivos. É essa minoria de portadores ou "suportes" ativos da tradição que constitui o interesse principal deste capítulo, que descreverá o tipo de gente que eram e os quadros sociais em que operavam, tentando determinar se eles eram inovadores ou simplesmente "guardiães" ou "mantenedores" da tradição.[2]

OS PROFISSIONAIS

É inevitável o problema da definição. O que é um artista "popular"? A definição mais útil parece ser a do artista que trabalha principalmente para um público de artesãos e camponeses. Isso exclui, digamos, Dürer ou Hogarth, embora alguns de seus trabalhos gráficos provavelmente fossem muito difundidos. Um caso marginal é o de Romeyn de Hooghe, o gravador holandês do século XVII. De Hooghe (sobrinho do pintor Pieter de Hooghe) era formado em direito. Suas gravuras dirigiam-se às classes altas, e ele recebeu título de nobreza do rei da Polônia. Eu o consideraria um artista popular porque suas obras mais importantes eram gravuras políticas de ampla circulação. Da mesma forma incluiria James Gillray, o cartunista inglês do século XVIII. Há pouquíssimo a dizer a respeito da maioria dos seus colegas. Sabemos os nomes, mas pouco além disso, de algumas famílias de gravadores franceses da rua Saint-Jacques, de Paris, que faziam gravuras populares: a família Mariette (ativa por volta de 1600 a 1774), a família Jolain (ativa por volta de 1650 a 1738) e a família Basset (ativa por volta de 1700 a 1854), mais conhecida porque um dos seus membros fez gravuras a favor da Revolução Francesa. É difícil dizer se devemos considerá-las como famílias de empresários, gravadores ou artistas — provavelmente eram as três coisas ao mesmo tempo. O mesmo, presumivelmente, vale para a família Abadal, que se manteve ativa em diversas cidades da Catalunha desde o século XVII até o início do século XX, e para a família Didier de Epinal, na Lorena, que já no século XVIII era um importante centro de *imagerie populaire*. Podemos ter uma certa ideia da escala de suas operações com a informação de que Jean-Charles Didier morreu em 1772 deixando um estoque de mais de 56 mil imagens.[3]

Na Noruega e na Suécia, sabe-se alguma coisa sobre centenas de artesãos que trabalhavam em distritos rurais durante o século XVIII, porque não era raro assinarem e datarem seus trabalhos e porque os registros locais, além das datas de batismo, casamento e funeral, também nos dizem algo sobre o seu grau de alfabetização, seu conhecimento do catecismo e até a quantidade de móveis em suas casas. Sobre alguns deles também sobreviveram tradições orais. Alguns desses artesãos surgem como personalidades artísticas bem definidas, indivíduos que desfrutavam de uma fama local considerável: homens como Clemet Hakansson, de Småland, e o cabo Gustaf Reuter, de Halsingland, dois grandes expoentes suecos das *bonadmåleri*, pinturas em tecido; Kittil Rygg, de Hallingdal, e Ola Hansson, de Telemark, importantes "pintores de rosas" do leste da Noruega; ou Jakob Klukstad, de Gudbrandsdal, talvez o maior entalhador de madeira da Noruega do século XVIII.

Alguns pintores, entalhadores e tecelãos do século XVIII eram decididamente profissionais, embora, como o cabo Reuter, pudessem ter exercido uma outra profissão antes de se tornarem artistas, e podiam ter propriedades rurais que lhes trouxessem alguma renda. Muitas vezes eram itinerantes e trabalhavam nas casas dos clientes. Seu aprendizado era informal. Os pintores podiam aumentar seu repertório copiando ou adaptando gravuras ou entalhes e podiam tentar transmitir suas habilidades para os filhos. O filho e o neto de Clemet Håkansson eram pintores como ele, enquanto não só os filhos como também cinco filhas seguiram os passos do pintor sueco Per Nilsson, o que sugere que a família trabalhava em equipe e fazia suas pinturas em casa. Por vezes, conseguem-se rastrear algumas inovações específicas até chegar aos artistas individuais: por exemplo, atribui-se a Erik Eliasson, de Rättvik, em

Dalarna, que pintava motivos florais em armários, a invenção de *kurbits* ou cabaças estilizadas. Não sabemos o que os artistas e seus clientes pensavam acerca das inovações, e no atual estado da pesquisa ainda é difícil fazer qualquer generalização segura até mesmo sobre o recrutamento, aprendizagem e estatuto desses artesãos rurais.[4]

Sobre os produtores de objetos artesanais populares em outros lugares, só é possível falar em termos ainda mais vagos e gerais. Nas cidades grandes, havia espaço para pintores especializados, como os pintores de tabuletas em Londres, que se concentravam em Harp Alley, ou os *madonneri*, pintores de imagens votivas à Nossa Senhora, em Veneza ou Nápoles. Outros pintores andavam pelo interior em busca de trabalho, fosse para pintar tabuletas ou retratos. Em algumas regiões, onde a argila era boa, como nas *marche* italianas, podiam-se encontrar aldeias inteiras de oleiros semiprofissionais. Em outros lugares, quem mais se aproximava de um artista profissional era o ferreiro da aldeia, pois os ferreiros não se restringiam a ferrar cavalos ou consertar ferramentas, mas também faziam cata-ventos e outras peças decorativas de ferro batido. Na Alsácia, sul da Alemanha e Áustria, o ferreiro fazia figuras votivas em ferro, e na Suécia, onde o minério era abundante, ele fazia monumentos fúnebres com o mesmo material.[5]

Sobre os apresentadores, há um pouco mais a se dizer. Esses sucessores dos menestréis medievais formavam um grupo variado e versátil.[6] Para empregar apenas termos correntes na Inglaterra entre 1500 e 1800, entre eles incluíam-se cantores de baladas, apresentadores de ursos amestrados, bufões, charlatães, palhaços, comediantes, esgrimistas, bobos, prestidigitadores, malabaristas, truões, menestréis, saltimbancos, tocadores, titereiros, curandeiros, dançarinos equilibristas, apresentadores de espetáculos, tira-dentes e acrobatas (pois mesmo os tira-dentes, operando ao ar livre, cercados de espectadores, eram uma espécie de artista de rua). Muitas dessas designações se sobrepunham porque as funções também se sobrepunham; esses profissionais de diversões certamente apresentavam um espetáculo de variedades. Um "comediante" não se restringia a papéis cômicos. Um "tocador" (compare-se com o *Spielmann* alemão e o *igrec* eslavo) podia tocar instrumentos, desempenhar um papel, fazer o bobo ou tudo isso ao mesmo tempo. Ele precisava ser um mestre em mímica e prestidigitação. As trupes inglesas podiam fazer sucesso em *tours* pelo continente na medida em que seus números não dependiam da língua. Nas palavras de um documento dinamarquês, os músicos ingleses eram *instrumentister och springere*, "músicos e acrobatas". Um bufão ou palhaço podia cantar ou improvisar versos, esgrimir ou dançar numa corda, fazer acrobacias ou malabarismos com bolas no ar, e o mesmo acontecia com um menestrel. Um dos poucos menestréis ingleses do século XVI cujo nome chegou até nós, Richard Sheale (cuja versão da balada *Chevy Chase* foi impressa nas *Reliques* de Percy), se autodenominava um "malandro alegre", isto é, um palhaço. O antigo termo espanhol para menestrel, *juglar* — um pouco ultrapassado no século XVI — lembra-nos de que o mesmo homem podia contar estórias ou fazer malabarismos com bolas; e a palavra em latim que lhe deu origem, *joculator*, "que faz graças", sugere que um menestrel desempenhava as várias modalidades de entretenimento. Tão impressionantes eram as proezas desses indivíduos que *juggler* ("malabarista") veio a significar "mágico", enquanto o termo *conjurer* ("conjurador"), que originariamente designava quem invocava os espíritos, no século XVIII passou a se referir a alguém que fazia prestidigitações, comendo fogo ou puxando longas fitas coloridas de dentro da boca. Às vezes também se acreditava que os atores e atrizes tinham um pacto com o demônio, considerado o grande mestre do ilusionismo.

Restam-nos agora os "apresentadores de espetáculos", quer apresentassem bonecos, relíquias, figuras de cera ou mostrassem ursos, macacos, espetáculos de "lanterna mágica", com imagens de batalhas ou cidades exóticas como Constantinopla ou Pequim; e resta também uma série de termos que se tornaram pejorativos, como "charlatão", "saltimbanco" e "curandeiro" (*quacksalver* ou simplesmente *quack*). Esses termos nem sempre eram pejorativos nos séculos XVI e XVII, e o seu significado era então mais preciso do que veio a ser posteriormente.* O charlatão, ou *opérateur*, como às vezes ele se autodenominava na França, era um vendedor ambulante de pílulas e outros remédios, que fazia palhaçadas ou desfiava uma arenga engraçada para atrair a atenção de fregueses em potencial. Antoine Girard, conhecido como "Tabarin", foi um exemplo famoso de charlatão, e talvez deva se acrescentar seu contemporâneo Guillot-Gorju, do século XVII, que alternava os papéis de doutor de palco e médico real, e até o grande ator austríaco Josef Anton Stranitzky, que também arrancava dentes. Essa combinação entre cura e diversão é, de fato, extremamente antiga. A cura era, e em algumas partes do mundo continua a ser, uma dramaturgia social, uma encenação pública que envolve rituais elaborados.[7] Na Itália, a palavra *ciarlatano* (ou *ciurmatore*) pode significar um camelô que vende remédios ou um ator de rua. Os *ciarlatani* que se apresentavam na *piazza* distinguiam-se dos *comedianti* de *status* mais alto, que atuavam em casas particulares. O *montimbanco* era o charlatão que subia num estrado ou palco, cercado de acessórios um pouco mais elaborados. Havia também os *saltimbanchi*, acrobatas em bancos, e os *cantimbanchi*, cantores de bancos (O *Bänkelsänger* alemão). Esses cantores muitas vezes dispunham de uma série de ilustrações para as suas baladas e uma vareta para chamar a atenção do público, sem mencionar os exemplares das próprias baladas, que vendiam depois da apresentação, pois além de artistas (ilustração 1) eram também mascates e "comerciantes de baladas". Os charlatães também vendiam baladas. Em alemão, esses cantores também eram conhecidos como *Gassensänger* ou *Marktsänger*, porque cantavam nas ruas ou praças de mercado, ou ainda como *Avisensänger* (cantores de notícias), quando se especializavam em canções sobre acontecimentos correntes. As mulheres às vezes faziam esse ofício; em Viena, existiam cin-

---

* O termo "charlatão" parece que foi aplicado pela primeira vez para se referir a falsos intelectuais por J. B. Menckenius em 1715.

1. Cantores de rua. Alemanha, século XVII. Nuremberg, Germanisches Nationalmuseum.

quenta *Liederweiber* ou "mulheres de canções" em atividade em 1797.[8]

Essas associações entre nomes, ideias e profissões não se restringiam à Europa ocidental. O termo russo *skomorokh* pode ser traduzido alternadamente por "tocador", "bufão" ou "acrobata". Os *skomorokhi* dos séculos XVI e XVII recitavam *byliny*, faziam-se de bobos, lutavam, faziam malabarismos, apresentavam ursos adestrados em seu repertório de truques e faziam espetáculos de lanterna mágica na rua.[9]

Raramente descritos com mais vagar, esses apresentadores eram frequentemente mencionados de passagem e desses muitos fragmentos emerge uma espécie de quadro geral. A profissão dos apresentadores tinha sua hierarquia de sucesso. No alto, estavam uns poucos apresentadores que trabalhavam em cidades grandes, eram chamados à corte e suas obras eram publicadas, como Tabarin, em Paris, Tarleton, em Londres, ou Gil Vicente, em Lisboa, que era poeta, ator e músico, isto é, em outras palavras, um jogral, um menestrel. (Shakespeare está excluído porque não trabalhava *principalmente* para artesãos ou camponeses.) Também em alta posição estavam alguns poucos empresários, como Martin Powell, que apresentava seus bonecos em Bath e mudou-se para Covent Garden em 1710, ou seu contemporâneo francês François Brioché, que tinha uma banca de bonecos na Foire Saint-Germain. Numa visita à Suíça, Brioché foi preso certa vez sob suspeita de ser mágico, mas prosseguiu, chegando a ser citado por Boileau e indicado como *opérateur de la maison du roi*, o que se pode traduzir como "charlatão nomeado". Os homens que tinham seus pontos em lugares como a praça São Marcos, em Veneza, praça Navona, em Roma, ou Pont-Neuf, em Paris, deviam estar entre os aristocratas da profissão. Em vista do tamanho dessas cidades, não devem ter tido muita necessidade de se deslocar. Alguns deles fundaram dinastias, como a família Brioché ou a família Bienfait, que também eram titereiros na Foire Saint-Germain, ou a família Hilverding, titereiros na Europa central. Os palhaços venezianos Zan Polo e Zane Cimador eram uma dupla famosa de pai e filho. A esses indivíduos podemos acrescentar um novo tipo de artista para a época pós-gutenberguiana: o escritor profissional de baladas, como o ex-advogado William Elderton ou o ex-tecelão Thomas Deloney, e ainda pessoas que estavam na fronteira entre a cultura erudita e a cultura popular, como Elkanah Settle, um indivíduo educado em Oxford que se considerava um rival à altura de Dryden e tinha como patrono Shaftesbury, mas trabalhava para a sra. Mynn, uma apresentadora de espetáculos na feira de são Bartolomeu, e numa peça, ao que se disse, ficou reduzido a fazer o papel de dragão. Em pontos mais distantes da Europa, bardos tradicionais ainda desfrutavam do patronato da nobreza e *status* elevado, como Sebestyén Tinódi, na Hungria do século XVI, que recebeu título de nobreza, e talvez John Parry, no País de Gales do século XVIII.[10]

Abaixo desse grupo pequeno e respeitável vinha a massa da profissão, gente que passava a vida em andanças. Como a densidade populacional nos inícios da Europa moderna era baixa, em comparação à do século XX, eram muito mais numerosos os serviços que tinham de ser prestados em bases itinerantes. Os artistas de entretenimentos, assim como os latoeiros ambulantes e mascates, viajavam de lugar em lugar. Era mais fácil mudar o público do que mudar o repertório, e para mudar o público eles tinham de viajar de cidade em cidade, ou de feira em feira, parando nas aldeias que existissem pelo caminho. Particularmente na Europa central, não respeitavam as fronteiras políticas, e é a esses homens — tanto quanto às tradições indo-europeias arcaicas — que se deve a unidade da cultura popular europeia.* O apresentador de teatro de bonecos J. B. Hilverding estava em Praga em 1698, em Dantzig em 1699, em Estocolmo em 1700, em Nuremberg em 1701 e na Basileia em 1702.

---

* É de esperar que algum dia um historiador siga esses andarilhos pela Europa (desde que os arquivos municipais permitam sua "atuação") e assim descubra o quanto eles viajavam antes de retornar.

Os artistas itinerantes podiam viajar sozinhos ou em trupes. Segundo um concílio eclesiástico russo do século XVI, os *skomorokhi* perambulavam "em grupos de até sessenta, setenta ou mesmo cem homens". Na Inglaterra do século XVIII, podiam-se ver nas estradas trupes de tocadores ambulantes, alguns pobres demais para viajar de coche, mas ainda vestidos de forma suficientemente elegante para chamar a atenção. Dois atores podiam ser enviados à frente do grupo, para obter autorização para atuarem nas cidades e aldeias do caminho. Seus acessórios e costumes deviam ser de segunda mão, até mesmo rotos, e se apresentariam em estalagens ou barracões (*barns*): daí o termo pejorativo do século XIX para o teatro mambembe (*barnstorming*).[11]

Os *bateleurs* franceses levavam uma vida parecida, e o mesmo vale para os farsantes espanhóis. Um deles, Agustín de Rojas, deixou um relato vívido da existência dura dos atores. Ele estabeleceu uma distinção entre oito tipos de companhias, segundo o tamanho do grupo, o repertório, a abastança e o número de dias que passava num determinado lugar, antes de retornar novamente à estrada. Os quatro tipos inferiores descritos por Rojas podem ser considerados "populares". Entre eles, o maior era o *cambaleo*. "O *cambaleo* é uma mulher que canta e cinco homens que choram"; eles podiam ficar de quatro a seis dias no mesmo lugar, encenando uma comédia, dois *autos* (peças religiosas) e três ou quatro interlúdios cômicos. A *gangarilla* era bem menor, composta de três ou quatro homens, "um que pode fazer o bobo e um menino que faz os papéis de mulher [...] eles comem carne assada, dormem no chão, bebem seu gole de vinho, viajam constantemente, apresentam-se em cada terreiro de fazenda". A seguir vinha o *ñaque*. "O *ñaque* são dois homens [...] dormem vestidos, andam descalços e não matam a fome"; seus únicos acessórios são uma barba falsa e um pandeiro. Bem embaixo da escala vinha o *bululú*, "um ator sozinho, que viaja a pé. Ele entra numa aldeia, vai até o padre e lhe diz que conhece uma peça e uma ou duas loas". (Uma loa era um prólogo em verso de um auto.)[12]

O *bululú* era apenas um entre muitos atores individuais nômades. Georges de la Tour deixou uma vívida descrição de um deles, numa pintura que agora se encontra no Musée des Beaux-Arts, em Nantes (ilustração 2); um velho cego está cantando, acompanhado da *vielle*, espécie de alaúde rústico conhecido na Inglaterra como *hurdygurdy* ("viela"). Esses músicos ambulantes muitas vezes constam dos registros de esmolas da igreja no Languedoc, durante o século XVI. Alguns eram padres, fato que nos revela alguma coisa sobre a pobreza e o *status* do baixo clero naquela época. Alguns tocavam a *vielle*, outros o serpentão. No século XVIII, a viela foi substituída pela rabeca, mas os *chanteurs-chansonniers* ou comerciantes de baladas ainda perambulavam como oficiais em seu *tour de France*. Na Itália, os *cantastorie*, ou "cantores de estórias", andavam de lugar em lugar, cantando na *piazza* e fazendo-se acompanhar por algum instrumento, em geral a viola. Seus épicos às vezes eram tão compridos que o recital tinha de se estender por vários dias seguidos. Na Sérvia, esses cantores de estórias se chamavam *guslari*, porque se acompanhavam com a *gusle*, uma espécie de rabeca de uma corda só. Na Rússia, eles eram conhecidos como *kobzari*, porque tocavam a *kobza*, outra variedade de alaúde; seus rivais eram os *kaleki*, especializados em canções sobre santos. No País de Gales e na Irlanda, era a harpa o instrumento predileto do artista ambulante; na Espanha, no final do período, era o violão. Outros ambulantes individuais eram os apresentadores de teatros de bonecos, como o mestre Pedro, em *Dom Quixote*.[13]

Os artistas profissionais, sob muitos aspectos, formavam um grupo característico. Usavam roupas incomuns, alegres e multicoloridas; os *skomorokhi* vestiam túnicas curtas ao estilo ocidental; Tabarin era famoso pelo formato estranho do chapéu. Eles tinham apelidos incomuns, como "Leite Azedo", um tocador de alaúde que apareceu em Ochsenfurt em 1511, ou "Brûle-maison", um cantor famoso de Lille no século XVIII. Inúmeros eram ciganos, muito solicitados na Europa central como músicos, às vezes tornando-se famosos, como a família Czinka, na Hungria do século XVIII. Muitos vinham da Saboia,

140

2. Georges de la Tour, *O homem do realejo*. França, século XVII. Nantes, Musée des Beaux-Arts.

onde a terra não era fértil o suficiente para sustentar toda a população e muitos jovens tinham de partir, principalmente nos meses de inverno. Enquanto os suíços se tornaram mercenários, os saboianos se tornavam bufarinheiros, rabequistas, flautistas, tocadores de realejo, tiradores de sorte ou apresentadores de espetáculos, com uma lanterna mágica presa às costas ou uma marmota na corrente. Outros vinham do sul da Itália, como, por exemplo, de Basilicata, onde os camponeses "aprendem desde a infância a manejar a picareta com uma mão e o flajolé ou a gaita com a outra", e podiam ser vistos a viajar pela Itália, a França e até a Espanha.[14]

Como outros nômades, esses viajantes nem sempre tinham boa fama entre gente mais sedentária. Os filhos dos músicos alemães eram tidos como *unehrlich*, "sem honra", e portanto sem o direito de se elegerem como membros das guildas, assim como os filhos dos carrascos e coveiros. Os músicos alemães eram acusados, não raro, de feitiçaria, e também os *skomorokhi* tinham fama de feiticeiros, decerto devido aos seus truques de prestidigitação.[15]

Os artistas ambulantes muitas vezes eram vistos como mendigos, e às vezes deve ter sido difícil distinguir entre o cantor profissional em decadência e o mendigo que cantava ou tocava, por não poder mendigar caridade sem perder o respeito a si próprio. De qualquer forma, essa distinção dificilmente teria sido significativa para os magistrados, membros sedentários das classes altas preocupadas com as virtudes da ordem e do trabalho árduo. Suas atitudes se refletem na famosa lei inglesa para a "contenção dos vagabundos", aprovada em 1572, que juntava indiscriminadamente "todos os esgrimistas, donos de ursos amestrados, tocadores comuns em interlúdios e menestréis [...] todos os malabaristas, bufarinheiros, latoeiros ambulantes e pequenos mascates", proibindo-os de "perambular" sem uma autorização de dois juízes de paz.[16]

Muitos desses artistas-vagabundos parecem ter sido cegos. Na Espanha, o nome usual para um cantor de rua costumava ser *ciego*. Tais termos muitas vezes refletem estereótipos e não a realidade, mas nesse caso existem muitas provas a favor. No século XVIII, em Palermo e Madri, por exemplo, os cantadores cegos de baladas tinham sua própria confraria e privilégios. O *kobzari* e o *kaleki* (que quer dizer "aleijado") russos muitas vezes eram descritos como cegos. Vuk Stefanović Karadžić escreveu que os épicos heroicos da Sérvia circulavam na sua época graças a cantores cegos: "Os cegos vão esmolando de casa em casa por toda a região. Eles cantam uma canção na frente de cada casa e depois pedem que lhes deem alguma coisa; quando se oferece alguma coisa, eles cantam mais". Filip Višnjić contou a Karadžić que "ficou cego quando jovem devido à varíola e então percorreu todo o paxalato da Bósnia e foi até Skadar, esmolando e cantando com a *gusle*". Višnjić, um dos maiores *guslari*, finalmente prosperou, comprou seu cavalo e carroça e, segundo Karadžić, se tornou "um perfeito cavalheiro".[17] Ele era apenas um dentre uma série de apresentadores cegos famosos do século XVIII, entre os quais incluíam-se o harpista galês John Parry e os harpistas irlandeses Arthur O'Neill e Carolan.[18] No século XVII, havia o cantor de baladas Philippot. No século XVI, entre os cantores cegos famosos incluíam-se o português Baltasar Dias, o húngaro Sebestyén Tinódi, o italiano Niccolò d'Arezzo, o alemão Jörg Graff, um ex-*Landsknecht*. O leitor pode estar se perguntando qual a porcentagem de cegos na população europeia daquela época — provavelmente bem mais alta do que agora — ou por que os cegos teriam predominado na profissão de Homero — talvez porque um homem de talento na posse de todas as suas faculdades dificilmente escolhesse essa atividade desonrosa (cf. p. 337).

Entre esses inúmeros apresentadores itinerantes, havia alguns poucos cuja intenção principal não era o entretenimento. Nesse período, mestres-escolas e pregadores ocasionalmente iam para as estradas. No País de Gales do século XVIII, eram conhecidos os mestres-escolas itinerantes, às vezes ditos harpistas ou rabequistas convertidos; o mesmo na França do século XVIII, onde ofereciam seus serviços nas feiras, usando uma, duas ou três plumas no barrete, conforme ensinassem a ler, a

143

escrever, ou também aritmética. Havia ainda os santos andarilhos — ortodoxos ou não —, como o profeta que se autodenominava "Missus a Deo", que chegou a Bolonha em 1517 e pregou contra as ordens religiosas, até que as autoridades o expulsaram da cidade.[19]

Entre os pregadores católicos, destacavam-se os frades. São Francisco referira-se à sua ordem como "menestréis de Deus" (*joculatores Domini*), e de fato era um paralelo próximo sob muitos aspectos. Como os menestréis, os frades andavam de cidade em cidade e frequentemente apresentavam-se na praça do mercado — pois as igrejas não eram grandes o suficiente para conter todos os que vinham ouvi-los. Os contemporâneos estimaram algumas multidões entre 15 mil e 20 mil pessoas, e alguns chegavam à noite, na véspera, para garantir o lugar. Os frades parecem ter aprendido um ou dois truques com os menestréis, cujas pegadas seguiam, pois encontram-se referências desaprovadoras a pregadores que, "à maneira de bufões, contam estórias bobas e fazem o povo rir às gargalhadas". Bernardino da Feltre tirou sua sandália e jogou-a num homem que estava dormindo durante o seu sermão. Alguns franciscanos certamente encenavam no púlpito; até são Bernardino ficara conhecido por imitar o som de uma trombeta ou o zumbido de uma mosca. Roberto Caracciolo, encorajando uma cruzada, teria arrancado seu hábito no meio do sermão, para mostrar uma armadura completa por baixo. As anotações dos sermões de Barletta frequentemente trazem "gritos" (*clama*). Olivier Maillard escreveu pessoalmente as seguintes instruções cênicas à margem de um sermão: "Sente — fique de pé — esfregue-se — ahem! ahem! — agora guinche feito um demônio".[20]

O paralelo — e a concorrência — entre pregadores e artistas profissionais foi várias vezes observado em nosso período, notadamente por Diderot, que descreveu Veneza como uma cidade onde "numa única praça você pode ver, de um lado, um palco com *montimbanchi* encenando farsas engraçadas mas medonhamente indecentes, e, de outro, um outro palco com padres encenando farsas de natureza diversa e gritando: 'Não deem atenção àqueles miseráveis, cavalheiros; o Pulcinello que vocês estão seguindo é um pobre bobo; eis aqui (mostrando o crucifixo) o verdadeiro Pulcinello!'".[21] A estória de que o pregador jesuíta francês Emond Auger tinha sido condutor de um urso adestrado na sua existência laica certamente era *ben trovata*, e até pode ter sido verdadeira.

Alguns pregadores protestantes seguiram o exemplo dos frades. Pregadores leigos anabatistas perambulavam pela Alemanha do século XVI, e os pregadores calvinistas perambulavam nas Cévennes. No norte do País de Gales, em meados do século XVII, uma figura notável era Vavasor Powell, "o metropolitano dos itinerantes", como o chamavam os seus adversários; ele pregava em galês nos mercados e feiras. Na Inglaterra, na mesma época, existiam muitos pregadores leigos sectários "fanáticos", seguindo seu caminho de um mercado ou celeiro a outro, fazendo curas e pregando sermões, aprendendo com o povo sagaz e com o clero. O maior dentre esses pregadores, John Bunyan, já estava familiarizado com a vida andarilha desde o seu ofício de latoeiro ambulante. Quanto à sua teatralidade, o pregador dissidente do século XVII era descrito como alguém que "atua muito com suas mãos, batendo palmas ou golpeando o peito, ou agitando-as com enlevo".[22]

OS AMADORES

Os portadores profissionais da tradição até aqui descritos compõem apenas o topo do *iceberg*, e os outros mal são visíveis. Existiam os amadores e existiam os semiprofissionais, especialistas em tempo parcial que tinham outra atividade, mas podiam retirar uma renda complementar ao cantarem, tocarem ou curarem. Só sabemos deles quando se organizavam em associações ou, por alguma razão, atraíam a atenção das autoridades ou das classes altas, por serem artistas de talento ou suspeitos de sedição, heresia ou feitiçaria.

No sudoeste da Europa, onde as cidades tinham mais importância do que em outras áreas, as peças e outras festas muitas vezes eram montadas por artesãos urbanos, reunidos em guildas, irmandades ou clubes, com nomes imaginativos como as "abadias da folia" e do "desgoverno". Os mistérios ingleses eram apresentados pelas guildas, como a dos açougueiros ou carpinteiros de York, os aparadores de tecido ou os alfaiates de Coventry, às vezes com o auxílio de atores profissionais nos papéis principais. Da mesma forma, as guildas espanholas montavam quadros vivos para a festa de Corpus Christi. Em Paris, a Confrérie de la Passion, que encenou muitos mistérios nos séculos XV e XVI, era uma irmandade de artesãos, descritos desdenhosamente em 1542 como "gens ignare, artisans mecaniques, ne sachant ni A ni B". Em Florença, as guildas ou as agremiações profissionais, como as chamadas "potências" (*potenze*), desempenhavam um papel importante nos mistérios e quadros vivos, principalmente na festa de são João Batista, o padroeiro da cidade. Na Siena do século XVI, havia peças escritas por membros de uma associação chamada "Rústicos" (*Rozzi*), de onde estavam formalmente excluídas as pessoas de *status* elevado. Entre os membros dirigentes dos *Rozzi*, havia um vendedor de papel chamado Silvestro, que adotou o apelido *Fumoso* ("Enfumaçado", "Obscuro"), e um alfaiate chamado Gianbattista, cujo apelido era *Falatico* ("Falacioso", "Fantástico"). Também nas cidades alemãs, existiam grupos de artesãos que montavam peças e quadros vivos, especialmente para o Carnaval. Em Nuremberg em particular, alguns artesãos ficaram famosos por escreverem peças, notadamente o funileiro Hans Rosenplüt e o barbeiro Hans Folz (ambos no século XV) e, sobretudo, o sapateiro Hans Sachs, que escreveu duzentas e tantas peças e cerca de 2 mil textos menores. Pode-se perguntar como é que ele encontrava tempo para fazer algum sapato.[23]

Por outro lado, os vários bairros da cidade podiam organizar festas, como em Siena, onde os *confrade* organizavam a famosa corrida *d'il palio*, que ainda hoje se realiza. As cidades podiam competir entre si pela melhor peça escrita e apresentada. Essas competições eram especialmente importantes na Holanda; na competição de 1539, concorreram dezenove sociedades teatrais ou "câmaras de retórica" (*rederijkkamers*). Catorze delas representavam cidades, e as outras cinco vinham do campo. O teatro amador rural parece ter sido de importância excepcional — ou excepcionalmente bem documentado — em Flandres, talvez porque a região fosse mais urbanizada do que outros lugares, tornando-se mais fácil para os aldeães imitarem as maneiras dos habitantes das cidades. Conta-se que na Flandres do século XVIII cada aldeia tinha sua associação, muitas vezes dirigida pelo mestre-escola local ou por um *liedzanger* profissional, que se apresentava nas feiras ou nas noites de domingo. Os atores de pantomimas inglesas não parecem ter partilhado esse entusiasmo. No século XVIII, eles também apresentavam peças, mas apenas uma ou duas vezes por ano. Há referências nos arquivos de Essex que sugerem que já faziam esse tipo de coisa no século XVI.[24]

Poemas e peças eram compostos e recitados por artesãos nas câmaras de retórica na Holanda e nos *puys* franceses. Existiam competições e prêmios periódicos para poesias, como os *joc florals*, em Toulouse. O *Meistergesang* alemão era largamente uma forma artística de artesãos, notadamente alfaiates, tecelãos e sapateiros; a métrica complexa devia tornar o ofício tão difícil para o mestre quanto a elaborada ourivesaria cultivada nas mesmas cidades alemãs na época. Essas organizações eram ao mesmo tempo expressões de patriotismo cívico, um equivalente cultural das milícias civis, com suas festas e competições de tiro ao alvo, e um indicador da seriedade com que se consideravam as artes de espetáculo naquela época.[25]

É claro que os artesãos e camponeses não detinham o monopólio da organização de festividades. Os nobres pertenciam a algumas sociedades que organizavam diversões de rua, como a Abbaye des Conards, na Rouen do século XVI, ou a Compagnie de la Mère Folle, na Dijon do século XVII. Em Paris, algumas das farsas encenadas durante o Carnaval eram obra da Basoche, agremiação dos escrivães dos tribunais. Em Montpellier e outros lugares, os estudantes se destacavam nesse tipo de apresentação, e mesmo agora, cerca de quatrocentos anos depois, algumas peças suas ainda não perderam o ar de uma calourada ou um teatro de revista estudantil.[26]

Nesses casos (que, significativamente, pertencem todos à primeira metade do nosso período), vemos as pessoas cultas, as classes altas, a participar coletivamente da cultura popular. Portanto, não admira que algumas pessoas bem conhecidas tenham ajudado a criá-la. Os autores de mistérios franceses incluem uma princesa, Margarida de Navarra, e os autores dos mistérios florentinos incluem um professor de direito canônico em Pisa, Pierozzo Castellani, e o dirigente de Florença, o "magnífico" Lorenzo de Medici. Lorenzo também compôs canções de Carnaval, e o mesmo fez seu contemporâneo mais novo, Niccolò Machiavelli. O nobre Gian Giorgio Alione, do século XVI, escreveu farsas no dialeto de Asti. Entre os compositores conhecidos de baladas que circulavam em folhetos, encontramos o frei Ambrosio Montesino, confessor da rainha Isabel da Espanha; na Inglaterra, entre outros de menor nomeada, encontramos dois membros do Parlamento, Andrew Marvell e Thomas Warton, este autor de *Lilliburlero*, e Jonathan Swift. Na Escócia, havia a sra. Brown, de Falkland, esposa de um professor. Como sugere essa justaposição, o raro quanto à sra. Brown não era o fato de compor baladas, mas o compô-las à maneira tradicional, de improviso.[27]

Depois dos amadores de classe alta, sabemos muito sobre os semiprofissionais de classe baixa. Entre os *chanteurs-chansonniers* da França do século XVIII, Alexandre era pedreiro, Hayez, *mulquinier*, ao passo que Bazolle "La Joie" era, ou havia sido, soldado. John Graeme de Sowport, em Cumberland, foi citado por Walter Scott como "de profissão limpador ambulante de relógios". É provável que, fora das rotas principais, predominassem no período os semiprofissionais, recrutados basicamente dentre as atividades itinerantes, que incluíam a de alfaiate. Adam Ferguson registrou certa vez um poema heroico de um alfaiate ambulante, que estava trabalhando na casa do pai de Ferguson; Adam Puschman, um *Meistersinger* alemão do século XVI, era um outro alfaiate; na Rússia do século XIX, uma fonte importante de *byliny* para Rybnikov foi o alfaiate Leonty Bogdanovitch.[28] Uns poucos membros desse grupo, que ficaram famosos ou se tornaram profissionais, deixaram detalhes preciosos sobre suas vidas anteriores. Alguns se tornam visíveis bem no momento em que estavam deixando de ser poetas populares. Giovan Domenico Pèri começou como pastor que improvisava canções enquanto cuidava do rebanho, aprendendo o seu ofício com Ariosto e Tasso. (O mesmo se deu com Divizia, a camponesa iletrada que Montaigne encontrou perto de Lucca: ela aprendeu a compor versos ouvindo seu tio ler Ariosto.) Pèri atraiu a atenção do arquiduque Cosimo II, da Toscana, e pôde publicar seus poemas — e abandonar o estilo popular. O mesmo se poderia dizer sobre Stephen Duck, que aprendeu o ofício de poeta estudando Milton, enquanto era debulhador em Wiltshire; recebeu a proteção da rainha Carolina e virou padre. Pietro Fullone, mineiro de Palermo no século XVII, tornou-se lendário em vida pela facilidade com que improvisava versos, mas há uma curiosa distância entre essa lenda e a poesia publicada atribuída a ele, que nada tem de popular. Outros poetas parecem ter se mantido dentro da tradição popular, depois que ficaram bastante conhecidos, como é o caso de John Taylor, o barqueiro do Tâmisa, ou de Giulio Cesare Croce, que trabalhava como ferreiro em Bolonha, antes de se tornar profissional. Em sua autobiografia, ficamos sabendo que se inspirou a versejar depois que um vizinho lhe deu um exemplar danificado das *Metamorfoses* de Ovídio.[29]

Mais obscuros são os contadores de estórias, músicos, pregadores e curandeiros em tempo parcial, que, ao contrário dos poetas, não eram adotados pelos grandes. Quantos contadores de estórias do calibre de *die Frau* Viehmännin existiram antes de 1800? As tradições do relato de estórias tiveram importância igual por toda a Europa? Na Irlanda, os *seanchaidhthe*, ou contadores de romances lendários (*shanachies*), parecem ter desempenhado um papel particularmente importante entre os meados do século XVII, quando os ingleses destruíram a velha nobreza irlandesa da qual dependiam os bardos tradicionais, e os meados do século XIX, a época da Grande Fome. O *shanachie* era um camponês comum com dotes extraordinários de *raconteur*. Ele contava suas estórias em irlandês e formava o seu repertório em família ou com artistas ambulantes. Seu equivalente gaélico, o *cyfarwydd*, também foi ativo no século XVIII. Turistas estrangeiros oferecem-nos alguns relances preciosos sobre contadores de estórias italianos no final do século XVIII. Um clérigo inglês lembrava-se — com algum desgosto — de ter visto "no cais de Nápoles [...] uma coisa magra e emaciada lendo com infinita gesticulação e ênfase o *Orlando furioso* e traduzindo-o para o dialeto napolitano". No cais de Veneza, Goethe viu um homem a contar estórias em dialeto para um público composto principalmente de pessoas de classe baixa e admirou a variedade e força dos seus gestos. Seria Straparola um contador de estórias como esses?[30]

Sobre os músicos, só sabemos de alguma coisa quando as autoridades tentavam regulamentá-los, como, por exemplo, na Suécia e na Suíça. Na Suécia, durante os séculos XVII e XVIII, os músicos ficavam ligados a um distrito ou paróquia específica e tinham de receber um *garningsbrev*, isto é, uma autorização para trabalhar nessa atividade. Na Suíça francesa, os *ménétriers* ou tocadores também estavam sujeitos a regulamentações por consistórios calvinistas, e os registros mostram que raramente eram profissionais em tempo integral, sendo paralelamente criados, sapateiros, alfaiates, pedreiros ou carpinteiros. Possivelmente é significativo que todas essas profissões fossem itinerantes. Por certo outros profissionais em tempo parcial eram as "velhas que são contratadas na Calábria para uivar nos enterros", como disse tão indelicadamente um visitante inglês — as carpideiras, figuras familiares na Irlanda, Terras Altas escocesas e Rússia, sobre as quais sabemos pouquíssimo.[31]

Um incômodo maior para as autoridades — e vice-versa — eram os pregadores laicos, profetas, curandeiros e adivinhos. Uns poucos ficaram famosos antes que lhes fechassem a boca,

150

como Hans Böhm, "o tambor de Niklashausen", pastor da área de Würzburg (e tocador de tambor nos feriados), que se inspirou a pregar o milênio igualitário em 1476; ou Pietro Bernardo, um ourives florentino que começou a pregar e profetizar em estilo savonarolesco por volta de 1496 e foi executado seis anos depois; ou Gonzalo Anes Bandarra, sapateiro português que virou poeta e profeta e caiu nas mãos da Inquisição.[32]

Menos espetacular era a maioria dos curandeiros e adivinhos populares, que podem ser encontrados em muitas partes da Europa com nomes diversos, mas técnicas semelhantes. Na Inglaterra, eram conhecidos como *cunning men* ("homens astutos") e *wise women* ("mulheres sábias"); na Suécia, de forma parecida, como *kloka gubbarna* e *visa käringarna*; na Polônia, como *madry*, "sábios"; na Espanha, como *saludadores*, "curadores"; na Sicília, como *giravoli*, "andarilhos", e assim por diante. Eles tratavam seus pacientes com ervas ou, como na Espanha, com pão umedecido na boca do curandeiro, com sua saliva e, o que também era importante, com uma série de sortilégios, preces e rituais em que também tinham seu lugar as velas e (em regiões católicas) até hóstias consagradas. Alguns se especializavam em doenças específicas, como os *giravoli*, em mordidas de cobra, ao passo que outros eram praticantes mais gerais, tratando de animais e pessoas. Alguns faziam "vaticínios" ou adivinhações, encontrando dinheiro perdido, descobrindo rostos de ladrões numa tigela d'água (pois a bola de cristal é um instrumento mais recente) ou revelando os nomes deles através do oráculo do crivo equilibrado na ponta de uma tesoura, que girava quando era citado o nome do culpado.

A "mulher sábia" muitas vezes era parteira, que podia assistir a parturiente com fórmulas mágicas e preces oficiais; o "homem astuto" podia exercer qualquer tipo de profissão. No norte da Itália, no século XVI, há referências a curandeiros que eram camponeses, padres, pastores, pedreiros e tecelãos. Na Suécia, *kloka* eram os lapões, que os suecos não consideravam humanos, e também os clérigos, ferreiros e músicos, três atividades tradicionalmente associadas a poderes mágicos.* Alguns curandeiros se gabavam de ter nascido sob uma conjunção favorável ou com a cabeça coberta pela "coifa" (um fragmento da membrana amniótica). Raramente sabemos como vieram a aprender o ofício; provavelmente grande parte foi transmitida pela família, talvez complementada por memórias de um charlatão urbano, um sábio em escala maior.[33]

Um dos ossos do ofício de curandeiro era ser acusado de feitiçaria, sob a alegação de que "quem sabe curar sabe destruir" (*qui scit sanare scit destruere*), como declarou uma testemunha num processo em Módena, em 1499. Na França, o sábio era às vezes conhecido como *conjureur* ou *maige* [mago], ao passo que as "mulheres sábias" eram comumente referidas como bruxas. Sua fama temível não é surpreendente. Seus clientes só recorriam a elas quando tinham problemas que não podiam tratar por si mesmos, fato que sugeria uma origem sobrenatural dos seus males; e como aquela "gente astuta" haveria de adquirir familiaridade com o sobrenatural a não ser que contasse com a ajuda do demônio? Algumas fotografias da "gente astuta", tiradas na Finlândia e na Suécia no começo deste século, quando a tradição ainda era florescente, mostram-nos com olhos muito abertos, fixos, mas vazios, bastando para assustar quando vistos simplesmente entre as páginas de um livro. Não admira que às vezes fossem acusados de feitiçaria e mau-olhado.[34]

Graças a tais acusações, os historiadores puderam descobrir algo sobre os praticantes tomados individualmente. Román Ramírez, um *curandero* e contador de estórias mourisco, preso pela Inquisição em 1595, mal sabia ler — os inquisidores testaram-no —, mas tinha alguns livros, entre eles *Dioscórides*, sobre medicina, e o famoso romance de cavalaria *Amadis de Gaule*. Um caso excepcionalmente bem documentado é o de

---

* Uma balada compilada na Escócia no século XVIII (Child 44) também apresenta o "ferreiro-encarvoado" (*coal-blacksmith*) como especialista em transformação mágica.

152

Catharina Fagerberg, "a donzela sábia", filha de um alfaiate de Småland, na Suécia, que foi julgada por feitiçaria em 1732 — e absolvida. Catharina curava pessoas que tinham *trollskotter*, "tiros mágicos", como se chamavam as doenças de origem desconhecida, espantava os maus espíritos e também enviava seu próprio espírito para outros lugares, para descobrir o que estava acontecendo. Ela perguntava aos pacientes se eles tinham inimigos e dizia-lhes para tentarem a reconciliação. Esses detalhes sugerem que Catharina podia ser descrita em termos tradicionais como uma xamã e em termos modernos como uma mistura de médium com psiquiatra. A impressão se confirma se olharmos os estudos sobre curandeiros populares atuais, no México, por exemplo, pois eles, assim como Catharina, incentivam os pacientes a "confessar" seus problemas e trabalham inicialmente induzindo e a seguir aliviando a ansiedade e a culpa.[35]

Também existem registros sobre pintores populares amadores. Entre os pintores de igreja da Noruega, no século XVII, havia vários padres de aldeia.[36]

CENÁRIOS

Para entender qualquer item cultural precisamos situá-lo no contexto, o que inclui seu contexto físico ou cenário social, público ou privado, dentro ou fora de casa, pois esse espaço físico ajuda a estruturar os eventos que nele ocorrem. Na medida em que a cultura popular era transmitida em casa, dentro do lar, ela praticamente escapa ao historiador interessado nesse período. Apenas projetando retrospectivamente as descrições das "ocasiões de contos" apresentadas pelos folcloristas modernos e justapondo-as a alguns relatos de ficção sobre os séculos XVI e XVII é que poderemos imaginar o cenário das narrativas tradicionais: o contador de estórias em sua cadeira — se havia alguma — ao pé do fogo numa noite de inverno, ou o grupo de mulheres reunidas numa casa para fiar e contar estórias enquanto trabalhavam. Ao lado da casa particular, podemos pôr o celeiro, cenários das apresentações de atores e pregadores ambulantes.[37]

Há muito mais a se dizer sobre os cenários públicos: a igreja, a taverna e a praça do mercado. A igreja era muito usada para propósitos laicos nesse período, tal como fora durante a Idade Média, apesar das objeções do clero católico e protestante. Os mistérios eram encenados na igreja. O adro era usado para danças e banquetes pelo Senhor do Desgoverno e seus alegres súditos. A própria igreja era o cenário para a "vigília" da paróquia (a *veille* francesa, a *veglia* italiana). Na véspera da festa do santo padroeiro, os paroquianos podiam passar a noite na igreja, comendo e bebendo, cantando e dançando. A persistência desse costume nos revela algo sobre a falta de locais de encontro nas aldeias do período e algo sobre as atitudes populares em relação ao sagrado: mais íntimas, mais familiares do que viriam a ser depois. A igreja era particularmente importante como centro cultural nas regiões em que o povo vivia em herdades distantes umas das outras, como na Noruega, e não poderia se reunir de outra forma.[38]

Centro ainda mais importante para a cultura popular no campo e na cidade era a estalagem, a taverna, a cervejaria ou a adega. Para a Inglaterra de 1500 a 1800 as evidências são esmagadoras. As estalagens eram locais para se assistir a rinhas de galos, jogar cartas ou gamão, dados ou uma espécie de boliche com nove pinos. Os menestréis e harpistas se apresentavam nas tavernas, e dançava-se, às vezes com cavalinhos de pau. As cervejarias eram cenário para a arte popular. "Nesses estabelecimentos", conforme nos é narrado, "vocês verão a história de Judith, Susana, Daniel no covil do leão, ou o rico e Lázaro pintados na parede." Às vezes, colavam-se os folhetos de baladas nas paredes das estalagens, para que mais gente pudesse cantar junto. O estalajadeiro e os fregueses divulgavam boatos e mexericos, criticavam as autoridades e, durante a Reforma, discutiam sobre os sacramentos ou as inovações religiosas. *Robin Goodfellow his mad praks and merry jesto* [Robin Goodfellow, suas loucas brincadeiras e ditos engraçados] se passa

154

numa cervejaria em Kent, e a dona aparece contando a estória aos fregueses. Mesmo os devotos podiam se reunir em estalagens para conversar sobre religião, ocupando uma sala privada para evitar interrupções.

Particularmente em Londres, certas estalagens — e seus pátios — eram importantes centros culturais, sendo que o estalajadeiro atuava como empresário ou *animateur*. Se se quisesse assistir a açulamentos de ursos, palhaços, rinhas de galo, esgrimistas, cavalos adestrados, para não falar das peças, os lugares a ir, no final do século XVI, eram o Bell, Cross Keys e Bel Sauvage, todos na Gracechurch Street. Figuras importantes no mundo das diversões eram proprietários de tavernas, como o palhaço Richard Tarleton ou, no século XVIII, o pugilista Daniel Mendoza (que tinha lutado em pátios de estalagens) e o colosso Thomas Topham. Certas estalagens perto de Covent Garden, como o Harlequin, na Drury Lane, eram os pontos de encontro de atores do século XVIII, empregados ou desempregados. Naquele século, ainda se apresentavam peças no pátio da estalagem Queen's Arms, em Southwark.[39]

As estalagens e tavernas inglesas têm sido estudadas mais cuidadosamente do que seus equivalentes continentais — o *cabaret* francês (*oustal* no sul), a *venta* espanhola, a *gospoda* ou *karczma* polonesa, a *Wirtshaus* alemã, e assim por diante —, de modo que é difícil dizer se o *pub* inglês tinha uma importância cultural única ou não. Provavelmente não, pois o *cabaretier* francês foi recentemente descrito como "uma figura fundamental na cultura popular, centro de informação [...] organizador da diversão coletiva". Ele podia organizar fossem festas ou motins, como é o caso de François Siméon, o Pequeno Mouro, no sudoeste da França em 1635. Da mesma forma, os estalajadeiros desempenharam um papel de destaque na Guerra Camponesa alemã de 1525.[40] Quadros holandeses lembram-nos da importância da taverna como local de danças — dentro e fora dela —, e o mesmo se dá com a palavra húngara *csárdas*, derivada de *csárda*, "estalagem rural". As estalagens estavam associadas a atores tanto na Inglaterra como na Europa continental. As referências a estalajadeiros nas peças carnavalescas alemãs sugerem que elas eram apresentadas nesse cenário: temos de imaginar a trupe aparecendo inesperadamente, pedindo silêncio e começando a se apresentar. Na França do século XVIII, os cantores se apresentavam em *cabarets*, e um deles, em Paris, o Tambour Royal, era um ponto conhecido de atores. Na Espanha, titereiros ambulantes, como o mestre Pedro, em *Dom Quixote*, costumavam se apresentar em estalagens. Exilado em sua propriedade rural, Machiavelli se entretinha na *osteria* local, e jogava *cricca* e *trich-trach* com o moleiro e o padeiro.[41]

Entretanto, é provável que a taverna como centro de entretenimento fosse menos importante no sul do que no norte da Europa. Nos países mediterrânicos, o centro efetivo da cultura popular era a *piazza*. Havia apresentações de bonecos na praça do mercado de Sevilha no século XVII, enquanto em Madri podia-se assistir a peças, touradas, corridas e torneios na Plaza Mayor, ou ouvir baladas, se a voz dos cantores não fosse afogada pelos gritos dos amoladores de facas e das vendedoras de castanhas. Em Roma, o povo ia à Piazza Navona, para ver os charlatães e comedores de fogo, ou à Piazza Pasquino para as últimas pasquinadas. Em Florença, a Piazza Signoria era o local dos espetáculos oficiais, a Piazza San Croce o local das corridas de búfalos, touradas e futebol, e a Piazza San Martino (perto de Or San Michele) era o local para se ouvir os cantores de estórias. Em Veneza, era na Piazza San Marco que os principais charlatães montavam seus estrados, soltavam suas piadas e vendiam seus remédios.

A cultura da *piazza* estendia-se a Paris, pois a Place de Grève era o centro de espetáculos públicos como as execuções — Cartouche lá foi torturado na roda em 1721 — ou as fogueiras na noite de são João. Estendia-se até Lille, onde os cantores se apresentavam na Petite Place. Além das praças, também as pontes eram centros culturais, e em Paris, a partir de 1600, havia Pont-Neuf, o grande ponto de encontro de tocadores e mestres titereiros, charlatães e tira-dentes, cantores de baladas e vendedores de panfletos, para não falar dos sargentos de recrutamento, vendedores de laranjas e ladrões de bolsas. Um homem apelidado "le Rhingrave" vendia canções e cebolas ao mesmo tempo. Tão importantes eram os cantores que o termo *pont-neuf* veio a significar nada mais que "cantiga".[42]

O que acontecia todos os dias em Pont-Neuf acontecia em muitas partes da Europa nos dias de mercado ou durante as feiras. A importância econômica das feiras na Europa pré--industrial é sabida: eram centros de compra itinerantes, o complemento do mascate, mas em escala gigantesca. Numa determinada região, a feira era programada de modo a coincidir com uma grande festa: a festa de Ascensão, em Veneza (com uma feira de quinze dias), a festa de santo Antônio, em Pádua (outra feira de quinze dias), e assim por diante. Nas feiras, os camponeses teriam a oportunidade de comprar livretos ou figuras de cerâmica que, de outra forma, talvez nunca chegassem a ver.

O que requer aqui maior destaque são os aspectos não econômicos dessa instituição. As feiras não eram apenas locais para o comércio de cavalos ou carneiros e a contratação de empregados, mas também, como nos países menos desenvolvidos de hoje, locais onde os jovens se encontravam sem ficarem sob a supervisão da família, e onde todos podiam assistir aos artistas ambulantes, dançar ou ouvir as últimas novidades.[43] A Suécia do século XVI era um país suficientemente pequeno para que o rei fosse aos *marknadsmöten* ou "reuniões de mercado" para expor suas políticas ao povo e saber o que a população estava pensando. Por volta de 1600, algumas trupes de atores ingleses e franceses costumavam ir a Frankfurt duas vezes por ano, na Páscoa e no outono, para entreter as multidões nas feiras.[44] Fora de Paris, no final do século XVII desenvolveu-se uma forma específica de teatro na Foire Saint-Germain, que ia de 3 de fevereiro até a Páscoa, e na Foire Saint-Laurent, que ia do final de junho até 1º de outubro. Aqui, entre cafés e bancas de brinquedos, acrobatas e animais exóticos, os atores italianos apresentavam peças ou (quando estas eram proibidas, por infringirem o monopólio teatral da Comédie Française) encenavam espetáculos de mímica, óperas cômicas e pantomimas.[45]

Na Inglaterra, a feira de são Bartolomeu e a feira de Stourbridge eram centros principais de diversões. A feira de são Bartolomeu se realizava em Smithfield, em 25 de agosto, dia daquele santo. Aí, no século XVII, podia-se assistir a peças, teatro de bonecos, palhaços, dançarinos equilibristas e figuras de cera, apresentados por homens vestidos de bobos ou selvagens das florestas, enquanto os ouvidos eram atacados por tambores e cornetas de brinquedo, o nariz assaltado pelo que Ned Ward descreveu como "os eflúvios odoríferos que sobem do grelhamento de leitões", pois porco assado era um prato que fazia parte da ocasião.

A feira realizada em Stourbridge, perto de Cambridge, estendia-se por três semanas, a partir de 8 de setembro. Quando Jaime I lançou decretos contra os "jogos inúteis" em Stourbridge, ele mencionou "açulamento de touros, açulamento de ursos, peças vulgares, espetáculos públicos, interlúdios, comédias e tragédias em língua inglesa, jogos de malha, nove-buracos", e outras evidências do século XVII permitem-nos acrescentar corridas de cavalos e apresentações de acrobatas, prestidigitadores, pregadores, titereiros e dançarinos equilibristas, talvez os mesmos titereiros e dançarinos que podiam ser vistos na feira de são Bartolomeu, poucos dias antes. A facilidade de encontros na feira era tal que atraía até os devotos. Os presbiterianos realizaram um sínodo na feira de Stourbridge por volta de 1588, e em 1678 lá se reuniram os muggletonianos.[46]

TRADIÇÃO E CRIATIVIDADE

A questão mais importante a se levantar sobre esses artesãos e apresentadores, profissionais e amadores, é também a de resposta mais difícil. Qual era a sua contribuição individual? O apresentador tradicional às vezes tem sido visto, desde os irmãos Grimm em diante, como apenas um porta-voz da comunidade, um transmissor da tradição popular. Mas outros estudiosos e críticos, desde a época de A. W. Schlegel e Walter

Scott, têm acentuado a importância do portador individual da tradição, que tem sua própria maneira de cantar sua canção ou contar sua estória.[47] Quem está certo? Há algo de estranho em tentar fazer generalizações sobre as individualidades: evidentemente, alguns cantores ou contadores de estórias, palhaços ou pintores eram mais criativos do que outros. De qualquer forma, as evidências são escassas demais, mesmo sobre os portadores de tradição mais famosos do período 1500-1800, para sustentar qualquer conclusão definitiva. Tudo o que se pode fazer a respeito é apresentar alguns argumentos contra os dois extremos e convidar o leitor a escolher entre as faixas intermediárias do espectro.

Não é difícil refutar a posição extrema de que *das Volk dichtet*, "o povo cria coletivamente". Vimos que muitos apresentadores, individualmente, e alguns artesãos eram conhecidos pelos seus nomes nesses períodos, e que alguns deles gozavam de grande fama. Richard Tarleton, por exemplo, foi descrito como "o primeiro ator a alcançar o estrelato". Sabemos, através das competições que não raro se realizavam, que alguns apresentadores tinham consciência dos seus talentos e gostavam de superar seus colegas. John Parry teve uma famosa disputa musical com um colega harpista, Hugh Shon Prys, e Carolan enfrentou um "páreo duro" com MacCabe. No século XVII, a *sfida*, ou "desafio", de um poeta popular a outro, para ver quem improvisava os melhores versos, parece ter sido uma instituição tanto na Sicília como no Japão.[48]

Estudos modernos sobre os portadores de tradição sugerem que alguns são "fiéis na incompreensão", conservando frases que não entendem, enquanto outros não são dominados pela tradição que conservam e sentem-se livres para reinterpretá--la segundo suas preferências pessoais. Na maior parte dos casos, eles não decoram a cantiga ou a estória, mas recriam-na a cada apresentação, procedimento este que dá muito espaço para as inovações. Daí que, como disse o folclorista americano Phillips Barry, "existam textos, mas não *o texto*; árias, mas não *a ária*".[49]

Que essa era também a forma como os apresentadores trabalhavam nos inícios da Europa moderna nos é sugerido pelo fato de que as baladas registradas nesse período, e também posteriormente, surgem com inúmeras variantes. Um compilador do final do século XVIII, "Otmar", assinalou que os cantores que ele conhecia contavam a cada vez suas estórias de formas diversas, conforme a audiência ou até conforme o tempo disponível. No caso de alguns cantores do final do período, como Filip Višnjić, cujas apresentações foram detalhadamente registradas por Karadžić, foi até possível estudar com certa minúcia as idiossincrasias e inovações de cada um deles. Em outros casos, temos de nos contentar com comentários contemporâneos ou subcontemporâneos um tanto mais vagos. Atribuía-se ao ator italiano Silvio Fiorillo a autoria do personagem Pulcinella, enquanto o fato de Josef Anton Stranitzky ter transformado o tradicional papel de palhaço de Hanswurst, que ele representava com trajes camponeses de Salzburg, fez com que passasse a ser considerado o criador do teatro popular vienense — embora suas próprias apresentações se destinassem principalmente à corte. Não é raro encontrar letra e música de canções populares atribuídas a determinados indivíduos, pelo menos na segunda metade do nosso período; entre os exemplos escoceses, incluem-se *The auld man's mare's dead* [A égua do velho morreu], atribuída a Patrick Birnie, rabequista do século XVII, e *Macpherson's rant* [Arenga de Macpherson], que se afirma ter sido composta e cantada no patíbulo por um outro rabequista, James Macpherson, logo antes de sua execução por roubo, em 1700. Nas artes visuais, significativas inovações foram atribuídas a pintores e entalhadores camponeses, como Malar Erik Eliasson, de Dalarna, na Suécia, e Jakob Klukstad, de Gudbrandsdal, na Noruega, ambos em atividade no final do século XVIII.[50]

Essas provas obviamente prejudicam a tese dos Grimm, mas isso não nos deve levar a concluir que a "autoria" individual de uma variante de uma canção ou estória tradicional fosse exatamente igual à autoria de uma obra literária do período.

Alguns poetas populares urbanos assinavam no final de suas poesias, como que para garantir que receberiam o crédito pela sua criatividade:

Dass aus dem Schwank kein Unrat wachs,
*Bitt und begehrt mit Fleiss Hans Sachs.**

No entanto, como já se sugeriu, Sachs estava à margem da cultura popular tradicional. A atitude mais tradicional era a que Karadžić observou em suas viagens pela Sérvia. Lá, nenhum apresentador admitiria ter composto uma nova canção. "Todos negam a responsabilidade, mesmo o verdadeiro compositor, e eles dizem que a ouviram de uma terceira pessoa."[51] O apresentador tem consciência do que deve à tradição, e daí, talvez, a ausência de referências ao "eu", ao próprio narrador em primeira pessoa. O público também tem consciência de que o apresentador está seguindo a tradição, de modo que não transmitem o nome dele junto com suas cantigas ou estórias — daí o anonimato da canção e do conto popular. O indivíduo pode inventar, mas numa cultura oral, como ressaltou Cecil Sharp, "a comunidade seleciona". Se um indivíduo produz inovações ou variações apreciadas pela comunidade, elas serão imitadas e assim passarão a fazer parte do repertório coletivo da tradição. Se suas inovações não são aprovadas, elas morrerão com ele, ou até antes. Assim, sucessivos públicos exercem uma "censura preventiva" e decidem se uma determinada canção ou estória vai sobreviver, e de que forma sobreviverá. É nesse sentido (à parte o estímulo que dão durante a apresentação) que o povo participa da criação e transformação da cultura popular, da mesma forma como participa da criação e transformação de sua língua natal.[52]

Em suma, o apresentador tradicional não era um simples

---

* Que dessa caçoada não saia nada desgracioso,/ É o que pede Hans Sachs e espera fervoroso.

porta-voz da tradição, mas não estava livre para inventar o que quisesse. Ele não era "apresentador" nem "compositor" no sentido moderno desses termos. Ele fazia suas variações pessoais, mas dentro de uma estrutura tradicional. A descrição dessa estrutura será a tarefa do próximo capítulo.

5. FORMAS TRADICIONAIS

GÊNEROS

A abordagem adotada neste capítulo será morfológica. Seu propósito é descrever as principais variedades e convenções formais dos objetos artesanais e apresentações na cultura popular europeia. Seu interesse é antes pelo código do que pelas mensagens (um código cultural que tem de ser dominado antes que se possa decifrar o significado das mensagens individuais). Ele tentará fornecer um rápido inventário do estoque ou repertório das formas e convenções da cultura popular, mas não uma história anterior a 1500, embora muitas dessas formas e convenções recuem bastante no tempo.

Em qualquer região determinada, esse estoque ou repertório era positivamente limitado. Sua riqueza e variedade só se fazem visíveis quando o inventário se estende ao conjunto da Europa; nesse caso, a variedade é tão atordoante que quase oculta a recorrência de uns poucos tipos básicos de objetos artesanais e apresentações. Eles nunca são idênticos em duas regiões quaisquer, mas tampouco são totalmente diferentes: combinações únicas de elementos recorrentes, variações locais sobre temas europeus.

Esse ponto é particularmente importante no caso da dança.[1] As danças populares correntes nos inícios da Europa moderna têm tantos nomes que arrolá-los ocuparia um capítulo inteiro e deixaria o leitor tonto. Muitas são denominadas conforme a região em que supostamente se originaram: a *forlana* italiana (de Friuli), a *gavotte* francesa (de Gap, no Dauphiné), o *halling* norueguês (de Hallingdal), o *krakowiak* polonês (da Cracóvia), o *strathspey* escocês. No entanto, essas formas locais são variações sobre poucos tipos básicos de dança: danças lentas ou rápidas, com ou sem voltas e saltos, danças de amor e danças de guerra, danças para uma só pessoa, casais ou grupos.

As danças de grupo parecem ter sido dominantes nesse período, principalmente a dança de roda e a dança de armas. O *kolo* [roda] dálmata foi vividamente descrito por um visitante italiano que esteve na região no final do século XVIII:

> Todos os dançarinos, homens e mulheres, dão as mãos, formam um círculo e começam a girar devagar [...] o círculo se mantém mudando de forma e vira ora uma elipse, ora um quadrado, à medida que a dança se acelera; finalmente, passam a dar grandes saltos no ar.[2]

O *kolo* (*horo* búlgaro, *hora* romena) tinha muitas variedades e era muito conhecido nos Bálcãs. As danças de roda, tivessem ou não a mesma animação, eram comuns também na Europa ocidental; os catalães tinham sua *sardana*, os franceses seu *branle* ou, nos anos 1790, sua *carmagnole*, dançada em torno da "árvore da liberdade" ou da guilhotina. O *farandoulo* da Provença, onde os participantes se dão as mãos e dançam em fila, pode ser visto como uma adaptação da roda às ruas longas e estreitas de uma cultura urbana tradicional.

A dança de roda era para homens e mulheres, mas um outro tipo recorrente de dança cantada era apenas masculino. Era a dança de armas, e sua característica central era a simulação de um combate. Havia o *morris* inglês, dançado com bastões ou espadas, e pelo nome e forma aparentado à *morisca* espanhola, que imitava as batalhas dos cristãos contra os mouros, e *kzbójnicki* [dança dos bandoleiros] polonesa, em que os participantes traziam longas machadinhas, que se entrechocavam, eram lançadas ao ar e apanhadas enquanto os homens dançavam. As danças de espada parecem ter sido particularmente correntes em cidades do mundo germanófono durante os séculos XVI e XVII, muitas vezes associadas a guildas ou profissões específicas. Em Colônia, eram os ferreiros que dançavam a dança da espada; em Lübeck, os padeiros e soldados; em Zwickay, na Boêmia, os açougueiros; em Leipzig, os sapateiros; em Breslau (agora Wroclaw, na Polônia), os peleteiros; em Dantzig (agora Gdańsk), eram os marinheiros.[3]

164

As danças de uma só pessoa, como o *hornpipe* dos marinheiros ingleses e o *halling* norueguês, muitas vezes eram acrobáticas. Os dançarinos noruegueses davam saltos mortais e chutavam os caibros do teto. As danças para casais geralmente eram mais calmas, pelo menos no início. Muitas vezes imitavam uma corte: o homem se aproximava da mulher, que o encorajava, mas a seguir se retraía; ele a perseguia e finalmente ela se rendia. A *furlana* era uma dança arrebatada desse gênero, e também o *Schuhplattler* bávaro, em que o homem batia com os pés no chão, dava palmadas nas coxas, fazia saltos mortais, rodeava a moça e até pulava por cima dela, para chamar a sua atenção. A *sarabande* era outra dança do tipo, descrita por um escritor moderno como "uma pantomima sexual de expressividade sem igual"; foi introduzida na Espanha no final do século XVI, possivelmente a partir do mundo árabe, e foi rapidamente condenada pelos moralistas. A ela se seguiu o *fandango*, que veio da América para a Espanha por volta de 1700, e fez com que uma testemunha comentasse que "me pareceu impossível que, depois de uma dança dessas, a moça pudesse recusar qualquer coisa ao seu parceiro". A testemunha devia saber do que estava falando, pois seu nome era Casanova.[4] No *fandango*, os casais nunca se tocavam; no *volto* provençal, igualmente condenado pelos moralistas, os casais se abraçavam, rodopiavam e, ainda entrelaçados, pulavam no ar. Outras danças de girar, também condenadas, incluíam o *Dreher* alemão e sobretudo o *Walzer*, a valsa, dança camponesa adotada pela nobreza e burguesia no final do século XVIII.

Assim como as danças, as canções populares apareciam com uma luxuriante variedade de formas locais, com sua métrica, rima e nome próprio. As canções líricas italianas eram e são conhecidas como *strambotti*, na Lombardia, *vilote*, no Vêneto, *rispetti* ou *stornelli*, em Toscana, *sunette*, na Apúlia, *canzuni* ou *ciuri*, na Sicília. Mas as canções populares, tal como as danças, podem ser divididas em algumas poucas espécies.

Uma das mais importantes é a canção narrativa, que convém chamar de "balada" ou "épico" (conforme a extensão), embora fosse mais provável que os cantores usassem termos mais simples, como "canções" (o *viser* dinamarquês, o *pjesme* sérvio), "estórias" (os *romances* espanhóis) ou "coisas velhas" (os *stariny* russos). Uma forma de balada recorrente no noroeste da Europa, que se encontrava em todos os locais onde se falavam línguas germânicas, na Grã-Bretanha, na Holanda, Alemanha e Escandinávia, é a chamada "medida comum", alternância de versos com quatro tônicas que não rimam e versos com três tônicas que rimam:

> *Young Bekie was a brave a knight*
> *As ever sailed the sea;*
> *An he s doen him to the court of France,*
> *To serve for meat and fee.* (Child, 53)*

> *Es reit der Herr von Falkenstein*
> *Wohl über ein breite Heide.*
> *Was sieht er an dem Wege stehn?*
> *Ein Mädel mit weissem Kleide.*[5]**

Na Europa oriental, em todos os lugares onde se falavam línguas eslavas, o épico heroico geralmente assumia uma forma mais livre, onde não havia nenhuma rima ou assonância regular. A norma era um verso de dez sílabas aproximadamente, com um corte depois de quatro sílabas:

> *Vino pije/ Kraljevicu Marko,*
> *Sa staricam/ Jevrosimim majkam.*[6]***

---

* O jovem Bekie era um cavaleiro tão corajoso/ Que sempre navegava pelo mar;/ E está partindo para a corte da França/ Para servir por carne e dinheiro.

** O senhor de Falkenstein cavalga/ Por uma vasta charneca./ O que ele vê de pé no caminho?/ Uma moça vestida de branco.

*** Marko Kraljevic/ Bebia vinho/ Com a velha/ Mãe Eufrosina.

Nas áreas de língua românica, não havia sequer a relativa homogeneidade das áreas germânicas e eslavas. Na Espanha, a forma dominante era o verso de oito sílabas com assonâncias entre os versos regulares:

> *Los vientos eran contrarios,*
> *La luna estaba crecida,*
> *Los peces daban gemidos,*
> *Por el mal tempo que hacía.*[7]*

Na Itália, a forma-padrão era a *ottava rima*, a mais rígida entre todas essas formas, um verso de doze sílabas com estrofes de oito versos e rimas *a b a b a b c c*:

> *O bona gente che avete ascoltato*
> *El bel contrasto del vivo e del morto*
> *Iddio vi guardi di male e peccato*
> *E diavi pace e ogni bom conforto*
> *Christo del cielo re glorificato*
> *Alla fin vi conduca nel buon porto*
> *Nel paradiso in quella summa gloria*
> *Al vostro onore e finita questa historia.*[8]**

A canção narrativa não tinha extensão fixa — a distinção entre o "épico" longo e a "balada" curta é moderna. É provável que algumas canções fossem tão longas que tivessem de ser cantadas em partes. É, atualmente, a prática entre os cantores de estórias na Iugoslávia; que também tenha sido a prática em algumas partes da Europa moderna em seus primórdios é o que nos

---

* Os ventos estavam contrários,/ A lua estava cheia,/ Os peixes davam gemidos/ Pelo mau tempo que fazia.

** Ó boa gente que tem escutado/ A bela disputa entre o vivo e o morto,/ Deus os guarde do mal e do pecado/ E lhes dê paz e todo o conforto./ Cristo do céu rei glorificado/ Ao fim conduza-os a bom porto,/ Ao paraíso naquela suma glória/ Em sua honra e acabou-se essa história.

sugerem os poemas narrativos populares, que sobreviveram em edições impressas, divididos em cantos ou "cortes", como a *Gest of Robin Hood* [Gesta de Robin Hood] inglesa (1824 versos, oito cortes), o *Cerco de Eger* húngaro (1800 versos, quatro cantos) ou o *Reali di Francia* italiano (aproximadamente 28 mil versos, 94 cantos).[9] Os vários cortes do poema inglês parecem corresponder a apresentações separadas, pois diversos deles começam com "fiquem e ouçam, cavalheiros". O primeiro canto do *Reali di Francia* termina assim:

> *Per oggi son le mie imprese finite*:
> *Ritornate domane e hor partite.**

e o segundo canto começa com "*Io vi lasciasi nel fin de l'altro canto*" [Eu os deixei no fim do outro canto]. O canto no final tende a um momento de suspense — os cantores de estórias pouco teriam a aprender com os escritores dos seriados modernos.

A canção narrativa foi discutida de modo relativamente detalhado devido à sua importância na cultura popular de muitas partes da Europa; outros tipos de canção serão tratados mais rapidamente. Podem-se estabelecer alguns tipos recorrentes como gêneros separados, enquanto combinações de função, humor e imaginação. Existe, por exemplo, a canção de louvor, na qual os louvores se dirigem à amada, à profissão ou ao rei do cantor, ou a Deus e aos santos, como no caso das *laude* italianas ou das *alabanzas* castelhanas. As canções satíricas também compunham um gênero igualmente difundido e estereotipado, quer se dirigissem contra personalidades políticas ou os vizinhos do cantor.

> *Braccio valente*
> *Vince omni gente,*
> *Papa Martino*

---

* Por hoje minhas tarefas se encerram:/ Amanhã voltem, mas agora partam.

*Non vale un quattrino.**[10]

Woe be unto Kendal that ever he was born,
He keeps his wife so lustily she makes him wear a horn,
But what is he the letter or what is he the worse?
She keeps him like a cuckold with money in his purse. **[11]

Ainda mais estereotipado é o lamento, a *complainte* francesa, a *Klage* alemã, e assim por diante, quer expresse as mágoas do amante, da mulher malcasada ou da viúva, o arrependimento tardio do criminoso ou a dura sorte do tecelão ou do marinheiro:

Ah qu'il est lamentable, le sort des matelots,
Ils mangent des gourganes, ils boivent que l'eau,
Ils font triste figure quand ils ont pas d'argent,
*Ils couchent sur la dure, comme les pauvres gens.****

Gênero também estereotipado é a cantiga de adeus, quer seja o adeus do amante à sua amada ou o adeus do artesão que deixa a cidade natal:

Innsbruck, ich muss dich lassen
Ich fahr dahin mein Strassen
*In fremde Land dahin.*****[12]

---

* Braccio valente/ Vence toda gente./ Papa Martinho/ Não vale um tantinho.

** Desgraça a de Kendal até por ter nascido,/ Ele a mantém com tanta garra que ela lhe põe chifres,/ Mas o que ele tem de melhor ou o que tem de pior?/ Ela o mantém cornudo com dinheiro no bolso.

*** Ah, como é lamentável a sorte dos marinheiros,/ Eles comem favas secas, e só bebem água,/ Fazem triste figura quando não têm dinheiro,/ Dormem no duro, como os pobres.

**** Innsbruck, tenho que te deixar./ Sigo em meu caminho/ Para um lugar estranho.

As apresentações populares da prosa não requerem uma classificação elaborada. A apresentação individual mais importante, evidentemente, era a estória; a famosa distinção traçada por Jacob Grimm entre estórias históricas (*Sagen*) e estórias poéticas (*Märchen*) não se fazia explicitamente em nosso período. Um outro tipo de apresentação individual muitas vezes continha estórias, mas organizava-se segundo linhas diferentes — o sermão. Tanto as estórias como os sermões precisam ser entendidos como formas semiteatrais; os textos sobreviventes se interrompem repetidamente com diálogos, e as descrições das apresentações (ver p. 150) ressaltam a importância dos gestos e expressões faciais para transmitir a mensagem ou simplesmente manter a atenção dos ouvintes. Assim as estórias e sermões acabavam parecendo peças populares, que tendiam a ser conhecidas como "jogos" (o *jeu* francês, o *juego* espanhol, o *Spiel* alemão etc.), quer fossem cômicas ou sérias.[13]

As apresentações com duas pessoas muitas vezes assumiam a forma de um diálogo entre um palhaço e seu ajudante — gênero conhecido na França como *rencontre* — ou de uma discussão ou debate, por exemplo entre o Carnaval e a Quaresma, a água e o vinho, o verão e o inverno, e assim por diante, como no *débat* francês, no *contrasto* italiano ou no *Kampfgespräch* alemão.[14]

Três ou mais atores se envolviam em formas cômicas mais elaboradas (frequentemente conhecidas como "farsas"), que giravam em torno de alguns tipos correntes no repertório, como maridos, mulheres, parentes, criados, padres, médicos e advogados. A *commedia dell'arte* italiana era apenas a mais famosa e elaborada entre as numerosas variedades da farsa europeia. As peças populares sérias eram religiosas. A tríplice distinção entre peças de "mistério", com temas retirados da Bíblia, peças de "milagres", que tratavam da vida de santos, e peças "morais" alegóricas não era formulada na época, mas pode-se afirmar que estava implícita nas próprias peças, desde que se acrescente que as peças morais podiam tratar tanto de teologia como de moral, como no caso dos *autos sacramentales* espanhóis.[15]

Qualquer lista dos gêneros da cultura popular ficaria seriamente incompleta se se omitisse a paródia, e principalmente a paródia das formas religiosas. Os sermões de brincadeira eram um componente tradicional do repertório dos palhaços, e alguns sobreviveram, como o *Sermon joyeux*, de M. Saint Hareng, aquele "glorioso mártir" que foi pescado ao mar e trazido a Dieppe, ou o sermão em louvor dos ladrões, que se dizia que um certo pároco Haberdyne tinha "feito por ordem de certos ladrões depois que o roubaram ao lado da Hartley Row, em Hampshire".[16] Havia paródias do catecismo, dos mandamentos, do credo, da litania, dos salmos e, sobretudo, do pai-nosso, desde o medieval *Paternostre du vin* até as paródias políticas da Reforma e das guerras de religião. Um único exemplo ilustrará várias delas. Ele foi endereçado pelos holandeses, em 1633, ao marquês de Santa Cruz, o comandante das forças espanholas:

> *Onsen Vader die te Brussel sijt,*
> *Uwen Name is hier vermalendijt,*
> *Uwen Wille is nerghens van waerden,*
> *Noch in den Hemel noch opo der Aerden.*[*17]

As paródias a formas jurídicas eram quase tão generalizadas quanto as paródias eclesiásticas. Havia proclamações simuladas, julgamentos simulados, como o julgamento do Carnaval ou (na Inglaterra) *The whole trial and indictement of sir John Barleycorn* [O julgamento e acusação completos de sir João da Pinga]; mais comuns ainda eram os testamentos simulados: do galo, do papa, do Diabo, de Filipe II, de Frederico, o Grande, e muitos outros.[18] Havia também batalhas simuladas, casamentos e enterros simulados, que podiam ser autorizados, descritos ou retratados em publicações populares, como o *Enterro da transubstanciação* holandês (1613), a *Procissão fúnebre de madame Genebra* inglesa

---

* Pai Nosso que estais em Bruxelas,/ Maldito seja o vosso nome,/ Não seja feita a vossa vontade,/ Nem aqui na terra nem lá no céu.

(1736, uma crítica ao decreto do Gim) ou a estampa russa com os ratos a enterrar o gato, referência ao alívio dos súditos com a morte de Pedro, o Grande.[19]

Talvez o adjetivo "simulado" seja enganador. Ele não está presente na maioria das descrições contemporâneas, que se referem apenas a "julgamentos", "testamentos" etc. Se decidirmos empregar o termo, devemos no mínimo nos manter cientes de sua ambiguidade. Uma batalha simulada pode ser nada mais nada menos que uma batalha com armas cegas ou rombudas, um falso funeral pode ser simplesmente a encenação de um funeral sem cadáver. O batismo simulado dos oficiais franceses em suas cerimônias de iniciação era tido pelo clero como uma blasfêmia deliberada, mas provavelmente os religiosos entendiam mal a intenção dos participantes. No caso das paródias do pai-nosso, da litania, dos mandamentos ou do procedimento padronizado dos julgamentos e testamentos, a intenção parecia ser não a imitação gozadora das formas religiosas ou legais, mas a adoção delas para novos propósitos. Claude Lévi-Strauss já descreveu o pensamento mítico como "uma espécie de *bricolage* intelectual", uma nova construção a partir de elementos preexistentes.[20] Sua designação parece se justificar ainda mais no contexto do julgamento simulado ou da paródia do pai-nosso. É como se os criadores da cultura popular adotassem formas prontas da cultura oficial da Igreja e da justiça por não disporem de formas próprias que se adequassem tão bem a certos propósitos, o que ilustra bem a dependência da cultura popular em relação à cultura da minoria dominante, oferecendo importante prova a favor da teoria do "rebaixamento" (ver p. 93 e ss.). As formas eclesiásticas e jurídicas tinham também a grande vantagem de serem conhecidas. O público conhecia a estrutura de um processo ou de uma litania, sabia o que viria a seguir, e assim podia se concentrar na mensagem. Uma forma nova distrairia a atenção, desviando-a da mensagem, e provocaria menor impacto.

No entanto, adotar as formas da cultura oficial não significava necessariamente adotar os significados usuais associados a elas. As possibilidades subversivas da imitação não passavam despercebidas; em alguns casos, as próprias formas eram ridicularizadas pela imitação, e o mundo oficial era "virado de ponta-cabeça". Assim, as *causes grasses*, julgamentos simulados apresentados no Carnaval por escrivães dos tribunais, certamente pretendiam caçoar dos procedimentos dos seus superiores, que não raro eram criticados, nos inícios do período moderno, pela sua ininteligibilidade. Em algumas versões literárias e pictóricas da batalha entre o Carnaval e a Quaresma, os combatentes usam caçarolas como capacetes e lutam com garfos e colheres; é difícil deixar de perceber que estavam ridicularizando os cavaleiros. A liturgia simulada da festa dos Bobos é de interpretação mais complexa. Ela foi considerada blasfema por alguns contemporâneos (ver p. 284), e é de se perguntar se a coletividade não a encarava não só como uma inversão festiva do cotidiano, mas também como uma crítica ao caráter ininteligível da liturgia para os leigos. Não sabemos.

Estas últimas páginas tentaram fazer um inventário dos gêneros populares, mas o termo "gênero" não deve ser entendido num sentido muito estrito. As convenções das diversas formas da cultura popular eram menos rígidas do que, por exemplo, as da tragédia clássica francesa ou do épico literário renascentista. Mas as convenções existiam, e ignorá-las é arriscar-se a perder o sentido de muitas imagens, textos e apresentações artísticas.[21]

TEMAS E VARIAÇÕES

A cultura popular pode ser descrita como um repertório de gêneros, mas também, num exame atento, como um repertório de formas (esquemas, motivos, temas, fórmulas), quer se restrinjam a um único gênero ou sejam partilhadas por dois ou mais. A tese da presente seção é que as canções e contos folclóricos, as peças e estampas populares têm que ser consideradas como combinações entre formas elementares, como permutações de elementos mais ou menos prontos. Esse ponto pode ser mais facilmente ilustrado no caso da música, meio que mais se aproxima da forma "pura".

A música da minoria dominante nos inícios da Europa moderna era escrita e impressa. A música popular, em contrapartida, era transmitida oralmente. As consequências formais de tal fato podem ser resumidas em dois paradoxos.

(a) Na tradição oral, a mesma melodia é diferente. Como Kodály colocou, "na música folclórica [...] a cada ocasião a boca do cantor produz uma variação".[22] Nas sociedades ou subculturas em que a música não é escrita, o cantor, o rabequista ou o tocador de um instrumento de sopro não guarda na memória cada nota da melodia: ele improvisa. Por outro lado, ele não improvisa totalmente: ele toca variações sobre um mesmo tema. Acrescenta ornamentos ou apojaturas à melodia básica, ornamentando-a com apojaturas de vários tons, grupetos, trinados etc., ou procedendo a ligeiras alterações no ritmo ou diapasão. Por isso as melodias populares surgem com uma infinidade de versões ou "variantes". Não existe a versão "correta", pois a ideia de uma versão correta não tem sentido enquanto não existem melodias escritas. Na tradição oral, a melodia só existe em suas variantes.

(b) O segundo paradoxo é que, na tradição oral, as diversas melodias são iguais. Em termos mais precisos, as diversas melodias podem conter a mesma frase ou motivo, estendendo--se talvez por dois ou três compassos. Pode-se dizer que os motivos "vagueiam" ou "passam" de uma melodia para outra. De fato, as melodias folclóricas são basicamente combinações entre motivos "pré-fabricados". Esses fundamentos ou esqueletos melódicos constituem o arcabouço para a improvisação e a ornamentação — mas os ornamentos também são estereotipados.[23] A formação de melodias a partir de elementos pré--fabricados pode parecer um procedimento um tanto mecânico, mas o hábito da variação constante o compensa. Quando duas melodias contêm muitos motivos semelhantes, fica impossível dizer se são a mesma melodia ou não. Numa determinada região, as melodias em circulação serão transformações umas das outras, e será impossível saber o número exato de melodias existentes.

Esses aspectos são muito mais facilmente demonstráveis em relação à música folclórica da época de Cecil Sharp e Zoltan Kodály do que para os inícios da Europa moderna, mas as provas fragmentárias remanescentes apontam nessa direção. Por exemplo, um inglês que ouviu alguns músicos itinerantes em Otranto, no final do século XVIII, comentou que eles tinham "o hábito de embelezar a melodia comum com variações da sua própria imaginação".[24] Duas coletâneas manuscritas de melodias para violino da Eslováquia, nos anos 1730, registram as melodias em forma esquemática e abreviada, como se fossem apenas o arcabouço para a improvisação. As mais de 750 árias dessas coletâneas (que contêm mais de cem melodias folclóricas) podem ser divididas em grupos de variantes, e não há dificuldade em identificar os motivos recorrentes.[25]

Na tradição oral, os textos se comportam como melodias; o mesmo texto é diferente, e diferentes textos são iguais, conforme descobriu o comitê da Sociedade das Terras Altas, ao investigar a autenticidade do *Ossian* de Macpherson e descobrir uma infinidade de "composições que nunca foram fixadas por publicação, mas circulavam [...] na recitação oral dos *senachies* ou bardos".[26] Evidentemente, num livro dessas dimensões, será impossível demonstrá-lo pormenorizadamente em relação a todas as diversas regiões e gêneros, de modo que apresentarei um estudo de caso sobre a balada britânica tradicional, referindo-me de forma muito mais sucinta a outras regiões e gêneros literários. As razões dessa escolha são óbvias. O conjunto das trezentas e tantas baladas está disponível numa edição exemplar, obra de Francis Child, professor de Harvard do século XIX; entre os vários estudos dessas baladas, incluem-se alguns com um ponto de vista formal, e o próprio tema se presta a discussões em inglês. Muitas delas são conhecidas não só a partir da tradição oral de épocas recentes, mas também de *broadside* impressos dos séculos XVII e XVIII, o que constitui uma combinação de fontes que nos aproxima mais do que o usual da cultura oral perdida dos inícios da Europa moderna.

Que a mesma balada muitas vezes é diferente, fica claro para quem folhear a coletânea de Child, na qual as variantes são devidamente apresentadas. As letras e as melodias trazem suas apojaturas, ornamentos, ampliações, conforme a habilidade do executante. Uma versão de *Barbara Allen* do século XVIII começa assim:

> *It was in and about the Martinmas time,*
> *When the green leaves were a falling,*
> *That Sir John Graeme, in the West Country,*
> *Fell in love with Barbara Allen.**

A quadra que abre uma outra versão da balada, do século XVIII, tem em comum com a anterior apenas o nome da moça:

> *In Scarlet town, where I was bound,*
> *There was a fair maid dwelling,*
> *Whom I had chosen to be my own,*
> *And her name it was Barbara Allen.* (Child 84)**

Mas essas variantes não devem ser simplesmente interpretadas como exemplos da originalidade criativa dos cantores de baladas. As duas aberturas são estereotipadas. Se uma versão de *Barbara Allen* começa com *It was in and about the Martinmas time* [Foi por volta da festa de são Martinho], outras baladas da coletânea de Child iniciam com *It fell about the Martinmas time* [Aconteceu na época da festa de são Martinho] ou *It fell about the Martinmas* [Aconteceu na festa de são Martinho]; estamos lidando com uma fórmula de abertura que passa de uma balada para outra.

---

* Foi por volta da festa de são Martinho,/ Quando estavam caindo as folhas verdes,/ Que sir John Graeme, na região d'Oeste,/ Apaixonou-se por Barbara Allen.

** Na cidade de Scarlet, onde eu estava contratado,/ Morava uma linda moça/ Que eu decidira que seria minha,/ O nome dela era Barbara Allen.

Isso não passou despercebido aos primeiros editores. Scott certa vez observou, a propósito dos menestréis tradicionais, que "as coleções de rimas, acumuladas pelos primeiros do ofício, parecem ter sido consideradas como um repertório conjunto para o uso comum da profissão". Pinkerton chamou a atenção para "os retornos frequentes das mesmas sentenças e descrições expressas nas mesmíssimas palavras", como, por exemplo, "o envio de mensagens, a descrição de batalhas". Mais recentemente, um estudioso identificou 150 fórmulas ou lugares-comuns diferentes nas mais de trezentas baladas da coletânea de Child.[27]

Por exemplo, abundam os epítetos, e os adjetivos se associam regularmente a determinados nomes, tanto numa só balada como de modo mais geral. Pense-se no "valente Douglas" em Child 161 e 162, nos "alegres rapazes" de Robin Hood, no "orgulhoso xerife" de Nottingham, ou nos muitos heróis e heroínas com "cabelos louros" ou um "corcel branco leitoso". O mesmo se passa em outros países. As baladas suecas estão repletas de expressões como *gular lockar* [cabelos dourados], *fingrar smä* [pequenos dedos], *gangare grä* [corcel cinza]; nas baladas russas, as mãos são "alvas", os cavalos "bons", os rios "rápidos", e assim por diante. Outras fórmulas incluem verbos. Uma fórmula sérvia predileta para a primeira metade de um verso é *Vino pije* [Está tomando vinho], deixando-se que a segunda metade do verso seja completada com o nome próprio em questão; pode ser *Vino pije/ Kraljeviku Marko* ou *Vino pije/ Aga Asanaga*. As fórmulas preferidas dos dinamarqueses para a primeira metade do verso são *Ind Kom* [Entrou], *Op stod* [Levantou-se] e *Det var* [Era]. Em maior escala, existem fórmulas de abertura da balada, como "Aconteceu na festa de são Martinho" (ou na libertação de são Pedro, ou no Solstício de Verão), que situam a estória no tempo, e outras que a situam no espaço; a fórmula sérvia do *Vino pije* se desenvolve para nos contar quem está tomando vinho, onde, com quem e por que se para de beber. Às vezes, as baladas britânicas fazem o mesmo:

The king sits in Dumferling toune,
Drinking the blude-reid wine;
O whar will I get quid sailor,
To sail this schip of mine? (Child 58)*

Young Johnstone and the young Colnel
Sat drinking at the wine;
O gin ye wad marry my sister,
It's I wad marry thine. (Child 88)**

Da mesma maneira, existem fórmulas recorrentes de conclusão, tal como a descrição das plantas ou galhos que crescem em dois túmulos, a qual encerra várias baladas sobre amantes infelizes:

Lord Thomas was buried without kirk-wa,
Fair Annet within the quiere,
And o the tane thair grew a birk,
The other a bonny briar. (Child 73)***

Outros amantes britânicos e também os húngaros Kádár Kata e Gyula Márton terminam assim:

Egyiköt temették ótár eleibe
Másikot temették ótár háta mögi
A kettöböl kinöt két kápóna-virág
*Az ótár tetejin esszekapcsolódtak.*****[28]

---

* O rei se senta na cidade de Dumferling,/ Tomando seu vinho vermelho--sangue;/ Oh onde eu vou arranjar um bom marinheiro/ Para pilotar esse meu barco?

** O jovem Johnstone e o jovem coronel/ Estavam sentados a tomar vinho:/ Ó esperto, você casa com minha irmã,/ Que eu caso com a tua.

*** Lorde Thomas foi enterrado fora do adro,/ A linda Annet perto do altar--mor,/ E de um brotou uma bétula,/ Da outra uma bela sarça.

**** Um foi enterrado na frente do altar/ O outro foi enterrado atrás do altar/ Deles dois brotaram duas flores sacras/ No alto do altar elas se entrelaçaram.

Essa estrofe, em suas diversas variações, certamente representa um tema ou "motivo" no sentido musical, forma elementar que foi incorporada numa série de estórias por oferecer uma conclusão emocional pronta e esteticamente satisfatória. Assim como as frases e versos, podem vaguear ou circular cenas e episódios inteiros.

Podem-se encontrar muitos outros motivos recorrentes nas baladas britânicas e europeias. Há o motivo da heroína sentada no seu quarto a costurar, equivalente feminino da cena do vinho já citada; há o sonho profético; a luta; o banquete, favorito entre os cantores de baladas russas; o exemplo de Pinkerton da carta ou outra mensagem enviada ou recebida, que serve para introduzir um novo desenvolvimento na estória; o motivo de se olhar para fora de uma torre alta, que se repete nas baladas espanholas e norueguesas, e tem função semelhante; e o motivo da volta do herói, às vezes disfarçado e frequentemente irreconhecível, popular desde o tempo de Homero até a atualidade.

Dois pontos sobre fórmulas e motivos merecem destaque. O primeiro é a frequência deles. Uma análise de 237 baladas espanholas tradicionais mostrou que 35%, em média, dos seus versos eram fórmulas, sendo que a proporção variava de 2% a 68% em diferentes baladas.[29]

É mais difícil definir, e portanto contar, os motivos em escala maior, mas é raro encontrar uma balada na coletânea de Child que não tenha analogias temáticas dentro e fora dela.

Se o leitor está com a impressão de que os cantores de baladas não eram criativos ou pouco tinham a fazer, o segundo ponto sobre as fórmulas e motivos pode ajudar a anular essa impressão, enfatizando a flexibilidade e as transformações. Não se deve pensar propriamente numa transposição de frases, versos, estrofes ou episódios sem alterações de uma balada para outra — embora isso possa acontecer —, mas de preferência em substituições dentro de um arcabouço formal. Em algumas baladas dinamarquesas tradicionais, por exemplo, encontramos uma alta proporção de meios-versos em fórmulas:

> Det vat *unge herr Marsk Stig*
> Det vat *Konning herr Erick*
> Det vat *Orm unger Svend*, etc.

Encontramos também:

> *Op stod unge herr Marsk Stig*
> *Høre i det unge herr Marsk Stig*, etc.

Poderíamos afirmar, portanto, que os versos compostos totalmente de fórmulas:

> *Det var Konning herr Erick*
> *Op stod ung herr Marsk Stig*

são realmente o "mesmo" verso, mas apenas no sentido em que tive a mesma faca por dez anos, substituindo o cabo nos anos ímpares e trocando a lâmina nos anos pares. O que se deve destacar é a possibilidade de que, nessa caixa do repertório, podem-se deixar cair pela mesma fenda das fórmulas frases variadas quase que ao infinito. Para tomar um exemplo um pouco mais complexo, podemos comparar as seguintes parelhas de Child 39 e Child 243:

> *She had na pu'd a double rose,*
> *A rose but only twa* [...]*

> *They had not saild a league, a league*
> *A league but barely three.***

Praticamente não existe nenhuma palavra em comum nas duas parelhas, mas é óbvia a existência de uma fórmula que estrutura o material.

---

* Ela não arrancara uma dupla rosa/ Uma rosa mas só duas [...]
** Eles não tinham navegado uma légua, uma légua,/ Uma légua, mas apenas três.

O caso de episódios ou cenas que circulam é ainda mais complexo. Se observarmos o motivo da volta do herói, veremos que ele pode ou não estar disfarçado, pode encontrar sua amada à espera dele, ou em vias de se casar com outro, ou já casada, com vários filhos (como na balada francesa *Pauvre soldat revient de guerre*), ou nem encontrá-la, talvez raptada por piratas. Se listássemos exemplos desse motivo entre as baladas britânicas, seria estranho incluir Child 17, *Hind horn* [Corno de gazela], na qual o herói aparece no casamento da sua amada, e deixar de fora Child 53, *Young Beichan* [O jovem Beichan], que inverte a situação e faz com que o primeiro amor do herói volte no momento em que o jovem Beichan está se casando com outra. E a volta de fantasmas? Em Child 74, *Fair Margaret and sweet William* [A bela Margarida e o doce Guilherme], o primeiro amor volta do reino dos mortos para visitar o herói depois do seu casamento. Se esta se inclui, por que não se somaria Child 47, também construída em torno de uma volta do reino dos mortos? Mas quem visita a orgulhosa Margarida é o irmão, não o amado... Claude Lévi-Strauss, em quatro grossos volumes, estudou um conjunto de mitos ameríndios como transformações recíprocas.[30] Seria possível realizar um estudo semelhante sobre as baladas de Child ou mesmo as baladas tradicionais da Europa. Em todo caso, no estudo das baladas, assim como no das melodias folclóricas, é difícil dizer onde acaba uma e começa a outra, qual é o tema e qual é a variação.

Podem-se fazer observações parecidas, se não idênticas, sobre as estruturas formais dos outros gêneros além das baladas. No caso do épico, por exemplo, a extensão da obra torna ainda mais necessária uma distinção entre dois tipos de unidades circulantes, a "fórmula" em pequena escala e o "tema" ou "motivo" em escala maior, cena ou episódio que, se é convenientemente ornamentado ou ampliado, pode se estender por centenas de versos.[31] Child 117, *Gest of Robin Hood*, tem 1824 versos, o suficiente para caracterizá-la como épico. O motivo do banquete ou jantar, tão esquemático nas baladas, pode, pois, desenvolver-se muito mais largamente. Na *Gest*, são apresentados nada menos que seis jantares, e quatro deles ocorrem na floresta, tendo Robin como anfitrião, e são descritos de forma muito parecida. Dois desses episódios, no primeiro e quarto cortes do poema, têm uma estrutura particularmente próxima. Em cada um deles, Little John sugere que o grupo vá jantar, Robin manda-os até Watling Street para procurar um convidado, o convidado chega, janta e perguntam-lhe quanto tem de dinheiro, e nesse meio-tempo Little John estende seu manto no chão, para contá-lo.

No caso da lírica, um dos dois paradoxos básicos tem que ser deixado de lado. Não podemos dizer que "a mesma poesia lírica é diferente", simplesmente porque as pessoas não falam da "mesma" poesia em duas variantes, mas antes de duas poesias líricas. Por outro lado, as fórmulas são comuns, de modo que "poesias líricas diferentes são iguais". Um estudo da lírica popular alemã dos séculos XV e XVI arrola inúmeras expressões poéticas que podem se encontrar numa canção após a outra, quer o amante esteja descrevendo sua amada (*hübsch und fein*), o momento em que se encontraram (*an einem abend spät*), o local (*so fern in grönem walde*) ou a reação dele à recusa (*mein hertz wil mir zubrechen*). Como no caso das baladas, esse tipo de fórmula aparece com muita frequência na poesia lírica, de modo que se podem encontrar quatro ou seis versos que não passam praticamente de fórmulas. Mas essas fórmulas são flexíveis, tais como as fórmulas das baladas. O que surge não é tanto a repetição mecânica de *so fern im grönem walde*, mas antes um conjunto de frases semelhantes que se substituem reciprocamente, como:

> *So fern auf grüner awen*
> *So fern auf jener heide*
> *So fern in gröner heide*, etc.[32]

No caso do conto folclórico, voltamos à multiplicidade de variantes do "mesmo" conto. *Cinderela* é um exemplo óbvio, chamada na tradição alemã de *Aschenputtel*. Sabe-se que, antes da publicação da versão dos Grimm em 1812, havia uma versão italiana, uma sueca e duas francesas, e desde então foram descobertas centenas de variantes nos grupos linguísticos românicos, germânicos, eslavos e célticos, sendo que só em francês foram encontradas 38 versões.[33]

Quanto ao segundo paradoxo, "contos diferentes são iguais", parece que a fórmula é muito menos importante no conto em prosa do que no verso popular; ela está mais ou menos restrita ao começo e ao final, com expressões como "era uma vez" e seus equivalentes (*es war einmal*, *cc'era 'na volta* etc.) ou "eles viveram felizes para sempre". Na prosa, não há a mesma necessidade desse tipo de fórmula para ajudar o desempenho do narrador; também é possível que os contos populares dos inícios do período moderno, que chegaram até nós em coletâneas como as de Straparola ou Timoneda, tenham perdido suas fórmulas ao serem preparados para a impressão.[34]

Os motivos, por outro lado, são aqui particularmente evidentes. Há muito já se percebeu que os contos folclóricos são combinações instáveis de elementos que têm uma existência semi-independente, vagueando ou passando de um conto para outro. Para rastreá-los, o folclorista americano Stith Thompson compilou um volumoso índice de motivos dos contos populares, ao passo que seu colega russo Vladimir Propp afirmou que os contos de fadas russos se baseiam num repertório de 31 motivos (ou "funções", como ele os chama), nem mais nem menos, que vão de "um membro da família deixa a casa" a "o herói casa e sobe ao trono".[35] Se tomarmos os contos publicados por Straparola em 1550 e os confrontarmos com o índice temático de Thompson, logo fica claro que eles contêm muitos temas bem conhecidos. Por exemplo, há o tema do animal, pássaro ou peixe que ajuda o herói e muitas vezes tem o dom da linguagem; ou o tema dos testes feitos ao pretendente, que pode ser obrigado a domar cavalos selvagens, matar um dragão ou ir em busca do elixir da vida.[36] Ou, então, se nos concentrarmos em um conto popular, como *Cinderela*, descobriremos que ele pode ser decomposto em cinco motivos básicos, A, B, C, D, E, da seguinte maneira: A, a heroína é maltratada pelos seus parentes; B, ela recebe auxílio sobrenatural; C, ela encontra o herói; D, ela passa por um teste de reconhecimento; E, ela se casa com o herói. Cada motivo aparece numa série de variantes: por exemplo D1, apenas uma moça consegue calçar a sandália; D2, apenas uma moça consegue pôr o anel; D3, apenas uma moça consegue arrancar a maçã. A versão da estória segundo os Grimm poderia ser abreviada como A1, B1, C1, D1, E. Uma vez assim decomposta a estória em seus motivos elementares, fica evidente sua afinidade com outras estórias da coletânea dos irmãos Grimm, notadamente com a nº 65, *Allerleirauh* (A2, C1, D2, E), com a nº 130, *Einaüglein, Zweiaüglein und Dreiaüglein* (A1, B1, B3, B4, D3, E) e com a nº 179, *Die Gansehirtin am Brunnen* (A3, B1, C3, E). Mais uma vez, descobrimos que "textos diferentes são iguais", ou melhor, são transformações uns dos outros, diferentes permutações entre os mesmos elementos básicos.[37]

Entre os contadores de estórias profissionais dos inícios da Europa moderna, podem-se encontrar muitos pregadores, que coloriam seus sermões com *exempla* ou estórias contendo uma moral. Um manual para pregadores recomenda uma estória de animais como meio eficaz para acordar um público sonolento. De fato, o sermão como um todo merece estudo enquanto forma de arte popular, "popular" no sentido em que se dirigia com frequência a um público de artesãos e camponeses, sendo às vezes composto e apresentado por um "pregador artífice". Compunha-se o sermão, como a balada ou o conto popular, de fórmulas ou motivos? Até onde sei, não existe nenhuma prova quanto ao uso sistemático de expressões estereotipadas nos sermões do período. Evidentemente, elas podem ter existido, mas teriam sido retiradas dos textos quando estes foram preparados para publicação, o que é igualmente possível no caso do conto popular; mas podem também ter sido desnecessárias numa apresentação oral em prosa. Um estudioso contemporâneo dos pregadores populares negros nos EUA, equipado com seu gravador, observou o uso de fórmulas como "o Cristo da Bíblia" (usado 24 vezes num só sermão) ou "estou certo quanto a isso?" (usado quinze vezes), mas ele estava estudando o sermão cantado, que parece ter sido raro nos inícios da Europa moderna, ainda que pudesse se encontrar na Grã-Bretanha; John Aubrey registra que "nosso velho vigário de Kingston Saint Michael, sr. Hynd, mais cantava do que lia seus sermões", e que "em Herefordshire eles têm traços desse canto; nossos antigos clérigos tinham". Do outro lado da fronteira, a tradição do *hwyl* sobrevive até hoje. No final do século XVII, dizia-se que os "dissidentes" "acham que estão ouvindo um pregador muito poderoso se a sua voz é aguda e trinante, quase um canto, e se ele prolonga algumas palavras com um acento queixoso".[38]

Os motivos ou temas, por outro lado, eram fundamentais para o sermão. A existência de uma série de manuais para pregadores sobre esse assunto mostra com clareza que eles eram usados deliberadamente como meio de construção do sermão. Até empregam a palavra "tema" no sentido de um texto extraído da Bíblia e utilizado para dar unidade ao sermão. O pregador devia começar com a apresentação do texto, *thematis propositio*; a seguir, viria a saudação do público, *salutatio populi*, e a prece pelo auxílio de Deus, a *divini auxilii imploratio* (motivos introdutórios que, aliás, eram muito usados pelos cantores de estórias na Itália); então vinham as três partes principais do sermão — primeiro, a *introductio thematis*, a seguir a *divisio thematis*, ou explicação do significado do texto, dividindo-o em partes e tomando-as de uma a uma, e finalmente a *conclusio*, ou aplicação da mensagem do texto ao público. Essa armação estrutural ajustava-se a todos os sermões, mas poderia facilmente se tornar mais específica tomando-se um texto bíblico determinado ou, se o pregador fosse preguiçoso ou sem imaginação, a consulta de um livro de esquemas de sermões, como o famoso *Sermones Dormi Secure*, lhe garantia um bom sono na noite de sábado fornecendo-lhe algo pronto para a manhã de domingo.[39]

Outro método padronizado de montar o sermão e manter a atenção dos ouvintes era o uso de uma extensa metáfora. John Flavel, que pregava para marinheiros, organizava os sermões em torno da imagem da navegação espiritual (ver p. 76), e

185

George Whitefield pregou um sermão famoso, também para marinheiros, em torno da imagem do naufrágio espiritual. John Bunyan montava sermões em torno da imagem de Cristo protetor ou em torno das águas da vida. Hugh Latimer pregou dois celebrados sermões "sobre as cartas", tirando suas imagens do difundido jogo popular da "vitória", e seu "sermão do arado", igualmente famoso, organizava-se em torno de uma comparação entre o pregador e o lavrador de Deus. Esses dois motivos se mantêm como o recurso infalível do pregador popular americano, e a imagem do jogo de carta remonta ao século XIV, se não antes.[40]

Entre a gesticulação do pregador em seu púlpito e a peça popular, era apenas um pequeno passo — para alguns moralistas, pequeno demais. Sem dúvida, os textos remanescentes fornecem um guia para a natureza da apresentação das peças ainda menos confiável do que no caso das baladas, contos populares ou sermões, mas pelo menos permitem-nos perceber novamente a importância das variantes, fórmulas e motivos. A mesma peça era diferente; na Grã-Bretanha, os atores parecem ter representado apenas três tipos básicos de peças — o combate do herói, a cerimônia da corte galante e a dança da espada —, mas encontraram-se mais de novecentas variantes. Na Rússia, a peça folclórica mais difundida, *Czar Maximiliano*, está registrada em mais de duzentas variantes. Na Espanha e na América espanhola, foi preservada uma peça, em muitas variantes, sobre o Natal e a adoração dos pastores.[41]

Peças diferentes são iguais; o teatro tem suas fórmulas e motivos, mesmo que assumam formas ligeiramente diferentes das dos outros meios. Abundam as fórmulas verbais, desde o simples *here comes I* [aqui venho eu] dos atores ingleses até as frases estereotipadas mais elaboradas da *commedia dell'arte*, na qual cada personagem tem seu repertório pessoal de fantasias e a retórica do seu papel. Capitano, por exemplo, tinha suas *bravure*, ou disso se gabava, o que parece ter formado um sistema de fórmulas, marcado pelo uso constante de hipérboles e umas poucas imagens recorrentes: Capitano vê o mundo em termos

186

militares e sua sopa predileta são limalhas de ferro polvilhadas de pólvora.[42]

Contudo, no teatro popular, as unidades básicas não eram as palavras, mas os personagens e ações. Os atores ingleses montavam suas peças em torno de poucos personagens — são Jorge, o Cavaleiro Turco, o Tolo, o Médico; as farsas francesas do século XVI tinham seu estoque de maridos, mulheres, sogras, criadas e curas; as peças natalinas espanholas tinham o seu pastor preguiçoso e os recém-casados com suas brigas; as estruturas mais complexas da *commedia dell'arte* organizavam-se em torno de elementos semelhantes — o sentencioso Pantalone, o pedante Gratiano, o jactancioso Capitano e o tolo, matreiro e ágil Zanni. Suas personalidades estereotipadas, assim como seus sotaques estereotipados (vêneto para Pantalone, bolonhês para Gratiano etc.), serviam para identificá-los da mesma forma que os epítetos na balada tradicional. As ações também eram estereotipadas. A *commedia dell'arte* tinha os seus *lazzi*, trechos de "cenas mudas" com fórmulas arroladas nas fontes literárias, como o "*lazzo* do avental", em que Zanni foge de um Capitano furioso, deixando seu avental para trás.[43] Havia cenas estereotipadas de reconhecimento, mal-entendidos, espancamentos, disfarces e assim por diante. Peças populares de muitas partes da Europa também contêm motivos recorrentes, tais como combates, cortes, casamentos, processos, testamentos, execuções e funerais, quer isoladamente ou em combinações.

Das acrobacias de Arlequim é apenas um pequeno passo até a dança. Os registros das apresentações antes de 1800 não são cuidadosos ou detalhados o suficiente para permitir que se saiba quanto ou como uma *krakowiak*, por exemplo, diferia de outra. No entanto, não parece tão difícil interpretar as danças folclóricas como combinações de motivos ou formas elementares — de pausas e movimentos, movimentos rápidos e movimentos lentos, diferentes tipos de passos, e assim por diante. Os dançarinos tchecos tradicionais classificavam seus passos como *obkročák* [passo circular], *skočná* [passo com saltos], *třasák* [passo trêmulo], *vrták* [passo espiral], e assim por diante.[44]

Da dança — na verdade, de todos os meios discutidos até agora — é um salto considerável até chegarmos às artes visuais; elas não são orais, não dependem de apresentações e, como Lessing apontou, num famoso ataque às analogias entre as artes, elas se estendem mais no espaço do que no tempo.[45] No entanto, existem algumas similaridades, que não devem ser esquecidas, entre a pintura, entalhe ou tecelagem popular e as formas tradicionais descritas nas últimas páginas. Tanto nas artes visuais como nas artes dramáticas, encontramos a variante. O oleiro, carpinteiro ou tecelão tradicional não faz dois jarros, duas arcas ou duas colchas para cama que sejam exatamente iguais, e eles diferem principalmente por serem combinações diversas de elementos estereotipados. Existe um repertório visual de padrões geométricos, como as rosetas, e também de plantas, bichos, aves ou pessoas estilizadas. Esse repertório corresponde ao estoque de fórmulas e motivos na tradição oral. O santo é identificado pelos seus atributos, assim como o herói épico é identificado pelo seu epíteto: santa Catarina tem a sua roda, são Jorge, o seu dragão, e são Martinho, o seu manto, espada e o mendigo. Assim como uma estória passava de um herói para outro, também o mesmo entalhe xilográfico podia ser usado em diversos livretos populares, para ilustrar episódios de estórias diferentes, assim reduzindo o custo de produção. Numa oficina gráfica na Catalunha, no século XVIII, fez-se uma imagem de são Jaime que servia também como são Jorge e são Martinho — afinal, todos eram soldados.[46] Aqui encontramos exemplos do "estereótipo" ou "clichê" que têm algo do sentido original dessas metáforas batidas. Outras composições tinham uma circulação mais ou menos livre. A imagem de um rei sentado no trono com uma figura aproximando-se dele podia ser usada para ilustrar muitos episódios diferentes. A mesma composição sobre um banquete podia ilustrar o banquete de Baltazar, o casamento em Caná ou a Última Ceia. Uma cena de batalha podia ser representada de forma muito parecida, quer fosse ilustrar o Antigo Testamento ou um romance de cavalaria.[47] Já vimos que o mesmo motivo de uma procissão fúnebre podia ser usado num leque de vários contextos diferentes (ver p. 174).

188

O PROCESSO DE COMPOSIÇÃO

As fórmulas e motivos podem ser vistos como o vocabulário do portador da tradição, seja cantor, artesão ou tocador. Poderemos também descobrir sua gramática e sintaxe? Em outras palavras, existem regras que regem a combinação de motivos circulantes? Eles fazem parte de uma estrutura ou sistema? Desde a época de Axel Olrik, folclorista dinamarquês cujo ensaio sobre as leis épicas da narrativa folclórica foi publicado em 1909, até os estruturalistas contemporâneos, alguns estudiosos têm sustentado que essa gramática ou leis podem ser descobertas; por exemplo, o crítico russo Viktor Shklovsky sugeriu que os "contos populares constantemente se desintegram e se reúnem com base em leis específicas, ainda desconhecidas, de formação do enredo". Se "gramática" é uma metáfora exagerada para descrever o que eles descobriram, tais estudiosos pelo menos chegaram a algumas conclusões interessantes sobre o uso de combinações prontas entre motivos, que poderíamos chamar de "esquemas".[48]

Nas artes visuais, um esquema popular era seccionar verticalmente a pintura. Numa variante, mostrar-se-iam imagens paralelas à esquerda e à direita, como se uma fosse a imagem especular da outra, como no confronto entre Holger Danske e o rei Karvel, dois guerreiros com suas armas erguidas para trás, para desferir o golpe (ilustração 3). Num caso contrário, as imagens não estão em paralelo, mas em contraste; uma linda mulher, digamos, num lado da estampa e, no outro, um esqueleto. Na propaganda luterana, Cristo e o papa (que, evidentemente, era o Anticristo) muitas vezes vinham representados dessa maneira, seja numa estampa individual ou numa série de estampas como o *Passional Christi und Anti-christi*. As estampas de Hogarth com os aprendizes preguiçosos e laboriosos são um famoso exemplo desse tipo de "antítese".[49] Uma variante no esquema devia mostrar uma balança onde um objeto, que se esperava que contaria com a aprovação do espectador, contrabalançava um outro: a Bíblia, por exemplo, podia ser apresentada a contrabalançar a

3. O rei Karvel e Ogier, o Dinamarquês. Arca pintada de Budbrandsdal, Noruega (provavelmente da autoria de Jakob Klukstad). Oslo, Norsk Folkemuseum.

obra de santo Tomás de Aquino. O elemento temporal podia se fazer presente, de modo que o par de imagens representaria o antes e o depois, ou o crime e a punição.[50]

Esse esquema pictórico tem seus paralelos literários, como seria de esperar; afinal, a antítese é uma figura da retórica. No nível do gênero, há o debate ou *contrasto* (ver p. 169). No nível da estrofe, encontramos uma quadra em contrapeso ou oposição à anterior, ou a segunda metade da quadra em oposição à primeira:

> *Some pat on the gay green robes,*
> *And some pat on the brown;*
> *But Janet put on the scarlet robes.*
> *To shine foremost throw the town.* (Child 64)*

---

* Algumas põem os alegres mantos verdes,/ E algumas põem os castanhos;/ Mas Janet pôs os mantos escarlates,/ Para mais brilhar pela cidade.

No nível da estória, Axel Olrik chamou a atenção para o que designou de "lei dos dois numa cena" — apenas duas pessoas aparecem simultaneamente na literatura popular tradicional — e "lei do contraste", o costume de justapor opostos como o grande e o pequeno, o rico e o pobre, Golias e Davi, o rico e Lázaro, são Jorge e o dragão, Cristo e o Demônio.[51]

A antítese, entre outras coisas, é um expediente para manipular a repetição, que pode ser encontrada em todas as obras de arte. Sem a repetição simplesmente não existiria nenhuma estrutura, mas ela predomina ou se mostra particularmente evidente na cultura popular. Um artista sueco do século XVIII pintará os Três Reis Magos como três cavaleiros galopando em fila, ao passo que um artista da Renascença vai incorporá-los numa composição mais complexa e unificada.[52] Novamente, existe muito mais redundância na tradição oral do que nas obras destinadas à leitura. No nível do verso, as construções pleonásticas são correntes: *a loud laugh laughed he, lythe and listen* ou *llorando de los sus ojos* [um grande riso riu ele; fiquem e ouçam; chorando com seus olhos]. No nível da estrofe, a repetição não é menos evidente:

> *He was a braw gallant,*
> *And he rid at the ring;*
> *And the bonny Earl of Murray*
> *Oh he might have been a king!*

> *He was a braw gallant,*
> *And he played at the ba;*
> *And the bonny Earl of Murray*
> *Was the flower amang them a'.*

> *He was a braw gallant,*
> *And he played at the glove;*
> *And the bonny Earl of Murray*
> *Oh he was the Queen's love!* (Child 181)

Esse padrão ternário é comum — as estrofes muitas vezes vêm em tríades unidas, e a ação central da balada comumente se desenvolve em três etapas. O mesmo padrão ocorre em muitos contos populares, como ilustrarão as três primeiras estórias da coletânea de Straparola. Na primeira, o pai moribundo diz ao filho que observe três preceitos; ele os rompe um a um. Na segunda, um funcionário desafia um ladrão a roubar três objetos, e o ladrão consegue. Na terceira, um padre é enganado por três malandros, mas vinga-se deles em três etapas. Esses exemplos mostram o que Olrik chamou "a lei dos três", outra de suas "leis da narrativa folclórica". É claro que uma estrutura ternária não se restringe à literatura popular, mas é interessante ver que, quando a estória de Davi e Golias foi extraída da Bíblia para se converter numa balada espanhola, Davi é levado a atirar contra o gigante três vezes antes de derrubá-lo.[53]

Às vezes, quando se encontram exceções a essa lei nas cantigas e contos populares, é para assinalar um desdobramento incomum na estória, caso de "repetição ampliada" que se encaminha para um clímax inesperado. Na balada *Lord Randal* (Child 12), perguntam ao herói à morte o que ele quer deixar para sua mãe, sua irmã e seu irmão — e finalmente o que legará ao seu "verdadeiro amor", que, agora se revela, envenenou-o. Um uso semelhante da repetição ampliada dentro do motivo do falso testamento pode ser visto numa das mais belas baladas catalãs, *Amalia sta malalta*; Amália à morte deixa legados aos pobres, ao seu irmão e à Virgem Maria:

> *I a vós, la meva mare*
> *us deixo el marit meu*
> *perqué el tingeu en cambra*
> *con fa molt temps que feu.*[54]*

---

* E a vós, minha mãe,/ Deixo-vos o marido meu/ Para que o abraceis no quarto/ Como há muito tempo fazeis.

Se essas observações sobre a estrutura binária e terciária sugerem o que é capaz de acontecer a um motivo quando ele é empregado numa balada ou conto popular, por outro lado elas não explicam como os motivos vieram a se combinar, as "leis de formação do enredo", como chamou-as Shklovsky. Os motivos se combinam segundo regras, ou simplesmente por associação de ideias na mente do contador de estórias? Vários estudiosos, entre eles Lévi-Strauss e o folclorista russo Vladimir Propp, estão convencidos de que existem regras a reger a combinação entre os motivos, e que a gramática ou "álgebra" do conto popular russo ou italiano, ou dos mitos dos ameríndios, pode ser descoberta. Eles estão interessados em motivos com um alto grau de generalidade: "A dá X a B", ao invés de "a rainha dá um anel a Ivan". Eles identificaram esquemas narrativos ou sequências de motivos recorrentes, tais como interdição/ violação/ consequências/ tentativa de fuga ou necessidade/ trapaça/ necessidade preenchida. Finalmente, estão interessados numa "gramática transformacional", no sentido de encontrar regras para a transformação de contos em outros contos, não só pela inserção de diferentes heróis nos papéis de A e B, mas também através de alterações na própria sequência de motivos, que pode ser ampliada, condensada ou invertida. O esquema amor/ separação/ felicidade pode se transformar em amor/ separação/ infelicidade, e assim por diante.[55]

Poucas dúvidas há de que se pode encontrar esse tipo de esquema narrativo (inclusive alguns dos mesmos esquemas já mencionados) em estórias contadas nos inícios da Europa moderna. Para voltar a Straparola e suas *Piacevoli Notti*: o primeiro conto da coletânea assume a forma comum de interdição/ violação/ consequências; o segundo conto é o inverso do primeiro — contestação/ aceitação/ consequências; o terceiro assume a forma de fraude/ vingança; o quarto volta à forma de interdição/ violação do primeiro, e o quinto volta ao esquema de fraude/ vingança do terceiro. O teatro religioso italiano também traz sequências de motivos recorrentes: peças que tratam de santas tendem a adotar o esquema de inocência perseguida/

inocência recompensada. A heroína pode ser perseguida pela sua fé e recompensada no céu, como no caso das santas Bárbara, Margherita, Orsola ou Teodora; ou, como as santas Guglielma e Uliva, ela pode ser perseguida por razões mais mundanas e ser recompensada na terra. A peça cômica francesa é igualmente estereotipada. A ação frequentemente se concentra num casal, a mulher apresentada como exigente, obstinada ou infiel, e um esquema corrente é a sequência de três motivos do tipo trapaça/ descoberta/ punição.[56] Em um nível ainda mais abstrato, muitas farsas poderiam ser descritas em termos do esquema "o herói é provocado por adversários/ o herói derrota os adversários".

Mais intrincados são os enredos da *commedia dell'arte*, e de fato tão intrincados que são capazes de desnortear o leitor moderno. Se não tinham esse efeito sobre os atores e espectadores da época, decerto era porque essas peças estavam construídas em torno de esquemas familiares. Na verdade, se existe alguma forma de arte popular que exige uma análise estrutural, é essa. O primeiro roteiro na famosa coletânea do Scala é característico o suficiente para servir de exemplo adequado: *Li due vecchi gemelli* [Os dois velhos gêmeos]. O essencial do enredo é uma sequência de quatro motivos que muitas vezes se repetem nesse gênero: A ama B/ um obstáculo surge/ o obstáculo é eliminado/ A se casa com B. Nesse caso, Orazio ama a viúva Flaminia; Capitano aparece e a persegue; ele é posto em fuga, e Orazio se casa com Flaminia. Essa sequência torna-se mais complexa pela duplicação e acréscimo. Por "duplicação" quero dizer a inserção de um ou mais subenredos que repercutem o primeiro. No caso, o criado Pedrolino ama a criada Franceschina; Gratiano aparece e a persegue; ele é posto em fuga, e Pedrolino se casa com Franceschina. Isso não basta, e o herói e a heroína principais são duplicados por Flávio, primo de Orazio, e uma segunda viúva, Isabella, que também se apaixonam e se casam. Finalmente, a peça tira seu nome do acréscimo de um outro motivo, o "motivo da volta", tão corrente nas baladas e contos populares como nas peças teatrais; os pais de Orazio e Flávio são gêmeos que tinham sido capturados e vendidos como escravos, mas voltam a tempo para assistir aos casamentos. A única coisa que falta para fazer com que essa peça represente a *commedia dell'arte* é um exemplo do motivo corrente do disfarce, pois nesse gênero os criados, os nigromantes ou as loucas estão sempre se revelando diferentes do que pareciam ser.[57]

Para um outro exemplo de padrão intrincado de motivos, podemos voltar à balada britânica, na qual às vezes se encontra um "círculo" ou "moldura", estrofe, pessoa ou tema que aparece para introduzir e depois para arrematar uma determinada estória. Em sua forma mais elaborada, ela inclui uma estruturação em quiasmo, com o padrão *a, b, c, c, b, a*. Assim, *The lass of Roch Royal* [A moça de Roch Royal, Child 76] revelou-se como uma sequência de três motivos que em seguida são repetidos em ordem inversa: lamento/ viagem/ recusa, recusa revelada/ viagem/ lamento.[58]

Talvez seja exagero falar em "leis" universais que governam a combinação dos motivos em baladas, peças e contos populares, mas os exemplos apresentados nas últimas páginas de fato sugerem que existem padrões de combinações, ao invés de uma associação aleatória entre um elemento e outro.

As análises dos estruturalistas, por esclarecedoras que sejam, arriscam-se a dar uma falsa impressão: a de que os "motivos" combinam-se por si mesmos, quando na verdade são combinados dessa maneira por homens e mulheres, por cantores, contadores de estórias e atores. Mas, graças ao exame do motivo ou à fórmula de flutuação-não-totalmente-livre, fica mais fácil entender como os atores, contadores de estórias e cantores criam suas obras de arte numa cultura oral. Eles aprendem ouvindo os mais velhos e tentando imitá-los, e o que eles aprendem não são textos acabados, mas um vocabulário de fórmulas e motivos e as regras para a sua combinação, como uma espécie de "gramática poética".[59] Aprende-se melhor essa gramática quando se é jovem; não admira que o canto de baladas fosse especialidade de certas famílias. Os cantores também aprendem a "ampliar" ou "ornamentar" a estrutura básica. Assim são capazes de improvisar com relativa facilidade, para assombro dos estudiosos que vêm de uma cultura erudita. Na Iugoslávia nos anos 1930, por exemplo, alguns cantores de estórias, como Avdo Mededović, podiam cantar de dez a vinte versos decassílabos por minuto, durante duas horas, de uma só enfiada, e continuar uma estória em partes até que chegasse a 13 mil versos. A experiência de ler-lhe um texto e então pedir-lhe que cantasse a estória à sua maneira, teste pelo qual ele passou com êxito, mostrou que podia improvisar canções na hora, sem conhecimento prévio.[60]

E os cantores dos inícios da Europa moderna? Poucas dúvidas há de que muitos deles improvisavam, pelo menos em algumas áreas. Para começar com um exemplo não muito distante da região de Avdo, Alberto Fortis, ao visitar a Dalmácia no final do século XVIII, ouviu cuidadosamente "a canção heroica dos *morlacchi*" e notou que "existe mais de um deles que improvisa sua canção — *che canta improvvisando* — do começo até o fim". Numa outra sociedade pastoral, rochosa e remota, na outra ponta da Europa — as ilhas ocidentais da Escócia —, um viajante no final do século XVII anotou o fato de que "várias pessoas, de ambos os sexos, têm um dote poético e são capazes de fazer uma sátira ou um panegírico de improviso, sem o auxílio de nenhuma bebida, além de água, para despertar sua imaginação". Um habitante das Terras Altas do século XVIII deve ter tido o vigor de um Avdo, se não sua capacidade criativa, pois um clérigo escocês contou à Comissão da Sociedade das Terras Altas sobre um velho que "continuou por três dias seguidos, e durante várias horas por dia, a repetir sem hesitação, com a maior rapidez [...] muitos milhares de versos de poesia antiga". A comissão achou que essa proeza resultava de uma boa memória, mas uma explicação mais plausível parece ser a facilidade de improvisação. Uma forma de improvisação poética, chamada *pennyll*, era corrente no País de Gales do século XVIII.

Uma pessoa versada nessa arte produzirá um *pennyll* parecido com o último que foi cantado [...] como rouxinóis eles sustentam o desafio durante a noite toda [...] é frequente a disputa entre as paróquias; e cada colina ressoa com o coro.

No início do século XIX, em Telemark e Setesdal, na Noruega, era comum a improvisação do *stev*, uma estrofe com quatro versos composta com duas parelhas rimadas, e a participação no *stevleik*, uma disputa ou competição em que os dois participantes compunham estrofes alternadas. É provável que esse costume remonte à Idade Média, e é quase certo que foi praticado nos inícios do período moderno.[61]

No entanto, a melhor prova de poesia improvisada em nosso período vem da Itália. Montaigne descreve o encontro que teve com uma camponesa analfabeta em Toscana, capaz de compor versos "com uma rapidez extraordinária". Na Sicília, no século XVII, havia desafios de improviso que lembram os *stevleik* noruegueses ou as disputas de *haiku* no Japão do século XVII.[62] *Provisanti* ("improvisadores") era um termo comum para designar os poetas populares. Um dos *provisanti* mais conhecidos em Toscana, por volta de 1500, foi Cristoforo, chamado "Altíssimo" (possivelmente devido à sua predileção por esse adjetivo em suas fórmulas poéticas). Quando o primeiro volume do seu *Reali di Franci* foi publicado (postumamente) em 1534, a página de rosto descrevia-o como um poema "cantado por ele de improviso" (*cantato da lui all'improvviso*), e o primeiro canto se inicia com um pedido de desculpas caso esse método de composição levasse a maus versos.

É também na Itália que encontramos as melhores provas sobre o teatro improvisado na *commedia dell'arte*, muitas vezes conhecido nesse período como *commedia all'improvviso*. Apesar do auxílio que tinham nas fórmulas, motivos e personagens de repertório (para nem mencionar o roteiro, pendurado nos bastidores para uma rápida referência), é difícil imaginar como dez ou doze atores conseguiam coordenar suas improvisações, embora saibamos que de fato eles realizavam muito bem essa proeza, como ainda fazem atualmente as trupes em certas partes da Ásia. É mais fácil entender como se executava esse tipo de apresentação em cada caso, como os saltimbancos na Piazza San Marco que, segundo as palavras do visitante inglês Thomas Coryat, "contam suas estórias com tão admirável prolixidade e uma elegância razoável, mesmo de improviso".[63]

É difícil dizer se os italianos improvisavam com maior presteza do que os outros, ou se os seus espetáculos simplesmente foram registrados com maior cuidado. Palhaços como Tarleton ou Tabarin podem ter improvisado suas interpretações, mas não temos certeza. Na Inglaterra, a melhor prova sobre apresentações improvisadas diz respeito aos sermões, talvez devido à força do protestantismo fanático. Os pregadores dissidentes ingleses do século XVII, que incluíam leigos, falavam movidos pelo estado de espírito e eram criticados pelo seu discurso "abrupto" e "incoerente", o que sugere falta de habilidade na improvisação. John Bunyan, aparentemente, não escrevia seus sermões antes de apresentá-los, embora se dissesse que era "costumeiro que pusesse por escrito os seus sermões depois de tê-los pregado". O metodista George Whitefield, do século XVIII, pregava de improviso com grande sucesso. A cantora escocesa de baladas do século XVIII, sra. Brown de Falkland, também tem sido citada como exemplo do apresentador de improviso.[64] Quanto aos contadores de estórias, raramente sobreviveu alguma evidência sobre os seus métodos, mas um certo Román Ramírez, que recitava romances de cavalaria em público, explicou à Inquisição que ele não sabia os textos de cor, mas apenas "o conteúdo", e que aumentava ou encurtava as estórias conforme julgasse conveniente durante a apresentação.[65] Seria ele típico do período?

Se o era, se os cantores, contadores de estórias, pregadores e atores dos inícios da Europa moderna geralmente improvisavam no próprio momento da apresentação, deveríamos interpretar muitas das formas tradicionais descritas anteriormente como expedientes que os auxiliavam em seus desempenhos. As frases estereotipadas podem ser (como um pregador popular americano admitiu recentemente) "uma pausa no caminho" ou, quando outro pregador as empregava, "um jeito de ganhar tempo". A repetição numa balada improvisada daria ao cantor um momento de fôlego, um alívio da pressão da criação contínua, uma oportunidade de pensar no que viria a seguir. Na balada britânica, o segundo verso da quadra, conhecido como o "enchimento" (*filler*), era o lugar preferido para a tal pausa, e na *commedia dell'arte* eram os *lazzi* que a proporcionavam. Como as expressões ou motivos estavam ligados, quer por livre associação ou através de esquemas, o executante não tinha dúvida sobre o que viria a seguir: "as coisas vêm na minha cabeça como se eu estivesse olhando para elas, e antes de acabar uma palavra, a próxima já está ali em ordem".[66]

Além disso, havia outros elementos de auxílio para a apresentação. Vuk Stefanović Karadžić observou a propósito de um cantor de estórias, um certo Milija, que "ele não conseguia recitar as baladas na ordem certa, mas só cantá-las. E não só isso; sem beber, nem sequer cantaria". Román Ramírez disse à Inquisição que ele "lia" as estórias numa folha de papel em branco ou num "livro que não era o mesmo que o que lia, e mantinha seus olhos nele sem virar as páginas, e isso ele fazia para não distrair sua memória e prestar mais atenção ao que estava lendo". Também é provável que os cantores, atores e pregadores do período recorressem ao que era conhecido como "arte da memória", a associação de palavras ou motivos com partes de um edifício real ou imaginário.[67]

Seria difícil improvisar sem empregar esses expedientes, mas isso não prova que uma determinada apresentação fosse improvisada; eles tinham sua função tanto para o artista como para o público. A redundância, por exemplo, que parece tão esquisita e desajeitada na página impressa, pode ser um alívio bem-vindo, diminuindo a necessidade de concentração das pessoas que estão ouvindo há uma hora ou mais. Igualmente bem-vindas deviam ser as cenas estereotipadas das lutas e banquetes, pois o que é familiar é mais reanimador e exige menos atenção do que o novo. Talvez a "lei dos três" exista porque três é o número máximo de pontos que o narrador oral pode esperar que seu público retenha mentalmente. Da mesma forma, sem os personagens de repertório e as sequências de ação na *commedia dell'arte* o público correria o risco de se perder em alguns enredos labirínticos. Eles gostavam dos *lazzi*, como ainda hoje o público dos espetáculos de variedades, justamente porque sabiam de antemão o que iria acontecer em seguida. Os mesmos expedientes também ajudariam os apresentadores a decorar os textos, como certamente ocorreu em alguns casos (como o dos bardos irlandeses). Essas formas são necessárias numa cultura oral, mas elas não nos revelam se o improviso predominava ou não.

Essa questão do predomínio provavelmente nunca terá uma resposta satisfatória para os inícios do período moderno. Na verdade, o termo "improvisação" é mais ambíguo do que parece, pois é falsa a dicotomia entre improvisado e memorizado. Qualquer palestrante sabe que existe um leque inteiro de possibilidades, entre os dois extremos de algo decorado antes e algo criado na hora sem premeditação. Os pregadores do século XVII, como os conferencistas modernos, muitas vezes falavam a partir de anotações; o poeta "Altíssimo" dizia que registrava suas ideias em pedaços de papel, e alguns atores italianos mantinham livros de lugares-comuns com materiais que podiam usar em apresentações "improvisadas", coisa que faziam com tanta habilidade que "o que tinha sido premeditado há muito tempo parecia sair de improviso".[68] Apresentadores que não usavam anotações ainda podiam, pela prática repetida, produzir algo que não era nem completamente espontâneo, nem decorado com exatidão, e o grau de improvisação variaria segundo a pessoa ou o gênero. O épico servo-croata, por exemplo, com seu verso de extensão variável e sem rima, prestava-se mais à improvisação do que à balada inglesa. A existência de numerosas variantes mostra que muitos apresentadores não aprendiam as baladas, palavra por palavra, uns dos outros, mas as apresentações da mesma balada pelo mesmo cantor podiam variar apenas em detalhes secundários, como no caso de Ingierd Gunnarsdotter, cuja versão de *Essbiörn Prude och Ormen Stark* foi registrada várias vezes nos anos 1670. Certa vez, esse cantor sueco começou com os heróis tomando vinho no salão; em outra, estavam tomando hidromel.[69]

Agora poderíamos voltar à questão da criação individual *versus* criação coletiva (ver p. 158), e encará-la de um ângulo ligeiramente diferente. O indivíduo é criativo no sentido em que cada objeto artesanal ou apresentação é uma criação nova, um pouco diferente das anteriores. Cada artesão ou apresentador desenvolve seu estilo próprio, seu idioleto, escolhendo algumas fórmulas e temas, de preferência a outros, do repertório comum. Na cultura popular, a variação individual, tal como a variação regional, deve ser vista basicamente em termos de seleção e combinação. Combinar fórmulas e motivos e adaptá-los a novos contextos não é um processo mecânico; na verdade, "toda boa improvisação é um ato criativo".[70] Mas a variação ocorre não só em virtude de atos criativos individuais conscientes, mas também de maneira inconsciente. "As baladas se parecem com os boatos", como diz um folclorista americano. "A variação delas surge de modo muito semelhante a como ocorre a variação dos boatos." Isto é, as pessoas se lembram seletivamente e só transmitem o que lhes interessa, de maneira que um boato, ou uma balada, se torna progressivamente mais curto à medida que vai perdendo tudo o que não é memorável.[71] A balada é gradualmente despojada e reduzida aos elementos essenciais — daí o estilo lacônico, a transição abrupta de um episódio para outro, ou a simples justaposição de duas imagens sem comentários. Esse estilo elíptico é uma das características estéticas mais atraentes das canções e estórias tradicionais, e resulta não tanto de decisões individuais, mas do desgaste provocado pela transmissão oral, uma forma negativa de "criação coletiva". Por tudo isso, ouvir uma canção ou uma estória tradicional não é tanto ouvir a voz de um indivíduo, por talentoso que seja, mas ouvir a voz da tradição que fala através dele.

Pode-se argumentar que os pontos levantados neste capítulo são aplicáveis a todas as obras de arte, e não só à cultura popular. Todas as obras de arte podem ser analisadas em termos de repetições, lugares-comuns, motivos, esquemas e variações, como mostraram Aby Warburg, Ernst Curtius e sir Ernst Gombrich (para não citar outros).[72] Essa questão pode ser ilustrada com exemplos da literatura europeia dos séculos XVI e XVII. A presença de fórmulas no soneto petrarquiano é bastante óbvia. Os tratados de retórica davam instruções sobre o uso de fórmulas e esquemas. Não é difícil identificar um motivo folclórico numa estória de Cervantes como *A ilustre cozinheira*, ou identificar personagens de repertório em peças de Molière, como Sganarelle, aos moldes de Zanni. Ainda no século XVIII, esperava-se que os cantores e instrumentistas improvisassem os detalhes de composições que tinham sido transcritas e impressas.

Se não há diferença de natureza entre as formas da cultura popular e da cultura erudita, podem existir diferenças de grau, derivadas principalmente do fato de que grande parte da cultura popular era, e é, oral. Em primeiro lugar, na cultura popular o repertório de elementos em que pode se basear o indivíduo é relativamente limitado. Em segundo lugar, esses elementos estão combinados em formas estereotipadas, com relativamente poucas tentativas de modificação — é o princípio de *bricolage*. (Talvez não seja casual que diversos pioneiros do estruturalismo fossem estudiosos de folclore, notadamente Roman Jakobson e Vladimir Propp.) Ao se escrever para a leitura e para um público sofisticado, é possível esquecer a lei dos dois numa cena, usar fórmulas com menor frequência, ampliar muito mais as descrições e criar personagens mais individualizados, e tudo isso ocorre de modo crescente na literatura europeia, a partir da invenção da imprensa, embora ainda sobrevivesse o que foi chamado de "resíduo oral".[73] A inovação consciente se tornou mais fácil, não mais refreada pelas técnicas de composição oral.

É claro que novas estórias podiam ser introduzidas no repertório dos artistas tradicionais, mas o emprego de fórmulas e motivos de repertório rapidamente as assimilaria às antigas. Existe uma balada espanhola tradicional, sobre o rei João de Navarra, que não pode ser anterior aos inícios do século XVI, quando João perdeu a coroa para Fernando, o Católico. A balada conta que o rei sonha que a Senhora Fortuna adverte-o sobre a catástrofe que está para acontecer. O sonho profético é um motivo de repertório que, numa balada mais antiga, fora aplicado ao rei Rodrigo, que perdera seu reino para os mouros oitocentos anos antes.[74] Aqui vemos acontecimentos recentes a serem estilizados, e o novo a ser percebido em termos do velho. De modo semelhante, as baladas sobre Pedro, o Grande, assimilam-no a Ivã, o Terrível, ou mesmo ao herói medieval Ilya de Murom. Na França do século XVIII, uma estampa do famoso criminoso Cartouche (ver p. 226) foi adaptada para servir ao seu sucessor Mandrin. Para o impressor, isso podia ser apenas uma forma de reduzir seus custos, mas provavelmente ajudou o público a ver um homem em termos do outro.[75] É por essa razão, entre outras, que a ênfase do próximo capítulo recairá sobre heróis, vilões e bobos enquanto tipos e não indivíduos.

6. HERÓIS, VILÕES E BOBOS

Quais eram as atitudes e valores fundamentais dos artesãos e camponeses nos inícios da Europa moderna? A questão é central para este livro, mas respondê-la corresponde à parte mais ousada de todo o empreendimento, na medida em que envolve a tentativa de tornar explícito o que estava implícito nas diferentes formas da cultura popular. A abordagem adotada neste capítulo se baseia no pressuposto de que os heróis, vilões e bobos de uma cultura formam um sistema e revelam os padrões dessa cultura de três maneiras respectivas: ultrapassando-os, ameaçando-os e ficando aquém deles.[1]

Evidentemente, é muito arriscado, como já sugerimos (ver p. 57 ss.), tratar a cultura popular desse período como se fosse monolítica. Mas os mesmos heróis podiam ser encontrados em lugares muito diferentes da Europa. O culto aos santos era generalizado em 1500, e alguns santos sobreviveram em áreas protestantes por muito tempo depois da Reforma. São Jorge, por exemplo, continuou a ser o padroeiro da Inglaterra e a principal figura nas peças de mascarados; nas áreas luteranas da Alemanha, o culto de são Martinho se manteve, e mesmo na República Holandesa, oficialmente calvinista, são Nicolau continuou a pôr seus presentes nos sapatinhos das crianças. Os heróis dos romances de cavalaria eram personagens quase tão internacionais quanto os santos. O cavaleiro que na Inglaterra se conhece como "Bevis de Hampton" era um herói para os italianos com o nome de Buovo d'Antone, e se faz reconhecer em trajes russos como Bova Korolevitch. A estória de Pierre de Provença era conhecida não só na França, mas também em Portugal, Países Baixos, Alemanha e Dinamarca. Os turcos se devotavam a Rolando, que diziam ser turco, e mesmo a são Jorge, que diziam ser um *spahi*, isto é, um cavaleiro turco.[2]

204

A primeira parte deste capítulo seguirá o método de biografias sobrepostas a fim de descrever algumas das figuras mais amadas, odiadas e desprezadas da cultura popular da época; a segunda parte, mais especulativa, tentará interpretar as atitudes expressas nessas ou através dessas figuras.

PROTÓTIPOS E TRANSFORMAÇÕES

Visto que as estórias circulam com tanta frequência de um herói popular para outro, talvez seja útil discutir mais os tipos, e não tanto os indivíduos. A *Legenda dourada*, assim como as baladas de Child, poderia ser estudada como um conjunto de estórias que são transformações umas das outras. Existem quatro tipos de heróis principais: o santo, o guerreiro, o governante e o fora da lei. Em muitos casos, não é difícil ver como personagens que chegaram mais tarde à tradição vinham modelados segundo protótipos anteriores. São João Batista, por exemplo, era o protótipo do asceta, vivendo no deserto, alimentando-se de gafanhotos e mel silvestre, usando uma "roupa de pelo de camelo" (Mateus 3, 1-4), e outros ascetas como santo Antônio Abade ou são Humphrey (que deixou crescer cabelo e barba excepcionalmente longos) parecem seguir seu modelo. Alexandre, o Grande, era o protótipo do governante vitorioso no exterior, assim como Salomão era o modelo do governante sábio internamente.[3]

Os protótipos podiam ser modificados para se adaptar a novas necessidades. O cavaleiro medieval, como veremos, transformava-se em general, hussardo ou até bandido. Os protestantes não acreditavam em santos, mas adotaram e adaptaram o mártir, começando já em 1523, quando Lutero escreveu uma balada em *broadside* sobre dois seguidores seus que tinham sido queimados em Bruxelas. O livro dos mártires de Crespin celebrava o heroísmo dos huguenotes, ao passo que o livro de Foxe, com ordens de ser colocado nas igrejas, tem um papel importante na formação da tradição protestante inglesa. Finalmente, a figura do mártir se politizou, e homens tão diferentes e tão distanciados da concepção original desse estereótipo quanto o rei Gustavo Adolfo da Suécia e o dr. Henry Sacheverell foram apresentados segundo esse modelo.[4]

O GOVERNANTE

A imagem do governante requer uma apresentação extensa, pois decerto revelaria as atitudes populares em relação à autoridade. Uma imagem comum é a do conquistador. O governante muitas vezes é descrito com adjetivos como "vitorioso", "triunfante", "glorioso" ou "invencível", e retratado como uma figura a cavalo aos moldes de Alexandre, liderando um exército contra o inimigo, principalmente o inimigo pagão ou herético: sarracenos (Carlos Magno, Ricardo I), mouros (Sebastião, de Portugal, herói apesar de sua derrota), turcos (Mátyás, da Hungria), tártaros (Ivã, o Terrível, conquistador de Kazan e Astrakhan) ou papistas (Gustavo Adolfo, Guilherme III). Guilherme III era representado a cavalo, galopando nas estampas — ou nos frontões da Irlanda do Norte —, enquanto os versos de acompanhamento enfatizavam o tema da conquista e vitória.

> *Whilst conquering William with laurels is crowned*
> *His fame and his name through the world shall go round.*
>
> *The conquering sword does King William proclaim*
> *And crown him with trophies of honour and fame.*[5]*

Entre os heróis conquistadores do século XVIII, destacam-se dois dirigentes. Um é Carlos XII, o "bravo e renomado" rei da Suécia, como o chama um livreto inglês. O cabo Gustav Reuter, numa pintura que retratava o rei a cavalo, pôs a ins-

---

* Enquanto o conquistador Guilherme com louros é coroado/ Sua fama e seu nome terão o mundo andado./ A espada conquistadora a Guilherme rei proclama/ E coroa-o com troféus de honra e fama.

4. Carlos XII. Painel pintado de Gustaf Reuter, 1746. Estocolmo, Nordiska Museet.

crição "deve-se lembrar Carolus, o melhor soldado do mundo" (ilustração 4). O outro conquistador de destaque é Frederico, o Grande, a quem as baladas alemãs em *broadside* apresentam em termos igualmente gloriosos:

> *Friederikus ist ein Held*
> *Allzeit siegreich in dem Feld.*[6]*

---

* Frederico é um herói/ Sempre vitorioso em campo.

A segunda imagem corrente do governante mostra-o segundo os moldes de Salomão, o juiz sentado em seu trono, o pai do seu povo, descrito com adjetivos como "justo", "sábio" e "misericordioso". São Luís (Luís IX, da França) era uma figura popular desse gênero, tradicionalmente retratado a administrar justiça sob um carvalho. Seu sucessor, Luís XII, parece ter adquirido reputação semelhante. Dizia-se que chorava quando tinha de cobrar impostos do povo. Um manifesto da revolta camponesa de 1639 na Normandia referia-se com nostalgia ao tempo "em que Luís XII dirigia uma era dourada" (*alors que Louis XII menait un siècle d'or*), e um dos *cahiers* do Terceiro Estado, em 1789, referia-se a Luís XIV como "herdeiro do cetro e das virtudes de Luís IX, Luís XII e Henrique IV". Em outros *cahiers*, ficamos sabendo que "o nome de Henrique IV é sempre conhecido no campo e sempre repetido com emoção", que se reconhecia sua subordinação a Deus e à lei, e que era visto como o pai do seu povo, sem nada ganhar com sua opressão.[7] O imperador Maximiliano, em sua época e posteriormente, era apresentado como um governante justo e clemente, que de bom grado ouvia os pedidos dos seus súditos. Na Hungria, a justiça do rei Mátyás era proverbial. Dizia o provérbio: *Meghalt Mátyás király, oda az igazság*, ou, no latim humanista, *Matthias obiit, justitia periit*: "O rei Mátyás morreu, a justiça desapareceu". Na Noruega, durante todo o nosso período, são Olavo, o rei norueguês do século XI, continuou a ser um herói popular, e os camponeses resistiam às inovações que não lhes agradavam em nome da "lei do rei Olavo".[8]

Uma estória recorrente sobre o governante é a que o mostra andando incógnito pelas diversas regiões. Poderia ser chamado de *topos* "Harun al-Rachid", a partir das estórias sobre o califa de Bagdá narradas nas *Mil e uma noites*. O *Motif-Index* (ver bibliografia) se refere a esse motivo como "rei disfarçado para descobrir segredos de súditos" (IK. 1812), o que dá uma impressão infeliz de espreita, enquanto geralmente apresenta-se o rei na tentativa de garantir o cumprimento da justiça ou de partilhar a vida da gente simples. Existe uma série de baladas inglesas construídas em torno desse motivo, relatando os encontros entre o rei Eduardo e o Curtidor (Child 273), o rei Henrique e o Moleiro, o rei Guilherme e o Couteiro ou o rei Ricardo e Robin Hood (Child 151). Um livreto popular do século XVII, *The history of the king and the cobbler* [A história do rei e do remendão], conta-nos que "o rei Henrique VIII tinha o costume de ir disfarçado, tarde da noite, até o centro da cidade para ver como os guardas e vigias desempenhavam suas obrigações". Na Escócia, dizia-se que Jaime V costumava se disfarçar de latoeiro ambulante, mendigo ou "o homem de Ballengight" (*the gudeman of Ballengight*). Na Rússia, circulavam estórias sobre como o Czar (às vezes especificado como Ivã, o Terrível, ou Pedro, o Grande) se juntava aos ladrões:

> Às vezes ele se juntava a eles disfarçado, e uma vez propôs que assaltassem o erário pois (diz ele) conheço o caminho; mas um dos companheiros ergueu o punho e deu-lhe um vigoroso soco na cara, dizendo seu patife, você se oferece para roubar Sua Majestade, que é tão bom para nós; vamos é roubar um boiardo rico que fraudou Sua Majestade em enormes somas de dinheiro. Ivã disso muito se agradou.[9]

A estória mais conhecida de todas sobre o governante como herói popular é aquela em que ele não está realmente morto. Está apenas dormindo, geralmente numa gruta, e um dia voltará para vencer seus inimigos, libertar seu povo da opressão, restaurar a justiça e inaugurar a idade de ouro (*Motif-Index* A. 570, D. 1960.2). O protótipo evidente dessa estória é Cristo, e certamente é significativa a identificação entre o governante e Cristo em sua segunda vinda. A estória era muito difundida em nosso período, como o fora antes e continuaria a ser depois. Era atribuída particularmente ao imperador Frederico. Durante a Guerra Camponesa, depois da batalha de Frankenhausen, milhares de camponeses se reuniram no monte Kyffhaüser, onde, segundo se dizia tradicionalmente, o imperador estaria dormindo, para lá esperarem que ele se levantasse e vingasse o sangue inocente que acabava de ser derramado. A mesma estória era atribuída ao rei Arthur, "o rei passado e futuro", *rex quondam rexque futurus*, adormecido na "colina vazia". Atribuía-se a Carlos Magno, ao "bom rei Wenceslau", da Boêmia (*svatý Václav*), a Mátyás, da Hungria, a Sebastião de Portugal. A variante russa da estória fazia um contraste entre o "czar dos boiardos", o czar do momento que oprimia o povo, e o "verdadeiro czar", que esperava o momento para sair do esconderijo.[10]

Como este último exemplo deve ter deixado claro, o fato de que alguns governantes fossem heróis populares não significava que todos o fossem, nem que os artesãos e camponeses fossem cegos aos seus erros. O rei-herói não raro era contrastado com o rei do momento. Luís XII a Luís XIII, contra o qual os camponeses normandos se rebelaram em 1639, ou a "lei do rei Olavo" com as leis dos reis dinamarqueses que estavam governando a Noruega nos inícios do período moderno.

Em todo caso, a imagem do tirano era bastante familiar, com óbvios protótipos bíblicos. Do Antigo Testamento havia o Faraó, e do Novo Testamento havia Herodes, muito conhecido nos mistérios da Inglaterra, Polônia, Rússia e outros lugares. Ele era tradicionalmente representado na Inglaterra como um fanfarrão megalomaníaco, que se declarava Deus: "Pois sou aquele que até fez o céu e o inferno/ E pelo meu grande poder sustenta-se este mundo". Em tempo de guerra, externa ou civil, os governantes eram frequentemente comparados aos tiranos da Bíblia. Henrique II, da França, foi descrito como "Faraó" numa cantiga huguenote, o mesmo ocorrendo com Filipe II numa canção holandesa, durante a revolta dos Países Baixos; um afresco de cerca de 1600 em Sucevita, na Moldávia, mostra a travessia do mar Vermelho, onde as tropas do Faraó aparecem vestidas como o exército polonês, principal inimigo dos moldávios naquela época. Os pregadores da Liga Católica apresentavam Henrique III como um "novo Herodes", depois de ter mandado assassinar o duque de Guise. Na Rússia, a tradicional peça de Herodes foi transformada, provavelmente no final do século XVII, na do "czar Maximiliano", um governante orgulhoso, cruel e pagão que persegue seu filho cristão, até ser abatido pela vingança de Deus. Como a imagem dos ratos a enterrarem o gato (ver p. 172), a peça certamente implica uma crítica a Pedro, o Grande, que aprisionou e possivelmente executou seu filho Alexis e subordinou a Igreja ao Estado, a menos que seja antiga o suficiente para corresponder a uma crítica ao cisma de meados do século XVII ou a Ivã, o Terrível, que matara o filho com suas próprias mãos.[11]

É gritante a escassez de casos de comentários diretos contra monarcas reinantes, embora possamos encontrar pelo menos alguns exemplos ingleses e franceses. Em 1630, em Dijon, um retrato de Luís XIII foi queimado nas ruas, e em 1637 aconteceu algo parecido em Aix. No final do século XVII, um "pai-nosso" político (ver p. 171) referia-se a Luís XIV:

Notre père qui êtes à Marly, votre nom n'est pas glorieux, votre règne est sur sa fin, votre volonté n'est plus fait ni sur la terre ni sur la mer [...]*

Um homem em Thouars, em 1707, teria dito que "le roi est un bougre et un voleur" [o rei é um velhaco e um ladrão], enquanto um homem de Buckinghamshire disse, nos anos 1530, a respeito de Henrique VIII, que "o rei é um velhaco e vive em adultério, e é um herege e não vive pelas leis de Deus [...] Não ligo para a coroa do rei, e se ela estivesse aqui eu jogaria futebol com ela", um retrato de Jorge II foi queimado em Walsall, em 1750, e em 1779-80 Jorge III apareceu em estampas como "sultão", um déspota oriental com seu turbante.[12]

É mais usual que a hostilidade se desloque e a crítica seja indireta. Isso pode acontecer em estórias situadas no passado; nos romances de cavalaria de brochuras francesas, os heróis —

---

* Pai nosso que estais em Marly, santificado não é vosso nome, vosso reino está a se acabar, não é mais feita a vossa vontade nem na terra nem no mar [...]

Huon de Bordeaux, Ogier, o Dinamarquês, os quatro filhos de Aymon — são apresentados em revolta justificada contra Carlos Magno, mas não se mostra o imperador em erro. Quem levava a culpa era seu filho Charlot ou o sobrinho Bertolais. Da mesma forma, a rebelião de Robin Hood é justificada, mas a culpa não é do rei, e o verdadeiro vilão é um funcionário, o xerife de Nottingham. É como se o rei não errasse, embora possa ser mal orientado por "maus conselheiros", para empregar a expressão consagrada. O testemunho da literatura popular condiz com as provas a respeito das rebeliões populares. A peregrinação da Graça dizia se dirigir não contra Henrique VIII, mas contra Thomas Cromwell. Os levantes camponeses do século XVII, na França, empregavam dizeres como "viva o rei, abaixo os nomeados" (*vive le roi, fie aux élus*).[13] Os rebeldes não queriam saber se os impostos tinham sido autorizados pelo rei. Eu tenderia a concluir que os reis eram contemplados por uma imensa boa vontade popular, eram considerados benevolentes e mesmo heroicos, até prova em contrário, e que as críticas eram reprimidas não só por medo do castigo, mas também por uma autocensura que podia nem ser consciente — mas que essas inibições poderiam se desfazer com os acontecimentos, caso em que os estereótipos de Alexandre e Salomão seriam substituídos pelos de Herodes e Faraó.

Se um estudo do governante como herói popular ajuda a esclarecer as atitudes políticas populares, outros heróis, vilões e bobos devem nos informar sobre as atitudes sociais, as atitudes dos diversos grupos que compõem a sociedade: o clero, a nobreza e o "Terceiro Estado", em que se incluiriam os próprios artesãos e camponeses. Em estampas e ilustrações às vezes encontramos imagens dos três Estados, onde o padre diz "oro por todos", o nobre diz "luto por todos" e o camponês diz "trabalho por todos".[14]

O CLERO

Para uma imagem heroica dos religiosos, basta recorrermos às lendas dos santos. Há, por exemplo, o asceta: a austeridade de são Jerônimo e santo Antônio Abade, que jejuavam, oravam e mortificavam a carne no deserto, parece ter ganho a imaginação popular. Um segundo tipo de herói clerical é o bom pastor, um homem caridoso devotado ao bem-estar material e espiritual do povo simples. São Martinho, bispo de Tours, repartiu seu manto com um mendigo ("a caridade de são Martinho"). São Benedito ajudou um camponês que deixara cair seu machado no rio, fazendo-o flutuar à superfície. São Nicolau, bispo de Myra, um dos santos mais populares, ajudou os marinheiros quando o barco em que ele estava foi apanhado por uma tempestade, e numa noite deixou dinheiro na casa de um pobre, para que suas filhas tivessem os dotes de casamento que precisavam ("a caridade de são Nicolau"). São Francisco combinava as qualidades de asceta e pastor, jejuando e orando no deserto, mas também dando suas roupas, aplacando o lobo de Gubbio devorador de gente e pacificando a luta de facções em Arezzo. São Francisco, evidentemente, era modelado pelo protótipo de Cristo, não só recebendo os estigmas como também (segundo algumas versões da lenda) tendo nascido numa manjedoura.[15]

Em outras fontes, porém, pode-se encontrar uma imagem diferente do clero. O frei Tuck, o alegre frade que gosta de brigar e adora comer, é apenas um entre uma série de padres simpáticos, mas não heroicos. Dois austríacos, "Pfaffe Amis" e "der Pfarrer vom Kalenberg", eram uma espécie de trapaceiros medievais ainda populares no século XVI. Seu equivalente toscano é o "padre alegre" da Florença do século XV, *il piovano arlotto* [o pároco glutão], como ele se refere a si mesmo, mal conseguindo ler seu missal, apreciador de vinhos, mulheres e pilhérias, às custas tanto do clero como dos laicos.[16]

As fraquezas do clero nem sempre recebem uma descrição tão simpática na tradição popular; muitas vezes, eles são apresentados como vilões ou bobos, ignorantes, orgulhosos, gananciosos, preguiçosos, luxuriosos em relação às mulheres. Insiste-se nisso com uma força particularmente intensa na literatura popular da Reforma alemã. O *Totenfresser* de Pamphilus Gengenbach (1521) mostra um papa, um bispo, um monge e uma freira sentados em torno de uma mesa, trinchando um defunto. Evidentemente, é um ataque não só contra a glutoneria do clero, mas também à doutrina do purgatório. Seria melhor observar uma década menos revolucionária, se quisermos ver o anticlericalismo popular em sua forma normal, expresso em anedotas, peças ou mesmo na arte popular, como a imagem de Staffordshire do século XVIII, com o porco do dízimo a perseguir o pároco. O motivo da cobiça clerical é recorrente; pense-se no abade rico e ganancioso que é castigado por Robin Hood (Child 117), ou na estória do padre que não enterra o defunto se não lhe pagarem antes (*Motif-Index*, Q. 286.2) ou do padre que recusa um pequeno suborno apenas porque quer vender sua alma ao diabo por uma soma maior (J. 1263). Ainda mais popular é a imagem do clérigo como sedutor. Existem estatuetas russas de madeira e cerâmica de um monge que traz às costas um feixe, onde está escondida uma moça, e o sedutor clerical muitas vezes é o alvo de farsas francesas do século XVI. São particularmente os frades que servem de alvo dessas zombarias nas estórias italianas, de Boccaccio a Bandello, as quais provavelmente são elaborações literárias de contos populares, como o do frade Auberto disfarçado de anjo Gabriel (*Decamerão*, Quarto Dia, nº 2).[17]

A NOBREZA

A nobreza parece ter recebido uma imagem melhor do que se poderia esperar. O cavaleiro era um herói popular. Embora os romances de cavalaria medievais ofereçam um claro exemplo de literatura feita por, para e sobre a nobreza, não há muitas dúvidas quanto ao apelo popular desses romances em nosso período, resumidos em brochuras e baladas ou apresentados em forma de peças, inclusive no teatro de fantoches. Os franceses tinham o seu Rolando (conhecido na Itália como Orlando), os dinamarqueses, o seu Holger (conhecido na França como Ogier), os ingleses, o seu Guy de Warwick, os espanhóis, o seu Cid, os russos, Ilya de Murom, os sérvios, Marko Kraljević. O romance de *Os quatro filhos de Aymon* (apresentados na garupa do famoso cavalo Bayard) era popular na França, Países Baixos e Alemanha, e o irmão mais velho, Renaud de Montauban, seguiu uma gloriosa carreira independente na Itália, como Rinaldo.

O herói-guerreiro é apresentado de maneira muito semelhante nos vários romances. É desnecessário dizer que ele é corajoso e forte; Marko, por exemplo, seria pintado assim: "Agarrando um touro adulto pelo rabo, jogou-o aos ombros e carregou-o nas costas enquanto andava ereto". Perto de Turim, nos séculos XVI e XVII, podia-se ver uma grande pedra dividida ao meio, e "os camponeses parvos" diziam que Orlando "dividira-a com a sua espada".[18] O guerreiro também é orgulhoso. O epíteto que as baladas espanholas do nosso período aplicam com maior frequência a Cid é *soberbio*, querendo dizer que ele era sensível a insultos reais ou imaginários, pronto a vingá-los. Da mesma forma, uma balada russa apresenta Ilya de Murom em briga com Vladimir, príncipe de Kiev, porque este não o convidara para um banquete; em *Os quatro filhos de Aymon*, Renaud mata Bertolais, sobrinho de Carlos Magno, porque ele o derrotara num jogo de xadrez. Com a importante exceção de Pierre de Provença, o cavaleiro geralmente é retratado como um diamante bruto, de maneiras não polidas, cujo principal interesse é a guerra e não o amor. Cid e Guy de Warwick descuram de suas mulheres, preferindo as proezas das armas; o tema do amor nem sequer aparece em *Os quatro filhos de Aymon*. Na tradição popular, a *chanson de geste* tinha maior influência do que o *roman courtois*.

A popularidade do cavaleiro era tal que uma série de santos vinha representada como tal, não só são Martinho, são Floriano e são Maurício (que se supunha terem servido no exército romano, antes da conversão), como ainda são Jorge, são Jaime e até o arcanjo Miguel. Em *The seven champions of Christendom* [Os sete paladinos da Cristandade], a são Jorge e são Jaime unem-se os bravos cavaleiros são Dionísio, santo Antônio de Pádua, santo André, são Patrício e santo Davi.[19]

Do ponto de vista militar, o cavaleiro de armadura já era um anacronismo em 1500 e, à medida que a guerra se organizava cada vez mais, ele foi gradualmente substituído, tanto no campo de batalha como na imaginação popular, pelo oficial do exército profissional, como "o herói austríaco" príncipe Eugênio de Saboia. Mas o príncipe Eugênio ainda fora forjado pelos moldes de Rolando ou são Jorge, celebrado nos folhetos como "o valente herói", "o nobre cavaleiro" (*der tapfere Held*, *der edle Ritter*), lutando "como um leão" contra os turcos. Se as tabuletas de estalagem dão uma medida dos heróis populares ingleses, então no século XVIII se destacariam entre eles o duque de Marlborough e o marquês de Granby, além do almirante Rodney e sobretudo o almirante Vernon, "bravo Vernon, herói da Grã-Bretanha", "almirante Vernon, o flagelo da Espanha", como o chamavam as baladas. Há mais de cem variedades remanescentes de medalhas cunhadas em sua honra, com a inscrição "ele tomou Portobello com apenas seis navios" (ilustrações 5 e 6).[20]

Os generais e almirantes não eram os únicos herdeiros das glórias do cavaleiro. Algo sobrou para o soldado comum. No século XVIII, quando ele morava no quartel, ao invés de se alojar em casas de pessoas comuns, e não roubava nem saqueava como fazia na Guerra dos Trinta Anos, o soldado podia ser visto sob uma luz heroica, pelo menos pelos rapazes — e mulheres. Afinal, os soldados "não tinham de trabalhar nos campos; estavam livres do domínio dos pais; vestiam um uniforme magnífico; e iam ver algo do mundo". Hussardos, dragões e sentinelas figuravam em *broadsides* e estampas populares, eram pintados em armários ou transformados em imagens de cerâmica e castiçais. Quando são Martinho, repartindo seu manto com um mendigo, aparecia, como na catedral de Bratislava, com o uniforme de um hussardo do século XVIII, talvez houvesse aí uma concessão ao gosto popular.[21]

5 e 6. Medalha com a efígie do almirante Vernon, 1739. Londres, British Museum, Departamento de Moedas e Medalhas.

O nobre, como o padre, tem um lado não heroico, mas este raras vezes aparece. Nos romances de cavalaria encontramos a figura do cavaleiro traiçoeiro, como Ganelon, Mordred ou o conde Amaury, em *Huon de Bordeaux*, ou os condes de Carrión, nas baladas de Cid. O soldado jactancioso era uma figura predileta para o papel de bobo nos mistérios da Ressurreição (os cavaleiros que guardavam o sepulcro), nos quadros vivos florentinos, em que ele assumia a forma de um *Landsknecht* alemão, e na *commedia dell'arte*, em que era um capitão espanhol. Ele pode ter sido inspirado por reminiscências do *miles gloriosus* clássico, mas também é uma figura tópica nessa era de guerras mercenárias. O que se sente falta na literatura popular é do nobre local, do nobre como proprietário de terras. O proprietário rural nobre, como o rei, parece ter se beneficiado do fato de estar distante da vida cotidiana do camponês. Frequentemente era o moleiro ou o bailio que levava a culpa das ações dele. Um ou outro conto popular italiano apresenta um nobre que se casa com uma moça pobre e a abandona, ou um opressor que é levado à justiça, depois de certa dificuldade. Na balada catalã *El compte Arnau*, o espírito do conde diz que ele está no inferno por ter pago mal seus empregados — *per pagar mal les soldades*. Uma famosa estampa francesa de aproximadamente 1789 mostra o nobre na garupa do camponês (ilustração 8, p. 258). Talvez seja relevante observar que na Europa oriental, onde os nobres reduziram os camponeses à servidão durante esse período, o grau de alfabetização era baixo, de modo que raramente sobreviveram evidências a respeito das atitudes populares; que na Alemanha oriental, em 1525, alguns camponeses declararam que "a fidalguia de Kreymen roubava o cereal dos pobres"; e que em Mecklenburgo coletou-se da tradição oral uma série de estórias sobre a tirania do senhor rural nobre.[22]

A CLASSE MÉDIA

Pode ser que a potencial hostilidade dos camponeses em relação aos seus senhores rurais, como em relação aos seus governantes, tenha se deslocado para um outro grupo social, a classe média: advogados, funcionários, comerciantes e médicos. Numa famosa estampa popular, corrente na França e na Alemanha, o advogado era apresentado como um quarto Estado: "eu como tudo" são as palavras postas em sua boca. Um conto popular alemão do período, muito conhecido, descrevia um advogado rapace que, quando uma de suas vítimas disse "o Diabo o leve", foi literalmente levado pelo Diabo. Um outro conto popular se refere ao advogado que tenta praticar a profissão sem erros nem mentiras. A máscara de *Dottore*, na *commedia dell'arte*, às vezes chamado *Dottor Grazian* (segundo o nome de um advogado medieval de direito canônico que ensinava em Bolonha), apresenta o doutor em direito como um bobo ignorante, pedante e pretensioso. Uma série de provérbios russos refere-se à corrupção dos juízes: "a corte é reta, mas o juiz é torto", ou "não se fala com juiz de mão vazia". Existe também um rico veio de evidências inglesas sobre a hostilidade popular contra "o advogado de duas línguas", particularmente durante a Guerra Civil. Lilburne chama os advogados e juízes de "ladrões *cum privilegio*". Winstanley declarou que "a lei é a raposa, os pobres os gansos; ela arranca as penas e se alimenta deles". Uma canção *digger** incluía o verso "Agora de pé contra advogados e contra padres". Para entender esse rancor, é preciso lembrar como eram generalizados os processos litigiosos nos inícios do período moderno; os artesãos e camponeses bem que podiam ter experiência própria com os advogados.[23]

Uma outra figura odiada era o funcionário, quer fosse o conselheiro ou o executante das deliberações do governante. A impopularidade do funcionário, principalmente do coletor de impostos, está bem documentada na França do século XVII, onde os impostos eram "arrendados"; em outras palavras, o direito

---

* *Digger*: isto é, referente a uma ala dos niveladores (*levellers*) da revolução republicana inglesa. (N. T.)

de coletá-los era vendido com desconto a particulares conhecidos como *partisans*, *traitants*, *maltotiers* ou *gabeleurs* (assim chamados pelo famoso imposto sobre o sal, a *gabelle*). Esses *gabeleurs* eram citados pelos camponeses rebeldes e outros como
"tiranos", "canibais", "sugadores de sangue", e não raro eram
atacados ao executar a cobrança, costume que parece ter sobrevivido na França até os dias de Pierre Poujade.[24]

Outros tipos de negociantes eram considerados quase igualmente infames, principalmente se emprestavam dinheiro a ju-
ros, açambarcavam cereais ou mantinham monopólios.

> *Thou Usurer with thy money bags,*
> *That liveth so at ease:*
> *By gaping after gold thou dost*
> *Thy mighty God displease,*
> *And for thy greedy usury*
> *And thy great extortion:*
> *Except thou dost repent thy sins,*
> *Hell fire will be thy portion.**

Assim reza uma balada impressa de 1612. Em épocas de escassez ou inflação, como no final do século XVI e do século XVIII,
os comerciantes é que eram responsabilizados (particularmente
"os sanguessugas de Gênova", na Espanha) por "açambarcar"
ou "reter", isto é, criar uma escassez artificial em proveito
próprio. Na mesma categoria estavam os monopolistas, como
sir Giles Mompesson, cujo monopólio de licenças de funcionamento das cervejarias fez dele provavelmente um dos homens
mais odiados da Inglaterra. Foi atacado numa estampa de 1621,
com a inscrição:

---

* Tu, Usurário, com teus sacos de dinheiro,/ Que vives tanto a folgar:/
Por te embasbacares com ouro deves/ A teu Deus poderoso desagradar,/ E pela
tua ávida usura/ E tua grande extorsão:/ Salvo te arrependas dos teus pecados/
O fogo do inferno será teu quinhão.

220

For greedy gain the thrust the weak to wall
*And thereby got himself the devil and all.**

Dives, com sua estória cantada em baladas (como Child 56) e pintada nas paredes das cervejarias, era o protótipo do rico egoísta, invocado, por exemplo, numa carta inglesa anônima de 1795 sobre a miséria dos pobres. Inversamente, o avarento podia ser apresentado como uma figura cômica, um bobo que, ao perder seu dinheiro, fica tão transtornado que morre, como Reginaldo Sacos de Dinheiro e João Olho de Tostão das peças populares do País de Gales do século XVIII.[25]

Em comparação com o advogado e o comerciante, o médico escapava relativamente bem. Em contos e peças populares na Inglaterra, Alemanha e Itália, ele é retratado como indivíduo ignorante, pedante, dissimulado e ganancioso, mas é mais bobo do que vilão, talvez porque a maioria dos artesãos e camponeses não tivesse experiência pessoal com os médicos e seus honorários.[26]

Depois dessa galeria de velhacos, o leitor pode se perguntar para onde foram os heróis da classe média. Certamente, são bastante raros; há um exemplo de advogado honesto, e foi canonizado por isso — o bretão santo Ivo, geralmente apresentado como mediador entre um rico e um pobre. Quanto ao empresário como herói popular, figura favorita do século XIX, ele está praticamente ausente dos inícios do período moderno, com uma exceção significativa, a Inglaterra dos séculos XVII e XVIII, onde encontramos heróis como "o velho Hobson, o alegre londrino" (rico proprietário de uma loja de armarinhos), Jack de Newbury, o fabricante de roupas de Berkshire, Simon Eyre, lorde prefeito de Londres, e sobretudo Dick Whittington. A popularidade de Dick na Inglaterra e a inexistência de equivalentes seus na Europa continental são pequenos indícios de que a Inglaterra era uma "sociedade empreendedora" antes da Revolução Industrial.[27]

* Por lucro ávido acuou os pobres no muro/ E assim ele virou diabo e tudo.

PESSOAS COMUNS

Como os artesãos e camponeses viam-se a si mesmos? A autoimagem dos tecelãos, sapateiros e outros profissionais já foi discutida antes (p. 65 e ss.). É muito mais difícil descobrir a autoimagem do camponês como Jacques Bonhomme, Karsthans ou Juan Labrador. Evidentemente, é preciso suspeitar de qualquer descrição impressa que se proponha apresentá-lo. Apesar disso, alguns textos merecem ser aqui discutidos, por terem sido reimpressos diversas vezes e por apresentarem os camponeses como heróis.

A estória do rei Salomão e Marcolf é medieval e foi escrita em latim, mas era corrente na Europa do século XVI, traduzida para várias línguas, e assim deve ser levada em consideração. Marcolf, às vezes apresentado com um forcado, é um camponês "de rosto muito desfigurado e feio". Pode parecer bobo, mas triunfa facilmente sobre Salomão, o rei proverbialmente sábio, e se revela "bom falador, eloquente e sábio". Outro camponês que não é bobo é o italiano Campriano, que triunfa sobre um grupo de mercadores, numa sucessão de incidentes que vão do grosseiro ao sádico.[28]

Muito mais atraente é o camponês francês Bonhomme Misère. Misère é um homem pobre, mas de bom coração. Em virtude da hospitalidade que dispensou a dois viajantes, Pedro e Paulo, Misère pode realizar um desejo. Seu desejo é que quem subir na sua pereira (única coisa que ele tem no mundo) só consiga descer quando ele quiser. É como ele apanha um ladrão, e liberta-o com o juramento de nunca mais voltar a roubar peras. Mais tarde, astuciosamente, consegue apanhar a própria Morte, e só deixa-a partir depois de prometer que ele ficaria na terra *"tant que le monde sera monde"*. Misère é apresentado como pobre, mas *"content de sa destinée"*, simples, mas não tão simplório quanto parece, generoso e ao final indestrutível. Não admira que a estória fosse popular.

Quadro parecido sobre a sabedoria de se contentar com

pouco é o que mostra um poema corrente na Escandinávia no século XVIII, *Bonde lyckan* [Sucesso camponês]:

> *En 8te kiörs bonde*
> *som haver en haest*
> *Gudfrygtig og aer-lig,*
> *god naboe dernaest.*
> *Sin Gud og Kong troe*
> *med hver mands attest.*
> *Er lidet louv-halted,*
> *god ven med sin Praest.*
> *Ved inted af Laensmand*
> *ej heller noen rest.*
> *Boer langt op i skougen,*
> *har skieldum nogen giaest.*
> *Er frie for Herregaarden,*
> *krig hunger og paest.*
> *Vel bruger sin ager,*
> *eng, spade og laest.*
> *Og slider sit vadmel,*
> *skind-buxer og vaest.*
> *Forligt med sin Hustrue,*
> *den han haver faest.*
> *Samt glad i sit arbeid,*
> *den lever aller-baest.*[29]*

* Um camponês com oito vacas/ Que tem um cavalo/ Temente a Deus e honesto,/ E também um bom vizinho./ Fiel ao seu Deus e seu rei/ Como todos podem atestar./ Ele manca um pouco/ E é amigo do seu vigário./ Nem vê o magistrado/ Não deve nada a ninguém./ Vive no alto da floresta,/ Raramente tem um convidado./ Está livre do senhor de terras/ Da guerra, fome e peste./ Usa bem seu terreno,/ Pasto, pá e sapato./ Veste pano feito em casa,/ Calça e colete de couro./ Dá-se bem com a mulher/ E a mantém consigo./ Feliz no seu trabalho,/ Que ele ama acima de tudo.

Se o leitor achar esse quadro idílico demais para ser verdadeiro, talvez valha a pena enfatizar que o herói camponês evita os senhores rurais como a peste, que deve sua liberdade ao fato de viver tão "no alto da floresta", assim como está livre do serviço militar por ser manco. O autor desconhecido desses versos — como Marcolf, Campriano e Misère — não é tão simplório quanto parece. Se não são um autorretrato, apresentam uma imagem a que o camponês daria sua aprovação.

A imagem que o artesão fazia do camponês era bem menos lisonjeira. A hostilidade entre campo e cidade era forte em muitas partes da Europa em nosso período, intensificada pelo fato de que muitos habitantes da cidade, aí incluídos os artesãos, possuíam pequenas parcelas de terra. Essa prática parece ter sido particularmente corrente na Itália, e talvez não seja casual que algumas das imagens mais marcadas do camponês como vilão sejam italianas, como as que vêm expressas em *Le malitie di villani* [As malícias dos camponeses], canção que diz que eles são "como animais" e que:

> *In mal far si sono astuti*
> *Si li vecchi come i putti*
> *I me par ribaldi tutti*
> *Con lor non è da praticare*
> *De villani non te fidare.**

Uma peça do século XVI tem como vilão um certo Biagio, "um camponês traiçoeiro" (*un perfido villano*), que cobra um preço alto demais pelos produtos que vende no mercado e por isso é punido por um grupo de cidadãos. A própria palavra *villano* naquela época significava tanto "vilão" como "camponês"; também na Inglaterra há relação entre *villain* e *villein*. Quando

---

* Em más artes são ardilosos/ Tanto os velhos como os novos/ E a mim parecem tratantes todos/ Com eles não é de se negociar/ Em camponeses não deves te fiar.

de melhor humor, os habitantes das cidades e seus porta-vozes, notadamente Hans Sachs, consideravam os camponeses como figuras engraçadas. Seu *Heinz in Nürnberg* zomba do camponês simplório que vai à cidade para obter os privilégios de cidadão, tema retomado por uma cantiga italiana sobre um camponês que queria se tornar cidadão de Ferrara. A moral é clara: camponês, mantenha-se em seu lugar![30]

As mulheres também tinham de saber qual era o seu lugar, como fica claro não só nas imagens populares (masculinas) da mulher vilã, tal como a megera, mas até nas imagens das heroínas. As heroínas populares, em sua maioria, eram objetos, admiradas não pelo que faziam mas pelo que sofriam. Para as mulheres, o martírio era praticamente a única via para a santidade, e existiam muitas lendas sobre mártires virgens que não se distinguem muito facilmente umas das outras, a não ser pelas mortes e torturas que tiveram: santa Ágata, cujos seios foram cortados, santa Catarina, que foi supliciada na roda, santa Luzia, cujos olhos foram arrancados, e assim por diante. Particularmente corrente nos Países Baixos, França e Alemanha era a estória de Geneviève de Brabante, a esposa falsamente acusada de adultério e expulsa pelo marido, que viveu nas florestas até descobrirem sua inocência. Igualmente passivas eram duas heroínas que muitas vezes ocuparam o lugar dos santos em países protestantes: a casta Susana (falsamente acusada, mas vingada, como Geneviève) e a paciente Griselda, que eram celebradas em peças alemãs, em teatros de fantoches ingleses, em baladas suecas, em folhetos dinamarqueses. Igualmente passiva é Cinderela, e também outras heroínas de contos populares; quase igualmente passiva é a Virgem Maria, figura de obediência (a Anunciação) ou sofrimento resignado (a Crucificação). Judite a matar o tirano Holofernes parece ter sido uma exceção entre as heroínas.[31]

A mulher vilã, por outro lado, é retratada em intensa atividade, quer reclamando, seduzindo, provocando mau tempo, roubando o leite do gado do vizinho ou batendo no marido. O predomínio de mulheres nos processos por feitiçaria é a melhor prova da força das tradições populares misóginas; a isso podem-se acrescentar as inúmeras anedotas sobre a malícia das mulheres, algumas compiladas em livretos dedicados inteiramente ao tema. O que essas anedotas tendem a ressaltar é o perigo de se confiar nas mulheres: Eva, Dalila ou a mulher de Putífar eram protótipos emocionalmente vigorosos da mulher enganadora.[32]

OS FORASTEIROS

Nenhuma imagem de sociedade ficaria completa sem os forasteiros. Um tipo de forasteiro muitas vezes tido como herói era o fora da lei. Emprego deliberadamente o termo neutro "fora da lei" como descrição geral de uma série de modos de vida opostos aos oficiais. Nos mares, havia o pirata inglês ou o *zeeroover* holandês. Em terra firme, havia o *highwayman* inglês, o *reiver* escocês, o *Strassenraüber* alemão, o *bandito* italiano (originalmente "desterrado" e depois "bandido") e o *bandolero* espanhol. À luz das baladas, o fora da lei parece ter sido uma figura ainda mais importante na cultura popular da Europa oriental do que na ocidental: o *razboinik* russo, o *loupežník* tcheco, o *uskok* croata, o *bétyár* húngaro e o *haiduk* do sudoeste europeu. A pequena densidade demográfica e os governos centrais relativamente fracos fizeram com que os fora da lei florescessem no leste por mais tempo do que no oeste, e era mais provável que um campesinato pobre e submetido à servidão mostrasse maiores simpatias pelos fora da lei do que um campesinato mais livre ou mais próspero.[33]

Os fora da lei eram mais parecidos com os governantes do que com os santos e tendiam a ser populares apenas em suas próprias regiões. A fama de Robin Hood se restringia à Inglaterra, a de Joan de Serrallonga à Catalunha, a de Stenka Razin à Rússia. Por alguma razão, parece ter surgido um grande número de novos heróis fora da lei no século XVIII; talvez a difusão de *broadsides* e brochuras tenha imortalizado nomes que de outra forma teriam sido esquecidos, além de gravar façanhas que, com o tempo, teriam sido transferidas para outros personagens. Na Rússia do século XVIII encontramos o rebelde cossaco Emiliam Pugatchev; nos Cárpatos, Oleks Dovbuš; na Eslováquia, Juraj Jánošík; na Andaluzia, Diego Corrientes, "o bandido generoso"; em Nápoles, Angiolillo; na Grã-Bretanha, o capitão Kidd (nascido na Escócia), Rob Roy e Dick Turpin, que era salteador de estradas, arrombador, ladrão de cavalos e contrabandista; na França, Cartouche, que liderava uma quadrilha de ladrões em Paris, e Mandrin, que organizava o contrabando no Dauphiné.[34] O fato de os fora da lei serem tão lendários sugere que satisfaziam desejos reprimidos, permitindo que o povo simples se vingasse imaginariamente das autoridades às quais geralmente eram obedientes na vida real.

O tema central das lendas sobre o fora da lei heroico é a reparação das injustiças e a ajuda que ele presta às pessoas comuns. Robin Hood roubava os ricos e dava aos pobres, como indicam as baladas, notadamente *Gest of Robyn Hood* (Child 117) *A true tale of Robin Hood* [Um conto verídico de Robin Hood, Child 154]. Essa característica viria a se tornar um lugar-comum na biografia do fora da lei no mundo de língua inglesa. Rob Roy, como Robin, deu dinheiro a um pobre que tinha uma dívida com um rico, e logo a seguir tirou-o de volta do rico. Dick Turpin deixou seis libras na casa de uma mulher pobre, num gesto que lembrava a caridade de são Nicolau. Também na Espanha, uma balada tradicional se refere a:

> *Diego Corrientes, el ladrón de Andalucía,*
> *Que a los ricos robaba y a los pobres socorría.*

Em outros lugares, o tema passa por variações locais, conforme as necessidades. As baladas de Stenka Razin mostram-no a punir funcionários injustos e a enforcar um governador tirânico na sua própria forca. Angiolillo, segundo se dizia, defendia a honra de donzelas virgens e vendia trigo barato aos pobres em tempos de penúria.[35]

O fora da lei, além disso, não raro é descrito em termos emprestados ao estereótipo do cavaleiro. Robin Hood era descrito como "cortês": "Nunca faria mal a um grupo/ Onde houvesse qualquer mulher". Stenka Razin era apresentado nas baladas como um *bogatyr*, herói guerreiro tradicional. Serrallonga era descrito como *galán*, *"gallant"* em todos os sentidos da palavra.* Mandrin se destacava pela sua *"politesse [...] avec le beau sexe"*, e é apresentado numa biografia como *preux* [valente], adjetivo associado a Rolando e outros heróis dos romances de cavalaria.

No entanto, o fora da lei nem sempre tinha essa imagem idealizada. Serrallonga pode ter sido um herói popular, mas a arraia-miúda de sua profissão era vista de forma um tanto diversa, como sugerem alguns livretos catalães do século XVI. Os versos sobre um certo Ianot Poch, por exemplo, ressaltam os "males e catástrofes" que ele e sua quadrilha têm causado, sugerindo que ele está "endemoninhado" (*endiablado*) e acusando-o de crueldade em relação às pessoas comuns:

> *La pobra gent robaves*
> *Fins los claus de las parets.***

De maneira semelhante o folheto *Captain Kidd's farewell to the seas* [Adeus do capitão Kidd aos mares, 1701] apresenta-o como orgulhoso e cruel, aspectos desenvolvidos numa versão americana posterior do século XVIII.[36]

Se as atitudes em relação aos fora da lei são por vezes ambíguas ou ambivalentes, a imagem de outros forasteiros é muito clara: são irrestritamente perversos e temíveis. Os exemplos mais evidentes são o turco, o judeu e a bruxa.

A imagem popular sobre o turco ou qualquer outro muçulmano era a de um blasfemo que nega Deus e não a de uma pes-

---

* Além dos sentidos de "galante" em português, *gallant* também indica qualidades de coragem, bravura, imponência, nobreza, valor, grandiosidade etc. (N. T.)

** A gente pobre roubavas,/ Até os pregos das paredes.

soa com uma religião própria. Além disso, os turcos eram tidos como sanguinários, cruéis e traiçoeiros. Quando os soldados cristãos cometiam atrocidades, dizia-se que se comportavam "como turcos". A prática do tiro ao alvo na Inglaterra elisabetana era conhecida como "tiro ao turco", pois a imagem de um turco era um alvo predileto para as flechas. Os turcos mal eram considerados humanos: descreviam-nos usualmente como lobos ou cães. Na Espanha e na Sérvia, onde os muçulmanos eram mais vizinhos do que forasteiros, às vezes eram retratados como inimigos respeitáveis, mas nem sempre; o governador veneziano de Split queixou-se em 1574 de que os habitantes locais "têm várias baladas sediciosas sempre presentes na boca, em especial uma que compara o turco a uma torrente devoradora, que cantam à noite, sob as próprias janelas do nosso palácio".[37]

Ainda mais temível, se possível, era o forasteiro que vivia dentro da comunidade, o traidor dentro dos portões — por exemplo, o judeu. Os judeus, assim como os turcos, não eram tidos como humanos, mas como "cães" ou porcos; gravuras em madeira mostravam uma judia que tinha dado à luz leitõezinhos ou uma porca a amamentar bebês judeus. Eram vistos como feiticeiros e blasfemos, e muitas vezes acusados de profanar a hóstia ou imagens sagradas. Uma estória popular, *O judeu errante*, falava sobre o sapateiro que não deixou Cristo descansar em sua via sacra e foi condenado desde então a vaguear pelo mundo. Os judeus eram considerados criminosos por terem crucificado Cristo, e muitas vezes eram acusados de assassinar crianças em rituais, como na balada *Hugh of Lincoln* (Child 155). Frequentemente aplicava-se a eles o estereótipo do usurário cruel e ganancioso. Em peças de mistério, Judas era com frequência representado como um típico usurário judeu desse gênero, e em estampas alemãs do século XVII figuravam judeus que lucravam com a fome e falsificavam moedas. Livretos com biografias de Judas contam que ele matou o pai e casou com a mãe, como se os desejos reprimidos fossem projetados para o maior dos vilões humanos.[38]

Da mesma forma, a bruxa era vista como uma traidora dentro da comunidade, cujas blasfêmias contra a cristandade consistiam em insultar a cruz e a hóstia, fazer mal aos vizinhos, comer crianças e se entregar a orgias sexuais com demônios. Aqui também tem-se sugerido que o povo projetava na bruxa "seus terríveis desejos inconfessos". Os processos por feitiçaria aumentaram agudamente em muitas partes da Europa durante o século XVI. Os historiadores têm dificuldades em saber até que ponto o ódio e o medo às bruxas eram espontâneos, e até que ponto era necessário ao clero converter as pessoas comuns a uma bruxofobia. É provável, ainda que não seja fácil demonstrar, que o estereótipo da velha com poderes sobrenaturais empregados para fazer mal às pessoas fosse uma crença popular que remontasse à Idade Média ou mesmo antes, ao passo que o estereótipo da bruxa como herege ou blasfema, em aliança com o Demônio, era uma crença das elites à qual o povo se converteu de maneira gradual. A história comparativa nos fornece um argumento a favor dessa ideia. Na Europa ortodoxa, não se deu nenhuma grande caça às bruxas nos séculos XVI e XVII; a Rússia, por exemplo, ficou imune a ela. Mas no folclore russo havia uma figura vilã com grandes semelhanças com uma bruxa: Baba Yaga, uma velha medonha com um nariz de ferro que voava pelos ares sentada dentro de um pilão e comia crianças. O que estava ausente era a ideia de um pacto entre a velha e o Diabo.

Dois vilões mais populares foram criados ao longo da Reforma: o estereótipo católico do protestante malvado e o estereótipo protestante do "papista" malvado. As novas imagens tinham muito em comum com os estereótipos do judeu e da bruxa, dos quais foram claramente extraídos vários elementos. Na França do século XVI, os católicos descreviam os protestantes como porcos, sacrílegos e blasfemos — senão, por que haveriam de atacar as relíquias e imagens? —, "enfeitiçados" pela nova religião, traiçoeiros, pessoas que se compraziam em matar crianças, praticar canibalismo e sexo promíscuo, com o estímulo dos seus ministros religiosos. Inversamente, na Inglaterra do século XVII, os protestantes tinham os católicos por idólatras, adeptos do Demônio, conspiradores e traidores que queriam destruir a liberdade inglesa e instaurar uma tirania papal, espanhola ou francesa, sem falar da Inquisição.

O ódio aos forasteiros era tão corrente que se fica a imaginar se a maioria das pessoas comuns do período não era o que os psicólogos às vezes chamam de "personalidade autoritária", combinando submissão à autoridade com agressividade em relação a pessoas de fora do seu grupo.[39]

ATITUDES E VALORES POPULARES

A maior parte dos heróis — e vilões — descritos nas últimas páginas realmente existiu. Por que alguns reis, bispos ou elementos fora da lei tornaram-se heróis e outros não? Para tentar responder a essa pergunta é importante que se evitem dois erros opostos. Os historiadores tendem a ter visão estreita, e a grande custo tentam explicar a lenda de, digamos, Henrique IV, da França, em termos das características do rei e das atitudes em relação à sua política. O problema dessa abordagem é que as estórias passam de um rei-herói para outro, e também que não existe nenhuma correlação evidente entre o poder e prestígio de um governante em sua época e a reputação póstuma ou a posição que chegue a ocupar na tradição popular. O imperador Carlos V possuía um grande poder, mas são muito pequenos os indícios de que tenha sido visto como herói após sua morte. Não se pouparam esforços em apresentar Luís XIV como herói durante sua vida, mas foram em vão; ao contrário do seu avô Henrique, Luís não parece figurar nos contos populares franceses.[40] Por outro lado, personalidades relativamente apagadas como Sebastião, de Portugal, e Guilherme III, da Inglaterra, realmente tornaram-se heróis populares.

Os folcloristas, por outro lado, tendem a ter uma visão por demais abrangente. Eles insistem no fato de que as mesmas estórias são contadas a respeito de muitos heróis diferentes e que um estereótipo conhecido "se cristaliza" em torno de um determinado indivíduo, sem se indagarem da razão para a escolha desse indivíduo. O que foi que o tornou capaz de se converter em mito? Por que o processo de cristalização se deu em torno dele, e não de outro qualquer?[41]

Podem existir respostas diferentes a essas perguntas segundo os diferentes casos, mas uma sugestão plausível poderia ser a de que certos indivíduos se adaptam ou são vistos, sob determinados aspectos, como se se adaptassem a um estereótipo heroico, como o do rei justo ou do fora da lei nobre. Essa conformidade aparece à imaginação de cantores, contadores de estórias ou pintores, e assim começam a circular contos e imagens desse indivíduo. Ao longo dessa circulação, suas vidas e feitos são assimilados ao estereótipo sob outros aspectos, além dos originais. Essa assimilação em parte se deve a razões técnicas do gênero já discutido (ver pp. 194-5). É mais fácil adaptar fórmulas verbais ou pictóricas a um novo herói do que criar novas fórmulas. Em todo caso, a imagem tradicional corresponde às expectativas do público.

Essa teoria é ambiciosa demais para poder apresentar uma demonstração exata, mas podemos indicar alguns elementos que condizem com ela. Se o rei tem o mesmo nome de um herói-governante, isso vai ajudar a lançá-lo na tradição popular. Frederico, o Grande, herdou alguma coisa do tradicional "imperador Frederico", figura que já era o resultado da assimilação de Frederico II a Frederico I. Se Luís XII, de França, gozou de uma reputação de justiça durante os séculos XVII e XVIII, isso talvez se deva parcialmente ao fato de ter sido assimilado a são Luís, Luís IX. Se Martinho Lutero era visto como um santo protestante, notadamente na famosa gravura de madeira de Hans Baldung, isso talvez se deva parcialmente ao fato de que são Martinho já era um herói popular — e inversamente, o culto de são Martinho pode ter sobrevivido na Alemanha evangélica por associação com Martinho Lutero.

As próprias ações de um governante, evidentemente, podiam ajudá-lo a ser visto em termos do estereótipo. Guilherme III e Carlos II realmente obtiveram vitórias, Henrique IV realmente trouxe a paz, Luís XII e o imperador José II realmente se preo-

232

cupavam com a justiça e a reforma, Sebastião realmente lutou contra os infiéis. Se a estória do governante que não está morto, mas apenas dorme, aplicou-se a Sebastião, pode ter sido porque sua morte não foi presenciada, e ele não morreu em Portugal. Se o *topos* "Harun al-Rachid" aplicou-se a Pedro, o Grande, pode ter sido porque Pedro realmente viajava incógnito, embora o fizesse na Inglaterra e na República Holandesa, e não na Rússia.

Finalmente, as catástrofes que ocorrem depois da morte dos governantes ajudam a converter alguns deles em heróis, estimulando o povo a olhar para trás, para os bons velhos tempos sob aquele governo. A invasão turca na Hungria, em 1526, provavelmente ajudou a converter o rei Mátyás, falecido em 1490, num herói; a tomada de Portugal pelos espanhóis em 1580 provavelmente teve o mesmo efeito em relação a Sebastião, que fora morto em 1578. Talvez a "época das agitações" na Rússia, por volta de 1600, atenuasse os traços sombrios da carreira de Ivã, o Terrível, que morreu em 1584.

O processo de cristalização não se restringe a governantes, mas parece funcionar para outros tipos de heróis ou vilão popular. Os fora da lei britânicos eram assimilados a Robin Hood. Gabriel Ratsey, um fora da lei inglês pouco importante, ao que se diz teria tentado roubar um homem, mas, ao descobrir que era pobre, deu-lhe, ao invés, quarenta xelins, dizendo que ele ajudava os pobres, "pois os ricos podem se ajudar sozinhos". Contavam-se estórias de tipo Robin Hood sobre Dick Turpin e também Rob Roy, cujo nome certamente era adequado para lhe favorecer o sucesso na carreira escolhida. Na Rússia, a imagem de Pugatchev foi assimilada à de Razin, com quem se parecia em alguns aspectos evidentes, como o fato de ser cossaco e rebelde, e a carreira de Razin, por sua vez, era recordada segundo termos próprios à de Pugatchev. Dick Whittington, sobre o qual sobreviveram algumas informações confiáveis, é um nítido caso de cristalização. Ele era um comerciante rico e generoso, que fundou o Whittington College. Portanto, teve de ser descrito como alguém de origens humildes (quando de fato provinha de linhagem fidalga), que se casou com a filha do patrão (o que sabemos não ser verdade).[42]

Um dos casos mais notáveis de assimilação a um este-reótipo é o de Fausto. Sua estória, tal como era contada nos teatros de fantoches e livretos populares dos inícios do período moderno, é uma combinação de vários temas tradicionais: o do homem que faz um pacto com o Demônio, como Teófilo; o do mago que tem uma relação perigosamente próxima com as forças do mal, como o frei Bacon; e o do trapaceiro, como Till Eulenspiegel. No livro sobre Fausto de 1587, esses temas se combinaram e se cristalizaram numa figura relativamente menor, um certo Georgius Faustus de Heidelberg, que viveu no início do século XVI e estudava magia.[43]

Perguntas mais importantes são: por que esses estereótipos existiram nos inícios da Europa moderna? Por que os heróis eram apresentados dessas maneiras específicas? O que isso nos diz a respeito das atitudes populares? Aqui o historiador se encontra num dilema. O objeto é demasiado esquivo para permitir que ele apresente algo muito além de impressões e especulações; por outro lado, é demasiado importante para ser deixado de lado. Num espaço reduzido, o melhor é apresentar apenas alguns pontos.

O primeiro se refere ao fantástico, presente em quase todos os lugares. Ele domina as vidas dos santos, desde o nascimento até a morte. São Jorge nasceu com a marca de uma cruz verme-lha na mão direita, são Nicolau nenê se recusava a mamar nas sextas-feiras, são João Batista profetizava no berço. Os rela-tos dos martírios vêm crivados de intervenções sobrenaturais. Quando os seios de santa Ágata foram cortados fora, cresceram novamente; santa Lúcia ficou imóvel e mil homens não conse-guiram movê-la. Dos santos podem-se esperar milagres, mas os cavaleiros, os reis e os fora da lei às vezes também faziam alguns. Os cavaleiros realizam façanhas sobre-humanas com suas armas. Frederico, o Grande, ao que se dizia, era invulnerável e tinha dois livros de magia para ajudá-lo a ganhar as batalhas. O rei Olavo, ao que se acreditava, fazia curas milagrosas. Na França e Inglaterra, a magia dos reis era institucionalizada e assumiu a forma de cura pelo toque nos casos de "mal do rei" [*king's evil*], isto é, a escrófula, prática que atingiu seu auge no século XVII. Enquanto Luís XII tocou quinhentas e tantas pessoas num ano, Luís XIII tocou mais de 3 mil e Luís XIV, certa feita, tocou 2400 num só dia.[44]

Os poderes sobre-humanos também constituem um traço recorrente nas biografias de elementos fora da lei. O manejo do arco de Robin Hood era fenomenal: "ele sempre cortava a vara". Turpin foi de Londres a York num só dia, façanha tal que sua chegada lhe serviu de álibi. No entanto, essas proezas nada são em comparação às dos *razboiniki* russos. Projéteis e balas de canhão não feriam Stenka Razin, e uma vez ele escapou da prisão desenhando um barco na parede e embarcando nele.[45] Aos vilões também se atribuíam poderes sobrenaturais, por terem o auxílio do Demônio. Turcos e judeus eram constantemente associados ao Demônio em versos e estampas. Bruxas e magos (como Fausto) supostamente tinham um pacto com o Demônio. Os protestantes diziam que o papa tinha feito um pacto com o Demônio, e os católicos diziam que Lutero é que o fizera. Tudo o que estivesse fora da vivência do povo simples requeria uma explicação em termos fantásticos. Ser culto era anormal, de modo que um homem culto devia ser um mago, devia (como frei Bacon e outros) ter uma cabeça de bronze em seu gabinete de estudos que respondia às suas perguntas (*Motif-Index*, D 1311.7.1). Ser rico era anormal, e um homem rico devia ter oprimido os pobres, ter encontrado um tesouro enterrado ou, como em *A história de Fortunatus*, ter recebido uma bolsa que nunca se esvaziava.

Assim como a bolsa mágica, os objetos, além das pessoas, também podiam ter poderes sobrenaturais: espadas, anéis etc. A imagem de um santo podia ser tão poderosa como o próprio santo e, como uma pessoa, podia estar sujeita a persuasão e até ameaças. O povo de San Pedro de Usun ameaçou jogar a imagem de são Pedro dentro do rio, se suas orações não fossem ouvidas, e o povo de Villeneuve-Saint-Georges realmente jogou o são Jorge deles ao Sena, em 1735, depois que o santo não cuidou direito dos seus vinhedos. Frequentemente ofereciam-se ex-votos a imagens milagrosas, e às vezes se acreditava que imagens diferentes do mesmo santo eram rivais, como os dois são Cristóvão, em Tarragona.[46] Esse "pensamento concreto", como por vezes é chamado, também se revela no uso das personificações. Na Sérvia do século XVIII, a peste era vista como uma velha que podia ser mantida a distância da aldeia se se executassem os rituais certos. O Carnaval era um gordão; a Quaresma, uma velhinha magra (ver p. 251). Nesse contexto, as ameaças dos camponeses bretões em atirar na *gabelle* "como um cachorro louco" não parecem tão implausíveis (ver p. 114). Numa estalagem francesa do século XVII, não se veria um aviso como "não peça fiado para não se ofender com a recusa", mas a pintura de um defunto intitulada *Crédit est mort* [O fiado morreu] (ilustração 7). Este é o significado da imagem em todas as épocas, como mostra qualquer passada de olhos num jornal ou num cartaz, mas o exemplo bretão sugere que ela podia ter sido levada um pouco mais a sério no século XVIII do que hoje em dia. Se não acreditavam totalmente que a *gabelle* era uma pessoa, talvez também não desacreditassem totalmente.[47] As pessoas eram os bodes expiatórios dos processos. O que se atacava não era o sistema, mas o indivíduo, não a coroa, mas o rei ou seus conselheiros.

É por essa razão, entre outras, que as atitudes populares nesse período podem ser consideradas genericamente "conservadoras", ou melhor, "tradicionais". O fato de que os artesãos e camponeses aceitavam santos, governantes e cavaleiros como seus heróis sugere que eles se identificavam com os valores da Igreja, realeza e nobreza ou, pelo menos, que tinham de estruturar o seu mundo através de modelos fornecidos pelo grupo dominante.[48] Os camponeses de Telemark, na Noruega, foram descritos em 1786 como tendo um princípio básico: "Sigam as

7. "O fiado morreu." Gravura de J. Lagniet, *Recueil des plus illustres proverbes*, Paris, 1657. Londres, British Library.

velhas formas. Oponham-se a todas as inovações" (*Følg gammel Skik, Staae imod alle Anordninger*). Essa fórmula povoa uma série de provérbios do gênero "não troque velhos costumes por novos" ou, como dizem os catalães, *no et deixis els costums vells pels novells*: isso serve como um resumo das atitudes do povo desse período, desde que ele não seja mal compreendido.[49]

237

Isso não significa que os artesãos e camponeses estivessem satisfeitos com a ordem social exatamente como ela era. Eles não viam a sociedade em termos de harmonia, mas em termos de conflito. Queixavam-se da pobreza, da injustiça, do desemprego, dos impostos, dos dízimos, do arrendamento e dos serviços a prestar. Frequentemente referiam-se à exploração ou, como diziam mais concretamente, aos ricos que "esfolavam" ou "devoravam" os pobres. Algumas estampas populares mostram um peixe grande a comer peixinhos miúdos, cuja interpretação óbvia é que (como diz o pescador em *Péricles*, de Shakespeare) os peixes vivem no mar exatamente como os homens vivem na terra. Os artesãos e camponeses tinham clara consciência, como sugerem as observações já citadas a propósito dos juízes e advogados, da dificuldade em conseguir através da lei uma reparação das injustiças sofridas.[50]

O que achavam eles que se poderia ou deveria fazer a respeito dessas injustiças? Justapondo as evidências dos textos — canções, contos, provérbios — às evidências das ações — os vários motins e rebeliões do período —, é possível encontrar várias respostas, e talvez seja útil distinguir cinco pontos num amplo espectro de atitudes: o fatalismo, o moralismo, o tradicionalismo, o radicalismo e o milenarismo.

A resposta fatalista, não perceptível em termos de ação, expressa-se na resignação dos provérbios. As coisas não podem ser diferentes. Assim, muitos provérbios, nas várias línguas, começam com "tem-se que..." (*il faut, man müss, bisogna...*). "Deus é muito alto e o czar está muito longe", dizem os russos, ou "viver é bater ou apanhar." "Gente pobre passa mal", dizem os holandeses, ou "Deus dá, Deus tira."[51] O que se pode fazer nessa vida é sofrer e suportar. Contudo, outros achavam que "Deus ajuda a quem se ajuda" (provérbio tão corrente naquele período como atualmente). A resposta fatalista transforma-se gradualmente em resposta moralista, que vê os problemas e injustiças do mundo como sintomas do que está errado na natureza humana, e não do que está errado na ordem social. Esta não é uma atitude passiva; permite uma ação contra os vilões sempre que possível. É a atitude expressa na figura do vingador, o fora da lei nobre que investia contra indivíduos ricos ou injustos, assim como ajudava indivíduos pobres ou prejudicados, sem tentar modificar o sistema social.[52]

A resposta moralista transforma-se gradualmente na tradicionalista, que é a de resistir, em nome da "velha ordem" (*das alte Recht, stara pravda, gammel skik* etc.), a transformações que estejam ocorrendo. A ênfase pode recair sobre indivíduos perversos que rompem com a tradição, mas pode recair também sobre novos costumes (ou, como diríamos, novos "rumos"). Não é um conservadorismo insensato, mas uma amarga consciência de que a transformação geralmente se faz às custas do povo, associada à necessidade de legitimar o motim ou a rebelião. Por isso os camponeses alemães que se insurgiram em 1525 declararam que estavam defendendo seus direitos tradicionais; os camponeses normandos que se levantaram em 1639 resistiram às pretensões de Luís XIII em nome das leis de Luís XII; os participantes dos motins por alimentos na Inglaterra do século XVIII reivindicavam os preços e restrições tradicionais aos exploradores; os camponeses de Telemark, em 1786, opuseram-se a novos impostos em nome da lei do rei Olavo.[53]

A resposta tradicionalista transforma-se gradualmente numa mais radical. Em 1675, alguns camponeses bretões rebelados exigiram *ordonnances nouvelles*. Nem todas as reivindicações dos camponeses alemães em 1525 eram tradicionalistas, e nem todas vinham respaldadas na inovação de antigos costumes. Alguns exigiam a abolição da servidão, porque "Deus criou a todos livres" ou porque Cristo redimira toda a humanidade. Michael Gaismair, que liderou o levante no Tirol, tinha a noção de uma "igualdade completa na terra" (*ain ganze Glaichait im Lande*). Stenka Razin declarou que todos os homens seriam iguais. Se isso é um retorno ao passado, não é ao passado recente, mas a uma idade de ouro primitiva.

When Adam delved and Eve span,
Who was then the gentleman? [54]*

Essa atitude transforma-se gradualmente na milenarista. Hans Böhm, "o tambor de Niklashausen" que pregava na área de Würzburg nos anos 1470, anunciou que estava próximo um reinado em que não existiriam impostos, arrendamentos ou serviços, e todos seriam iguais. "Chegará o tempo em que os príncipes e senhores trabalharão para o seu pão de cada dia." Em 1525, Thomas Münzer pregou uma utopia parecida para os camponeses e mineiros da Turíngia. Em Münster, em 1534, os anabatistas anunciaram uma ordem nova onde "tudo seria comum, não haveria propriedade privada e ninguém mais precisaria trabalhar, mas simplesmente confiar em Deus". O milênio viria milagrosamente, por intervenção divina, independente de esforços humanos, como o carregamento trazido pelo homem branco nos cultos modernos da "carga", a fortuna de Fortunatus ou a imagem, bastante conhecida no século XVI, das terras da Cocanha, onde porcos assados, já com a faca no lombo, ofereciam-se prontos para comer. Voltamos a uma resposta fatalista, agora otimista. [55]

Nesse espectro de opiniões, podemos encontrar visões radicais e visões ativistas, mas raramente as duas se combinavam. Um diarista rural no Essex elisabetano certa vez perguntou: "O que os ricos poderão fazer contra os pobres, se os pobres se levantarem e se unirem?". Raramente o fizeram. Faltava em larga medida uma consciência de classe ou uma "solidariedade horizontal". A "solidariedade vertical" entre mestre e empregado, patrono e cliente, senhor rural e arrendatário muitas vezes operava contra esses laços horizontais. Nas cidades, a lealdade ao ofício (mestres e oficiais) contra outros ofícios e outras cidades operava contra a consciência de classe. No campo, contra ela operava a lealdade à aldeia; era difícil

---

* Quando Adão cavava e Eva fiava,/ Onde então o fidalgo estava?

convencer os camponeses a cooperar com os de fora, aí incluídos outros camponeses.

Essa atitude de desconfiança em relação a todos que estivessem além de um pequeno círculo de parentes e amigos vinha acompanhada de uma visão do mundo (não incomum nas sociedades tradicionais) como um lugar de "bens limitados", onde ninguém pode prosperar a não ser às custas de outrem. (Numa sociedade que não desfruta de um crescimento econômico, é evidente que essa ideia tem uma certa plausibilidade.) Daí resultava a generalização da inveja, do "mau olhado" e do medo à inveja. Daí a crença de que as bruxas tinham o poder de fazer com que suas vacas dessem mais leite, tirando por meios sobrenaturais o leite das vacas dos seus vizinhos. Existiam fórmulas mágicas para proteger os animais da herdade, dirigindo o mal para os animais dos outros. É como se as pessoas acreditassem que o sistema não podia se transformar, mudando apenas as posições relativas das pessoas dentro dele, o que se mostra da maneira mais espetacular na imagem popular do "mundo de cabeça para baixo" (ver p. 252). No Vivarais, em 1670, alguns camponeses rebelados declararam que agora era a vez de os fidalgos se tornarem *seus* criados.[56]

É uma espécie de pobreza da imaginação, uma incapacidade de conceber mundos sociais alternativos, certamente resultado de horizontes estreitos e uma experiência social limitada. Em 1944, um estudo sobre aldeães turcos revelou que eles não conseguiam imaginar uma soma de dinheiro superior a 5 mil dólares. Da mesma forma, quando perguntam a Misère o que ele mais deseja, ele não pensa em terras ou mais árvores, mas simplesmente em maior segurança para a única árvore que possui. No mundo do conto popular, ele estava certo; evitou o castigo que recaiu sobre o pescador e sua mulher (Grimm, nº 19), que pediram demais, irritaram seu protetor sobrenatural e perderam tudo o que tinham ganho. Existe um provérbio russo que diz "sorte demais é perigoso".[57] Talvez não fosse incapacidade por parte do povo, mas falta de disposição em imaginar outros modos de vida. Eles tinham medo.

Tinham boas razões para sentir medo, visto a taxa de mortalidade e os perigos da guerra, da fome e da peste. Uma insegurança subjacente muitas vezes aflora nos provérbios. Fora da família, do lar e da aldeia, o mundo é hostil. "Há três coisas em que não se pode confiar: o rei, o tempo e o mar." "Amigos e mulos sempre faltam quando se precisa deles." "Tanto o pote vai à água que se quebra." Muitos rituais e símbolos da cultura popular parecem ter sido proteções contra o perigo. Era esta a função de diversos santos, principalmente "os catorze salvadores na necessidade" (*die Vierzehn Nothelfer*), que se difundiram a partir da Alemanha no século XV. São Jorge protegia as pessoas da guerra, são Sebastião da peste, santa Margarete dos problemas de parto, e assim por diante. Outros heróis populares eram vistos a uma luz semelhante; guerreiros ou soldados pintados nos armários funcionavam como guardiães. A insegurança acompanha a tradição, pois "mais vale o certo do que o duvidoso", ou pelo menos é mais garantido.[58]

Era perigoso abandonar as trilhas batidas da tradição, e no entanto a ordem social existente, com suas injustiças e privações, engendrava frustrações em escala maciça. O povo precisava de figuras de ódio como bruxas, turcos e judeus, precisava transferir para os forasteiros as hostilidades geradas por tensões dentro da comunidade. Precisava de ocasiões periódicas para expressar essas hostilidades, aliviar essas tensões. Tais ocasiões são o tema do próximo capítulo.

7. O MUNDO DO CARNAVAL

MITOS E RITUAIS

No último capítulo, tentamos abordar as atitudes e valores populares através dos heróis populares. Um risco dessa abordagem era o de que os heróis tinham de ser retirados do seu cenário. Na cultura popular europeia tradicional, o tipo de cenário mais importante era a festa: festas de família, como os casamentos; festas de comunidade, como a festa do santo padroeiro de uma cidade ou paróquia (*Fête Patronale*, *Kirchenweihtag* etc.); festas anuais comuns a muitos europeus, como a Páscoa, o Primeiro de Maio, o Solstício de Verão, os doze dias de Natal, o Ano-Novo e o dia de Reis, e por fim o Carnaval. Eram ocasiões especiais em que as pessoas paravam de trabalhar, e comiam, bebiam e consumiam tudo o que tinham. O padre italiano Alberto Fortis observou desaprovadoramente, em sua visita à Dalmácia, que "a economia doméstica não é comumente entendida pelos *morlacchi*, um povo pastoril daquela região; nesse aspecto, eles se parecem com os hotentotes, e acabam numa semana com o que poderia durar por muitos meses, simplesmente porque se apresenta uma oportunidade de se divertirem".[1] A Dalmácia podia ser um caso extremo, mas ilustra claramente o lugar da festa na sociedade tradicional. Em oposição ao cotidiano, era uma época de desperdício justamente porque o cotidiano era uma época de cuidadosa economia. Seu caráter de ocasião especial vinha simbolizado nas roupas que o povo usava para dela participar — as melhores. Um visitante inglês em Nápoles notou que "basta muito pouco para vestir o *lazaro* [pobre], exceto nos feriados; então, ele de fato se enfeita espalhafatosamente, com casaco rendado e meias de cores brilhantes; suas fivelas são de

243

um tamanho enorme".[2] As roupas especiais eram sinal de que o dia não era um dia comum.

Certos tipos de espetáculo só ocorriam durante as festas, como os jogos ingleses de maio e seus equivalentes toscanos, *Maggi* ou *Bruscelli*, ou os espanhóis, o *auto* pastoril encenado no Natal e o *auto sacramental* encenado em Corpus Christi — para não falar dos vários tipos de peças carnavalescas. Dentro das casas, muitas vezes os jarros, copos e pratos mais ricamente decorados só eram usados em ocasiões festivas, e assim as peças remanescentes podem enganar o historiador, se não for cuidadoso, quanto à qualidade da vida cotidiana no passado. Com efeito, metade da casa podia ficar reservada para ocasiões especiais; na Suécia dos séculos XVII e XVIII, o tipo de habitação corrente era a *parstuga*, casa com dois aposentos principais, um para o uso diário, outro para festas e convidados. Se a casa tivesse apenas uma sala principal, ela podia ser transformada para as ocasiões especiais colocando-se pinturas em tecido que ficavam guardadas. Particularmente apropriado para essas ocasiões especiais era o *bonadsmaleri* com temas populares, como o casamento em Caná ou a visita da rainha de Sabá a Salomão, que apresentavam um espelho idealizado do anfitrião e seus convidados.[3]

Um sociólogo francês sugeriu que os homens nas sociedades tradicionais vivem "da lembrança de uma festa e da expectativa da próxima". Thomas Gray insistiu no mesmo ponto quando escreveu sobre Turim, em 1739: "Esse Carnaval só dura do Natal até a Quaresma; metade do ano restante se passa lembrando o último Carnaval, a outra metade se esperando o Carnaval seguinte".[4] As pessoas contavam o tempo pelas grandes festas, como o dia de são Miguel (29 de setembro) ou o dia de são Martinho (11 de novembro). Nas grandes festas urbanas, as multidões se engrossavam com os camponeses locais, que vinham à cidade para não perder as diversões. Alguns viajantes ingleses que estavam em Prato, na Toscana, para a festa de Nossa Senhora, puderam ter uma boa visão da multidão na *piazza*, "entre a qual calculamos que metade trazia chapéus de palha e um quarto tinha as pernas de fora". Um clérigo inglês, que em 1787 passou a Semana Santa em Barcelona, observou que "em ocasiões como essa, muitos vão a Barcelona vindo das aldeias vizinhas, e alguns de províncias distantes". As peregrinações a locais sagrados por ocasião das principais festas constituíam grandes acontecimentos na vida do povo. Na Provença, um homem que visitara o santuário de são Cláudio, no Jura, ficou conhecido pelo resto da vida como *Romieu*, como hoje em dia os peregrinos a Meca recebem o título de *Haji*.[5] As imagens nas paredes de casas de aldeia muitas vezes podiam ser lembranças de peregrinações, pois perto dos santuários vendiam-se figuras de imagens sagradas, como em Mariazell, na Áustria, ou Czestochowa, na Polônia. Mesmo uma peça de mobília, como um armário ou cama, de uso diário, podia estar associada à festa para a qual fora feita, provavelmente o casamento dos seus primeiros possuidores. Muitas vezes ela traria as iniciais deles e a data do grande acontecimento.

Discutir festas é necessariamente discutir rituais. "Ritual" é um termo de difícil definição; nas páginas que se seguem, ele se referirá ao uso da ação para expressar significados, em oposição às ações mais utilitárias e também à expressão de significados através de palavras ou imagens. A vida cotidiana nos inícios da Europa moderna estava repleta de rituais religiosos e seculares, e as apresentações de contos e cantigas não constituíam exceções. Os contadores de estórias italianos começavam com o sinal da cruz, e na Escócia do século XVIII um relatório dirigido à Sociedade das Terras Altas citava "um velho sujeito na paróquia que com o máximo de gravidade tira seu gorro a cada vez que canta Duon Dearmot [...] ele me disse que era em consideração à memória daquele herói".[6] Para rituais mais elaborados, porém, tinha-se que esperar as ocasiões especiais. Esses rituais mais elaborados deixaram pouquíssimos traços para que o historiador possa reconstruí-los com alguma precisão. Contudo, devemos tentá-lo, pois um quadro da cultura popular tradicional sem esses rituais seria ainda mais enganador do que a reconstrução do historiador. Por exemplo, o significado de um herói popular pode se modificar com o ritual através do qual ele é apresentado ao público.

Um exemplo notório dessa modificação é a de Robin Hood. Robin, além de herói de baladas, era também herói dos jogos de Maio. Muitas vezes participava da festa da Primavera inglesa, com seu rei e sua rainha de Maio. As roupas verde-oliva de Robin e sua casa na floresta faziam dele um símbolo adequado da primavera, mas, para ser rei de Maio, Robin precisaria de uma rainha. Não existem registros da ligação da donzela Marion com Robin até o século XVI, centenas de anos depois que a estória dele foi contada pela primeira vez, mas Robin Hood e a donzela Marion foram o rei e a rainha de Maio em Reading, em 1502, em Kingston-on-Thames, em 1506, em Londres, em 1559, em Abingdon, em 1566. Seria enganador descrever Robin como um "espírito da vegetação", segundo termos frazerianos, pois isso seria ignorar seu significado social, ainda que o Robin fora da lei possa ter envergado o papel e assumido os atributos de um espírito da primavera.[7]

A estória de são João Batista está mais bem documentada e, curiosamente, segue linhas semelhantes às de Robin. A noite de são João cai no Solstício de Verão. Nos inícios da Europa moderna, essa festa era a ocasião de muitos rituais, que incluíam acender fogueiras e pular por cima delas, tomar banho em rios, mergulhar ramos. O fogo e a água são símbolos usuais de purificação, de modo que é plausível afirmar que o significado da festa era a renovação e a regeneração, e também a fertilidade, pois existiam rituais para adivinhar se a próxima colheita seria boa ou se uma determinada moça se casaria no ano seguinte. O que tudo isso tem a ver com são João? É como se a Igreja medieval adotasse uma festa pré-cristã e a fizesse sua. Assim como a festa do Solstício de Inverno, em 25 de dezembro, veio a ser celebrada como o nascimento de Cristo, da mesma forma a festa do Solstício de Verão veio a ser celebrada como o nascimento do anunciador de Cristo. O banho no rio era reinterpretado como uma comemoração do batismo de

Cristo por são João no rio Jordão. São João, como Robin Hood, parece ter envergado o papel de espírito da vegetação. Às vezes ele aparecia com um ramo na mão, e muitas vezes era apresentado como um eremita, com pouca roupa, vivendo em lugares selvagens (ver p. 205). Por isso não seria difícil vê-lo como um *woodwose*, um homem selvagem dos bosques, figura popular na arte medieval que parece simbolizar a Natureza (em oposição à Cultura).[8]

Uma famosa teoria do século XIX sobre os mitos sustentava que eles têm sua origem nos rituais. Segundo ela, ao longo do tempo, os rituais deixaram de ser compreendidos e foi preciso inventar mitos que os explicassem. Essa teoria é simples demais, e podem-se encontrar exemplos em que o mito antecede o ritual, como no caso da missa; mas os exemplos de Robin Hood e são João Batista sugerem que o ritual às vezes realmente influencia o mito. Ainda mais claros são os exemplos de santo Antônio Abade e são Martinho. Por que o santo ermitão Antônio haveria de ser representado com um porco? Porque seu dia de festa cai em 17 de janeiro, época do ano em que as famílias matavam seus porcos. Entre as canções tradicionais sobre são Martinho havia uma que começava:

> *Wann der heilige Sankt Martin*
> *Will der Bischof sehr entfliehn*
> *Sitzt er in dem Gänse Stall* [...]*

Não existe nada sobre esse incidente nas biografias tradicionais do santo. Contudo, a Festa de são Martinho cai em 11 de novembro. Os gansos eram abatidos nessa época, e particularmente na Alemanha era tradicional comê-los naquele dia. O ganso fazia parte do ritual e assim ele se insinuou dentro do mito.[9]

---

* Quando o sagrado são Martinho/ Quer ao Bispo escapar/ Ele no cercado dos gansos há de sentar [...]

CARNAVAL

O exemplo *par excellence* da festa como contexto para imagens e textos é certamente o Carnaval. Particularmente no sul da Europa, o Carnaval era a maior festa popular do ano, época privilegiada na qual o que muitas vezes se pensava poderia ser expresso com relativa impunidade. O Carnaval era uma época favorita para a encenação de peças, e muitas delas não podem ser corretamente entendidas sem se ter algum conhecimento dos rituais carnavalescos, a que tanto aludem.

Antes de se poder tentar qualquer interpretação, é preciso reconstruir um Carnaval típico a partir das provas fragmentárias que sobreviveram. Essa reconstrução é inevitavelmente arriscada, pois, embora as provas italianas sejam as mais ricas, é um tanto perigoso ver a Europa através de lentes italianas. A maior parte das provas remanescentes se refere às cidades, e não nos dizem o que gostaríamos de saber sobre a cultura camponesa, embora alguns camponeses morassem em cidades e outros provavelmente viessem até elas para participar da festa. Grande parte das provas vem de forasteiros, turistas estrangeiros que podem ter entendido mal o que viam e ouviam (ver p. 102). Nenhum Carnaval era exatamente idêntico a outro. Existiam variações regionais, e existiam outras diferenças devidas ao tempo, à situação política ou ao preço da carne numa determinada época. No entanto, essas variações só podem ser avaliadas com algum tipo de critério normativo que permita medi-las, algum quadro composto de um Carnaval dos inícios da Europa moderna.

A estação do Carnaval começava em janeiro, ou mesmo em finais de dezembro, sendo que a animação crescia à medida que se aproximava a Quaresma. O local do Carnaval era ao ar livre no centro da cidade; em Montpellier, Place Notre Dame; em Nuremberg, a praça do mercado em torno da prefeitura; em Veneza, Piazza San Marco, e assim por diante. O Carnaval pode ser visto como uma peça imensa, em que as principais ruas e praças se convertiam em palcos, a cidade se tornava um teatro sem paredes, e os habitantes eram os atores e espectadores, que assistiam à cena dos seus balcões. De fato, não havia uma distinção marcante entre atores e espectadores, visto que as senhoras em seus balcões podiam lançar ovos na multidão abaixo, e os mascarados muitas vezes tinham licença para irromper em casas particulares.[10]

A ação dessa gigantesca peça era um conjunto de acontecimentos estruturados mais ou menos formalmente. Os acontecimentos de estruturação menos formal prosseguiam intermitentemente durante toda a estação de Carnaval e se difundiam por toda a cidade. Em primeiro lugar, havia consumo maciço de carne, panquecas e (nos Países Baixos) *waffles*, que atingia seu clímax na Terça-Feira Gorda, que na Inglaterra do século XVII era referida como ocasião de

> tanto cozer e grelhar, tanto torrar e tostar, tanto ensopar e fermentar, tanto assar, fritar, picar, cortar, trinchar, devorar e se entupir à tripa forra que a gente acharia que as pessoas mandaram para a pança de uma só vez as provisões de dois meses, ou que lastrearam suas barrigas com carne suficiente para uma viagem até Constantinopla ou as Índias Ocidentais.

As bebidas também corriam. Na Rússia, segundo um visitante inglês, na última semana de Carnaval "eles bebem como se nunca mais fossem beber".[11] O povo cantava e dançava nas ruas — não que isso fosse incomum nos inícios da Europa moderna, mas sim a excitação, e algumas canções, danças e instrumentos musicais eram especiais, como o *Rommelpot* holandês, uma bexiga de porco esticada sobre uma botija com água pela metade. "Quando se enfia uma vara de junco no meio da bexiga e se a move entre o polegar e os outros dedos, o instrumento produz um som que não difere do emitido por um porco esfaqueado."[12] O povo usava máscaras, algumas com narigões, ou fantasias completas. Os homens se vestiam de mulher, as mulheres de homem; outros trajes populares eram os de padre, diabo, bobo, homens e animais selvagens, como, por exemplo, urso. Os italianos gostavam de se fantasiar como personagens da *commedia dell'arte*, e Goethe comenta ter visto centenas de Pulcinellas no corso de Roma. Um inglês em Paris para o Carnaval de 1786 escreveu que "papas, cardeais, monges, diabos, cortesãos, arlequins e magistrados, todos se misturavam numa mesma multidão promíscua".[13] Essa multidão não se limitava a se fantasiar, mas também representava papéis. "Um se faz de doutor em direito, e sobe e desce pelas ruas com o livro na mão, discutindo com cada um que encontra."[14] Bobos e selvagens corriam ruas afora, batendo nos circunstantes com bexigas de porco e até com varas. As pessoas atiravam farinha umas nas outras, ou mesmo confeitos com a forma de maçãs, laranjas, pedras ou ovos, que podiam ou não estar cheios de água de rosas. Em Cádiz, o ubíquo visitante inglês viu mulheres nos balcões a despejar baldes d'água nos homens embaixo.[15] Os animais eram vítimas usuais da loucura do Carnaval; os cachorros podiam ser balançados de um lado para outro, dentro de cobertores, e os galos apedrejados até a morte. A agressão também era verbal; trocavam-se muitos insultos e cantavam-se versos satíricos.[16]

Outros acontecimentos eram estruturados de maneira mais formal: concentravam-se nos últimos dias de Carnaval, nas praças centrais, estabeleciam uma maior distinção entre atores e espectadores, e muitas vezes eram organizados por clubes ou confrarias dirigidas por "reis" ou "abades" do desgoverno, formados principalmente, ainda que não exclusivamente, de rapazes das classes altas, como nos casos da Abbaye des Conards (Rouen), da Compagnie de la Mère Folle (Dijon), da Compagnie della Calza (Veneza) ou do Schembartläufer (Nuremberg).[17] As apresentações que eles organizavam eram "improvisadas" no sentido em que não havia um roteiro e (provavelmente) nem ensaios, mas eram coordenadas por um grupo de conhecidos, que tinham participado antes de tais ocasiões. As apresentações não eram nem exatamente imutáveis, nem exatamente livres, assim como não eram nem propriamente sérias, nem pura diversão, mas sim algo intermediário. Incluíam com frequência os três elementos que se seguem.

Em primeiro lugar, um desfile, em que provavelmente haveria carros alegóricos com pessoas fantasiadas de gigantes, deusas, diabos e assim por diante. Em Nuremberg, havia um único carro alegórico, *Hölle*, trazido num trenó pelas ruas até a praça principal. Muitas vezes, ele adotava a forma de um navio, que lembrava as procissões com carros-navios ocasionalmente mencionadas em épocas antigas e medievais. Os carros alegóricos eram particularmente frequentes e famosos em Florença. Os atores representavam jardineiros, amas-secas, esgrimistas, estudantes, turcos, *Lanasknechten* e outros tipos sociais. Cantavam canções compostas para a ocasião, que dirigiam às damas nos balcões que olhavam o desfile passar. Em alguns carnavais franceses, os maridos que tinham apanhado das suas mulheres, ou tinham se casado recentemente, eram levados em procissão pelos súditos do "grande príncipe da Terça-Feira Gorda" ou conduzidos pela cidade montados de costas num burro.[18]

Um segundo elemento recorrente no ritual carnavalesco era algum tipo de competição; as disputas no ringue, as corridas de cavalo e as corridas a pé eram muito populares. O Carnaval romano incluía uma corrida de rapazes, uma corrida de judeus e uma corrida de velhos. Ou podia haver justas ou torneios em terra ou na água; em Lille, no século XVIII, os competidores ficavam de pé em dois barcos no rio. Partidas de futebol na Terça-Feira Gorda eram comuns na Grã-Bretanha e no norte da França. Em Ludlow, brincava-se de cabo de guerra; em Bolonha, um lado atirava ovos no outro, que tentava apará-los com bastões.[19]

Um terceiro elemento recorrente no Carnaval era a apresentação de algum tipo de peça, geralmente uma farsa. No entanto, é difícil traçar uma linha entre uma peça formal e "brincadeiras" informais. Havia cercos simulados, populares na Itália, onde um castelo construído na praça principal seria tomado de assalto; processos simulados, as *causes grasses* populares na França; sermões simulados, populares na Espanha; arações simuladas, populares na Alemanha, em que mulheres solteiras empurravam o arado; e casamentos simulados, em que a noiva podia ser um homem, ou o noivo um urso (cf. p. 171, sobre a paródia). Muitas brincadeiras desse tipo se centravam na figura do próprio "Carnaval", que geralmente assumia a forma de um homem gordo, pançudo, corado, jovial, muitas vezes enfeitado com comidas (salsichas, aves, coelhos), sentado num barril ou acompanhado (como em Veneza, em 1572) de um caldeirão de macarrão. A "Quaresma", em contraste, assumia a forma de uma velhinha magra, vestida de preto e enfeitada com peixes — o "Zé Quaresma" (*Jack a Lent*) inglês parece ter sido uma exceção, enquanto personagem masculino. Esse contexto do Carnaval deve nos ajudar a explicar os nomes e imaginar as características de diversos palhaços famosos do período: "Hans Wurst" certamente era uma figura carnavalesca com uma salsicha, enquanto *Pickleherring* [Arenque Azedo] e *Steven Stockfish* [Estêvão Bacalhau] eram descarnados personagens da Quaresma.[20]

Existem alguns indícios que sugerem que as lutas entre o Carnaval e a Quaresma não eram apenas fruto da imaginação de Brueghel, Bosch e outros pintores, mas sim representadas em público; em Bolonha, em 1506, houve um torneio entre o "Carnaval", montado num cavalo gordo, e a "Quaresma", num cavalo magro, cada qual com um batalhão de seguidores. O último ato da festa muitas vezes era uma peça na qual o "Carnaval" enfrentava um processo simulado, fazia uma falsa confissão e uma imitação de testamento, era executado de brincadeira, em geral na fogueira, e recebia um funeral de gozação. Ou, ainda, um porco podia ser solenemente decapitado, como acontecia anualmente em Veneza, ou uma sardinha podia ser enterrada com todas as honras, como era o caso em Madri.[21]

O "MUNDO DE CABEÇA PARA BAIXO"

O que o Carnaval significava para o povo que participava dele? Num sentido, a pergunta é desnecessária. O Carnaval era um feriado, uma brincadeira, um fim em si mesmo, dispensando qualquer explicação ou justificativa. Era uma ocasião de êxtase e liberação. Em outro sentido, a pergunta precisa ser desdobrada. Porque a simulação assumia essas formas específicas? Por que o povo usava máscaras com narigões, por que atiravam ovos, por que executavam o "Carnaval"? Os contemporâneos não se deram ao trabalho de registrar o que o Carnaval significava para eles — devia parecer óbvio —, de modo que teremos de proceder indiretamente, procurando temas recorrentes e suas associações mais comuns.[22]

Havia três temas principais no Carnaval, reais e simbólicos: comida, sexo e violência. A comida era o mais evidente. Foi a *carne* que compôs a palavra Carnaval. O maciço consumo de carne de porco, de vaca e outras ocorria de fato e era representado simbolicamente. O "Carnaval" pendurava frangos e coelhos nos seus trajes. Em Nuremberg, Munique e outros lugares, os açougueiros desempenhavam um papel importante nos rituais, dançando, correndo pelas ruas ou mergulhando algum novato na água. Em Koenigsberg, em 1583, noventa açougueiros carregaram em desfile uma salsicha que pesava quase duzentos quilos.

Carne também significava "a carnalidade". O sexo, como é usual, era mais interessante simbolicamente do que a comida, devido às várias maneiras de se disfarçar, por mais transparentes que esses véus possam ser. O Carnaval era uma época de atividade sexual particularmente intensa, como têm conseguido mostrar os historiadores do século XVIII francês, com suas tabelas do movimento sazonal das concepções; o pico era em maio-junho, mas havia um segundo pico em fevereiro ou por volta disso. Os casamentos frequentemente se realizavam durante o Carnaval, e os casamentos simulados eram uma forma de brincadeira popular. Nessa época, não só se permitiam, como também eram praticamente obrigatórias as cantigas com duplo sentido. Uma canção típica era a cantada por um carro alegórico de "chaveiros" florentinos, que diziam às mulheres, à medida que passavam pelos seus balcões, que:

E bella e nuova ed util masserizia
Sempre con noi portiamo

D'ogni cosa dovizia,
E chi volesse il può toccar con mano.*

Em Nápoles, em 1664, as senhoras ficaram chocadas ao ver um falo de madeira, com "o tamanho do de um cavalo", carregado pelas ruas.[23] Em vista desse incidente, não parece muito forçado interpretar máscaras com longos narizes ou chifres como símbolos fálicos, isso sem falar da salsicha levada em procissão em Koenigsberg; ou chamar a atenção para o significado sexual da "aração" em que as moças solteiras tinham de participar, ou para a bexiga de porco usada para tocar música, jogar futebol e bater nas pessoas. O galo e o porco eram símbolos contemporâneos de luxúria, ao passo que os peludos homens selvagens e ursos que frequentemente apareciam no Carnaval e podiam raptar mulheres certamente eram símbolos de potência.

O Carnaval não era apenas uma festa de sexo, mas também uma festa de agressão, destruição, profanação. De fato, talvez seja de se pensar no sexo como o meio-termo entre a comida e a violência. A violência, como o sexo, era mais ou menos sublimada em ritual. Nessa ocasião, a agressão verbal era permitida; os mascarados podiam insultar os indivíduos e criticar as autoridades. Era a hora de denunciar o vizinho como cornudo ou saco de pancada da sua mulher. Numa procissão de Carnaval em Madri, em 1637, uma figura, que parecia esfolada, trazia a inscrição:

Sisas, alcavalas y papel sellado
Me tienen desollado.[24]**

Outras figuras, aludindo ao corrente tráfico de distinções, traziam os uniformes das ordens militares, com inscrições "à

---

* E ferramentas belas e novas e úteis/ Sempre trazemos conosco/ Serve para qualquer coisa,/ E quem quiser pode pôr a mão.

** Taxas, impostos e papel selado/ Me deixam desolado.

venda". A agressão frequentemente se ritualizava em batalhas simuladas ou partidas de futebol, ou era transferida para objetos que não podiam se defender facilmente, como galos, cachorros, gatos e judeus, que eram atingidos com pedras e lama em sua corrida anual por Roma. Não raro ocorriam violências mais sérias, quer porque os insultos fossem longe demais ou porque não se queria perder uma ocasião ideal para descontar velhos rancores. Em Moscou, o número de assassinatos na rua aumentava durante a época de Carnaval, ao passo que um visitante inglês em Veneza, no final do século XVI, registrou que "no domingo de Carnaval à noite foram mortas dezessete pessoas, e inúmeras ficaram feridas; além do que eles informavam, quase toda noite havia um assassinato, durante todo o tempo de Carnaval". Em Londres, a violência dos aprendizes na Terça--Feira Gorda era tão comum como comer panquecas: "Rapazes armados de cacetes, pedras, marretas, réguas, trolhas e serras de mão saqueavam os teatros e atacavam os bordéis", com os bolsos cheios de pedras para atirar no aguazil e seus homens, quando chegavam ao local. Por volta de 1800 foi dito que "a média de ferimentos sérios ou mortais em cada grande festa em Sevilha" era "cerca de dois ou três".[25]

Claude Lévi-Strauss nos ensinou a procurar pares de opostos ao interpretarmos os mitos, rituais e outras formas culturais. No caso do Carnaval, havia duas oposições básicas que fornecem o contexto para interpretar muitos aspectos nos comportamentos, oposições essas de que os contemporâneos tinham clara consciência.

A primeira delas é entre o Carnaval e a Quaresma, entre o que os franceses chamavam de *jours gras* e *jours maigres*, geralmente personificados como um gordo e uma magra. Segundo a Igreja, a Quaresma era uma época de jejum e abstinência — não só de carne, mas de ovos, sexo, ir ao teatro ou outros entretenimentos. Portanto, era natural apresentar a Quaresma como uma figura emaciada (a própria palavra "Quaresma" — *Lent* — significa "tempo de privação" — *lean time*), desmancha-prazeres, associada aos peixes da dieta de Quaresma. O que faltava na

Quaresma era naturalmente o que abundava no Carnaval, de modo que a figura do "Carnaval" era representada como um comilão e beberrão jovem, alegre, gordo, sensual, como um Gargântua ou um Falstaff shakespeariano. (Decerto a conexão era no sentido inverso, e o Carnaval é que fornece o contexto para interpretar Gargântua e Falstaff.)

A segunda oposição básica requer uma maior explicação. O Carnaval não se opunha apenas à Quaresma, mas também à vida cotidiana, não só aos quarenta dias que começavam na Quarta-Feira de Cinzas, mas também ao resto do ano. O Carnaval era uma representação do "mundo virado de cabeça para baixo", tema favorito na cultura popular dos inícios da Europa moderna; *le monde renversé*, *il mondo alla rovescia*, *die verkehrte Welt*. O "mundo de ponta-cabeça" prestava-se a ilustrações, e dos meados do século XVI em diante foi um tema predileto em estampas populares. Havia a inversão física: as pessoas ficavam de ponta-cabeça, as cidades ficavam no céu, o sol e a lua na terra, os peixes voavam ou, item caro aos desfiles de Carnaval, um cavalo andava para trás com o cavaleiro de frente para a cauda. Havia a inversão da relação entre homem e animal: o cavalo virava ferrador e ferrava o dono; o boi virava açougueiro, cortando em pedaços um homem; o peixe comia o pescador; as lebres carregavam um caçador amarrado ou giravam-no no espeto. Também se representava a inversão das relações entre homem e homem, fosse inversão etária, inversão de sexo ou outra inversão de *status*. O filho aparecia batendo no pai, o aluno batendo no professor, os criados dando ordens aos patrões, os pobres dando esmolas aos ricos, os leigos dizendo missa ou pregando para o clero, o rei andando a pé e o camponês a cavalo, o marido segurando o bebê e fiando, enquanto sua mulher fumava e segurava uma espingarda.[26]

Qual era o sentido dessa série de imagens? Não há uma resposta simples para essa pergunta. Elas eram ambíguas, com sentidos diferentes para diferentes pessoas, e possivelmente ambivalente, com diferentes sentidos para a mesma pessoa. É muito fácil documentar a atitude das classes altas, para as quais essas imagens simbolizavam caos, desordem, desgoverno. Os adversários da mudança nos inícios do período moderno com frequência caracterizavam-nas como literalmente "subversivas", uma tentativa de inverter o mundo. Seu pressuposto era o de que a ordem existente era a ordem natural, que qualquer alternativa a ele era simples desordem. Lutero, por exemplo, foi atacado por "virar o mundo de cabeça para baixo" e, por sua vez, atacou da mesma forma os rebeldes camponeses de 1525. Na Inglaterra, em meados do século XVII, os quacres, entre outros grupos, eram chamados pelos adversários de "viradores do mundo de cabeça para baixo".[27]

Já muito menos claro é se o povo achava ruim esse "mundo de pernas para o ar". Quando os rebeldes camponeses de 1525 invadiram a casa da Ordem Teutônica em Heilbronn, obrigaram os cavaleiros a trocar de lugar com eles. Enquanto os invasores se banqueteavam, os cavaleiros tinham de ficar de pé junto à mesa, com o chapéu na mão. "Hoje, junkerzinho", disse um dos camponeses, "somos nós os cavaleiros." (*Heut, Junkerlein, syn wir Teutschmeister.*) Os plebeus de Norfolk, em 1549, na rebelião de Ket, declararam que os "fidalgos governaram antes e agora eles vão governar". No Vivarais, em 1670, os camponeses exigiram o mesmo. "Chegou o momento da profecia", diziam, "em que as panelas de barro vão quebrar as de ferro." Depois da Revolução Francesa, circularam duas estampas populares, uma com o nobre montado no camponês, a outra com o camponês montado no nobre, com a inscrição "eu sabia que estava chegando nossa vez"[28] (ilustrações 8 e 9). Um mundo às avessas estava presente na utopia popular do país da Cocanha, "terra dos preguiçosos" ou "terra do *preste* João", onde as casas tinham os telhados cobertos de panquecas, nos riachos corria leite, os porcos assados corriam soltos com facas convenientemente fincadas nas costas, e corridas onde o ganhador era quem chegava por último. Um poeta popular francês acrescentou suas variações a esse tema comum:

257

8 e 9. Ilustrações políticas, 1789, por André Basset. Paris, Musée Carnavalet. Foto: Girardon.

> *Pour dormir une heure*
> *De profonde sommeille*
> *Sans qu'on se réveille,*
> *On gagne six francs,*
> *E à manger autant;*
> *Et pour bien boire*
> *On gagne une pistole;*
> *Ce pays est drôle,*
> *On gagne par jour*
> *Dix francs à faire l'amour.*[29]*

A Cocanha é uma visão da vida como um longo Carnaval, e o Carnaval é uma Cocanha passageira, com a mesma ênfase sobre a comida e as inversões. O Carnaval era uma época de comédias, que muitas vezes apresentavam situações invertidas, em que o juiz era posto no tronco ou a mulher triunfava sobre o marido.[30] As fantasias de Carnaval permitiam que os homens e mulheres trocassem seus papéis. As relações entre patrão e empregado podiam se inverter; na Inglaterra, "a liberdade dos criados na Terça-Feira Gorda" era tradicional. Os tabus cotidianos que coibiam a expressão de impulsos sexuais e agressivos eram substituídos por estímulos a ela. O Carnaval, em suma, era uma época de desordem institucionalizada, um conjunto de rituais de inversão. Não admira que os contemporâneos o chamassem de época de "loucura" em que reinava a folia. As regras da cultura eram suspensas; os exemplos a se seguir eram o selvagem, o bobo e o "Carnaval", que representava a Natureza ou, em termos freudianos, o Id. Como Mantuano, um poeta italiano, escreveu no início do século XVI:

* Por dormir uma hora/ De sono profundo,/ Sem despertar,/ Ganha-se seis francos,/ E o mesmo para comer;/ E para bastante beber/ Ganha-se um dobrão de ouro;/ Esse país é engraçado,/ Ganha-se por dia/ Dez francos para amor fazer.

Per fora per vicos it personata libido
Et censore carens subit omnia tecta voluptas.*

Os versos têm uma ressonância freudiana. É claro que os termos *libido* e *censor* têm para nós associações que não existiam no século XVI, mas o poeta está indicando que o Carnaval proporcionava uma válvula de escape para desejos sexuais normalmente reprimidos.[31]

As oposições gêmeas entre Carnaval e Quaresma, o "mundo de ponta-cabeça" e o mundo cotidiano, não esgotam, evidentemente, os significados do Carnaval. Um outro tema, que surge particularmente nos carnavais de Nuremberg, é o da juventude. Em 1510, um carro alegórico representou a fonte da juventude; em 1514, representou uma velha a ser devorada por um demônio gigante. Talvez o "mundo de pernas para o ar" fosse, em si mesmo, um símbolo gigantesco de rejuvenescimento, de volta à liberdade dos anos anteriores à idade da razão.[32]

Quando sir James Frazer discutiu o Carnaval em seu *Golden bough* [O ramo de ouro] ele sugeriu que era um ritual para fazer crescer a lavoura, e interpretou não só os selvagens, mas também o próprio "Carnaval" como espíritos da vegetação. Qualquer que seja a origem do ritual, não parece que tenha sido esse o seu significado para quem participava da festa nas cidades dos inícios da Europa moderna. Mas seria um erro descartar Frazer pura e simplesmente. A "fertilidade" é um conceito consideravelmente útil para ligar elementos díspares do Carnaval, desde ovos a casamentos e os vários símbolos fálicos. Uma salsicha podia simbolizar um falo; mas então um falo podia simbolizar algo mais, quer os contemporâneos tivessem consciência disso ou não. Só podemos especular.[33] O que é claro é que o Carnaval era polissêmico, significando coisas diferentes para diferentes pessoas. Os sentidos cristãos foram sobrepos-

---

* Por praças e ruas vai o desejo mascarado/ E sem o censor o prazer entra em todos os tetos.

tos aos pagãos, sem obliterá-los, e a resultante precisa ser lida como um palimpsesto. Os rituais transmitem simultaneamente mensagens sobre comida e sexo, religião e política. A bexiga de um bobo, por exemplo, tem diversos significados, por ser uma bexiga, associada aos órgãos sexuais, por vir de um porco, o animal do Carnaval *par excellence*, e por ser trazida por um bobo, cuja "fatuidade" é simbolizada por ela ser vazia.

O CARNAVALESCO

O Carnaval não tinha a mesma importância em toda a Europa. Ele era forte na área mediterrânica, Itália, Espanha e França, razoavelmente forte na Europa central, e mais fraco no norte, Grã-Bretanha e Escandinávia, provavelmente porque o clima desencorajava uma elaborada festa de rua nessa época do ano. Onde o Carnaval era fraco, e mesmo em alguns lugares onde era animado, outras festas desempenhavam suas funções e apresentavam as mesmas características. Assim como as estórias circulavam de um herói para outro, da mesma forma "partículas" elementares do ritual circulavam de uma festa para outra. De características mais nitidamente "carnavalescas" eram os vários dias de festa que caíam em dezembro, janeiro e fevereiro — em outras palavras, dentro da época do Carnaval em seu sentido mais amplo.

Um exemplo famoso é a festa dos Bobos, realizada em 28 de dezembro (a festa dos "inocentes" massacrados por Herodes) ou em torno dessa data, particularmente bem documentada na França. A festa dos Bobos era organizada pelos noviços, equivalente eclesiástico das associações de rapazes que tanto se destacavam durante o Carnaval. O povo participava da mesma forma que participava da missa, na congregação. Durante a festa dos Bobos, elegia-se um bispo ou abade dos bobos, havia dança na igreja e nas ruas, a procissão usual e uma missa simulada quando os clérigos usavam máscaras, roupas de mulher, ou vestiam seus hábitos de trás para a frente, seguravam o missal de ponta-cabeça, jogavam cartas, comiam salsichas, cantavam cantigas obscenas e maldiziam a congregação, ao invés de abençoá-la. As "indulgências" proclamadas no sul da França (em *langue d'Oc*, ao invés de latim) podiam ser assim:

> *Mossehor, qu'es eissi présen,*
> *Vos dona xx banastas dé mal dé dens,*
> *Et a tôs vôs aoutrés aoûssi,*
> *Dona una cóa de Roussi.**

Dificilmente se poderia querer uma representação mais literal do "mundo virado de cabeça para baixo". Ele era legitimado por um versículo do Magnificat, *Deposuit potentes de sede et exaltavit humiles* [Ele depôs os poderosos e ergueu os humildes]. Em outros lugares, como na Inglaterra antes da Reforma, a ocasião assumia a forma mais branda da festa do "bispo menino" ou da "missa dos Inocentes". Segundo a proclamação que aboliu esses costumes, em 1541, eles incluíam "crianças com enfeites esquisitos, vestidas para imitar padres, bispos e mulheres, e assim serem levadas com canções e danças de casa em casa, abençoando as pessoas e coletando dinheiro, e os meninos de fato cantam a missa e pregam no púlpito".[34] No aniversário do massacre de Herodes, permitia-se que as crianças assumissem o comando.

A festa dos Inocentes caía nos doze dias do Natal, e todo esse período era tratado de forma carnavalesca, algo bastante apropriado do ponto de vista cristão, já que o nascimento do filho de Deus numa manjedoura era um exemplo espetacular do "mundo de cabeça para baixo". Como o Carnaval, os doze dias de Natal eram grandes ocasiões de se comer e beber,

---

* Meu senhor, que está aqui presente/ Vos dê vinte cestos de dor de dentes,/ E a todos vós outros também/ Dê uma bela bebedeira.

para a encenação de peças e "desgoverno" de vários tipos. Na Inglaterra, o hábito era encenar "peças de arado", que podiam incluir casamentos simulados, na primeira segunda-feira depois do dia de Reis. Também podia haver "uma troca de roupas entre homens e mulheres" no Ano-Novo. Como no Carnaval, essa época era personificada. A "cavalgada" ou procissão de Yule (o Papai Noel original) e sua esposa era um grande acontecimento em York no século XVI, "atraindo grande afluência de gente atrás deles para olhar", como admitiu a corporação, ao abolir o ritual, em 1572. Na Itália, era a Epifania que era personificada como *La Befana* ou *La Vecchia*, uma bruxa velha um tanto parecida com a "Quaresma", que podia ser queimada no final dos festejos.[35]

Na Rússia, segundo um visitante inglês do século XVI, no Natal "cada bispo em sua igreja apresenta um espetáculo das três crianças no forno, em que se faz vir o anjo voando do telhado da igreja, com grande admiração dos espectadores, e aparecem muitos clarões terríveis de fogo, feitos com resina e pólvora pelos caldeus (como os chamam) que correm pela cidade durante os doze dias, disfarçados em seus casacos de atores e praticam esse esporte tão saudável em honra ao quadro vivo do bispo". O lado carnavalesco das atividades aparece mais marcadamente num relato alemão do século XVII, que explica que esses "caldeus", assim chamados por causa das pessoas que convenceram Nabucodonosor a atirar Sidrac, Misac e Abdênago na "fornalha de fogo ardente" (Daniel 3, 8-30), eram:

[...] certas pessoas dissolutas que a cada ano recebiam autorização do patriarca, por um período de oito dias antes do Natal até o dia dos Três Reis Magos, para correr pelas ruas com fogos de artifício especiais. Muitas vezes eles queimavam as barbas dos passantes, principalmente dos camponeses [...] quem quisesse ser poupado tinha que pagar um copeque. Andavam vestidos como foliões de carnaval, com chapéus de madeira pintada na cabeça.

Ainda na época do Carnaval, em 5 de fevereiro havia a festa de santa Ágata, santa Agueda para os espanhóis, para quem o dia era ocasião para um outro rito de inversão: as mulheres mandavam e os homens obedeciam. É como se os torturadores de santa Ágata, ao cortarem seus seios, tivessem-na convertido numa amazona.[36]

Fora da época do Carnaval, havia festas que enfatizavam os temas da renovação, comilança, sexo, violência ou inversão, e assim podem ser descritos como carnavalescos. Na Inglaterra, a Terça-Feira da Páscoa ou *Hock Tuesday* constituía uma delas: as mulheres capturavam os homens e faziam com que eles pagassem um resgate pela sua libertação. O mesmo acontecia com o dia Primeiro de Maio, pois na Inglaterra a animada festa de Maio parece ter compensado uma Terça-Feira Gorda relativamente calma. Havia elaborados jogos de Maio, organizados por um rei e uma rainha de Maio, em que podiam se incluir peças sobre são Jorge (que era um vizinho, pois sua festa caía uma semana antes) ou Robin Hood (ver p. 246). Homens, mulheres e crianças iam para os bosques onde, como diz um relato do final do século XVI, "eles passam a noite inteira em passatempos agradáveis", voltando com ramos de bétula e o mastro de Maio. Em outras palavras, os ritos de primavera envolviam liberdade sexual. Na Londres do século XVIII, os limpadores de chaminé cobriam-se com farinha no dia Primeiro de Maio, exemplo mais claro possível do ritual de inversão: o branco toma aqui o lugar do preto. Na Itália, os mastros da festa eram conhecidos como *alberi della Cucagna* [árvores da Cocanha], outro elo com o mundo do Carnaval. Na Espanha, o dia Primeiro de Maio era, como o Carnaval, comemorado com batalhas e casamentos simulados, "uma espécie de peça", por exemplo (como Covarrubias menciona em seu dicionário), "encenada por rapazes e moças que põem um menininho e uma menininha num leito matrimonial que significa casamento".[37]

O verão também tinha seus carnavais, principalmente Corpus Christi e a festa de são João Batista. A festa de Corpus Christi, que se difundiu pela Europa a partir do século XIII, era um dia de procissões e peças. Na Inglaterra dos finais da Idade Média, era a época em que os mistérios eram apresentados nas praças do mercado de Chester, Coventry, York e outros lugares. Também na Espanha, Corpus Christi era o grande dia de apresentação de peças religiosas, mas os procedimentos eram permeados de elementos carnavalescos. Elaborados carros alegóricos passavam pelas ruas, transportando santos, gigantes e, o mais importante, um enorme dragão, explicado em termos cristãos como a festa do Apocalipse, enquanto a mulher às suas costas supostamente representaria a prostituta da Babilônia. Os ouvidos da multidão podiam ser tomados por sons de fogos de artifício, gaitas de foles, pandeiros, castanholas, tambores e cornetas. Os diabos tinham um papel importante a desempenhar, dando cambalhotas, cantando e travando batalhas simuladas com os anjos. O bobo tinha outra oportunidade de bater nos circunstantes com a sua bexiga.[38]

Já se sugeriu que a noite de São João, o Solstício de Verão, era uma importante festa organizada em torno do tema da renovação (ver pp. 246-7). Essa festa adotava uma forma carnavalesca em algumas comunidades que tinham são João como santo padroeiro. Era o caso, por exemplo, de Chaumont, na diocese de Langres, onde as semanas que antecediam a festa eram dedicadas ao "desgoverno", organizado, ou antes, desorganizado por demônios. Os demônios, um tanto parecidos com os "caldeus" russos, atiravam fogos de artifício na multidão, corriam pela cidade nas noites de domingo, aterrorizavam o campo e cobravam taxas no mercado. Essas atividades eram interpretadas como uma representação do poder do Demônio sobre o mundo, que durava até a festa de são João. Florença também era dedicada a são João Batista, e sua festa vinha marcada não só por peças religiosas, procissões e carros alegóricos, mas também por fogueiras gigantes, fogos de artifício, corridas, partidas de futebol, touradas e *spiritelli*, homens com andas. No norte e leste da Europa, a noite de São João era uma festa particularmente importante durante nosso período, fosse porque as reminiscências pagãs eram mais fortes ou porque os rituais públicos que ocorriam no Carnaval em países mediterrânicos e em Maio na Inglaterra ficariam melhor nesses climas mais frios se adiados para junho. Na Estônia do século XVI, a noite de são João era marcada, segundo um pastor luterano, por "chamas de alegria por todo o país. Em torno dessas fogueiras, o povo dançava, cantava e pulava com grande prazer, e não poupava as grandes gaitas de foles [...] traziam-se muitos carregamentos de cerveja [...] que desordem, prostituição, brigas, mortes e medonha idolatria lá ocorriam!". Na região rural em torno de Riga, um outro pastor luterano descreveu a festa da noite de são João em termos mais simpáticos, no final do século XVIII. Seu nome: J. G. Herder (ver p. 26 ss.).[39]

A ênfase do Carnaval em comida e bebida parece ausente dessas festas de primavera e verão, mas o povo se compensava no outono. Comer e beber eram o ponto alto da ceia da colheita oferecida aos ceifadores, embora não se esquecessem outras diversões: "Um rabequista tem que tocar para eles quando enchem a barriga, indo para o celeiro e dançando no chão de madeira até que pingam suor, havendo um canecão de cerveja à mão para eles e um pedaço de fumo para cada". Isso foi em Cardiganshire, em 1760. Na Sicília, poucos anos depois, um visitante francês observou que "depois da colheita os camponeses comemoram uma festa popular, uma espécie de orgia", dançando ao som de tambores; "uma moça vestida de branco montada num asno [...] é cercada por homens a pé que trazem molhos de trigo nos braços e cabeça, e parecem homenageá-la com eles". Na Inglaterra, havia um igualitarismo carnavalesco no decorrer das festividades. Na ceia da colheita, conta-nos um observador do século XVIII, "o criado e seu patrão são iguais e tudo é feito com igual liberdade. Sentam-se à mesma mesa, conversam juntos livremente, e passam o resto da noite dançando, cantando etc., sem nenhuma diferença ou distinção".[40]

Outros rituais outonais de comidas e bebidas eram as festas de são Bartolomeu (25 de agosto) e são Martinho (11 de novembro). São Bartolomeu, que se dizia ter sido esfolado vivo, era um padroeiro adequado, ainda que horrível, para os açougueiros.

Em Bolonha e Londres, seu dia era ocasião de algumas comemorações carnavalescas. Em Bolonha, era chamado "a festa do porco", que era levado em triunfo e, em seguida, morto, assado e distribuído. Em Londres, o mesmo dia era a ocasião da feira de são Bartolomeu, realizada em Smithfield, centro do setor de carnes de Londres. A peça de Ben Jonson descreve com precisão os principais ingredientes dessa festa: porcos de Bartolomeu (vendidos em barracas com uma cabeça de porco como tabuleta), pão de gengibre, teatro de bonecos e vários dias de bagunça autorizada. Na França, Alemanha e Países Baixos, o dia de são Martinho era uma grande ocasião, quando o povo obedecia alegremente à ordem da canção "beba o vinho de Martinho e coma ganso" (*trinck Martins wein und gens isz*), tanto mais alegremente porque em alguns lugares, como em Groningen, no início do século XVII, era costume que os estalajadeiros servissem ganso assado de graça.[41]

As execuções públicas, a "entrada" solene de pessoas importantes na cidade, a comemoração de vitórias (ou coroações, ou ainda o nascimento de filhos dos reis) e, pelo menos na Inglaterra do século XVIII, as eleições parlamentares, eram todas elas ocasiões carnavalescas. As eleições, notadamente em Westminster, eram oportunidade para se comer, beber, cantar e brigar nas ruas, e terminava com um ritual de triunfo, o "carregamento" do candidato vitorioso. A violência e o êxtase de tais ocasiões foram captados e preservados para nós por Hogarth. As vitórias significavam festejos, fogos de artifícios e fogueiras; a entrada dos reis significava a construção de arcos do triunfo, discursos, batalhas simuladas, fontes que jorravam vinho e moedas atiradas à multidão.

Um ritual muito mais comum nos inícios da Europa moderna era a execução. Era uma encenação teatral cuidadosamente manipulada pelas autoridades para demonstrar ao povo que o crime não compensava. Daí a objeção do dr. Johnson à abolição dos enforcamentos públicos:

Sir, as execuções se destinam a atrair espectadores. Se elas não atraem espectadores, não preenchem sua finalidade.

A execução começava com um desfile dos condenados e seus guardas, como, por exemplo, a caminhada até Tyburn, e os condenados seguiam em carroças com cordas no pescoço. A seguir, subiam ao cadafalso, palco onde seria desempenhado seu último ato. O clero os aguardava. Os condenados podiam ter permissão para se dirigir à multidão, para declarar seu arrependimento ou (como em Montpellier, em 1554) relatar seus crimes em versos. Se o criminoso tinha fugido, ele podia ser enforcado simbolicamente, procedimento que devia lembrar o Carnaval aos espectadores. Os condenados presentes eram decapitados, enforcados, queimados ou supliciados na roda, e o sinistro ritual terminava com "a estripação e o esquartejamento", a exibição das cabeças nos portões da cidade e, evidentemente, a venda de baladas que contavam seus últimos momentos. Se o criminoso era padre, seria solenemente "degradado" ou "secularizado" antes da execução, como Savonarola e dois outros frades em 1498, no cadafalso na principal praça de Florença: "Estavam vestidos com todos os seus trajes, que foram retirados um por um, com as palavras apropriadas para a degradação [...] a seguir suas mãos e rostos foram depilados, como é habitual nessa cerimônia".

Formas mais brandas de castigo público também eram apresentadas de modo teatral, como o açoitamento do condenado amarrado atrás da carroça, através do centro da cidade ou, o mais carnavalesco de todos, o castigo por prática de medicina sem as habilitações formais: "Essas pessoas são postas de costas num burro, com a cauda nas mãos em lugar das rédeas, e são conduzidas dessa maneira pelas ruas".[42] Essas apresentações exigiam a participação do público, da mesma forma que o Carnaval; ofereciam oportunidades semelhantes para o sadismo, atirando-se lama e pedras nos criminosos à medida que passavam, como no caso dos judeus que corriam em Roma. A finalidade do tronco e do pelourinho era em parte o escarmento público, em parte a exposição do infrator à violência da multidão. No entanto, os espectadores nem sempre reagem como espera ou quer o autor da peça, e a multidão não interpretava necessariamente esses procedimentos da mesma maneira que as autoridades. Eles podiam simpatizar com o criminoso, e a execução era estruturada de tal modo que os espectadores tinham condições de exprimir essa simpatia. Para tomar dois exemplos ingleses: quando Lilburne foi açoitado pela Fleet Street até Westminster, em 1638, ele foi amparado pela multidão, e quando Defoe enfrentou o pelourinho do Tribunal, em 1703, ao invés das habituais pedras ou lixo, atiraram-lhe flores. Nas execuções, principalmente em Tyburn, no século XVIII, os rituais oficiais tinham de coexistir com rituais populares que apresentavam o carrasco como vilão e o criminoso como herói. Moças nos degraus da igreja do Santo Sepulcro atirariam flores e enviariam beijos aos condenados, à medida que passavam. A atmosfera de Carnaval em Tyburn tem sido frequente tema de comentários.[43]

Carnavalescos eram também os rituais de justiça popular, sendo o mais famoso o *charivari*. Um *charivari*, para seguir uma famosa definição inglesa do século XVII, era uma "difamação pública", mais especificamente "uma balada infame (ou infamante) cantada por um bando de pessoas instaladas sob a janela de um velho caduco casado, no dia anterior, com uma jovem libertina, em caçoada de ambos". Normalmente vinha acompanhada de uma "música grosseira" (a *Katzenmusik* alemã, a *ketelmusik* holandesa), tal como batidas em panelas e caçarolas; em outras palavras, era uma serenata de gozação. O *charivari* era conhecido por toda a Europa, de Portugal à Hungria, embora os detalhes do ritual e também a escolha da vítima pudessem variar. Não era apenas o velho casado com a moça (ou vice-versa) que podiam ser objeto de um *charivari*, mas qualquer um que estivesse se casando pela segunda vez, uma moça que se casava fora da aldeia, um marido que era cornudo ou apanhava da mulher. Essa caçoada pública podia ser adiada até o Carnaval, quando os insultos eram permitidos, e podiam ser organizados por sociedades como a Abbaye des Conards, em Rouen, ou a Badia degli Stolti, em Turim, que desempenhavam papéis importantes no Carnaval. A vítima, ou seu vizinho, ou um retrato dela, podia ser levada pelas ruas, montada de costas num burro, provavelmente para mostrar que essas quebras das convenções matrimoniais invertiam a ordem das coisas — e o bater em panelas e caçarolas fornecia uma espécie de "música de ponta-cabeça". O ritual podia ser empregado fora do contexto do casamento, contra pregadores ou senhores rurais; na França do século XVII, os coletores de impostos eram expulsos das cidades que visitavam numa espécie de *charivari*. E, ainda, as figuras impopulares podiam ser enforcadas ou queimadas simbolicamente, como o "Carnaval"; com efeito, se fosse possível compilar um registro de todos os que foram publicamente liquidados simbolicamente entre 1500 e 1800, ele nos revelaria muito sobre a cultura popular dos inícios da Europa moderna. Nessa lista, destacar-se-iam Judas, Machiavelli, Guy Fawkes, cardeal Mazarino, Tom Paine e, evidentemente, o papa.[44]

Num certo sentido, toda festa era um Carnaval em miniatura, na medida em que era uma desculpa para a realização de desordens e se baseava no mesmo repertório de formas tradicionais, que incluíam procissões, corridas, batalhas simuladas, casamentos simulados e falsas execuções (ver p. 171). O emprego do termo "carnavalesco" não pretende supor que os costumes da Terça-Feira Gorda fossem a origem de todos os outros; ele apenas sugere que as grandes festas do ano tinham rituais em comum, e que o Carnaval constituía um agrupamento especialmente importante de tais rituais. Pensar nas festas religiosas dos inícios da Europa moderna como pequenos carnavais está mais perto da verdade do que concebê-las como graves rituais sóbrios à maneira moderna.

CONTROLE SOCIAL OU PROTESTO SOCIAL?

Até aqui, encaramos as festas populares basicamente em termos do seu significado para os participantes, mas essa abordagem não é a única possível. Os antropólogos sociais que estudam mitos e rituais em muitas partes do mundo têm acentuado que esses mitos e rituais desempenham funções sociais, quer os participantes tenham consciência disso ou não. Poderemos dizer o mesmo em relação aos inícios da Europa moderna? Quais eram, por exemplo, as funções do Carnaval? Algumas funções das festas populares parecem bem evidentes. Elas eram diversão, pausa bem-vinda na luta diária pela subsistência; ofereciam ao povo algo pelo que ansiar. Elas celebravam a própria comunidade nas suas habilidades em montar um bom espetáculo, e talvez a zombaria contra os forasteiros (judeus no Carnaval romano, camponeses no de Nuremberg) fosse, entre outras coisas, uma expressão teatralizada da solidariedade comunitária. Na festa de são João Batista, em Florença, alguns rituais expressavam a subordinação de outras comunidades a essa capital de um império. As festas também ofereciam oportunidade para que diferentes grupos da mesma comunidade competissem entre si, o que muitas vezes era ritualizado sob a forma de batalhas simuladas, como as batalhas nas pontes de Veneza ou Pisa ou as partidas de futebol em Florença, mas também podia ser expresso nos esforços de diferentes paróquias, guildas ou bairros da cidade para apresentarem exibições melhores do que seus rivais. Um padre de Provins, na Champagne, escreveu em 1573 que as procissões locais exprimiam "rivalidade entre as igrejas" (*envye d'une église sur l'aultre*).[45]

O ritual do *charivari* parece ter servido à função de controle social, no sentido em que era o meio utilizado por uma comunidade, aldeia ou paróquia urbana para expressar sua hostilidade a indivíduos que saíam da linha, e dessa forma desencorajar outras possíveis transgressões aos costumes. Fazer com que as mulheres solteiras empurrassem um arado pelas ruas durante o Carnaval era uma maneira de incentivá-las a encontrar marido. Os rituais de execução pública também podiam ser vistos como forma de controle social, na medida em que havia um consenso da comunidade quanto à perversidade do crime. Fora da pequena comunidade, a expressão "controle social" se torna enganadora, e é preciso parar e perguntar quais os grupos que estão usando o ritual para controlar quais outros grupos. As classes dominantes, que conheciam sua história romana, tinham consciência das utilidades do "pão e circo" ou do *pan, toros y trabajo*, programa que Valenzuela, favorito real espanhol, apresentou em 1674.[46] O ritual oficial em Tyburn expressava a tentativa das classes dominantes em controlar as pessoas comuns, ao passo que os rituais não oficiais expressavam protesto contra tais tentativas. O uso do ritual no conflito social se mostra ainda mais claramente em Palermo, em 1647. O conflito foi desencadeado por um aumento no preço do pão. Uma multidão dirigiu-se para a casa de um funcionário público impopular, para atear fogo a ela, e conseguiu despedaçar as janelas, ação que podia ser interpretada como expressão do seu furor, mas também como uma tentativa de pressionar o governo por vias não oficiais, mas costumeiras. A multidão foi detida por alguns frades carmelitas, que se dirigiram a ela carregando a hóstia, de modo que todos tiveram de cair de joelhos. Aqui vemos o uso do ritual religioso como forma de controle da multidão.[47]

Esses exemplos são bastante óbvios. A análise funcional é mais interessante quando é mais paradoxal, isto é, quando os rituais que aparentemente expressam protesto contra a ordem social são interpretados como contribuições a essa mesma ordem. Vários antropólogos sociais, notadamente o falecido professor Max Gluckman, levantaram esse tipo de interpretação. Na Zululândia, logo antes da colheita, as moças solteiras costumavam vestir roupas masculinas, portar escudos e azagaias, cantar cantigas obscenas e conduzir o gado, atividades essas normalmente restritas aos homens. Os suázis insultavam e criticavam seu rei por ocasião de certas festividades. Gluckman explica essa "liberdade no ritual", como ele a chama, em termos de sua função social: "A suspensão dos tabus e restrições normais serve obviamente para reforçá-los". Protestos aparentes contra a ordem social, essas ações de fato "se destinam a preservar e até fortalecer a ordem estabelecida". Gluckman chega a sugerir que, onde a ordem social é seriamente questionada, não ocorrem "ritos de protesto". De forma parecida, Victor Turner, num estudo comparativo de rituais de inversão de *status*, afirma que os rituais levam a "uma experiência de êxtase", um sentido exaltado de comunidade, seguida por um "retorno sóbrio" à estrutura social normal. "Ao converterem o baixo em alto, e o alto em baixo, eles reafirmam o princípio hierárquico."[48]

Essas análises terão alguma relevância para os inícios da Europa moderna? Certamente. Assim como as moças zulus vestem roupas de homem uma vez por ano, o mesmo faziam as mulheres venezianas. Assim como os suázis podiam criticar as autoridades durante certas festividades, da mesma forma se passava com os espanhóis. O "mundo de cabeça para baixo" era regularmente reapresentado. Por que as classes altas o permitiam? É como se elas tivessem consciência de que a sociedade em que viviam, com todas as suas desigualdades de riqueza, *status* e poder, não pudesse sobreviver sem uma válvula de segurança, um meio para que os subordinados purgassem seus ressentimentos e compensassem suas frustrações. Eles não empregavam o termo "válvula de segurança", pois as caldeiras, até o início do século XIX, não vinham equipadas com esse dispositivo, mas referiam-se ao mesmo ponto através de metáforas tecnicamente mais simples. Alguns clérigos franceses defenderam a festa dos Bobos em 1444 nos seguintes termos:

> Fazemos essas coisas de brincadeira e não a sério, tal como é o antigo costume, de modo que uma vez por ano a tolice inata em nós pode sair e se evaporar. Não é tão comum que os odres e barris de vinho estourem se o respiradouro (*spiraculum*) não é aberto de tempos em tempos? Nós também somos velhos barris [...]

De modo semelhante, um visitante inglês na Itália, em meados do século XVII, explicou o Carnaval romano aos seus conterrâneos: "Tudo isso é permitido aos italianos para que possam dar uma pequena vazão aos seus espíritos que foram abafados durante um ano inteiro e estão prestes também a sufocar com a gravidade e melancolia".[49] A teoria das festas como válvulas de escape tem muito a recomendá-la. Ela chama a atenção para uma série de características do Carnaval a que se deu muito pouca ênfase nessas últimas páginas. Por exemplo, ajuda a explicar a importância da violência, que, ao contrário da comida e do sexo, não era um elemento reprimido durante a Quaresma. Por outro lado, os rapazes podiam expressar abertamente o seu desejo por damas de *status* social superior, e senhoras respeitáveis podiam andar pelas ruas. O uso de máscaras ajudava as pessoas a se libertar dos seus eus cotidianos, conferindo a todos um senso de impunidade como o manto da invisibilidade dos contos folclóricos.

Um outro ponto a favor da teoria é a sua sugestão quanto a uma vazão controlada de energia. A expressão dos impulsos sexuais e agressivos era estereotipada e assim, canalizada. As máscaras não só liberavam os mascarados dos seus papéis cotidianos, mas impunham-lhes novos papéis. Em Roma, os policiais ou *sbirri* distribuíam-se em grande número pelas ruas, para garantir que os foliões não fossem longe demais; apesar do provérbio, não era verdade que "no Carnaval tudo é permitido". Daí a necessidade do simbolismo, das canções com duplo sentido, da agressão sublimada no ritual. O julgamento, execução e enterro do "Carnaval" podiam ser interpretados como uma demonstração ao público de que se encerrara o prazo de êxtase e liberdade, e que se devia fazer "um retorno sóbrio" à realidade cotidiana. As comédias, encenadas durante o Carnaval e construídas em torno de situações de inversão, como o juiz no tronco, frequentemente terminam de modo parecido, com um lembrete aos espectadores de que é hora de se pôr novamente o mundo em seu lugar.[50]

Apesar do grande valor da teoria da "válvula de escape" ou "controle social", não basta interpretar apenas nesses termos os carnavais e outras festas dos inícios da Europa moderna, seja porque a Europa nesse período fosse um grupo de sociedades mais estratificadas do que a África de Max Gluckman e Victor Turner, seja porque os antropólogos, até o final dos anos 1960, tenham se interessado pelo consenso em detrimento do conflito.

Seja como for, na Europa entre 1500 e 1800, os rituais de revolta efetivamente coexistiram com um sério questionamento da ordem social, política e religiosa, e por vezes um se converteu no outro. O protesto se expressava em formas ritualizadas, mas o ritual nem sempre bastava para conter o protesto. O barril de vinho às vezes fazia saltar a tampa.

As autoridades de vez em quando tinham consciência do problema, como sugerem muitos éditos contra o porte de armas durante o Carnaval e, ainda mais intensamente, uma controvérsia em Palermo em 1648. O ano de 1647 fora, como acabamos de ver, um ano de distúrbios, que os historiadores modernos às vezes descrevem como uma "revolução". O vice-rei que governava a Sicília em nome do rei da Espanha pretendia que o Carnaval de 1648 fosse mais grandioso do que o usual, a fim de distrair o povo. No entanto, alguns nobres discordavam dessa política, e um deles expôs o receio de que, "sob o pretexto dessas aglomerações do povo para esses espetáculos ridículos, espíritos facciosos fossem capazes [...] de incentivar algum novo motim". O cardeal arcebispo de Nápoles cancelara a festa de são João Batista em 1647 por razões semelhantes. Festas significavam que os camponeses viriam à cidade e todos ocupariam as ruas. Muita gente estava mascarada, e alguns armados. A excitação da ocasião e o maciço consumo de álcool significavam menor inibição em se expressar a hostilidade contra as autoridades ou indivíduos particulares. Acrescente-se a isso uma má colheita, um aumento nos impostos, uma tentativa de introduzir, ou proibir, a Reforma; e tem-se uma mistura potencialmente explosiva. Poderia haver uma "transferência" de códigos, passando-se da linguagem do ritual para a linguagem da rebelião. Para passarmos do ponto de vista das autoridades para o ponto de vista mais impalpável do povo, bem podia ser que alguns dos excluídos do poder vissem o Carnaval como uma oportunidade para dar a conhecer suas opiniões e assim proceder a uma transformação.[51]

Os motins podem ser encarados como uma forma extraordinária de ritual popular. Evidentemente, os motins e rebeliões não são apenas rituais; são tentativas de ação direta, e não de ação simbólica. Mesmo assim, os rebeldes e amotinados empregavam rituais e símbolos para legitimar sua ação. Como o nome nos lembra, a rebelião dos condados do norte da Inglaterra em 1536 assumiu a forma de uma peregrinação, a "peregrinação da Graça", em que os rebeldes marcharam atrás de um estandarte com as Cinco Chagas de Cristo. Na Normandia, em 1639, os rebeldes marcharam atrás do estandarte de são João Batista. Os motins adotavam principalmente os rituais do *charivari* e do Carnaval, pois os rituais de deposição, destruição e difamação — a queima dos retratos, por exemplo — adequavam-se aos protestos que os amotinados pretendiam fazer. Eles, entretanto, não se detinham aos retratos; em Nápoles, em 1585, o linchamento de um funcionário impopular foi precedido por uma procissão simulada, em que ele foi conduzido pelas ruas "com as costas voltadas e sem barrete" (*con le spalle voltate e senza berretta*), como se passasse por um *charivari*.[52]

Os motins e rebeliões frequentemente ocorriam por ocasião das principais festas. Na Basileia, por muito tempo lembrou-se o massacre que ocorreu na Terça-Feira Gorda de 1376, que ficou conhecido como *böse Fastnacht* ("mau Carnaval"), assim como os londrinos se lembravam do "evil May Day" de 1517 que se tornou um motim contra os estrangeiros. Em Berna, em 1513, o Carnaval converteu-se numa revolta camponesa. Durante as guerras religiosas na França, os festejos eram altamente passíveis de degringolar em violência. Em Romans, Dauphiné, as danças e mascaradas organizadas por um dos "reinados" para o Carnaval de 1580 traziam a mensagem de que "os ricos da cidade se enriqueceram às custas dos pobres", e a ocasião redundou num massacre, primeiro na cidade e a seguir no campo, onde os fidalgos locais "passavam caçando pelas aldeias, matando os camponeses como se fossem porcos". É fácil multiplicar os exemplos. Em Dijon, em 1630, o Carnaval se desdobrou num motim no qual os vinicultores tomaram a liderança. A grande revolta da Catalunha começou no dia de uma das maiores festas espanholas, o Corpus Christi. Houve um sério motim em Madri no domingo de Ramos de 1766. Não é de admirar que os membros das classes altas frequentemente sugerissem que se deviam abolir determinadas festas, ou que a cultura popular estava necessitando de reforma. As tentativas de reformá-la constituem o tema do próximo capítulo.[53]

Parte 3
TRANSFORMAÇÕES NA CULTURA POPULAR

8. A VITÓRIA DA QUARESMA: A REFORMA DA CULTURA POPULAR

A PRIMEIRA FASE DA REFORMA, 1500-1650

Um dos quadros mais famosos de Brueghel é o *Combate entre o Carnaval e a Quaresma*, no qual um gordo escarranchado num barril luta com uma velha magra sentada numa cadeira. O significado literal desse quadro é bastante evidente, pois as batalhas simuladas entre essas duas figuras faziam parte corrente das festas de entrado (ver p. 252). Entretanto outros possíveis sentidos do quadro têm gerado maior debate. Sinto-me tentando a interpretar o "Carnaval", que pertence ao lado da taverna no quadro, como símbolo da cultura popular tradicional, e a "Quaresma", que pertence ao lado da Igreja, como o clero, que naquela época (1559) estava tentando reformar ou suprimir muitas festas populares. As razões de tal interpretação deverão ficar claras ao longo do capítulo.[1]

Gostaria de cunhar a expressão "reforma da cultura popular" para descrever a tentativa sistemática por parte de algumas pessoas cultas (daqui por diante referidas como "os reformadores" ou "os devotos") de modificar as atitudes e valores do restante da população ou, como costumavam dizer os vitorianos, "aperfeiçoá-los". Seria errôneo sugerir que os artesãos e camponeses não passavam de "receptáculos passivos" da reforma; o autoaperfeiçoamento foi um fato e existiram artesãos devotos, como os "pregadores artífices" na Inglaterra do século XVII. Contudo, a liderança do movimento estava nas mãos dos cultos, geralmente do clero.[2]

Esse movimento de reforma não foi monolítico, mas assumiu diversas formas de região para região e de geração para geração. Os católicos e protestantes nem sempre se opunham às mesmas práticas tradicionais ou, se se opunham, nem sempre era pelas mesmas razões. Mas essas variações não devem nos impedir de ver o movimento de reforma como um todo. O movimento teve dois lados, o negativo e o positivo. O lado negativo, descrito na primeira e terceira seção deste capítulo, consistia na tentativa de suprimir, ou pelo menos purificar, muitos itens da cultura popular tradicional — os reformadores podem ser vistos como "puritanos", pelo menos no sentido literal de que estavam fervorosamente preocupados com a purificação. O lado positivo do movimento, discutido na segunda seção, foi a tentativa de levar as reformas protestante e católica aos artesãos e camponeses.

Os dois lados do movimento podem ser vistos em sua maior clareza fora da Europa, onde os missionários, da China ao Peru, enfrentavam o problema de pregar o cristianismo num quadro cultural estranho. No entanto, os missionários também estavam ativos na Europa, enfrentando problemas nos "recônditos sombrios da terra", que às vezes comparavam aos dos seus colegas que trabalhavam nas Índias. Os jesuítas que pregavam em Huelva, a oeste de Sevilha, declararam no final do século XVI que os habitantes "pareciam mais índios do que espanhóis". Sir Benjamin Rudyerd disse na Câmara dos Comuns, em 1628, que existiam partes do País de Gales e do norte da Inglaterra "que eram parcas de Cristianismo, onde Deus era pouco mais conhecido do que entre os índios".[3]

Os reformadores objetavam particularmente contra certas formas de religião popular, como as peças de milagres ou mistérios, sermões populares e, acima de tudo, festas religiosas como os dias de santos e peregrinações. Também objetavam contra inúmeros itens da cultura popular secular. Uma lista abrangente atingiria proporções enormes, e mesmo uma lista curta teria de incluir atores, baladas, açulamento de ursos, touradas, jogos de cartas, livretos populares, *charivari*, charlatães, danças, dados, adivinhações, feiras, contos folclóricos, leituras da sorte, magia, máscaras, menestréis, bonecos, tavernas e feitiçaria. Um número considerável desses itens criticados associava-se ao Carnaval, de modo que não surpreende que os

281

reformadores concentrassem suas investidas contra ele. Além disso, proibiam — ou queimavam — livros, destruíam imagens, fechavam teatros, picavam mastros de Maio e dissolviam "abadias de desgoverno".

Essa reforma cultural não se restringiu ao popular, pois os devotos desaprovavam todos os tipos de peças. Mas fica-se com a impressão de que foram as recreações populares que arcaram com o maior impacto da investida. Quando o jesuíta italiano Ottonelli atacou os atores, ele distinguiu entre os *comedianti*, que atuavam em casas particulares para as classes altas, e os *ciarlatani*, que atuavam na praça do mercado, e reservou a força total do seu repúdio para estes últimos.[4] Todas as danças sofreram ataques, mas algumas danças tradicionais ou, como as chamaríamos, "danças folclóricas" foram escolhidas para uma condenação específica.

O que, segundo os reformadores, havia de errado na cultura popular? Eram duas as principais objeções religiosas, que Erasmo resume convenientemente em uma só expressão ao se referir ao Carnaval que presenciou em Siena em 1509, "não cristão". Em primeiro lugar, o Carnaval é não cristão por conter "vestígios do antigo paganismo" (*veteris paganismi vestigia*). Em segundo lugar, é não cristão pois nessa ocasião "o povo se entrega à licenciosidade" (*populus* [...] *nimium indulget licentiae*).[5] Esses pontos são reiteradamente repetidos pelos devotos, de modo que talvez seja o caso de considerá-los um pouco mais detalhadamente.

A primeira objeção pode ser considerada teológica. Os reformadores reprovavam muitos costumes populares por serem reminiscências pagãs, "superstições" no sentido original do termo. A ideia de que o Carnaval e outras grandes festas são reminiscências pré-cristãs tende a ser associada a sir James Frazer, mas de fato ela recua muito além. Muitos reformadores eram instruídos nos clássicos e observaram os paralelos entre as festas antigas e modernas. O luterano bávaro Thomas Naogeorgus, são Carlos Borromeu, arcebispo de Milão, e vários outros compararam o Carnaval moderno às bacanais dos tempos antigos. Jean Deslyons, cônego de Senlis, referiu-se à celebração costumeira da véspera de Reis como uma renovação do paganismo, "a invocação de Febo tirando-se sortes e augúrios em feijões". O teólogo puritano Thomas Hall comparou os jogos de Maio ingleses à antiga festa de Flora. Os costumes pagãos eram mais do que errôneos: eram diabólicos. Os deuses e deusas pagãos frequentemente eram tidos como demônios. Quando são Carlos denunciou peças como liturgia do Diabo, podia estar falando literalmente.[6]

Os reformadores protestantes foram mais longe e se referiram a muitas práticas oficiais da Igreja católica como sobrevivência pré-cristãs, comparando o culto da Virgem Maria ao culto de Vênus, e descrevendo os santos como sucessores dos deuses e heróis pagãos, que tinham assumido suas funções de curar doenças e proteger de perigos. São Jorge, por exemplo, era identificado como um novo Perseu, são Cristóvão como um segundo Polifemo. O *Pagano-Papismus* de Joshua Stopford, "ou um paralelo exato entre Roma pagã e Roma cristã em suas doutrinas e cerimônias", era uma comparação excepcionalmente elaborada, mas muitos dos seus pontos eram, ou vieram a ser, lugares-comuns.[7]

A magia também era denunciada como uma sobrevivência pagã. Circe e Medeia não foram feiticeiras? Os protestantes acusavam os católicos de praticar uma religião mágica, e os reformadores católicos estavam empenhados em expurgar da cultura popular os sortilégios e fórmulas mágicas. Maximilian von Eynatten, cônego da Antuérpia encarregado da censura local, escreveu um livro sobre o exorcismo e destruiu uma série de livretos populares devido às referências à magia neles presentes; o famoso *Os quatro filhos de Aymon* foi condenado em 1621 devido à adivinhação praticada por Maugis, tio dos quatro heróis.[8] São Carlos via o teatro como uma espécie de magia perigosa; um chavão teológico era o de que o Demônio era um mestre do ilusionismo. Inglaterra à parte, as bruxas foram caçadas em países protestantes e católicos não tanto por fazerem mal, mas por serem hereges, adeptas de uma falsa religião, adoradoras de deusas pagãs como Diana ou Holde. Algumas das ideias de Margaret Murray e de Frazer remontam aos devotos dos inícios da Europa moderna.

Alguns rituais populares se modelaram segundo a literatura cristã. Isso os reformadores reconheciam, mas não mudou muito a situação. Tais rituais eram denunciados como irreverentes, blasfemos, sacrílegos, escandalosos, ofensivos a olhos e ouvidos piedosos, profanadores dos mistérios sagrados e escarnecedores da religião. O costume tradicional de eleger bispos meninos ou abades dos tolos era visto pelos devotos como uma zombaria à hierarquia eclesiástica, e o sermão do bispo-menino foi mencionado, numa proclamação inglesa contra esse costume em 1541, como propenso "mais à ridicularização do que a qualquer verdadeira glorificação de Deus ou honra aos seus santos". O *charivari* também era visto como um escárnio ao sacramento do matrimônio. Os oficiais chapeleiros, alfaiates, seleiros e outros artesãos de Paris, cujos ritos de iniciação incluíam uma espécie de missa e a aspersão de água sobre a cabeça do iniciante, tiveram seus rituais condenados em 1655 por uma comissão de doutores em teologia que achavam que eles estavam "profanando o batismo sagrado e a santa missa". Os teólogos não conseguiam ver a diferença entre um batismo simulado e a ridicularização do batismo (ver p. 171).[9]

O sermão popular sofreu ataques por razões semelhantes. Erasmo declarou uma vez que um bom pregador devia jogar com as emoções da sua audiência por meio de suas palavras, e não contorcendo o rosto ou gesticulando como um bufão (*non scurrili corporis gesticulatione*), como faziam alguns frades italianos. Poder-se-ia pensar que esse comentário não passava da reação de um europeu do norte frente à linguagem corporal mais extrovertida e inflamada dos europeus do sul, mas as inúmeras reiterações dessa apreciação ao longo dos séculos XVI e XVII sugerem que vinha ocorrendo uma transformação na atitude das pessoas cultas. Gian Matteo Giberti, bispo de Verona, condenou os pregadores que "contam estórias ridículas e contos de velhas à maneira dos bufões (*more scurrarum*) e fazem a congregação rir às gargalhadas", e sua condenação foi retomada em muitos concílios religiosos, com frequência usando praticamente as mesmas palavras. Os protestantes concordavam. O grande pregador puritano William Perkins afirmou que "não é adequado, conveniente ou louvável que os homens promovam ocasião de risos nos sermões". Uma condenação ainda mais cabal da pregação popular foi a formulada pelo impressor Henri Estienne II, convertido ao calvinismo. Estienne reprovava os pregadores que faziam os ouvintes rir ou chorar, os pregadores que inseriam estórias absurdas ou fabulosas em seus sermões, os pregadores que empregavam pragas e expressões coloquiais "que podiam ter usado num bordel", e os pregadores que faziam comparações ridículas ou blasfemas, como aquela entre o Paraíso e uma estalagem espanhola.[10]

A peça religiosa popular frequentemente era atacada por razões semelhantes. Assim, em 1534, o bispo de Évora, em Portugal, proibiu peças sem uma permissão especial, "mesmo que elas representem a Paixão de Nosso Senhor Jesus Cristo, ou sua Ressurreição, ou o Natal [...] porque dessas peças surgem muitos inconvenientes, e elas muitas vezes escandalizam os que não são muito firmes em nossa santa fé católica, ao verem as desordens e excessos dessas encenações". Um ponto geralmente levantado contra o teatro profissional é o de que era impróprio que atores de maus princípios representassem as vidas dos santos. As procissões religiosas podiam ser condenadas se incluíssem animais ou crianças nuas (representando anjos).[11]

O ponto crucial em todos esses exemplos parece ser a insistência dos reformadores na separação entre o sagrado e o profano. Essa separação então se tornara muito mais aguda do que havia sido na Idade Média. Em outras palavras, a reforma da cultura popular era mais do que apenas um outro episódio na longa guerra entre os devotos e os não devotos, mas acompanhava uma importante alteração na mentalidade ou sensibilidade religiosa. Os devotos se empenhavam em destruir a tradicional familiaridade com o sagrado, pois acreditavam que a familiaridade alimenta a irreverência.[12]

A segunda grande objeção à cultura popular tradicional era moral. As festas eram denunciadas como ocasiões de pecado, mais particularmente de embriaguez, glutoneria e luxúria, estimulando a submissão ao mundo, à carne e ao Demônio — especialmente à carne. Não escapava aos devotos que o mastro de Maio era um símbolo fálico. As peças, cantigas e sobretudo as danças eram condenadas por despertar emoções perigosas e incitar à fornicação. Phillip Stubbes, o puritano elisabetano, atacou o que ele chamava de "o vício medonho da pestífera dança", dando aos participantes oportunidade para "apalpadelas imundas e toques impuros", e assim funcionando como "uma introdução à prostituição, um preparativo para a lascívia, uma provocação à impureza e um introito a todos os tipos de obscenidades". Algumas danças foram objeto de denúncia especial. O jesuíta espanhol Juan de Mariana mostrou-se particularmente veemente contra a *zarabanda*, e François de Caulet, bispo de Pamiers, no Languedoc, contra *la volto* [o rodopio]. Pode-se inferir o que havia de errado na *volto* a partir de uma ordem do senescal de Limoux, também no Languedoc, em 1666, que proibia danças nas quais os rapazes lançassem as moças ao ar, "de uma maneira tão infame que o pudor nos obriga a ocultar a maioria daquilo que é exposto nu aos olhos dos participantes e circunstantes".[13]

Havia outros argumentos morais além deste sobre a indecência. Por exemplo, havia a questão de que os jogos e festividades eram ocasiões de violência. Thomas Hall citou "um dito corrente de que não existe festa sem algumas brigas", o que é confirmado em especial por um estudo sobre o Carnaval (ver p. 254). Stubbes criticou o futebol em termos semelhantes, como "um jogo assassino" ou "uma espécie amistosa de luta". Outro dos seus pontos era que o açulamento de ursos é perverso por ser cruel: "Deus se ofende quando suas criaturas são maltratadas". Com um tom parecido, Mariana condenou as touradas devido à crueldade com os touros. No limiar entre a moral e a política, encontramos o argumento de que as canções populares apresentavam os criminosos como heróis com uma frequên-

286

cia excessiva. Em 1537, Robert Crowley escreveu a Thomas Cromwell queixando-se dos "harpistas" e "versejadores" que louvam os assaltos como "valentia". A associação entre festa e revolta (ver pp. 274-5) era bastante óbvia, e assim, por exemplo, a famosa Compagnie de la Mère Folle, em Dijon, foi abolida em 1630, devido às ofensas contra o "descanso e tranquilidade" da cidade.[14]

Um outro argumento moral contra muitas recreações populares era a sugestão de serem "vaidades", desagradando a Deus por desperdiçarem tempo e dinheiro. É este o centro do ataque à "loucura" do Carnaval que o advogado Sebastian Brant, de Estrasburgo, acrescentou à segunda edição, em 1495, da sua famosa sátira *A nau dos loucos*. Num veio parecido, o moralista inglês Robert Crowley denunciou as cervejarias como "locais de desperdício e excesso", "abrigo de gente que vive no ócio". Se o clero desaprovava as tavernas por desviar as pessoas da Igreja, o governo inglês, por seu lado, desaprovava-as por desviar as pessoas da prática da arte de manejar o arco, tão importante na guerra. Os reformadores italianos usaram argumentos parecidos. O arcebispo Gabriele Paleotti, de Bolonha, levantou objeções contra as peças teatrais em parte porque estimulavam os aprendizes e meninos de escola a faltarem às aulas, ao passo que um *Discurso contra o Carnaval*, de um anônimo italiano, publicado em 1607, critica as "despesas supérfluas" dessa época, e lamenta a falta de "frugalidade, ordem, prudência".[15]

Em suma, encontramos nesse período duas éticas ou modos de vida rivais em conflito aberto. A ética dos reformadores se fundava na decência, diligência, gravidade, modéstia, ordem, prudência, razão, autocontrole, sobriedade e frugalidade, ou, para empregar uma expressão celebrizada por Max Weber, "ascetismo mundano" (*innerweltliche Askese*). Foi um tanto enganoso de sua parte chamá-la de "ética protestante", visto que podia ser encontrada tanto em Estrasburgo, Munique e Milão católicas como na Londres, Amsterdam e Genebra protestantes. É tentador chamá-la de "ética pequeno-burguesa", pois viria a se tornar típica dos comerciantes. A ética dos reformadores estava em conflito com uma ética tradicional mais difícil de se definir, pois tinha menos clareza de expressão, mas que envolvia uma ênfase maior nos valores da generosidade e espontaneidade e uma maior tolerância em relação à desordem.[16]

Venho descrevendo a reforma da cultura popular como um movimento europeu geral, a despeito das diferenças de credo religioso. Na metade do século XVII, os teatros foram fechados tanto na Madri católica como na Londres protestante, e por razões semelhantes. É natural que um historiador ocidental se mostre mais hesitante em atravessar a fronteira da Igreja ortodoxa, mas há razões para crer que também vinha-se dando uma reforma parecida na Rússia.[17]

Em 1551, um famoso concílio eclesiástico russo, o dos *Stoglav* ou "cem cônegos", denunciou os jogos de "origem grega e invenção diabólica" que eram realizados na noite de são João e durante a época do Natal (ver p. 262-3). O povo também foi proibido de consultar curandeiros ou mágicos populares. Denúncia especial coube aos *skomorokhi*, pois os homens se vestiam de mulher, as mulheres de homem, e tinham ursos "para seduzir as pessoas simples".[18]

No entanto, o auge do movimento de reforma russo parece ter ocorrido em meados do século XVII, associado aos chamados "filoteístas" ou "fanáticos", como o arcipreste Neronov e seu discípulo, o arcipreste Avvakum, cuja autobiografia tornou-o uma das pessoas mais conhecidas da Rússia do século XVII. O czar Alexis apoiava os fanáticos, e em 1648 lançou um édito "sobre o endireitamento dos princípios morais e a abolição da superstição", contra danças, rabequistas, mágica, máscaras, menestréis (*skomorokhi*) e a "égua demoníaca", referência ao "cavalo" que ia de casa em casa durante os doze dias de Natal.[19]

Até que ponto eram próximos os paralelos entre a Europa oriental e a Europa ocidental? Para ajudar a responder essa pergunta, pode ser útil comparar as seguintes passagens, que descrevem o impacto da reforma no nível da aldeia.

Lembro que, sendo avisado num dia de festa que alguns atores ambulantes estavam encenando uma farsa num palco que tinham erguido, fui para lá com alguns oficiais de justiça. Subi no palco, arranquei a máscara do rosto do ator principal, tirei a rabeca do homem que estava tocando e a quebrei, e fiz com que descessem do palco, o qual mandei que os oficiais de justiça derrubassem.

Chegaram em minha aldeia ursos dançarinos com tambores e alaúdes, e eu, embora mísero pecador, era zeloso servidor de Cristo e os expulsei e destruí a máscara do bufão e os tambores [...] e dois grandes ursos eu peguei — um caceteei até perder os sentidos, mas ele se reanimou, e o outro deixei seguir para o campo aberto.

As duas passagens foram escritas na metade do século XVII. A primeira é do cura de Nanterre, que naqueles tempos ainda era uma aldeia rural; a segunda faz parte da autobiografia do arcipreste Avvakum. Elas dão a impressão de que as trupes ambulantes de *bateleurs* e *skomorokhi* tinham muito em comum, e também muito em comum os reformadores que tentavam eliminá-las.[20]

É importante ver o movimento de reforma como um todo, mas não ao preço de fazê-lo parecer monolítico; assim, é hora de dizer algo sobre as variações. Avvakum era um reformador em início de carreira, mas defendeu a religião popular tradicional contra as reformas litúrgicas posteriormente introduzidas pelo seu velho aliado Nikon, depois que este passou a ser o patriarca de Moscou.[21] Os reformadores católicos e protestantes não tinham a mesma hostilidade em relação à cultura popular, e, quando eram hostis, não era pelas mesmas razões. A reforma católica tendia a significar modificações; a reforma protestante era mais inclinada a eliminações. Alguns argumentos pela reforma são especificamente protestantes, como a ideia de que as festas são resquícios do papismo. Os protestantes usualmente querem abolir tanto os feriados religiosos como as festividades, e alguns se opõem tanto à Quaresma como ao Carnaval; Zwinglio, por exemplo, desencadeou ataques contra os jejuns. Alguns protestantes opunham-se a todos os dias santos além do domingo, outros eram contrários à própria ideia de festa, isto é, à ideia de que alguns dias são mais sagrados do que outros. Muitos protestantes eram igualmente radicais na crítica às imagens sagradas, que viam como "ídolos" que deviam ser destruídos.[22] As "cerimônias", tais como os "ídolos", eram atacadas como formas de religião exterior que se interpunham entre Deus e o homem, e tinham de ser abolidas. Mesmo os romances em brochura podiam cheirar a papismo. Quando *Pierre de Provence* foi traduzido para o alemão por um discípulo de Lutero, chamado Veit Warbeck, ele expurgou cuidadosamente o texto de suas numerosas referências aos santos.

Os católicos, por outro lado, insistiam que alguns dias eram mais sagrados que outros, mas essa própria insistência levou-os a objetar contra a profanação do tempo festivo — tempo sagrado — com atividades mundanas. Os reformadores católicos preocupavam-se com a tendência que o Carnaval mostrava de se estender até a Quaresma. Carlo Bascapè, bispo de Novara, atacou a teoria da recreação como "válvula de escape" (ver pp. 273-4), argumentando que seria impossível que alguém conseguisse guardar a Quaresma com a devoção adequada se tivesse se entregado ao Carnaval imediatamente antes.[23] Os reformadores católicos denunciavam a tradição de dançar ou encenar peças na igreja (e mesmo no adro), pois uma igreja é um local sagrado; pela mesma razão, eram contrários ao movimento das pessoas durante a missa ou à venda de artigos nos pórticos das igrejas. Proibiram que os leigos se vestissem como padres durante a época do Carnaval; isso era blasfêmia, pois os clérigos eram pessoas sagradas. Pela mesma razão, o clero foi proibido de participar das festas populares à maneira tradicional, dançando e usando máscaras como os outros; foram proibidos de assistir a peças, comparecer a touradas e até de gesticular com excessiva violência durante seus sermões, recebendo instruções para se conduzirem com a gravidade e o decoro condizentes com seu *status* sagrado. Os famosos ciclos de contos sobre padres trapaceiros, como *Der Pfaffe vom Kalenberg* e *Il Piovano Arlotto* (ver pp. 213-4), deixaram de ser impressos, pois seus heróis eram exemplos óbvios demais do velho tipo de pároco não reformado.

Como era de esperar, os reformadores católicos da cultura popular eram menos radicais do que os protestantes. Não atacavam o culto aos santos, mas apenas seus "excessos", tal como o culto a santos apócrifos, a crença em certas estórias, ou a esperança de favores mundanos, como curas e proteções. Eles queriam festas purificadas, mas não eliminadas. Em princípio defendiam as imagens, embora objetassem contra alguns exemplos específicos. A diferença entre as duas posturas pode ser simbolizada, se não resumida, pelo que aconteceu a são Jorge. Um livreto sobre a vida de são Jorge, publicado em Augsburg, em 1621, conta a estória de sua vida e martírio sem nenhuma referência ao dragão, que presumivelmente foi rejeitado como apócrifo. Eram comuns os quadros vivos sobre o dia de são Jorge na baixa Idade Média europeia; em Norwich, eles representavam são Jorge, santa Margarida e, evidentemente, um dragão. Os santos foram abolidos em 1552 pois "cheiravam a papismo", ao passo que o dragão, carinhosamente conhecido como *Old Snap*, sobreviveu até 1835. Assim, a reforma da cultura popular na Augsburg católica significava mostrar são Jorge sem o dragão; na Norwich protestante, significava mostrar o dragão sem são Jorge.[24]

A divisão dos reformadores entre católicos e protestantes ainda é simplista demais. Os luteranos, por exemplo, eram mais tolerantes do que os zwinglianos ou os calvinistas em relação às tradições populares, e as gerações posteriores nem sempre concordavam com seus antecessores. Para evitar uma simplificação excessiva, talvez seja útil esboçar a história do movimento da reforma de 1500 a cerca de 1650.

Por volta de 1500, já existiam alguns reformadores importantes como Sebastian Brant, já mencionado, e seu amigo Johann Geiler de Kaiserberg, padre em Estrasburgo. Geiler objetava contra comidas, bebidas, danças e jogos durante as festas da Igreja, considerando-as como "a ruína do povo" (*des gemeinen Volks Verdebnis*). Ele se mostrou particularmente hostil ao costume local do *Roraffe*. No Pentecostes, um bufão escondido atrás de uma estátua com aquele nome, na catedral de Estrasburgo, cantava e fazia palhaçadas durante o ofício divino. Na mesma época, Girolamo Savonarola vinha tentando empreender reformas parecidas em Florença. Poucos dias antes do Carnaval de 1496, ele pregou um sermão sugerindo que "os rapazes deviam coletar esmolas para os pobres respeitáveis, ao invés de brincadeiras doidas, atirando pedras e fazendo carros alegóricos".[25]

Esses ataques às recreações populares não eram propriamente novos em 1500. No início do século XV, são Bernardino de Siena denunciara o costume de encenar as festas de Natal; Jean Gerson, a festa dos Bobos; e Nicolau de Clamanges, as vigílias nas igrejas: "Eles fazem vigílias, mas são perversas e desavergonhadas. Alguns dançam nas próprias igrejas e cantam cantigas obscenas, outros [...] jogam dados". Podemos recuar ainda mais. No século XIII, Robert Grosseteste censurou os clérigos que organizavam "peças que chamam de milagres e outras peças que chamam de apresentação de Maio ou do Outono". No século XII, Gerhoh de Reichersberg atacou todas as peças religiosas. Os ataques russos aos *skomorokhi* seguiam precedentes bizantinos, e assim podemos prosseguir, recuando no tempo até a época dos pais da Igreja, como Agostinho, que ficava chocado ao ver as pessoas vestidas com peles de animais no dia de Ano-Novo, e Tertuliano, que criticou a participação cristã nos *spectacula* (espetáculos de gladiadores) e nas *Saturnalia*. Essas condenações dos pais da Igreja eram muito conhecidas e influentes nos séculos XVI e XVII, e os inimigos do teatro citavam Tertuliano, traduzindo *spectacula* por "peças".[26]

Em suma, os religiosos parecem ter condenado a cultura popular em termos muito parecidos desde os primeiros dias do cristianismo em diante. Essa tradição de condenação sugere que a cultura popular é notavelmente resistente.[27] Ela também levanta uma clara objeção à tese central deste capítulo, mas a essa objeção talvez seja possível encontrar uma resposta.

As reformas medievais foram essencialmente esforços esporádicos realizados em nível individual. Não eram capazes de se difundir ou durar por muito tempo, devido à natureza das comunicações medievais. Para um bispo reformador, era difícil chegar aos recantos mais distantes de sua diocese com a frequência necessária para lá converter suas intenções em realidade, e ainda mais difícil era-lhe assegurar que suas reformas sobreviveriam a ele. Daí a resistência da cultura popular, e o fato de que, de Tertuliano a Savonarola, encontramos uma sucessão de reformadores com queixas essencialmente idênticas. Ao longo do século XVI, porém, os esforços esporádicos foram substituídos por um movimento de reforma mais coeso. Os ataques à cultura popular tradicional se tornaram mais assíduos, e multiplicaram-se as tentativas sistemáticas de retirar-lhe seu "paganismo" e "licenciosidade". Esse movimento, é claro, tem muito a ver com as reformas protestante e católica, pois a reforma da Igreja, tal como era entendida na época, necessariamente supunha a reforma do que chamamos cultura popular.

É verdade que Lutero encarava com relativa simpatia as tradições populares. Não se opunha totalmente a imagens ou santos, e não era um inimigo do Carnaval ou *Johannisnacht*: "Que os meninos tenham seus divertimentos" (*pueri etiam habeant suum lusum*) era sua atitude. Mas opunha-se aos contos de Till Eulenspiegel e ao padre de Kalenberg, por glorificarem a "velhacaria". Em todo caso, os luteranos eram mais estritos do que Lutero. Andreas Osiander, que ajudou a introduzir a reforma luterana em Nuremberg, opôs-se ao famoso *Schembartlauf* e conseguiu fazer com que fosse abolido. A tradicional peça da Sexta-Feira da Paixão também desapareceu. O luterano bávaro Thomas Naogeorgus sustentou um ataque generalizado às festas populares, como resquícios do papismo, em seu livro *O reinado papista*. Na Suécia luterana, os bispos comandaram a investida contra a "idolatria e superstição" (*avguderi och vidskapelse*), com uma atenção particular contra a magia e o culto das fontes.[28]

Zwinglio, Calvino e respectivos seguidores foram muito além de Lutero em sua oposição às tradições populares. Zwinglio mandou que fossem retiradas todas as imagens das igrejas de Zurique, em 1524, e elas não foram recolocadas depois de sua morte, em 1531. Calvino se opunha a peças e "canções obscenas" (*chansons deshonnêtes*) e, da Escócia à Hungria, seus adeptos destacaram-se entre os adversários das festas populares. Na França, em 1572, o sínodo calvinista de Nîmes proibiu até mesmo peças com temas bíblicos, pelo motivo de que a "santa Bíblia não nos foi dada para nos servir de passatempo". Na Escócia, de meados de 1570 em diante, houve um ataque continuado contra a comemoração do Natal, Solstício de Verão e outras festas com danças, cantos, fogueiras e peças.[29]

A oposição dos puritanos ingleses aos divertimentos populares é bastante conhecida e está bem documentada. Phillip Stubbes formulou uma denúncia generalizada contra os "senhores do desgoverno", os jogos de Maio, os festejos de Natal, cervejas nas igrejas, vigílias, açulamento de ursos, rinhas de galos e danças. Ironicamente, é pouco provável que gostasse de saber que a sua *Anatomy of abuses* [Anatomia dos abusos] (assim como *O reinado papista*) é lida hoje em dia principalmente por pessoas interessadas nos divertimentos populares que ele condenou. *Distraction of the Sabbath* [A perturbação do dia de Descanso], de J. Northbrooke, e *Dialogue against dancing* [Diálogo contra a dança], de C. Fetherston, eram obras contemporâneas com o mesmo espírito. Essas concepções tinham respaldo em altos círculos, notadamente junto a Edmund Grindal, arcebispo de York. Devido à pressão de Grindal e outros, a peça religiosa popular desapareceu no reinado de Elizabeth. Em Norwich, os "quadros vivos", como costumavam ser chamados, desapareceram em torno de 1564; em Worcester, por volta de 1566; em York, aproximadamente em 1572; em Wakefield e

Chester, por volta de 1575; em Chelmsford, por volta de 1576; em Coventry, em torno de 1590.[30]

Na República Holandesa, as atitudes dos calvinistas eram igualmente severas, e a oposição a elas era menor. O sínodo de Edam (1586) proibiu o uso dos sinos e órgãos de igreja para tocar "canções impensadas e mundanas" (*lichtveerdige ende weereltlycke gesangen*). O sínodo de Doccum (1591) condenou "o toque de sinos para reunir jovens, erguer mastros de Maio, pendurar guirlandas e cantar canções e coros carnais sob ele". O sínodo de Deventer (1602) denunciou, entre outros "abusos", as peças e danças de espadas da Terça-Feira Gorda. O conflito entre o Carnaval e a Quaresma ainda estava em andamento nos meados do século XVII, quando o pregador holandês Petrus Wittewrongel pronunciou-se contra peças e mastros de Maio, ao passo que outro calvinista holandês, Walich Siewert, denunciava o costume de encher os sapatos das crianças, na festa de são Nicolau, "com todas as espécies de doces e ninharias" (*met allerley snoeperie ende slickerdemick*).[31]

Do lado católico, a tradição de Geiler e Savonarola teve seus seguidores na primeira metade do século XVI. Lá estava Erasmo, muito mais severo do que Lutero em relação à cultura popular, e entre os reformadores ativos estava Gian Matteo Giberti, o bispo de Verona. Se os exemplos anteriores a 1550 são isolados, não é mais o caso depois do concílio de Trento, que realizou suas últimas e mais decisivas sessões em 1562 e 1563. Nas suas tentativas de se contrapor às heresias de Lutero e Calvino, os bispos reunidos em Trento lançaram vários decretos para a reforma da cultura popular. Embora defendessem a tradição do uso de imagens nas igrejas, declararam:

> Na invocação dos santos, veneração das relíquias e uso sagrado das imagens, toda superstição deverá ser removida, toda busca imoral de ganho eliminada e toda lascívia evitada, de modo que as imagens não serão pintadas ou enfeitadas com encanto sedutor, nem a celebração dos santos e a visita às relíquias serão pervertidas pelo povo em festividades turbu-

lentas e bebedeiras, como se as festas em honra aos santos se celebrassem com orgias e não com um senso de decência.[32]

Vários sínodos e concílios paroquiais foram realizados na Europa católica nos meados dos anos 1560, de Rheims a Praga, de Haarlem a Toledo, para implantar localmente os decretos de Trento. Esse tipo de concílio já vinha condenando constantemente as falhas morais do clero ou os abusos na ministração dos sacramentos; o que havia de novo nos anos 1560 era a preocupação com a reforma das festas e as crenças do "povo inculto" (*indocta plebs*). Os índices de livros proibidos lançados no final do século XVI referiam-se basicamente a livros teológicos em latim, mas também proibiram algumas baladas e livretos populares, especialmente *Till Eulenspiegel* e *Reynard, a raposa*. O Índex português de 1624 proibiu uma série de obras religiosas populares, como O *testamento de Jesus Cristo, A ressurreição de Lázaro* e orações específicas a são Cristóvão e são Martinho, que supostamente concederiam a quem as rezasse tudo o que se quisesse, fosse escapar ao perigo ou lograr "grande vingança de inimigos".[33]

Em suma, dos anos 1560 em diante deu-se um movimento organizado dentro da Igreja católica, em apoio aos reformadores individuais. Já encontramos Carlos Borromeu, arcebispo de Milão, Gabriele Paleotti, arcebispo de Bolonha, e Carlo Bascapè, secretário e discípulo de são Carlos, que se tornou bispo de Novara. Os três davam grande importância à seriedade e modéstia do clero, e eram inimigos declarados das tavernas, peças e, acima de tudo, do Carnaval. De maneiras mais brandas, mas com ideias parecidas era são Francisco de Sales (chamado "bispo de Genebra", mas de fato bispo de Annecy). A esses bispos, deve-se acrescentar pelo menos um leigo católico, Maximiliano, duque da Baviera, que tomou grande interesse pessoal pela obra da reforma em seus domínios no início do século XVII, proibindo (entre outras coisas) mágicas, mascaradas, trajes curtos, banhos mistos, leituras de sorte, excessos na comida e bebida e linguagem "indecorosa" nos casamentos.[34]

Um indicador do impacto do movimento da reforma na cultura popular na Europa católica e protestante nos é dado pela história do teatro religioso. Em partes da França e Itália, parece ter chegado quase ao fim por volta de 1600. Em Paris, em 1548, a Irmandade da Paixão foi proibida de encenar suas costumeiras peças de mistério (embora deva-se acrescentar que o Supremo Tribunal de Paris permitiu que retomassem suas apresentações mais de 25 anos depois, em 1574 e novamente em 1577). Segundo o historiador da arte Giorgio Vasari, as peças de mistério praticamente cessaram em Florença no final dos anos 1540. De modo bastante curioso, continuaram-se a imprimir em Florença textos de peças religiosas tradicionais até o final do século XVI, mas por volta de 1625 elas também desaparecem. Em Milão, um concílio paroquial proibiu as peças religiosas em 1566, proibição esta que, para sua vigência, contou com ninguém menos que o próprio são Carlos; em 1578, as peças foram denunciadas pelo arcebispo de Bolonha, e em 1583 o concílio de Rheims proibiu totalmente as peças em dias de festa (*ludos theatrales* [...] *omnino prohibemus*). Em 1601, o governo dos Países Baixos espanhóis lançou um édito contra peças religiosas, por conterem "muitas coisas inúteis, desonrosas e intoleráveis, só servindo para depravar e corromper os princípios morais (*te corrumperen end bederven alle goede manieren*), especialmente os das pessoas simples e boas, com o que o povo fica chocado ou extraviado".[35] Na Inglaterra, ocorreu no Natal de 1594, no castelo de Wisbech, na ilha de Ely, um confronto revelador entre as velhas e as novas atitudes entre o clero católico, quando os padres foram presos pelo governo elisabetano. Havia dois grupos ou facções entre os padres em Wisbech, seculares e jesuítas, apoiando respectivamente o catolicismo tradicional e o catolicismo da Contrarreforma. No Natal, um cavalinho de pau foi levado até o salão de Wisbech, como parte dos festejos. O jesuíta William Weston, líder dos católicos da Contrarreforma, ficou chocado com este e outros "abusos grosseiros", os quais queria reformar. O líder dos católicos tradicionais, Christopher Bagshaw, ficou igualmente chocado com a intolerância de Weston.[36]

Se os próprios clérigos às vezes objetavam contra os reformadores, pode-se imaginar que os leigos nem sempre os recebiam com entusiasmo. Na Espanha, a segunda rebelião dos mouros das Alpujarras, que se iniciou em 1568, foi uma reação às tentativas de reforma à força de sua cultura popular, com proibições aos seus trajes, danças e rituais tradicionais. Em outros lugares, a oposição dos leigos se expressava, de modo bastante apropriado, pela pública ridicularização ritualizada dos reformadores. Em Nuremberg, onde a oposição ao *Schembartlauf* tradicional era liderada pelo pastor luterano Andreas Osiander, os foliões tiraram sua desforra em 1539 de modo verdadeiramente carnavalesco. Nesse ano, construíram seu carro alegórico com a forma de uma nau dos loucos, na qual se destacava o próprio Osiander, com seu hábito negro, e também atacaram sua residência. Em outras palavras, o protesto assumiu a forma de um *charivari* um tanto excêntrico. Em Bolonha, em 1578, o mesmo ano em que o arcebispo Paleotti denunciou as peças, temos o primeiro registro da queima de *la vecchia*, imagem da Quaresma. Paleotti estaria sendo ridicularizado da mesma forma como fora Osiander? Em Wells, em 1607, um negociante de roupas de nome John Hole opôs-se ao costume tradicional de cervejas nas igrejas. Os jogos de maio em Wells foram extremamente elaborados nesse ano, e os quadros vivos incluíram uma apresentação do *holing game*, uma sátira a John Hole e seus amigos. No entanto, nesses combates entre o Carnaval e a Quaresma, eram geralmente os devotos que tinham a última palavra. Entre 1550 e 1650, muitos costumes tradicionais foram abolidos. A metade do século XVII pode ser considerada como término de uma primeira fase na reforma da cultura popular, gerada pelas reformas católica e protestante, conduzida principalmente pelo clero e justificada com razões teológicas.[37] A ela se seguiria uma segunda fase, em que os leigos tomaram a iniciativa.

A CULTURA DOS DEVOTOS

A reforma da cultura popular até agora foi apresentada em termos negativos. É claro que os reformadores tinham ideais positivos, e em todo caso sabiam que não teriam possibilidade de êxito se não oferecessem ao povo algo para substituir as festas, canções e imagens tradicionais que estavam tentando abolir. Por isso, os devotos tentaram criar uma nova cultura popular; Lutero, por exemplo, organizou uma coletânea de hinos, "para dar aos jovens [...] algo que os afaste das baladas de amor e versos carnais, e ensine-lhes algo de valor em lugar destes".[38] Nesta seção, tentarei descrever as substituições católicas e protestantes. Sobre a cultura ortodoxa reformada, parece não existir praticamente nenhum indício, embora pareça que o fosso aberto com a proibição dos *skomorokhi* tenha sido preenchido com os *kaleki*, cantores profissionais ambulantes de canções religiosas, ou *stikhi*.

Para os protestantes, a grande prioridade era tornar a Bíblia acessível às pessoas simples, numa linguagem que elas pudessem entender. Lutero insistiu nesse ponto com seu modo enérgico: "É preciso perguntar à mãe, em casa, às crianças, nas ruas, e ao homem comum, na praça do mercado, ouvir de suas próprias bocas como eles falam, e traduzir em consonância com isso".[39] Ele publicou seu Novo Testamento em alemão em 1522, e a Bíblia completa em 1534, e seu exemplo logo foi seguido em outras áreas protestantes. O Novo Testamento de Tyndale foi publicado em 1535; a Bíblia sueca de Laurentius Petri, conhecida como a "Bíblia de Gustavo Vasa", em 1541; a Bíblia de Genebra em francês, em 1540 (mais conhecida em sua versão revista de 1588); a Bíblia tcheca *standard*, a "Bíblia de Kralice", foi composta em seis volumes por uma comissão de dez estudiosos, entre 1579 e 1593; a Bíblia calvinista húngara *standard* foi publicada pela primeira vez em 1590; a tradução galesa *standard* foi feita por William Morgan, que morreu em 1604; a versão autorizada inglesa, tal como a Bíblia de Kralice também resultante da obra de uma comissão, apareceu em 1611.[40]

A publicação dessas Bíblias nas várias línguas foi um grande acontecimento cultural que influenciou largamente a linguagem e a literatura dos respectivos países. Na França, a minoria huguenote veio a falar o que se chamou de "o *patois* de Canaã", um francês arcaico mais próximo da Bíblia de Genebra do que da língua dos seus compatriotas católicos. Na Alemanha protestante, o local sagrado da casa passou a ser conhecido como *Bibel-Eck*. No entanto, seria totalmente equivocado imaginar que cada família de artesãos ou camponeses protestantes em nosso período possuísse ou lesse a Bíblia. É verdade que no século XVIII, quando as estimativas começam a se tornar possíveis, a taxa de alfabetização era muito mais alta na Europa protestante do que na Europa católica ou ortodoxa (ver p. 332). É difícil dizer se essa taxa elevada era causa ou consequência da Reforma — provavelmente foram as duas. Mas nem todos os protestantes sabiam ler, e nem todos os que sabiam ler podiam comprar uma Bíblia. O Novo Testamento de 1522, de Lutero, custava meio florim, numa época em que este era o salário semanal de um oficial carpinteiro, e a Bíblia completa de Lutero custava dois florins, oito *groschen*. Mesmo na Suécia do século XVIII, onde a taxa de alfabetização entre os adultos estava acima de 90% em alguns distritos rurais, as indicações dos inventários sugerem que só se encontrava uma Bíblia em cada vinte casas.[41]

Os artesãos e camponeses protestantes muitas vezes devem ter recebido o conhecimento que tinham da Bíblia oralmente ou de segunda mão. As leituras da Bíblia constituíam um elemento importante nos ofícios luteranos e calvinistas. O que os protestantes comuns provavelmente mais conheciam eram os salmos, pois podiam ser cantados e ocupavam um papel importante nas liturgias reformadas. O hino mais famoso de Lutero, *Ein' feste Burg ist unser Gott* [Nosso Deus é uma fortaleza], é de fato uma adaptação do salmo 46, "Deus é nosso refúgio e força". A versão inglesa padronizada dos salmos, "Sternhold e Hopkins", teve quase trezentas edições entre meados do século XVI e meados do século XVII. A versão huguenote padronizada era a de Marot e Beza, musicada pelos compositores Louis Bourgeois e Claude

Goudimel. Outras versões calvinistas influentes incluíam duas holandesas, de J. Utenhove (1566) e P. Marnix (1580); uma tradução escocesa associada aos Wedderburns, datada do final do século XVI; e uma húngara, de A. Molnár (1607). Sem dúvida os salmos deveram parte de sua popularidade à identificação de muitos protestantes com o povo de Israel, empenhados numa guerra santa contra os idólatras. Em Lyon, nos anos 1560, artesãos huguenotes armados cantavam os salmos nas ruas, e o mesmo ocorria enquanto escavavam as fundações do seu templo. Em Londres, em 1641, os puritanos cantaram salmos para abafar os ofícios anglicanos. Os huguenotes e puritanos cantavam salmos quando seguiam para as batalhas, particularmente o 68, "Que Deus apareça e seus inimigos debandem". O exército de Cromwell cantou um salmo em ação de graças depois de sua vitória em Marston Moor. Os protestantes citavam salmos em seus testamentos, ouviam-nos sendo cantados nos céus, cantavam-nos em funerais, casamentos, banquetes, até nos sonhos. Um bispo sueco se queixou que se cantavam salmos nas cervejarias, ao passo que o consistório de Lausanne ficou chocado, em 1677, ao saber de algumas pessoas que tinham cantado salmos enquanto dançavam. Eles faziam parte tão integrante da vida cotidiana em algumas áreas calvinistas que, quando se procedeu no século XIX a uma pesquisa sobre canções folclóricas tradicionais na França, não se conseguiu encontrar nenhuma em Cévennes. Nessa cultura huguenote tradicional, os salmos tinham assumido as funções das canções folclóricas, e eram usados até mesmo como canções de ninar.[42]

Primordial para a cultura popular protestante era o catecismo, um livrinho contendo informações elementares sobre a doutrina religiosa. Os catecismos existiam antes da Reforma: sua novidade era a de apresentar a matéria em forma de pergunta e resposta, tornando fácil difundir — e testar — o conhecimento religioso. Exemplos famosos são o pequeno catecismo de Lutero, de 1529, o catecismo de Calvino (principalmente em sua versão revista de 1542) e o catecismo de Heidelberg de 1563. O pequeno catecismo de Lutero fora planejado como auxílio a pastores incultos, mas logo veio a desempenhar um papel mais direto na vida laica. Como disse o bispo sueco Laurentius Paulinus, ele era "a Bíblia do homem comum", "um curto resumo de todas as Sagradas Escrituras". Na Suécia, faziam-se sermões sobre o catecismo e leituras dele durante o ofício, ao passo que o texto impresso encontrava-se em hinários. No século XVII, o clero começou a percorrer casa por casa na Suécia, para testar os leigos sobre sua capacidade de leitura e conhecimento do catecismo, visita esta conhecida como *husförhör*. Em outros lugares, a capacidade de responder corretamente as perguntas do catecismo por vezes constituía um pré-requisito para a admissão à Ceia do Senhor, o principal ritual das Igrejas protestantes. Ocasionalmente, o catecismo era versificado, para facilitar a memorização, como no caso do *Catechismus-Lieder*, de Martin Rinckart, publicado em Leipzig em 1645. Não surpreende que em alguns lugares os catecismos fossem muito mais comuns do que as Bíblias; na Suécia do século XVIII, havia um catecismo ou hinário com o catecismo em cada cinco ou seis casas, ao passo que apenas um entre vinte lares possuía a Bíblia.[43]

A mensagem dos salmos e do catecismo era insistentemente incutida por várias outras formas. A cultura protestante era a cultura do sermão. Os sermões podiam durar horas e constituir uma grande experiência emocional, envolvendo a participação da audiência, com exclamações, suspiros ou lágrimas dos membros da congregação. A existência de "pregadores artífices" na Inglaterra ou em Cévennes mostra que o povo simples podia estar tão atento à linguagem e ao estilo de encenação do pregador quanto à sua mensagem; na verdade, sua cultura predispunha-os a serem mais hábeis em apresentações orais, fosse de pregadores, contadores de estórias ou cantores de baladas, do que nós atualmente. Os leigos podiam desempenhar um papel considerável em "profetizações", discussões públicas sobre o sentido das Escrituras. Os leigos alfabetizados podiam ler livros de controvérsias ou orações. Calvino pretendera que alguns dos seus tratados em francês fossem lidos por artesãos, que constituíam o maior grupo social da Igreja Reformada naquela época; na introdução aos seus tratados contra os anabatistas, ele explica que o propósito do texto era mostrar aos que, entre os fiéis, são *"rudes et sans lettres"* (provavelmente pouco instruídos, e não analfabetos); como eram perigosos os anabatistas.[44] Alguns livros de orações se tornaram best-sellers. *The plain man's pathway to heaven* [O caminho do homem simples para o céu, 1601] de Arthur Dent teve 25 edições em quarenta anos, o que sugere que esse vívido diálogo realmente tinha um apelo entre os homens simples; sabemos que influenciou Bunyan, cujo *Pilgrim's progress* [Progresso do peregrino, 1678], além de ter 22 edições em 1699, era lido em outras partes da Europa. No mundo luterano, *A verdadeira Cristandade* e *Jardim do Paraíso*, de Johann Arndt, foram frequentemente reeditados até o início do século XIX.

A música, o ritual e as imagens tinham, todos eles, seu papel na cultura popular protestante, apesar das apreensões dos líderes. Lutero autorizou que se cantassem na igreja outros hinos além dos salmos, e ele mesmo escreveu 37 hinos. Seu exemplo foi seguido por vários pastores, notadamente Johannes Mathesius, Paul Gerhardt e Johannes Rist. Ao escrever, eles empregavam frequentemente o método de *Contrafaktur*, para empregar o termo de Lutero; em tradução direta é "contrafação", mas no sentido de transposição ou substituição, como nos casos em que os hinos eram modelados por canções populares e adaptados às suas melodias. Nem todos os reformadores aprovavam a contrafação, mas Lutero praticava-a de bom grado. Seu hino de Natal *Vom Himmel hoch da kom ich her* [Do alto do céu venho a ti] segue uma canção popular secular em sua primeira estrofe, enquanto um outro hino, *Sie ist mir lieb, die werde Magd* [Ela me é cara, a querida virgem], foi inspirado numa canção de amor, transposta para termos religiosos interpretando a donzela como a Igreja. Um dos exemplos mais famosos de contrafação é um hino de Johann Hesse, baseado em *Innsbruck ich muss dich lassen* (ver p. 169).

O Welt ich muss dich lassen
Ich fahr dahin mein Strassen
Ins ewig Vaterland [...] [45]

A música religiosa de Bach tem suas raízes na cultura popular luterana.

Nos ofícios calvinistas, os salmos eram os únicos textos que podiam ser cantados, mas isso não impedia que os calvinistas escrevessem hinos para serem cantados fora da igreja. Numa coletânea escocesa do final do século XVI, a contrafação não é tão bem-sucedida e as canções seculares originais às vezes transparecem, dando-nos não só uma ideia sobre as técnicas dos reformadores, mas também um raro vislumbre da cultura popular escocesa antes de Knox. Eis três exemplos:

For lufe of one I mak my mone,
Richt secreitly,
To Christ Jesu [...]

Quho is at my windo? quho, quho?
Go from my windo, go, go!
Lord, I am heir, ane wretchit mortall [...]

Johne cum kis me now,
Johne cum kis me now [...]
The lord thy God I am,
That Johne dois the call,
Johne representit man,
Be grace celestial [...] *

---

* Por amor entreguei-me,/ em total segredo,/ a Jesus Cristo [...]// Quem está à minha janela? Quem, quem?/ Saia da minha janela, saia, saia!/ Senhor, estou aqui, um pobre mortal [...]// John, vem agora me beijar,/ John vem agora me beijar [...]/ Sou o senhor teu Deus,/ A quem John faz o apelo,/ John representa os homens,/ Sê graça celestial [...]

Boa parte da cultura popular tradicional, como vimos, consistia em paródias da cultura oficial, como julgamentos e funerais simulados. Aqui a roda completa seu círculo, e encontramos "paródias" pias sobre o profano.[46]

Nos primeiros anos da Reforma, o ritual e o teatro foram postos a serviço dos protestantes. Os carnavais foram a ocasião para ridicularizar o papa e seu clero em Wittenberg (1521), em Berna (1523), em Stralsund (1525) e outros lugares. Nos anos 1520 e 1530, floresceram peças satíricas. Na Basileia, em 1521, os cidadãos puderam assistir a *Totenfresser* de Gengenbach (ver p. 214). Em Paris, em 1523, puderam ver *A farsa de Theologastres*, uma contrafação de uma peça de milagres na qual a "dama Fé", que está doente, descobre que as decretais e os sermões não lhe trazem nenhum bem, enquanto o texto da Sagrada Escritura cura-a imediatamente. Em Berna, em 1525, o povo pôde assistir a *O vendedor de indulgências*, uma sátira local do poeta-pintor Niklas Manuel. Thomas Naogeorgus adaptou a tradicional peça de mistério a propósitos protestantes em seu *Pammachius* (1538), que trata de um papa corrompido pelo poder. Em 1539, uma peça chamada *A árvore da Escritura* foi encenada em Middelburgh, nos Países Baixos; atacava o clero e a "superstição". A primeira geração de reformadores tinha clara consciência de que "nas pessoas comuns as coisas entram mais rápido pelos olhos do que pelos ouvidos: lembrando melhor o que veem do que o que ouvem", tal como observou um inglês do reinado de Henrique VIII, que propôs uma festa anual, com fogueiras e procissões, para comemorar o rompimento com Roma.[47]

A longo prazo, porém, as peças perderam sua importância para os protestantes, ou porque sua tarefa estava encerrada, ou porque o povo se tornou mais letrado, ou porque os reformadores mais rigorosos, que consideravam o teatro como algo essencialmente mau, conseguiram impor sua vontade aos moderados. Essa história da imagem religiosa na cultura popular protestante seguiu linhas semelhantes. Na primeira geração, a gravura foi um importante instrumento de propaganda; há, como exemplos, a oficina de Cranach e a *Passional de Cristo e Anticristo* (ver p. 189), mas também muitos outros. Depois dos anos iniciais, as gravuras perderam grande parte de sua importância. Na Europa luterana, ainda havia espaço para a imagem devota: pinturas de Lutero, ilustrações de episódios da Bíblia (em particular do Novo Testamento) ou emblemas, como as ilustrações em *A verdadeira Cristandade* e *Jardim do Paraíso*, de Arndt, que inspiraram muitos murais em igrejas alemãs ou suecas, ou mesmo quadros do Juízo Final ou dos tormentos do Inferno. Na Europa calvinista, porém, as paredes das igrejas eram brancas e nuas. O teto, o púlpito ou os monumentos fúnebres podiam ser decorados, mas o vocabulário ornamental se reduzia a poucos termos simples: flores, querubins, lembretes da mortalidade, como ampulhetas e caveiras, ou emblemas, como o grou com uma pedra no pé, simbolizando a vigilância. Tanto na área luterana como na calvinista, muitas vezes vê-se que a igreja ou o templo é decorado com textos. Lutero recomendava que os muros dos cemitérios fossem pintados não com imagens, mas com textos, como "Sei que meu Redentor vive". Podemos encontrar os Dez Mandamentos expostos em dois quadros, um em cada lado da abóbada do coro, ou um "retábulo de catecismo" inscrito com mandamentos, o pai-nosso e o credo, ou textos da Bíblia pintados no púlpito, ou nas traves do forro da igreja; pois "o Céu e a Terra passarão: mas minhas palavras não passarão" (Lucas 21). Num grau muito maior do que os católicos, a cultura popular protestante era uma cultura da Palavra.[48]

Há menos a se dizer sobre a cultura católica reformada, pois distingue-se menos da cultura popular tradicional, contra a qual objetavam os reformadores. Assim como os protestantes, os líderes católicos acreditavam na contrafação — na verdade, vinham-na praticando havia séculos. Em 60 d.C, o papa Gregório, o Grande, advertiu o bispo Agostinho, que fazia trabalho missionário na Inglaterra mais tenebrosa, que "os templos dos ídolos naquele país não devem ser em hipótese alguma destruídos"; os ídolos deviam ser destruídos, mas os templos seriam convertidos em igrejas, "e como eles têm o costume de sacrificar muitos bois a demônios, deixe que alguma outra solenidade o substitua em seu lugar". O princípio básico de Gregório era que "é certamente impossível erradicar todos os erros de mentes obstinadas de um só golpe, e quem quer escalar uma montanha até o alto sobe gradualmente passo a passo e não num só salto". Era a famosa doutrina da "adaptação", que explica como uma festa pagã de Solstício do Inverno pôde sobreviver como Natal e uma festa de Solstício de Verão, como nascimento de são João Batista. A doutrina esteve presente sob a prática de missionários católicos na Índia nos séculos XVI e XVII, como o jesuíta Roberto de Nobili, que adaptou rituais católicos à cultura dos brâmanes do sul da Índia, justificando-se, quando interpelado, com a citação do papa Gregório.[49]

A mesma política pode ser vista em funcionamento nos inícios da Europa moderna. Quando os muçulmanos de Granada foram convertidos — à força — no final do século XV, o primeiro arcebispo de Granada autorizou esses "novos cristãos" a utilizar suas canções tradicionais nos ofícios religiosos. Essa política ainda pôde ser vista no final do século XVII. Bossuet, que era bispo de Meaux e pregador na corte de Luís XIV, aconselhou seu clero sobre a atitude que deviam assumir em relação às fogueiras da noite de são João. "A Igreja participa desses fogos?", perguntou Bossuet, retoricamente:

> Sim, porque numa série de dioceses, e nesta em particular, uma série de paróquias acendem uma fogueira que podem chamar de "eclesiástica". Qual é a razão para acender uma fogueira de uma maneira eclesiástica? Banir as superstições praticadas à fogueira da noite de são João.

Bossuet não explica no que uma fogueira eclesiástica difere exatamente de uma fogueira comum, mas a técnica de adaptação é bastante clara.[50]

Para complicar as coisas nos inícios do período moderno, os reformadores católicos estavam lutando em duas frentes: contra os protestantes que queriam reformas demais, e contra a imoralidade e a "superstição". A cultura da Contrarreforma traz as marcas das duas lutas. Talvez seja útil descrever três elementos dessa cultura, em ordem: rituais reformados, imagens reformadas e textos reformados.

Os reformadores católicos tinham clara consciência dos usos do ritual. Utilizavam o ritual para convencer o povo de que os protestantes estavam errados ou eram perversos, ou ambos. O retrato de Zwinglio foi queimado no Carnaval de Lucerna, em 1523, enquanto Lutero era periodicamente queimado na noite de são João, na Alemanha católica, até o início do século XIX. Heréticos se retratavam em público, ou eram queimados em público, como nos famosos autos de fé em Valladolid e Sevilha, no começo do reinado de Filipe II; livros heréticos eram queimados em público, de Montpellier a Vilna. Savonarola converteu seu ataque ao Carnaval numa outra espécie de Carnaval. Sua famosa queima de "vaidades" em Florença era um substituto deliberado do costume de se acenderem fogueiras no Carnaval e se queimarem carros alegóricos. E, pelo menos numa ocasião, o próprio "Carnaval", "sob a forma de um sórdido e abominável monstro", foi acrescentado à pira, como uma execução simulada ao estilo tradicional, mas com novo significado. Em Milão, são Carlos Borromeu não só proibiu peças durante o Carnaval, como também organizou processões substitutas. A oração de "Quarenta Horas", que se difundiu na segunda metade do século XVI e muitas vezes incluía magníficos efeitos de luz e som, também tem sua origem em festas seculares, de modo a ocupar seu lugar nos corações dos fiéis.[51]

Os novos rituais podem ser vistos em seu auge mais teatral nas missões que os jesuítas e outras ordens empreendiam em cidades e no campo durante o século XVII. Na Bretanha, por exemplo, os missionários organizavam diálogos entre vivos e condenados e processões que representavam a Via Crucis. Ainda mais teatrais eram as missões no Reino de Nápoles, por volta de 1650. Os sermões ocupavam um lugar importante na missão e podiam ser pregados ao amanhecer ou ao anoitecer, de modo que os trabalhadores tivessem oportunidade de ouvi--los. Muitas vezes eram sermões sobre o fogo do inferno, e o pregador podia apresentar uma caveira a fim de impressionar os ouvintes; "frequentemente era necessário que o pregador deixasse de falar por quase um quarto de hora, devido aos gemidos e soluços dos seus ouvintes". Ainda mais importantes eram as procissões, compostas principalmente de homens — estamos no sul —, incluindo penitentes "com coroas de espinhos na cabeça, cordas em torno do pescoço, e nas mãos ossos ou caveiras ou pequenos crucifixos, passando pelas ruas descalços e seminus", alguns carregando pesadas cruzes ou se autoflagelando à medida que andavam. A seguir vinham os que carregavam relíquias e estátuas, seguidos por outros leigos, enquanto o clero formava a retaguarda, trazendo bacias cheias de livros proibidos, canções de amor e objetos mágicos, material para outra fogueira de "vaidades".[52]

Alguns pregadores missionários, como Le Nobletz ou Maunoir, na Bretanha, empregavam expedientes visuais, imagens para ilustrar a vida de são Martinho, por exemplo, ou do Pai--Nosso, do Sagrado Sacramento e dos tormentos do Inferno.[53] Bossuet recomendou aos seus párocos que colocassem imagens no púlpito, a fim de fazer com que a congregação prestasse mais atenção às palavras do pregador. Os católicos reformados, ao contrário dos protestantes reformados, continuavam a ter uma religião de imagens, e não tanto uma religião de textos, fosse isso causa ou consequência da maior taxa de analfabetismo, de modo geral, nas áreas católicas em comparação às protestantes. A sugestão de Gregório, o Grande, de que as pinturas eram os livros dos iletrados continuava a manter toda a sua relevância. Os reformadores não queriam dispensar totalmente as imagens, ainda que pudessem considerar censuráveis certas imagens religiosas populares.

Em lugar do que fora expurgado pela Reforma, a Igreja ofereceu aos católicos novos santos e novas imagens. Santo Inácio de Loyola, canonizado em 1622, usualmente era apresentado como um homem de barba segurando um livro aberto, o regulamento da sua ordem, trazendo no peito as letras IHS (*Iesu Hominum Salvator*, "Jesus Salvador dos Homens"). Santa Teresa d'Ávila, também canonizada em 1622, frequentemente era representada em êxtase, como na famosa escultura de Bernini, enquanto um anjo atravessava-lhe o coração com uma flecha. Na Europa central, um importante recém-chegado foi João Nepomuceno, que já era objeto de culto no século XVII, embora só tenha sido canonizado em 1729.[54] Houve outras mudanças importantes na ênfase das devoções. Santa Maria Madalena se tornou mais importante do que fora antes da Contrarreforma, e o mesmo ocorreu com são José. São José fora uma figura um pouco cômica no final da Idade Média, "José, o Louco" (*Joseph, le Rassoté*), o santo cornudo. No século XVII, porém, o clero parece ter tentado persuadir os fiéis a levá-lo mais a sério. Fundaram-se irmandades consagradas a ele, e tendeu-se a substituir a tradicional dupla Virgem-e-filho por cenas da Sagrada Família, onde ele estava incluído. Houve maior ênfase sobre o culto da eucaristia do que durante a Idade Média; o surgimento da prece das "Quarenta Horas" é um indicador dessa mudança.[55]

Essas modificações parecem ter resultado de políticas oficiais da Igreja. O culto da Sagrada Família, assim como o culto de santo Isidoro, o lavrador (canonizado em 1622, juntamente com santo Inácio e santa Teresa), parece ser uma tentativa deliberada de apelo ao leigo comum. A canonização de Inácio, Teresa e são Carlos Borromeu ressalta as realizações da Reforma católica. O culto da eucaristia foi uma reação aos ataques protestantes à transubstanciação, à missa e à posição especial do sacerdócio. Da mesma forma, a nova ênfase sobre santa Maria Madalena (geralmente representada como uma penitente em prantos) e o culto de são João Nepomuceno (padre que foi assassinado por ter se recusado a revelar os segredos da confissão) eram respostas às críticas protestantes à instituição da confissão e ao sacramento da penitência. Num famoso ensaio, o antropólogo Malinowski apresentou os mitos do passado como encarregados de uma função no presente, como a "carta magna" de instituições atuais, legitimando-as, justificando-as. Certamente parece que foi assim que os mitos, rituais e imagens serviram à Igreja da Contrarreforma.[56]

Teria sido estranho se esses apelos aos olhos não viessem acompanhados por apelos aos ouvidos. De fato, os hinos em vernáculo haviam sido um importante elemento da cultura religiosa laica na baixa Idade Média, associados principalmente a irmandades. Na Itália do século XIII, as irmandades cantavam *laude*, hinos que frequentemente eram imitações piedosas das canções populares da época. Essa prática continuou até os inícios do período moderno. Numa peça de milagres italiana sobre santa Margarida, a heroína canta uma *lauda* que começa:

> *O vaghe di Jesu, o verginelle*
> *Ove n'andate si leggiadre e belle?**

A melodia é descrita como a de *O vaghe montanine e pastorelle* [Ó graciosas montanhesas e pastorinhas]; este hino (como as "canções espirituais" da coletânea de Wedderburn) pouco faz para disfarçar a letra secular original. Na Espanha, por volta de 1500, o franciscano Ambrosio Montesino escreveu hinos que eram "contrafações ao divino" (*contrahechos a lo divino*). Como a poesia de amor fizera empréstimos da linguagem religiosa, não era difícil voltar ao uso religioso e louvar a Virgem Maria, ao invés de um amor terreno. Essa tradição de composição de hinos continuou depois do concílio de Trento. O missionário jesuíta Julien Maunoir compôs "cânticos espirituais" à Virgem, e outros que "continham todos os princípios da fé", para serem usados na conversão da Bretanha rural.[57]

Por último, e provavelmente de menor importância na cultura católica, veio a tentativa de alcançar os leigos letrados

---

* Ó graciosas de Jesus, ó virgenzinhas/ Aonde vão tão elegantes e belas?

através da Bíblia e outras leituras piedosas. Evidentemente publicavam-se traduções da Bíblia nos países católicos — a primeira Bíblia impressa em alemão remonta a 1466. Os catecismos católicos se modelavam pelos protestantes (p. 301). Os dos jesuítas Peter Canisius (1555) e Robert Bellarmine (1597) foram várias vezes reimpressos; foram publicadas mais de setenta edições alemãs de Canisius antes de 1800, enquanto Bellarmine foi traduzido para muitas línguas e dialetos europeus, incluindo basco, bósnio, croata, friulano, siciliano, húngaro, irlandês e maltês. Esses catecismos eram escritos em linguagem simples e muitas vezes traziam ilustrações, de modo que realmente parece terem se destinado aos leigos, não sendo tanto obras de referência para o clero. Na França do século XVII, o catecismo era regularmente ensinado às crianças nas *petites écoles*, nos domingos e dias santos. Mas tem-se a impressão, que poderá ser confirmada ou refutada por um estudo comparativo dos inventários, de que o catecismo teve um papel menor na vida religiosa da França católica do que na da Suécia protestante.[58]

Como o catecismo, os hinos de oração foram muito menos importantes na Europa católica do que na Europa protestante. A *Imitação de Cristo* foi várias vezes reeditada nesse período. O *Combate espiritual* (1589), obra anônima associada ao padre italiano Lorenzo Scupoli, teve pelo menos 23 edições entre 1609 e 1788, apenas na França. Em meados do século XVII, quando os livros vinham se tornando mais baratos, o sínodo de Chalons--sur-Marne sugeriu que os fiéis deveriam ser incentivados a comprar e ler três livros, e que estes três livros também deviam ser lidos em voz alta "no pórtico ou na entrada da igreja, em todos os domingos e dias de festas depois das vésperas". Os três livros eram o catecismo, o *Pedagogo cristão* e um chamado *Pensez-y-bien*. O inventário do estoque de um editor parisiense que morreu em 1698 menciona 450 exemplares da *Imitação de Cristo* e 630 do *Pensez-y-bien*. O que era esse famoso *Pensez-y--bien*? Era um tratado sobre a arte de morrer bem. O leitor é exortado a imaginar a hora de sua morte; pensar nas coisas que lamentaria ter feito, se sua hora tivesse chegado; refletir sobre as coisas que gostaria de ter feito, se agora estivesse à morte. No final de cada parágrafo, como um refrão, vinham as palavras em itálico *Pensez-y-bien*.[59]

A SEGUNDA FASE DA REFORMA, 1650-1800

O argumento das duas últimas seções pode ser resumido da seguinte maneira. No final do século XVI e início do século XVII, houve uma tentativa sistemática por parte de membros da elite, principalmente dos cleros católico e protestante, em reformar a cultura do povo comum. A reforma tinha precedentes medievais, mas foi mais eficaz no início da Europa moderna do que na Idade Média porque as comunicações, de estradas a livros, eram melhores do que antes. Os reformadores não estavam mais condenados a girar no mesmo lugar, como nos tempos de santo Agostinho e mesmo são Bernardino, mas podiam construir sobre a obra de outros. A resistência da cultura popular começou a ceder, e ocorreram importantes transformações. Até onde e com que rapidez se deram essas transformações, e como o povo logo apropriou-se das novas formas da cultura protestante e católica, são questões difíceis que não poderão receber respostas satisfatórias antes que se empreenda um número muito maior de pesquisas regionais. Minha impressão, baseada nos fragmentos de provas reunidos nas últimas páginas, é a de que ocorreu uma série de transformações importantes por volta de 1650, principalmente na Europa protestante e nas regiões mais urbanizadas. Perto de Berna e Zurique, a reforma da cultura popular parece ter se dado por volta de 1530; em Nuremberg, os reformadores marcaram a sua influência em torno de 1540; na província da Holanda, parecem ter vencido antes de 1600.[60]

Em grande parte da Europa católica, por outro lado, e nas partes mais afastadas do continente, distantes das principais cidades, das principais estradas e das principais línguas, os reformadores obtiveram suas vitórias apenas depois de 1650: no País de Gales e na Noruega protestantes, na Baviera, Sicília, Bretanha e Languedoc católicos, para não citar a Europa oriental. Mas a história a ser narrada nesta seção não é apenas a da gradual difusão de ideais imutáveis. Foram anos de uma "reforma dentro da reforma" (tanto católica como protestante) e do surgimento de grupos de reformadores leigos que nem sempre desejavam as mesmas transformações na cultura popular pretendidas pelos seus colegas clericais, ou desejavam-nas nem sempre pelas mesmas razões.

A sobrevivência do catolicismo "pré-Reforma" em regiões distantes é facilmente documentável. Em algumas dessas áreas, por exemplo, os autos de mistérios tardavam a chegar e tardavam a partir. Nas terras altas bávaras, as peças da Paixão de Oberammergau e outras aldeias só começaram a ser encenadas a partir de 1634. Embora chocassem parte do clero — o arcebispo de Salzburg declarou em 1779 que "não se pode imaginar uma mistura mais estranha de religião e profanidade do que as chamadas peças da Paixão" —, até 1800 não foram abolidas, e a peça de Oberammergau foi restaurada, sob forma expurgada, em 1810. Na Sicília, as peças de mistérios só se generalizaram em meados do século XVII, e ainda floresciam no século XIX. Também na Bretanha peças desse tipo ainda eram representadas no século XIX. Um visitante do Finistère relatou, por volta de 1765, que vira pessoas a dançar numa capela e num cemitério não distantes de Brest.[61]

Talvez seja útil observar um pouco mais detalhadamente uma dessas áreas distantes: o Languedoc. No Languedoc do final do século XVII, havia dois bispos reformadores enérgicos, Nicholas Pavillon, bispo de Alet, ao molde de são Carlos Borromeu, e François-Étienne Caulet, bispo de Pamiers, ao molde de Pavillon. Fica claro, a partir dos documentos de ambos, que todo o trabalho da reforma ainda estava por fazer nas terras altas do Languedoc. Os dois bispos registram seu horror a *charivari* violentos, danças indecentes em dias de festa, adivinhos, atores ambulantes e uma ignorância generalizada sobre a religião. Caulet ainda estava precisando proibir seus párocos de frequentar peças, danças e mascaradas, como se a reforma católica nunca tivesse acontecido. Não eram apenas as montanhas que separavam os habitantes de Alet e Pamiers do que ocorria em outros lugares; Pavillon observou a necessidade de um catecismo "na língua vulgar" para seu povo, pois eles não sabiam francês. Sem dúvida foi por isso que Bartholomé Amilha, indicado por Caulet como cônego de Pamiers, publicou seu *Quadro da vida de um cristão perfeito* (1673) em provençal. Seus versos expõem vigorosamente as ideias dos reformadores. Adverte os leitores ou ouvintes sobre os perigos de dançar, jogar, frequentar aquelas "casas da iniquidade" que são as tavernas e, acima de tudo, sobre os perigos do Carnaval.

> *Chrestias, pensen à la counsciença*
> *Duran aqueste Carnabal*
> *Soungen que cal fa penitenco*
> *Quiten la taberno é la bal,*
> *La mort es touto preparado*
> *A fa calqu'autro mascarado**

Amilha também está preocupado com a difusão do protestantismo. Vocês leram, pergunta ele, autores que "cheiram a fogueira", os livros de Calvino ou a versão dos salmos por Marot?

> *Aurios legit d'auteurs que sentan le fagot,*
> *Les libres de Calbin, o Salmes de Marot?*

Ele também parece supor que seu público levava a magia a sério:

---

* Cristãos, examinem a consciência/ Durante este Carnaval/ Pensem que alguém faz penitência/ Deixem a taverna e a dança,/ A morte está toda preparada/ Para fazer uma outra mascarada.

> *As legit o gardat de libres de magio,*
> *As foundat toun salut dessu l'astralougio* [...]
> *As consoultat Sourcie, Magicien, Debinaire,*
> *Per la santat del fil, de la sor, o del fraire,*
> *Per sabe le passat, o recouba toun be,*
> *O couneisse l'partit que tu dibes abe* [...] [62]*

Parece impossível dizer se as reformas de Pavillon e Caulet sobreviveram a eles. Em outras partes do Languedoc, os devotos ainda tinham seus problemas, quase um século depois. O bispo de Lodève queixou-se sobre uma "abadia do desgoverno" em 1746, e seu amigo, o pároco de Montpeyroux, que costumava negar os sacramentos a pessoas que tivessem participado de danças, foi objeto de um ritual simulado em 1740, quando um bando de mascarados carregou um boneco vestido de padre pelas ruas, antes de espancá-lo e queimá-lo. A batalha entre o Carnaval e a Quaresma ainda prosseguia.[63]

Mas não era absolutamente a mesma batalha. Alguns dos reformadores estavam indo além do concílio de Trento, ou numa direção diferente, e vinham criticando a devoção popular à Virgem Maria e aos santos, esperando substituí-la por um cristianismo mais bíblico, expurgando da "superstição". Esse movimento estava particular mas não exclusivamente associado aos jansenistas, e no final do século XVIII alguns dos seus líderes tentaram proceder a grandes transformações na religião popular na Áustria e Toscana. Na Áustria, o ritual foi simplificado, as estátuas removidas, e algumas igrejas de peregrinações totalmente fechadas. Em Toscana, Scipione Ricci, que se tornou bispo de Pistoia e Prato em 1780, realizou um sínodo no qual propôs a transferência de certas festas religiosas para o domingo, recomendou que os leigos lessem a Bíblia e criticou a devoção

---

* Leste ou guardaste livros de magia,/ Fundaste tua salvação na astrologia [...]/ Consultaste feiticeira, mágico, adivinho,/ Para a saúde do filho, da irmã ou do irmão,/ Para saber o passado ou recuperar teus bens,/ Ou conhecer o partido que te caberá [...]

ao Sagrado Coração. Nas duas regiões, essa investida contra a religião popular tradicional provocou sublevações camponesas entre 1788 e 1791, e Ricci foi obrigado a renunciar.[64]

As mudanças nas ideias dos reformadores católicos podem ser ilustradas pelas suas atitudes em relação às imagens. Em 1570 Johannes Molanus, um teólogo de Louvain, publicou um tratado sobre imagens religiosas que resume a posição ao término do concílio de Trento. Molanus observa a necessidade de evitar a "superstição", mas não vê nada de errado nas imagens tradicionais da "caridade de são Martinho" e de santo Antônio com seu porco (ver pp. 213, 247). Em 1623, porém, o arquidiácono de Paris, em visita à diocese, ordenou aos fabricários de uma aldeia "remover o são Martinho de cima do altar porque ele está a cavalo, e convertê-lo em bispo, para ficar decente". Em outras palavras, a cena tradicional da "caridade de são Martinho" não mais parecia decente para um clérigo da Contrarreforma; ele estava quase chegando a identificar o clerical com o sagrado. Um exemplo ainda mais impressionante da reforma católica das imagens e o fosso crescente entre o clerical e a cultura popular é o da diocese de Orléans em 1682. O bispo que visitava uma aldeia encontrou uma imagem completa de santo Antônio com seu tradicional porco. Imediatamente ordenou que enterrassem a imagem — os católicos não se entregavam à iconoclastia — por tê-la considerado "ridícula e indigna deste grande santo". Os paroquianos não queriam perder a imagem, e algumas mulheres comentaram que o bispo "não gostava de santos porque vinha de uma raça de huguenotes". Em termos mais gerais, o sínodo de Pistoia de 1786 criticou o culto às imagens, e particularmente a prática de dar nomes diferentes a diferentes imagens da mesma pessoa, como se existisse mais de uma Virgem Maria.[65]

Não é tão fácil encontrar áreas protestantes que tenham resistido à reforma da cultura popular para além de 1650, mas elas existiram, principalmente nas montanhas. Na Noruega, por exemplo, no século XVIII ainda sobreviviam crenças católicas e mesmo pagãs. Ainda podiam-se ver crucifixos, e a crença nos poderes milagrosos de santo Olavo ainda era generalizada. Ele estava associado a uma série de fontes. Nas Terras Altas da Escócia, a guerra dos pastores contra as canções, danças e baladas tradicionais parece ter sido vitoriosa somente no século XVIII; em torno de 1700, um fidalgo local, Martin Martin, pôde indicar a sobrevivência de muitos costumes católicos e até pré--cristãos nas ilhas ocidentais.[66]

Uma outra área em que os reformadores ainda tiveram muito o que fazer depois de 1700 era o País de Gales, onde muita gente continuava animadamente a celebrar dias santos, levando relíquias em procissões e realizando corridas, partidas de futebol e rinhas de galo. Feiras, rabequistas, curandeiros, harpistas, farsas, contadores de estórias e vigílias, todos floresciam. Esse estado de coisas, naturalmente, era um desafio aos devotos. Entre os mais enérgicos encontrava-se Griffith Jones, pregador não conformista, adversário incansável de vigílias e feiras, e grande adepto de leituras bíblicas, sermões, hinos e educação rural através de mestres-escolas itinerantes, conhecidos na época como "escolas circulantes". Ainda mais famoso era Howell Harris, líder dos metodistas galeses na época de Wesley (apesar de não admitir ser um metodista), o qual, disse Whitefield:

> [...] dedicava-se a ir em vigílias, etc., para desviar o povo de tais vaidades enganadoras. Muita gente de cervejaria, rabequistas, harpistas etc. (do tipo de Demetrius) reclamam amargamente contra ele por estragar seus negócios.

Harris também era um categórico adversário das rinhas de galo; um amigo escreveu-lhe em 1738 que "um maioral das partidas de galos, que ouviu você em Bettws, promete nunca mais acompanhar esse jogo perverso". Como no caso do Languedoc, é difícil dizer até que ponto foi eficaz o movimento de reforma no País de Gales, numa determinada geração qualquer. Um escritor em 1802 sugeriu que o declínio da "arte nacional dos menestréis e dos costumes de Gales" era recente e abrupto, obra de pregadores "fanáticos", como ele os chamou.

No curso das minhas excursões pelo principado (prosseguia ele), encontrei diversos harpistas e cantores que atualmente foram convencidos por esses vagabundos errantes a renunciar à sua profissão, pela ideia de que era pecaminosa.

Os contos folclóricos e as canções mineiras praticamente desapareceram. Graças aos esforços dos calvinistas e metodistas no norte, e dos batistas e congregacionistas no sul, a cultura popular galesa se tornou, em larga medida, uma cultura de capela, com hinos, sermões e proibições.[67]

A reforma dentro da Reforma na Europa protestante, paralela ao jansenismo entre os católicos, consistiu na ascensão do "pietismo". Na Alemanha, esse movimento, liderado por Philipp Jakob Spener, declarava retomar a Lutero, mas significou uma importante transferência da ênfase na reforma do ritual e das crenças, que muito preocupara Lutero, para a reforma interior ou moral. Os escandinavos participaram diretamente do movimento pietista, e o revivescimento galês foi paralelo, se é que não diretamente ligado, a ele. Na Inglaterra, nos anos 1690, fundaram-se associações para o que se chamou de "reforma dos costumes". Essas sociedades tomavam providências contra feiras, apostas, mascaradas, peças, tavernas, prostitutas e "baladas obscenas". A preocupação dos reformadores quanto à "profanação do dia do Senhor" une-os a uma geração anterior de puritanos, mas o movimento estava fundamentalmente interessado mais nos princípios morais do que na teologia, mais na "licenciosidade" do que na "superstição". A ética da respeitabilidade aqui é mais visível do que antes. O ataque da metade do século XVIII às diversões populares inglesas, a que procederam os evangélicos, é de se incluir nessa tradição. Na França, a Companhia do Sacramento, com suas ramificações em Paris, Marselha, Toulouse e outros locais, foi uma outra sociedade ou grupo de pressão pela reforma dos costumes, fazendo campanhas contra o Carnaval e investigando a vida e moral de adivinhos ou dançarinos equilibristas.

Uma característica notável dessa segunda fase da reforma foi o papel crescente desempenhado pelos leigos. A Companhia do Sagrado Sacramento era um grupo misto de padres e leigos. Na Inglaterra, muitos leigos, de Guilherme III a juízes de paz rurais, participaram ao lado do clero no movimento pela reforma dos costumes, filiando-se às sociedades locais fundadas com a finalidade de colocar em vigor os ideais dos reformadores no Tribunal. Os pregadores leigos eram proeminentes nos movimentos de renovação religiosa na Grã-Bretanha e Escandinávia. Na Noruega, um deles, Hans Hauge, não só queimava rabecas e pregava contra canções, contos e danças folclóricas, como ainda dizia aos seus ouvintes que refletissem por si mesmos sobre a religião, ao invés de apenas ouvir o clero.[68]

Uma outra diferença entre a primeira e a segunda fase da reforma foi a importância crescente dos argumentos seculares, incluindo considerações estéticas. Johann Christoph Gottsched, professor de poética em Leipzig, iniciou uma investida contra o teatro popular de sua época, o teatro de Hans Wurst e Arlequim, em nome não da moral, mas do bom gosto (*der gute Geschmack*). Deplorava que "o povo comum sempre tirasse mais prazer de bobagens e detestáveis insultos (*Narrenpossen und garstige Schimpfreden*) do que de coisas sérias". Também protestava contra peças que quebravam as regras de Aristóteles e contra atores que tomavam liberdades com o texto — em outras palavras, improvisavam à maneira tradicional —, pois isso resultava em peças que só prestavam para divertir "a mais baixa ralé" (*des untersten Pöbels*). De fato, Bottsched conseguiu em 1737 que se expulsasse Arlequim do palco. Seu equivalente vienense foi Josef von Sonnenfels, cujas cartas sobre o teatro vienense nos anos 1760 deram início a uma acesa controvérsia, conhecida como o *Hanswurst-Streit*. Como Gottsched, Sonnenfels achava o teatro popular indecente demais — com efeito, gostaria de poder censurar os gestos e os textos —, e seu ideal era um teatro que observasse as unidades de tempo, lugar e ação, à maneira da dramaturgia clássica da Grécia antiga ou da França do século XVII.[69]

Uma das diferenças mais notáveis entre as duas fases da reforma refere-se ao sobrenatural. Os primeiros reformadores da cultura popular, como Calvino e são Carlos Borromeu, acreditavam na eficácia da magia que denunciavam como diabólica; de fato, seria o caso de incluir nesse movimento de reforma a grande caça às bruxas que atingiu seu ápice no final do século XVI e início do século XVII. Contudo, uma série de reformadores da segunda fase simplesmente não levava mais a sério a feitiçaria. Na diocese de Alet, Pavillon subiu ao alto de uma montanha para impedir que o povo local queimasse várias mulheres suspeitas de feitiçaria. Na República Holandesa, o pastor calvinista Balthasar Bekker escreveu um livro para provar que a crença em bruxas era tolice.[70]

As transformações no significado das palavras por vezes são indicadores sensíveis de transformações muito mais amplas nas atitudes. Nesse contexto, um termo a se examinar é "superstição". Em inglês e nas línguas românicas, a palavra teve dois significados básicos no início do período moderno. Antes de 1650, o significado predominante parece ser "falsa religião", em expressões como "a superstição maometana". O termo é frequentemente empregado para a magia e a feitiçaria, em contextos que sugerem que tais rituais são eficazes, mas perversos. Depois de 1650, porém, o significado predominante do termo passou a ser "medos irracionais" e os rituais a eles associados, crenças e práticas que eram tolas, mas inofensivas, pois não tinham absolutamente nenhum efeito.[71] Não é fácil avaliar a rapidez com que ocorreram as modificações e os grupos sociais nelas envolvidos. Na Inglaterra e França, os processos contra bruxas declinaram no final do século XVII porque os magistrados não levavam mais a sério a feitiçaria; mas nas pequenas cidades do sudoeste da Alemanha parecem ter declinado só porque os magistrados não se julgavam mais capazes de identificar as bruxas, e na Polônia simplesmente não declinaram até o século seguinte. Se houve um "declínio da magia" no nível popular antes de 1800, evidentemente é uma outra questão. A "gente astuta" parece ter se mantido bastante ativa no século XIX, e mesmo no início do século XX, em muitas partes da Europa, sobrevivendo ao ceticismo das classes superiores tal como sobreviveram aos caçadores de bruxas. Não se deve subestimar a resistência da cultura popular.[72]

A segunda fase da reforma pode ser vista com particular clareza no caso da Espanha do século XVIII, talvez porque a cultura popular espanhola tradicional tivesse sido pouco afetada pela primeira fase, apesar de Mariana e Alcocer. O movimento começou com Benito Feijoó, um monge beneditino cujos ensaios, reunidos sob o título *O teatro crítico universal*, compõem uma crítica sistemática aos erros comuns, particularmente aos erros das pessoas comuns (*la plebe, la multitud* ou *el vulgo*, como diz ele). Com seu jeito calmo, moderado, prudente, racional, Feijoó trata sucessivamente de adivinhação, "supostas profecias", magia, curandeiros, "supostos milagres" e "tradições populares". Considera todas essas crenças como irracionalidades, credulidades, "extravagâncias".[73]

Na geração seguinte, um grupo de reformadores espanhóis apresentou argumentos — seculares — contra touradas, baladas de rua e as peças de mistérios de Calderón. As peças de Calderón já haviam sido atacadas por "misturar e confundir o sagrado e o profano", mas em 1762 o nobre Nicolas Fernández de Moratín criticou-as por razões mais estéticas, ao molde de Gottsched e Sonnenfels, por romperem com as regras estabelecidas pela razão e pelo bom gosto, em outras palavras, as unidades de tempo, lugar e ação. As peças foram condenadas como irregulares, caprichosas, extravagantes. Moratín também atacou Lope de Vega, por corromper o teatro e escrever "barbaramente, para agradar ao povo" (*barbaramente, por dar gusto al pueblo*). A encenação pública de *autos* na festa de Corpus Christi foi oficialmente proibida em 1780 por Carlos III.[74]

Argumentos mais políticos e morais foram apresentados por Gaspar de Jovellanos e Juan Meléndez Valdés. Jovellanos achava que o teatro dava um mau exemplo ao povo, ao mostrar o crime como algo bem-sucedido, ao invés de trazer exemplos de "amor ao país, amor ao soberano, amor à Constituição". Meléndez Valdés, num discurso de 1798, sustentou argumentos parecidos contra baladas de rua. Bandidos que matavam, violavam e resistiam às forças da lei e da ordem eram apresentados em baladas impressas sob uma luz heroica, "inflamando na imaginação dos fracos o desejo de imitá-los". Outras baladas eram indecentes e obscenas; outras ainda corrompiam a razão com suas estórias de "supostos milagres e falsas devoções". Deviam ser eliminadas, dizia ele, e substituídas por "canções verdadeiramente nacionais" que educariam as pessoas comuns, como as tradicionais baladas em louvor a são Jaime e El Cid.[75]

Não se deve pensar que as peças de mistérios, baladas de rua e touradas (também denunciadas por Jovellanos) tenham desaparecido da Espanha no final do século XVIII; existem inúmeras provas em contrário. Na Espanha, como em outros lugares, os reformadores alcançaram de fato muitíssimo menos do que queriam. Também pode-se dizer que alcançaram mais do que queriam, no sentido de que o movimento de reforma teve consequências importantes que eles não pretendiam nem esperavam. A mais óbvia foi o aumento da separação entre a grande e a pequena tradição. Os reformadores não queriam criar uma cultura própria, expurgada e separada; queriam atingir o povo, trazer todos para seu lado. Na prática, as coisas funcionaram diferente. As reformas afetaram mais rápida e cabalmente a minoria culta do que as outras pessoas, e assim acentuaram e aprofundaram a separação dessa minoria em relação às tradições populares. Essa divisão, juntamente com outras transformações não planejadas na cultura popular, será o tema do próximo e último capítulo.

9. CULTURA POPULAR E TRANSFORMAÇÃO SOCIAL

A REVOLUÇÃO COMERCIAL

O último capítulo discutiu uma longa série, parcialmente bem-sucedida, de tentativas de reformar a cultura dos artesãos e camponeses, por parte de alguns membros da minoria culta. Mas é bastante claro que as transformações nem sempre ocorrem só porque alguém quer. De fato, entre 1500 e 1800, a cultura popular europeia tomou rumos que ninguém pretendera, rumos que nenhum contemporâneo poderia prever — na verdade, os contemporâneos tinham uma consciência apenas parcial das transformações pelas quais estavam passando. As grandes transformações econômicas, sociais e políticas do período tiveram suas consequências para a cultura, e portanto precisam ser descritas aqui, ainda que breve e esquematicamente.

Uma das transformações mais evidentes foi o crescimento populacional. Em 1500, havia cerca de 80 milhões de pessoas na Europa, número que, em 1800, foi para além do dobro, 190 milhões aproximadamente. O crescimento da população levou à urbanização, pois havia menos espaço, e alguns camponeses foram obrigados a emigrar para as cidades, em busca de trabalho. Em 1500, existiam apenas quatro cidades na Europa com mais de 100 mil habitantes (Istambul, Nápoles, Paris e Veneza), mas em 1800 havia 23. Uma delas, Londres, tinha mais de 1 milhão de habitantes.[1]

Menos visível imediatamente a olho nu, mas até mais importante do que a ascensão das cidades, foi uma sequência de transformações econômicas, que pode ser resumida como "revolução comercial" ou "ascensão do capitalismo comercial". Houve uma grande expansão do comércio dentro da Europa, e do comércio entre a Europa e o resto do mundo. A divisão internacional do trabalho vinha se aprofundando, concentrando-se a Europa nas manufaturas (cutelaria, papel, vidro e principalmente têxteis), que eram exportadas para a Europa oriental, Ásia, África e América, enquanto os alimentos e matérias-primas, como ferro, couro e algodão, eram importados em troca. Certas cidades e suas regiões especializaram-se em produtos específicos: Leiden em tecidos de lã, Lyon em seda, Bolonha em produção de papel, e assim por diante, e essas indústrias gradualmente passaram da produção destinada ao mercado local para a produção dirigida a um mercado nacional ou mesmo internacional.

Com essa revolução comercial, veio uma revolução nas comunicações. Construíram-se mais navios, escavaram-se mais canais, melhoram-se as estradas, os serviços postais se tornaram mais frequentes, e houve um maior uso do dinheiro e crédito. A agricultura também se transformou, pelo menos nos arredores das grandes cidades; passou-se da cultura de subsistência para uma cultura destinada ao crescente mercado urbano.

Não se deve exagerar a escala dessas transformações econômicas. Em 1800, menos de 3% da população europeia vivia em cidades com 100 mil ou mais habitantes. A forma dominante da empresa industrial era a pequena oficina, não a fábrica, e a produção estava apenas começando a se mecanizar no final do século XVIII. Mas as transformações foram suficientemente grandes para trazer sérias consequências sociais.[2]

À medida que a população cresceu, também subiram os preços, particularmente os preços dos alimentos. Eles tendiam a aumentar mais rápido do que os salários, pois um aumento nos salários tinha de ser negociado, e isso significava uma polarização econômica; alguns ricos estavam ficando mais ricos, enquanto alguns pobres estavam ficando ainda mais pobres. Lucrou quem empregava trabalho assalariado: os comerciantes, os proprietários rurais que dirigiam pessoalmente suas fazendas, e os camponeses e artesãos mais prósperos. Por outro lado, os trabalhadores rurais e os oficiais, que recebiam salários, estavam pior do que antes, e os pequenos proprietários, que complementavam suas rendas com o trabalho assalariado, muitas vezes perderam sua independência.

A cultura popular, como vimos, estava intimamente relacionada com seu ambiente, adaptada a diferentes grupos profissionais e modos regionais de vida. Necessariamente mudaria quando mudasse seu ambiente. A maneira como ela mudou é um tema que os historiadores estão apenas começando a investigar, e é de se esperar que essa história, quando for finalmente contada, seja complexa, visto que as diferentes partes da Europa foram atingidas em diferentes graus pelas transformações econômicas. Aqui, como em outras partes do livro, vou oferecer um modelo simples de um processo complexo, sustentando que a revolução comercial levou a uma idade de ouro na cultura popular tradicional (pelo menos na cultura material), antes que as revoluções comercial e industrial, juntas, a destruíssem.

Em várias partes da Europa ocidental, a impressão dos contemporâneos (respaldada pela prova mais sólida dos inventários) era a de que o campesinato estava começando a ter mais objetos materiais, e também melhores. Na Inglaterra, a mudança parece ter chegado relativamente cedo, no reinado de Elizabeth. No passado, um camponês e sua família dormiam no chão, e "uma tigela de madeira e uma panela ou duas compunham todos os seus bens"; mas no final do século XVI, um agricultor podia ter "uma bela guarnição de estanho em seu guarda-louça [...] três ou quatro colchões de pena, muitas colchas e tapetes trabalhados, um saleiro de prata, uma grande taça para vinho (quando não um jogo inteiro) e uma dúzia de colheres para completar o conjunto". E o mais espetacular é que grande parte da Inglaterra rural foi reconstruída no final do século XVI e início do século XVII. Também na Alsácia os séculos XVI e XVII foram a grande era da arte do artesão rural, da construção e mobiliamento de casas com estrutura de madeira e vãos preenchidos com argamassa.[3]

Em outras partes da Europa ocidental, parece ter sido o século XVIII a marcar a transformação decisiva. Em Friesland, os camponeses adquiriam *schoorsteen kleden* (panos decorativos para os consoles de lareira), cortinas, espelhos, relógios e colheres de prata. Em Artois, as tigelas e vasilhas de madeira e argila crua foram substituídas por estanho e cerâmica mais fina. O inventário de bens de Edme Rétif, agricultor da Burgúndia (e pai de Rétif de la Bretonne), mostra que em 1764 ele tinha, entre outras coisas, doze cadeiras, duas camas largas, pratarias e um genuflexório. Na Noruega e Suécia, é fácil encontrar baús, guarda-louças, tigelas e pratos pintados e entalhados do século XVIII, mas é difícil encontrar qualquer coisa anterior que provenha de uma casa camponesa. As rosáceas pintadas norueguesas e as cortinas pintadas suecas remontam ao século XVIII, quando os braseiros abertos (com saída para a fumaça através de um buraco no teto) foram substituídos por fogões. Os relógios de pêndulo fizeram sua aparição em lares rurais tanto na Suécia do século XVIII como no País de Gales do século XVIII.[4]

O aumento quantitativo (e talvez qualitativo) da mobília e utensílios nas casas camponesas desse período ocorreu por duas razões diferentes. Em algumas regiões, os camponeses mais ricos estavam prosperando, e essa prosperidade se traduzia em novos padrões de conforto. Na Inglaterra, foi a classe dos pequenos proprietários que lucrou com a comercialização da agricultura, construindo novas casas e adquirindo "uma bela guarnição de estanho". Na Alsácia, os vinicultores estavam encontrando novos mercados na época em que construíam e mobiliavam novas casas. Na França, o fim das guerras de Luís XIV e, na Suécia, o fim das guerras de Carlos XII provavelmente significaram um aumento de prosperidade. Na Noruega, o estrondoso aumento das exportações de madeira (para a Grã-Bretanha, entre outros países) levou a uma melhoria no padrão de vida rural. De modo geral, podemos dizer que a aristocracia camponesa, homens como Edme Rétif, agora tinha condições de comprar objetos que, antes, ela mesma fazia.[5]

Uma segunda razão para a transformação na cultura material pode se encontrar na transformação das formas de produção. À medida que crescia o mercado exportador, a especialização regional em certos ofícios artesanais tornou-se ainda mais acentuada do que antes. A cerâmica, por exemplo, passou a ser importante em Staffordshire e Nevers. A indústria de azulejos de Leeuwarden, Haarlem, Amsterdam, Dordrecht e outros centros dos Países Baixos atingiu seu auge entre 1600 e 1800; os azulejos, pintados com barcos, moinhos de vento, tulipas, soldados e muitos outros motivos, eram populares não só no nível nacional, mas também na Inglaterra e na Alemanha. No século XVIII, Dalarna, na Suécia, converteu-se num centro de produção de móveis pintados, vendidos ao mercado em Mora. Em 1782, foram registrados 484 artesãos profissionais em atividade no distrito de Gudbrandsdal, na Noruega, famoso, como Dalarna, por seus móveis pintados. A arte popular estava mais acessível do que nunca.[6]

A expansão do mercado significava uma maior demanda, e para atendê-la o processo de produção foi padronizado. Não se poderia pensar em produzir objetos conforme as exigências específicas do cliente individual, tal como tradicionalmente ocorria. Ao longo do século XVIII, os desenhos dos azulejos holandeses foram se simplificando até umas poucas pinceladas rápidas, e passou-se a usar métodos semimecânicos, como o emprego de matrizes. Era questão de apenas uma ou duas gerações antes que o objeto artesanal, feito à mão, começasse a ceder ao objeto padronizado, feito à máquina e produzido em massa. A expansão do mercado também destruiu a cultura material local. Na região rural perto de Edimburgo, no final do século XVIII, os agricultores mais prósperos, ou *gudemen*, estavam comprando cerâmica de Wedgwood e roupas feitas em Manchester, para não citar as pás para revolver o fogo ou as cortinas de algodão estampado. Eram os primeiros sinais do poder destrutivo de revolução comercial — mas o processo que destruiria a cultura popular tradicional possibilitou antes algumas de suas belas realizações.[7]

Enquanto isso, a Europa oriental mantinha-se à parte de muitas dessas tendências. Em muitas regiões, os camponeses tinham sido reduzidos à servidão durante o século XVI, de modo que os lucros derivados do aumento dos preços dos alimentos não chegaram até eles. Nos Bálcãs, continuou a predominar a casa com um único aposento, sem chaminé, tornando impensável o uso de decorações pintadas, e o povo possuía um número relativamente pequeno de objetos materiais. Ainda em 1830, conforme consta, um lar rural sérvio contava em média com apenas cinquenta peças de móveis e utensílios, cerca de dez por pessoa.[8]

A expansão ou alargamento do mercado afetou, além dos objetos artesanais, as apresentações artísticas. Se o declínio das feiras foi, como deve ter sido, um golpe para os artistas ambulantes que aí se apresentavam, o crescimento de grandes cidades ofereceu-lhes, em compensação, outras oportunidades. É difícil dizer até que ponto o entretenimento popular urbano se transformou entre 1500 e 1800. Recentemente sustentou-se que a Inglaterra do século XVIII passou por uma "comercialização do lazer", no sentido de que homens de negócio começaram a encarar as atividades de lazer como um bom investimento e que as facilidades realmente aumentaram. Não é fácil ter certeza se havia mais, digamos, teatros de fantoches em Londres no século XVIII do que no século anterior, visto que esse tipo de diversão organizada informalmente deixa poucos traços documentais; mas por certo existiam novos entretenimentos, e organizados mais formalmente, e uma utilização crescente de anúncios para informar ao público o que estava sendo apresentado. Thomas Topham, o homem hercúleo, fez "exibições" dos seus poderes em Londres e outros locais nos anos 1730 e 1740, levantando pesos, dobrando atiçadores de ferro e sofreando cavalos. Jack Broughton inaugurou seu ringue na Oxford Street em 1743, cobrando ingressos e anunciando a data das lutas. As corridas de cavalos já eram anunciadas nos jornais nos anos 1720, e por volta de 1800, segundo J. H. Plumb, "a corrida era uma indústria que envolvia milhares de trabalhadores e um investimento que incorria em centenas de milhares de libras". O caso mais notável de comercialização da cultura popular é o circo, que remonta à segunda metade do século XVIII; Philip Astley fundou seu circo em Westminster Bridge em 1770. Os elementos do circo, artis-

329

tas como palhaços e acrobatas, como vimos, são tradicionais; o que havia de novo era a escala da organização, o uso de um recinto fechado, ao invés de uma rua ou praça, como cenário da apresentação, e o papel do empresário. Aqui, como em outros âmbitos da economia do século XVIII, as empresas em grande escala vinham expulsando as pequenas.[9]

Poder-se-ia esperar que fossem os ingleses os pioneiros dessa primeira revolução industrial no setor do entretenimento, mas existem alguns paralelos no continente europeu. Na época em que o lutador profissional vinha fazendo sua aparição na Inglaterra, encontramos o toureiro profissional a surgir na Espanha. Se Daniel Mendoza era um herói popular na Inglaterra, o mesmo se poderia dizer de Pedro Romero, de Pepe Hillo ou do grande rival de Romero, Costillares. Por volta de 1780, dizia-se que Madri inteira estava dividida entre as duas facções de *costillaristas* e *romeristas*. Um novo tipo de herói popular apareceu no século XVIII: o ídolo esportivo. Pode-se suspeitar, embora falte documentação para estabelecer este ponto, que as festas populares na Itália se comercializaram cada vez mais entre 1500 e 1800. Quando Montaigne visitou Loreto em 1581, encontrou a aldeiazinha (e grande centro de peregrinação) cheia de lojas, "ricamente provida" com velas, rosários e imagens santas, para todo o mundo, como Lourdes ou Assis hoje em dia. Montaigne ficou desapontado com o Carnaval romano, mas estrangeiros como ele continuaram a assisti-lo; na verdade, pode-se afirmar que, nos séculos XVII e XVIII, o Carnaval em Roma ou Veneza se destinava tanto aos habitantes locais como aos visitantes, peregrinos ou turistas. As festas certamente traziam uma contribuição muito necessária à economia dessas duas cidades, e um contemporâneo calculou que 30 mil pessoas visitaram Veneza para o Carnaval de 1687.[10] Em suma, estava ocorrendo uma passagem gradual das formas mais espontâneas e participativas de entretenimento para espetáculos mais formalmente organizados e comercializados para espectadores, passagem esta que, evidentemente, prosseguiria por muito tempo depois de 1800.

Nas cidades maiores, o processo de transformação social parece ter enriquecido a cultura popular. No campo, principalmente em regiões distantes, o mesmo processo levou a um empobrecimento cultural. No final do século XVIII, a Comissão da Sociedade das Terras Altas investigou a poesia popular a fim de decidir sobre a autenticidade de Ossian (ver p. 43). Descobriram que a poesia popular tradicional estava desaparecendo, em consequência da "transformação dos costumes nas Terras Altas, onde os hábitos de trabalho agora suplantaram o entretenimento de ouvir a narrativa lendária ou a balada heroica". Pela frase, não fica muito claro se realmente deploravam ou não a transformação, mas um dos seus informantes foi muito mais direto. Hugh M'Donald, um arrendatário que sublocava terras da ilha de Uist, resumiu o processo de comercialização e "a transformação dos costumes" da seguinte maneira:

> As virtudes mais nobres foram arruinadas ou exiladas desde que o amor ao dinheiro insinuou-se entre nós, e desde que a falácia e a hipocrisia trouxeram a política mercenária e a avareza sórdida e servil para nossas terras.[11]

OS USOS DA ALFABETIZAÇÃO

O exemplo mais óbvio da comercialização da cultura popular ainda não foi mencionado: o livro impresso. Em 1500, mais de 250 centros contavam com gráficas montadas e havia cerca de 40 mil edições impressas, totalizando aproximadamente 20 milhões de exemplares numa época em que a população da Europa compunha-se de pouco mais de 80 milhões. A produção de livros continuou a crescer entre 1500 e 1800. Na França, no século XVI, por exemplo, o máximo chegou a quase mil títulos (ou 1 milhão de exemplares) por ano; no século XVII, o máximo chegou a pouco mais de mil títulos; no século XVIII, houve um aumento constante, mas intenso, a um máximo de 4 mil títulos por ano.[12]

Que diferença fez esse fluxo de livros impressos para os artesãos e camponeses? Eles podiam lê-los? Não é fácil calcular as taxas de alfabetização antes da compilação oficial de estatísticas (relativamente) confiáveis sobre a questão, na metade do século XIX — com a exceção da Suécia e da Finlândia, onde a Igreja fizera levantamentos cuidadosos e mantinha registros completos.* Os historiadores geralmente têm tido trabalho em calcular a proporção entre assinaturas e marcas das testemunhas de testamentos, registros ou contratos de casamento, ou outros documentos oficiais, como taxações de impostos ou o juramento de lealdade ao parlamento inglês, em 1642. A capacidade de assinar o nome não deve ser confundida com a capacidade de ler fluentemente, mas existem algumas provas de que as duas aptidões estão inter-relacionadas e que "o nível de assinaturas está abaixo mas muito próximo da capacidade de leitura".[13]

Empregando esse tipo de indicação, os historiadores concluíram que uma considerável minoria do povo era efetivamente capaz de ler nos inícios da Europa moderna; que em 1800 seu número era maior do que em 1500; que os artesãos, de modo geral, eram muito mais alfabetizados do que os camponeses, os homens mais do que as mulheres, os protestantes mais do que os católicos, e os europeus ocidentais mais do que os orientais. Para todas essas asserções, as provas são precisas, mas fragmentárias. No que se refere à estrutura da alfabetização, descobriu--se que, em Narbonne e campos adjacentes, cerca de 65% dos artesãos eram letrados, em comparação aos 20% de camponeses, no final do século XVI, e que no final do século XVII, em toda a França, cerca de 14% das noivas assinavam o registro de casamento, menos da metade dos noivos (cerca de 29%). Os escandinavos, holandeses e britânicos — todos protestantes da Europa ocidental — tinham os índices mais altos de alfabetiza-

---

* Durante o *husförhör*, a capacidade de leitura das pessoas era testada, sendo classificada como "corretamente", "em algum grau" ou "absolutamente nada".

ção dos inícios da Europa moderna. Em 1850, a Rússia contava com 10% de adultos letrados, a Itália e a Espanha com 25%, em comparação com 70% na Inglaterra, 80% na Escócia e 90% na Suécia.[14]

Quanto às transformações ao longo do tempo, houve aumentos notáveis na alfabetização durante a primeira metade do nosso período, 1500-1650, por exemplo, em partes da Itália e Inglaterra. Em Veneza, por volta de 1450, 61% de uma amostra de testemunhas sabiam assinar seus nomes, mas a proporção aumentou para 98% em torno de 1650. Em Durham, por volta de 1570, 20% das testemunhas leigas perante o tribunal do consistório eram alfabetizadas (mas menos de 20% dos artesãos, e praticamente nenhum camponês); por volta de 1630, a proporção chegara a 47%. Em outras partes da Europa, foi a segunda metade do período, 1650-1800, que mostrou intenso aumento na alfabetização. No conjunto da França, o índice médio de alfabetização entre os homens subiu de 29% em 1690 para 47% em 1790; na Inglaterra, subiu de 30% em 1642 para 60% na segunda metade do século XVIII. Estudos regionais mais limitados às vezes têm informações mais notáveis. Em Amsterdam, o índice de alfabetização entre os homens era de 57% em 1630, mas em 1780 aumentara para 85%. Em Marselha, era de 50% entre 1700 e 1730, mas foi a 69% em 1790. Na Normandia, ele subiu de 10% para 80% ao longo do século XVIII. Em partes da Suécia, onde as evidências são mais completas e diretas, o aumento é o mais notável de todos. Na paróquia de Möklinta, por exemplo, 21% dos homens e mulheres sabiam ler em 1614, e 89% em 1685-94; na paróquia de Skellefteå, em 1724, 43% dos homens e mulheres nascidos antes de 1645 sabiam ler, e 98% dos nascidos a partir de 1705. Na diocese de Härnösand, a alfabetização era de 50% em 1645, mas de 98% em 1714.[15]

Esse aumento na alfabetização foi resultado de crescentes facilidades educacionais, e o crescimento dessas facilidades educacionais fazia parte do movimento pela reforma da cultura popular descrito no capítulo anterior. Os reformadores de mentalidade secular eram ambivalentes quanto à alfabetização popular. Desconfiavam muito da cultura oral tradicional, como vimos, mas também temiam que a educação pudesse tornar os pobres descontentes com sua posição na vida e estimular os camponeses a deixar a terra. Alguns, como Voltaire, achavam que a maioria das crianças simplesmente não devia aprender a ler e escrever; outros, como Jovellanos, achavam que os camponeses deviam aprender os rudimentos de leitura, escrita, aritmética, mas só.[16]

Os devotos tinham maior fé na alfabetização, que viam como um passo na via da salvação. Na Escócia, por exemplo, John Knox queria que cada paróquia tivesse sua escola (embora esse desejo tenha demorado muito em se concretizar, mesmo na Baixa Escócia). Na Inglaterra (afirmou Lawrence Stone), houve uma "revolução educacional" entre 1560 e 1640, incentivada pela fundação de escolas por parte dos religiosos, e houve um aumento nas taxas de alfabetização no final do século XVIII, em parte devido a um crescimento das escolas dominicais. Foi graças aos puritanos que se estabeleceram escolas em cidades--mercados no País de Gales, sob a "lei para a propagação do Evangelho", e graças aos não conformistas as "escolas circulantes" levaram a alfabetização ao campo durante o século XVIII. Na Suécia, a Igreja montou a campanha que levou ao salto na alfabetização dos adultos por volta de 1700. Na França, os religiosos (a Compagnie do Saint Sacrement, Jean-Baptiste de la Salle e os Frères Chrétiens) ajudaram no crescimento das oportunidades educacionais perceptíveis a partir do final do século XVII.[17]

No entanto, não devemos supor que as consequências da alfabetização foram as que os religiosos supunham que iriam ou deveriam ser. O que os camponeses e artesãos letrados liam nos inícios do período moderno? Tinham algum acesso a livros? Existem pelo menos três problemas por trás da palavra aparentemente simples "acesso" e que precisam ser abordados um a um.

O primeiro problema é o acesso físico: os livros conseguiam chegar aos camponeses e artesãos? Não era um grande problema para os citadinos, que podiam encontrar livros à venda no St Paul's Churchyard, em Londres, em Pont-Neuf, em Paris, na Puerta del Sol, em Madri e muitos outros lugares, muitas vezes pendurados num cordão na rua (é por isso que os espanhóis ainda chamam os exemplares de literatura popular de *literatura de cordel*). Para a maioria da população, que vivia no campo, o problema da distribuição era maior, mas não insolúvel. Os livros e outros materiais impressos, como folhetos, podiam ser comprados nas feiras ou com mascates e cantores ambulantes de baladas. Um inglês em 1611 definiu o mascate como "um vendedor ambulante que numa sacola ou cesta comprida (que na maior parte do tempo ele carrega aberta e na sua frente, pendurada no pescoço) tem almanaques, livros de notícias ou outras coisas insignificantes para vender".[18] Era por causa dessa sacola portátil ao pescoço que os franceses chamavam os mascates de *colporteurs*. Esses mascates se equipavam com os artigos de livreiros das cidades, e a seguir percorriam as aldeias. Pouco se sabe deles antes do início do século XIX, mas naquela altura as aldeias francesas eram servidas por *colporteurs* que, em sua maioria, vinham dos Altos Comminges, nos Pireneus, trabalhavam em pequenos grupos e especializavam-se na distribuição de verão ou de inverno.[19] Por razões óbvias, os livros (chamados de *chap-books*) que os mascates (*chapmen*) traziam consigo eram pequenos, antes folhetos do que verdadeiros livros no sentido moderno, frequentemente com apenas 32, 24 ou mesmo oito páginas. Tais folhetos já eram produzidos na Itália e Espanha nos inícios do século XVI, e no século XVIII podem ser encontrados em muitíssimas partes da Europa.[20]

Um segundo problema é o acesso econômico: os artesãos e camponeses podiam comprar material impresso? Numa época em que o preço do papel correspondia a uma parcela maior do custo de produção do que hoje em dia, livros pequenos eram baratos. Na França, nos séculos XVII e XVIII, eram impressos em papel de baixa qualidade, encadernados com papel azul do tipo usado para embrulhar pães doces (daí o nome Bibliothèque Bleue) e vendidos por um ou dois *sous* cada, numa época em que o salário médio de um trabalhador urbano variava de quinze a vinte *sous* por semana, e o preço normal do pão era de dois *sous* a libra. Os almanaques, por volta de 1700, custavam três *sous*. Na Suécia, os folhetos passaram a ser conhecidos como *skillingtryck*, "literatura de xelim", porque no final do século XVIII custavam um *skilling* sueco, a menor moeda em circulação. Na Inglaterra, no século XVII, os almanaques custavam dois *pence* e os folhetos um pêni; no século XVIII, quando o folheto padronizado com 24 páginas passou a aparecer regularmente, também custava um pêni. Parece, assim, que o preço de folhetos e livretos não ultrapassava os recursos de alguns artesãos e camponeses, e os inventários mostram que em Lyon e Grenoble, no século XVIII, uma minoria de artesãos possuía uns poucos livros mais valiosos.[21]

Um problema final é o acesso linguístico: os folhetos e livretos eram escritos de maneira suficientemente simples para homens e mulheres com pouco mais que os rudimentos das letras? Quem quer que se dê ao trabalho de ler alguns desses livrinhos hoje em dia verá que sua linguagem geralmente é simples, o vocabulário relativamente pequeno, as construções não elaboradas. É improvável que tenham apresentado grandes problemas de compreensão, mesmo para pessoas que liam devagar e com dificuldade. Só é provável que tenham ocorrido problemas linguísticos em regiões distantes dos centros de produção dos livretos (geralmente áreas de baixa taxa de alfabetização), como a Europa oriental ou o sul da Itália. A Bibliothèque Bleue pode ter significado pouco na Baixa Bretanha ou no Languedoc, onde o francês ainda era uma língua estrangeira.

Em suma, o material impresso era acessível a um grande número de artesãos e camponeses naquele período, mesmo que não possamos dizer se esse "grande número" era maior ou menor que 50%, e muito menos calcular — devido à sua fragilidade — quantos folhetos e livretos existiam. O índice de jornais ingleses do início do século XVIII (que não só eram frágeis, mas também numerados) que chegou até nós tem sido estimado em apenas 0,013%.[22] O fato de terem restado milhares de folhetos e livretos do período 1500-1800 permite-nos supor a importância desse material e passar para a questão ainda mais delicada da sua significação. Em outras palavras, que tipo de impacto ele teve na cultura popular tradicional? Quais foram as consequências da crescente alfabetização?

Para um leitor moderno, a semelhança entre os *broadsides* ou livretos e a "cultura de massa" do mundo contemporâneo provavelmente será notável. Ele perceberá a crescente padronização do formato, será sensível aos expedientes usados para atrair compradores, tais como títulos sensacionais ou a afirmação (frequentemente falsa) de que a narrativa é "completa", "fiel", "verdadeira" ou "nova". O fato de que a descrição de execuções ou visitas reais às vezes já estava impressa antes de terem acontecido lembra o nosso moderno "pseudoacontecimento". Sabemos da presença do empresário (a família Bindoni na Veneza do século XVI, a família Oudot na Troyes do século XVII, a família Dicey na Londres do século XVIII), o homem de negócios que estava convertendo a literatura popular em mercadoria.[23] Mas não é fácil saber a diferença que representavam essas transformações para os apresentadores e seus públicos.

Para o cantor ou contador de estórias profissional, a folha ou o folheto impresso podia significar uma ampliação bem-vinda do seu repertório ou uma renda suplementar com a venda dos textos. Já em 1483 "Bernardino, o Charlatão" estava comprando de um impressor florentino, de uma vez só, 25 exemplares de um poema chamado *La sala de Malagigi*, provavelmente para vender depois de sua apresentação.[24] A longo prazo, porém, o livro era um concorrente perigoso e um aliado traiçoeiro. Um concorrente perigoso porque o comprador do texto impresso poderia dispensar totalmente a apresentação; ele perdia o incentivo para ficar de pé durante uma hora numa praça, ouvindo um cantor ambulante. A difusão da alfabetização e o declínio do épico foram simultâneos na Europa ocidental, enquanto o analfabetismo e o épico sobreviveram juntos na Sicília, Bósnia e Rússia. O livro era um aliado traiçoeiro, porque a fixação dos textos na letra impressa afetava a natureza da apresentação, estimulando a repetição, ao invés da recriação de uma canção ou estória. Sugeriu-se que a alfabetização embota a capacidade de improvisação, da mesma forma como retira parte do incentivo a ela. É difícil comprovar essa hipótese mesmo em condições ideais, e impossível demonstrá-la para o nosso período: mas, se for verdadeira, seria uma outra explicação para a evidente importância dos cantores cegos de baladas, sugerindo que sua imunidade ao texto impresso preservou seus poderes criativos. É provável, portanto, que o texto impresso tenha incentivado uma divisão do trabalho entre o apresentador, que agora cantava tudo o que os editores lhe forneciam, e o autor de novas canções e estórias. O autor, que podia nunca ver seu público e não tinha de apresentar o que compusera, emancipou-se da tradição oral e das pressões da audiência, e poderia inventar ou plagiar o que quisesse. Mas essa nova liberdade era um presente perigoso para quem não fosse extremamente talentoso; a maioria de nós precisa do apoio de uma tradição. Não surpreende que as novas baladas impressas raramente se equiparassem às suas predecessoras tradicionais.[25]

E o crescente público leitor? O livro impresso revolucionou suas atitudes e valores? Graças à difusão da alfabetização no Terceiro Mundo, em anos recentes, essa pergunta se tornou extremamente atual, sendo que os sociólogos, com muita frequência, dão uma resposta afirmativa. Na Nigéria, nos anos 1950, houve uma ascensão de panfletos populares, escritos em inglês, uma "Bibliothèque Bleue" negra (tendo como sua Troyes a cidade de Onitsha), muitas vezes interessada em converter seus leitores a novos valores, como o trabalho esforçado, a frugalidade, a magnanimidade, a sofisticação e o progresso. Num estudo sobre o Oriente Médio (baseado em entrevistas), um sociólogo americano sustentou que o texto impresso (juntamente com outros meios de comunicação de massa e transformações sociais subjacentes, em particular a urbanização) produz um novo tipo de personalidade, a "personalidade móvel", como ele a chama. O novo tipo de homem ou mulher caracteriza-se por uma

338

alta capacidade de empatia (resultante da diversidade de suas experiências vicárias) e disposição em aceitar transformações, mudar-se de um lugar para outro ou expressar suas opiniões pessoais sobre a sociedade; numa palavra, a modernidade.[26] Tais mudanças espetaculares não são visíveis nos inícios da Europa moderna, quando a urbanização não vinha ocorrendo com a mesma rapidez com que se dá atualmente na Nigéria ou no Oriente Médio, e o mundo aberto pela alfabetização não incluía nenhuma sociedade industrial que se pudesse tomar como modelo. Não podemos entrevistar os mortos ou medir sua capacidade empática, mas as atitudes em relação aos turcos, judeus ou bruxas, expressas naquele período, sugerem que ela não deve ter sido muito grande (ver p. 228-9). Numa engenhosa tentativa de verificar a hipótese da modernização, um historiador comparou as doações testamentárias de alfabetizados e analfabetos da Nova Inglaterra do século XVIII. Ele descobriu que os dois grupos doavam a mesma proporção de seus bens a obras ou associações de caridade, e que ambos os grupos faziam suas doações antes a membros da sua família ou aldeia do que a forasteiros, e antes aos pobres e à Igreja do que às escolas. Em suma, as atitudes dos alfabetizados eram tradicionais.[27] O conteúdo do material impresso popular não sugere nenhuma violenta ruptura da continuidade. Muito do que era impresso já fazia parte do repertório de apresentadores dentro da tradição oral, e traz as marcas dessa origem: baladas e diálogos, sermões simulados e peças de mistério. Talvez seja necessário se invocar aqui a força da inércia, mas a continuidade pode ser devida aos usos do material impresso, que não se destinava tanto a uma leitura silenciosa e individual, mas a uma leitura em voz alta para vizinhos ou parentes menos letrados. Um historiador que se põe a ler uma série de livretos publicados entre 1500 e 1800 provavelmente ficará impressionado com a presença esmagadora da tradição: os mesmos gêneros, os mesmos textos. Os funcionários públicos que prendiam os mascates nas estradas e esvaziavam suas sacolas descobriram a mesma coisa. Já bem mais tarde, em 1812, descobriu-se que um mascate alemão,

339

entre seus 36 livros, trazia um sobre interpretação de sonhos, a vida de Genoveva de Brabante, o romance dos quatro filhos de Aymon e os chistes de Till Eulenspiegel. Um mascate francês preso em 1825 tinha 25 livros, incluindo um livro de sonhos, *Os quatro filhos de Aymon*, *Pierre da Provença* e o *Gato de botas*.[28] Os almanaques, um dos tipos de livros mais populares da época, pouco mudaram ao longo dos anos e mesmo dos séculos, e ofereciam os mesmos ensinamentos astrológicos, médicos, agrícolas e religiosos.[29] Começa-se a pensar se a imprensa, ao invés de destruir, não preservou e até difundiu a cultura popular tradicional. Quantas baladas os compiladores poderiam registrar a partir da "tradição oral" no século XIX, se não existissem os folhetos impressos?[30]

Um olhar mais detido não desfaz essa primeira impressão, mas torna-a mais definida. Os velhos temas não desapareceram entre 1500 e 1800, mas surgiram novos. As transformações culturais, tanto neste como em outros casos, eram mais "aditivas" do que "substitutivas". Novos tipos de heróis populares vieram se juntar ao tradicional santo, cavaleiro, governante ou fora da lei. O hussardo era uma nova forma de cavaleiro; o contrabandista, uma nova espécie de fora da lei; o empresário, um tipo inteiramente novo de herói. No século XVIII, eram correntes os livros de boas maneiras em forma de folhetos, e (como na literatura popular nigeriana) diziam ao leitor como escrever uma boa carta ou abordar o sexo oposto, com uma lista de elogios apropriados, como "prezo mais o seu casto amor do que todas as riquezas da Índia".[31] Mais importante, é possível ver nos folhetos e em outros tipos de fontes a prova de duas transformações graduais, mas relevantes, nas atitudes populares, pelo menos na Europa ocidental. Elas podem ser resumidas em duas abstrações toscas, mas úteis: secularização e politização.

A "secularização" é tão difícil de ser definida quanto a "religião". Talvez tenhamos de distinguir duas acepções do termo, uma forte e uma fraca. No sentido forte, a secularização pode ser definida como a rejeição da religião. O historiador que discorre sobre esse processo evidentemente deve ser capaz de indicar uma era de fé, a partir da qual se deu o declínio. Alguns historiadores franceses vêm dando grande atenção ao problema da *déchristianisation*, como o chamam. Se considerarmos, por exemplo, que no século XVII havia bretões que se dizia não saberem quantos deuses existiam, é evidente que o ponto alto da ortodoxia católica na França deve ter sido posterior, ao que comumente se pensa, talvez nos anos 1720-50. Mas nos anos 1790, quando o governo revolucionário diminuiu as pressões para a adoção do catolicismo, uma parcela considerável da população deixou de cumprir com seus deveres de Páscoa, principalmente em Paris e outras cidades grandes. Não sabemos até que ponto essa retração foi espontânea, nem o que ela significou para os artesãos e camponeses envolvidos. Talvez fosse uma rejeição da religião organizada, um deísmo popular como o dos artesãos livre-pensadores de Londres e Viena nos anos 1790. Talvez fosse uma rejeição do catolicismo oficial por famílias de ex-protestantes ou por pessoas que se ressentiam com o ataque do clero às crenças e costumes tradicionais.[32]

A secularização em sentido fraco pode ser definida como a expressão de medos e esperanças em termos cada vez mais terrenos, o declínio do sobrenatural ou o que Max Weber chamou de "o desencantamento do mundo" (*die Entzauberung der Welt*). Os folhetos oferecem algumas provas positivas sobre tal transformação. Na Inglaterra, algumas estórias soam como um sucedâneo secular de obras devotas. *Robinson Crusoe* e *Moll Flanders* de Defoe, ambos correntes em forma barata e resumida durante o século XVIII, podem ser interpretados como um progresso do peregrino secularizado, sendo que a obtenção de riqueza e *status* aparece como sinal de salvação, ou mesmo no lugar da própria salvação. Um outro folheto, *Hocus Pocus*, com muitas edições, expunha os truques de malabaristas e prestidigitadores, mostrando que não empregavam magia, mas apenas a destreza manual. Esses exemplos sugerem que as transformações na cultura dos instruídos — principalmente o complexo de transformações resumido na expressão "a Revolução Científica" — estavam tendo um certo impacto sobre a cultura popular.[33] Um estudo recente sobre os almanaques franceses do século XVIII sugere que eles se referiam menos ao sobrenatural do que os almanaques do século XVII. A estória de Bonhomme Misère, em sua forma impressa do século XVIII, lê-se como se as referências ao sobrenatural tivessem sido simplesmente cortadas. Misère tem seu desejo atendido depois de uma visita de *"deux particuliers nommés Pierre et Paul"*, que nunca são identificados como os santos que originalmente eram.[34]

As esperanças e medos que tradicionalmente tinham se expressado em termos religiosos agora precisavam de outro modo de expressão, que será encontrado cada vez mais no político.

A POLÍTICA E O POVO

Uma outra mudança importante nas atitudes populares entre 1500 e 1800 pode ser definida como a "politização" da cultura popular ou a difusão da consciência política. Como podemos dizer se o povo simples era politicamente consciente ou não? Aqui há dois problemas, um conceitual e outro empírico. O que é política? Para os inícios do período moderno, talvez seja adequado defini-la como "assuntos do Estado", não questões locais, mas as preocupações dos governantes, em outras palavras, a sucessão, a guerra, a tributação e problemas econômicos e religiosos, na medida em que se impunham à atenção dos governos. A consciência política poderia ser definida como o conhecimento desses problemas e suas possíveis soluções, envolvendo uma "opinião pública" e uma atitude crítica (ainda que não necessariamente hostil) em relação ao governo. O problema empírico é a notória incapacidade do historiador em submeter os mortos a uma pesquisa de opinião, e o risco de tentar fazer demonstrações a partir de evidências negativas, quando sabemos tão pouco a respeito dos artesãos e camponeses da época; não sabemos o que costumavam conversar nas tavernas, na praça do mercado ou em casa. Tudo o que se pode fazer é juntar as evidências sobre os movimentos populares e

342

a literatura popular, e ver se daí se esboça um modelo. Esse modelo se parece extraordinariamente com um crescimento da consciência política. Pelo menos na Europa ocidental, entre a Reforma e a Revolução Francesa, os artesãos e camponeses estavam mostrando um interesse crescente pelas ações dos governos e sentindo um envolvimento com a política maior do que antes.

Quando Lutero apelou aos príncipes e nobres da "nação alemã", um debate teológico se tornou político. Os governantes tinham de decidir a atitude que se adotaria em relação à Reforma. Lutero também apelou ao *Herr Omnes*, como dizia, isto é, ao "homem comum", e seus adversários tiveram de fazer o mesmo. Nos anos 1520, publicaram-se muitos panfletos para convencer o povo simples de que Lutero estava certo, ou errado, e as gravuras satíricas levavam as mensagens aos lares. O próprio Lutero tinha clara consciência do valor propagandístico da gravura impressa. "Em todas as paredes (escreveu certa vez), em todos os tipos de papel e baralhos, os padres e monges devem ser retratados de tal forma que o povo sinta repugnância ao ver ou ouvir falar do clero." A reação dos camponeses alemães ao debate foi, evidentemente, sua grande rebelião em 1525. Lutero nunca pretendeu a rebelião dos camponeses e condenou-os quando se rebelaram, mas a indignação deles contra os proprietários rurais religiosos foi seguramente encorajada pela campanha propagandística de Lutero, e parece que eles interpretaram a insistência de Lutero sobre a "liberdade de um cristão" como uma referência à liberdade não tanto espiritual, mas em relação à servidão. Muitas de suas queixas eram tradicionais, mas a legitimação espiritual da revolta era nova, permitindo-lhes atacar senhores rurais e príncipes em nome de uma autoridade mais elevada. Tornou-se possível criticar até o imperador. Numa canção popular de 1546, a "Alemanha" diz ao imperador, na sua cara, que ele é "traiçoeiro e falso" por devastar a terra alemã (em outras palavras, por atacar os protestantes), quando devia estar lutando contra os turcos.[35]

Na Alemanha, o debate sobre a Reforma extinguiu-se em meados do século XVI, mas suas consequências para a cultura popular continuaram a se fazer sentir em outros lugares. Na França e nos Países Baixos, nos anos 1560 e 1570, os grupos de nobres, rebelando-se em nome da liberdade e da verdadeira religião (dessa vez calvinista) contra seus respectivos governantes, apelaram, como fizera Lutero, ao povo.

Nos Países Baixos, a Liga da Nobreza, descartada desdenhosamente como "aqueles mendigos", adotou o nome e apresentou uma espécie de peça política, um banquete no qual eles carregavam cuias de mendigos. Nas ruas da Antuérpia e Bruxelas, "vivam os mendigos" (*vive les Geus*) virou um clamor popular. Logo começaram a circular canções de mendigos em folhetos, denunciando o rei Filipe e seu governador, o duque de Alba, como tiranos e o papa como Anticristo, comentando os acontecimentos correntes da guerra que se seguiu, inclusive a captura de Brielle, o cerco e os reforços de Leiden e o assassinato do líder rebelde, Guilherme, o Silencioso. Essas canções foram acompanhadas por panfletos, gravuras, medalhas e emblemas, como o quarto crescente com a inscrição *liever Turcx dan Paus* (antes os turcos do que o papa).[36]

Também na França as canções e gravuras deram ao povo comum uma maior consciência sobre as questões em jogo na guerra civil, um conflito tríplice entre os huguenotes militantes, os católicos militantes organizados na Liga Católica e um grupo de centro apoiado por Catarina de Medici e seu filho Henrique III. Como os mendigos, os huguenotes fizeram canções e gravuras em apoio à sua causa, como a estampa de *Le Renversement de la grand marmite*, onde a panela virada é a Igreja de Roma, da qual caem cardeais, bispos etc. A Liga Católica revidou com estampas que mostravam os huguenotes como macacos e Henrique III como diabo ou hermafrodita.[37]

Como na Alemanha, esses apelos ao povo tinham resultados mais radicais do que pretendiam os líderes. Não se pode descrever o que estava acontecendo simplesmente em termos do "impacto" das ideias dos letrados sobre um corpo passivo de pessoas comuns; o povo estava assimilando as novas ideias às suas experiências e necessidades próprias. Em Gante, no final dos anos 1570, formou-se uma comissão de dezoito pessoas, com o apoio das guildas de ofício, pressionando pela introdução imediata da reforma calvinista, e em março de 1579 houve um ataque às casas dos ricos por uma multidão que cantava *Papen blot, ryckemans goet* (sangue do papa, bens do rico). Em Paris, dez anos depois, os defensores da Liga Católica ergueram barricadas nas ruas, expulsaram Henrique III e formaram uma comissão de dezesseis pessoas que, como a de Gante, dizia falar em nome dos artesãos e pequenos comerciantes. Esses movimentos populares urbanos alarmaram os líderes nobres da revolta. A comissão em Gante foi dissolvida por Guilherme, o Silencioso; a de Paris, pelo duque de Mayenne.[38] As atitudes dos camponeses também estavam mudando. Já em 1563, alguns nobres se queixaram ao sínodo calvinista de Nîmes sobre as doutrinas igualitárias dos seus camponeses. Na Provença, em 1578, camponeses católicos e protestantes uniram-se para incendiar castelos e massacrar nobres. Em 1594, uma assembleia de camponeses rebeldes em Bergerac encerrou-se com os gritos de *"liberté!"* e *"vive le Tiers État!"*.[39]

Na França, as guerras civis acabaram nos anos 1590; nos Países Baixos, em 1609 foi assinada uma trégua com a Espanha; mas a Europa central logo viria a se envolver na Guerra dos Trinta Anos (1618-48), em que as batalhas novamente vieram acompanhadas por panfletos, gravuras e canções políticas, ridicularizando ou louvando os príncipes, conselheiros e generais. As estampas católicas mostravam o protestante Frederico, da Boêmia, a perambular sem casa, depois de ter sido expulso do seu reino; os protestantes ridicularizavam o cardeal Khlesl, conselheiro do imperador Ferdinando II, cantando (com a melodia de *O du armer Judas*) *"O ich armer Khlesl/ Was hab ich getan"*, ou parodiando *O Welt ich muss dich lassen* (ver p. 304) com *O Wien ich muss dich lassen*. As profecias tradicionais sobre o "Leão do Norte" eram aplicadas a Gustavo Adolfo, da Suécia, e circulavam amplamente em folhetos.[40]

A eclosão da Guerra dos Trinta Anos também coincide com o aparecimento de um novo meio para expressar, ou formar, atitudes políticas, o *coranto* ou jornal, que talvez seja útil definir como uma folha ou folhas impressas contendo notícias sobre acontecimentos correntes, publicadas (é esta a inovação) em intervalos curtos e periódicos. O primeiro centro jornalístico foi Amsterdã, onde as folhas eram publicadas em holandês, alemão, francês e inglês. Tendiam a sair uma ou duas vezes por semana. O "mensageiro manco" (*lame messenger*, expressão comum na época para as notícias) estava ganhando velocidade.[41]

Há muito o que se dizer a favor da ideia de que, entre 1618 e 1648, o número de europeus ocidentais interessados na política era maior do que nunca fora antes. Os negócios de Estado invadiam mais as vidas das pessoas, e as informações políticas circulavam mais amplamente do que antes. Na República Holandesa, houve uma torrente de panfletos, estampas e canções referentes a acontecimentos, como o conflito entre o príncipe Maurício, o filho e sucessor de Guilherme, o Silencioso, e Jan van Oldenbarnevelt, executado por "traição" em 1618. Na Itália, notou-se em 1621 que "até os barbeiros e os outros artesãos mais vis (*gli altri più vili artefici*) estavam discutindo razões de Estado em suas oficinas e locais de encontro", e esse testemunho é plausível pelo fato de que, entre 1636 e 1646, foram criados jornais semanais em nada menos que seis cidades italianas.[42]

Na Inglaterra e França, nos anos 1640, mais que uma torrente, houve um dilúvio de panfletos. Na França, a Fronda, rebelião contra o governo do cardeal Mazarino, incluiu a publicação de cerca de 5 mil *mazarinades*, algumas delas sátiras, outras folhas de notícias. Algumas eram escritas em versos simples e fortes, que qualquer um podia entender. Por meio ou um quarto de *sou* cada, essas *mazarinades* eram muito mais baratas do que os livretos da Bibliothèque Bleue, dando um colorido à afirmação de uma delas, segundo a qual todos estavam contra Mazarino:

346

Il n'est de trou ni de taverne
Où chaque artisan ne le berne,
Chaque compagnon de métier,
Gaigne-petit et savetier
Jusque aux vendeuses de morues
En font des comptes dans les rues.[43]*

A consciência política popular é ainda mais evidente na Guerra Civil inglesa. Os camponeses ou artesãos ingleses haviam participado de acontecimentos políticos anteriores, como mostram a peregrinação da Graça, o movimento puritano elisabetano ou as baladas impressas que criticavam a armada espanhola, mas quando os adversários de Carlos I, tal qual os adversários de Filipe II e Henrique III, apelaram ao povo, este se envolveu num grau sem precedentes. Foram organizadas petições enormes — 15 mil pessoas assinaram a "petição completa", 30 mil assinaram a petição por justiça contra Strafford. O termo político *demonstration* [manifestação] só começou a ser usado na Inglaterra no início do século XIX, mas é difícil encontrar uma palavra mais apropriada para descrever o comportamento das multidões que acompanharam triunfalmente Burton, Bastwick e Prynne até Londres, depois de serem libertados da prisão em 1640, ou reuniram-se em Westminster gritando "abaixo os bispos" ou "abaixo os senhores papistas" durante os três "Dias de Dezembro" de 1641. Para citar o comentário crítico de um contemporâneo, "havia uma espécie de disciplina na desordem, os tumultos estando prontos ao comando, a partir de uma senha". Houve um vasto aumento da informação política. Entre 1640 e 1663, o livreiro George Thomason reuniu perto de 15 mil panfletos e mais de 7 mil jornais, incluindo sermões, discursos na Câmara dos Comuns,

---

* Não há canto nem taverna/ Onde cada artesão não o goze,/ Cada oficial diarista,/ Amolador ambulante e remendão/ Até as vendedoras de bacalhau/ Comentam-no nas ruas.

folhetos defendendo a reforma social, folhetos condenando a reforma social, e folhas de notícias, fossem as *Joyful News from Shrewsbury* [Alegres notícias de Shrewsbury] ou as *Honrible News from Hull* [Terríveis notícias de Hull]. Havia uma legião de canções e profecias políticas, e só do ano de 1641 sobreviveram cerca de 150 gravuras políticas.[44]

Assim como nos Países Baixos e na França durante o século XVI, da mesma forma surgiram visões mais radicais durante a Guerra Civil inglesa. Os "niveladores" expressavam a ideia de que "as leis devem ser iguais" e "o povo" (significando os pequenos proprietários na agricultura e no artesanato) devia escolher os membros dos parlamentos, pela razão de que "todo o poder reside originária e essencialmente no conjunto inteiro do povo". É difícil saber o grau de apoio que tinham os "niveladores", ou mesmo até que ponto suas ideias eram conhecidas, mas ainda mais difícil é resistir à conclusão de que a sociedade inglesa em meados do século XVII era a sociedade politicamente mais consciente da Europa.[45]

Na segunda metade do nosso período, os textos e imagens políticas passaram a integrar cada vez mais a vida cotidiana, deixando de ser apenas uma reação a condições excepcionais, como a uma guerra civil. A restauração de Carlos II não foi suficiente para eliminar o novo interesse por questões políticas. Na época em que tentaram excluir Jaime, duque de York, da sucessão, os *whigs* organizaram petições, publicaram baladas e estampas, e realizaram marchas políticas como o espetáculo do Lorde Prefeito. O fato de se começar a usar em inglês o termo "turba" (*mob*) no final do século XVII pode indicar que as classes altas tinham conhecimento — e receio — da consciência política popular. Na Inglaterra do século XVIII, as baladas e panfletos continuaram a ser um importante meio de comunicação política, e um sermão do controverso teólogo *tory* Henry Sacheverell vendeu 40 mil exemplares em poucos dias (dez vezes mais que o panfleto de Lutero, *À nobreza cristã*, vendido na Alemanha cerca de duzentos anos antes). Os rituais políticos populares atingiram seu ponto alto no final dos anos 1760, com as manifestações em apoio a John Wilkes. Sacheverell fora representado na cerâmica de Staffordshire, o almirante Vernon em medalhas; o feio rosto de Wilkes apareceu em colheres, vasos, cachimbos e botões. As estampas agora saíam com uma frequência suficiente para converter a oficina gráfica numa instituição política, com multidões se espremendo nos vidros das janelas para ver o mais novo comentário sobre as questões do dia, da "fraude do Pacífico sul" à Revolução Americana. Uma estampa, *A procissão fúnebre da srta. América*, vendeu 16 mil cópias.[46]

Se há alguma coisa que integrou a política à vida comum do povo na Inglaterra do século XVIII, pelo menos nas cidades, foi certamente o jornal, com o estímulo da lei de Licenciamento de 1695, que abolia a censura prévia. Logo havia vários jornais à escolha: *The Observator*, folha *whig* que, a partir de 1702, saía duas vezes por semana; *The Rehearsal*, uma folha *tory* fundada por Charles Leslie, em 1704; *The Review*, editada por Defoe, publicada duas ou três vezes por semana de 1704 a 1713. Como no caso dos livretos populares, temos de perguntar se esses jornais eram acessíveis a artesãos e outros trabalhadores, mas a resposta parece ser "sim". Um testemunho que merece ser levado a sério é o do próprio Leslie, segundo o qual, embora "a maioria do povo [...] simplesmente não saiba ler", mesmo assim "eles vão se juntar em torno de alguém que saiba ler, e ouvir um *Observator* ou *Review* (como vi nas ruas)". Quanto ao problema da despesa — um jornal nesse período custava dois *pence* —, podia ser resolvido das formas descritas por um visitante suíço em Londres, em 1726:

> A maioria dos artesãos começa o dia indo ao café para aí ler as notícias. Muitas vezes vi engraxates e outras pessoas desse tipo se juntarem todos os dias para comprar um jornal por um *liard* e lê-lo juntos.

Eles tinham boas razões para estarem interessados, em 1726, pois foi quando começou a sair *The Craftsman*, um jornal de oposição. Três anos depois, o próprio *Craftsman* resumiu a situação dizendo "tornamo-nos uma nação de estadistas". Se era verdade, faltam palavras ao historiador que tem de descrever a situação nos anos 1760, quando se comprava um número de jornais muito maior.[47]

Se havia uma outra nação de "estadistas" na Europa naquela época, certamente era a República Holandesa. Amsterdam permaneceu por muito tempo o que viera a ser nos anos 1620, um grande centro de jornais e notícias, e o duradouro *Oprechte Haarlemsche Courant* foi fundado em Haarlem em 1656. A tradição do panfleto e da gravura política, que se estabelecera durante a revolta contra a Espanha, não caducara. Durante as guerras com a França, Luís XIV foi satirizado como tirânico e intolerante, tal como ocorrera com Filipe II. O linchamento dos irmãos de Witt em 1672 e o estouro da "Bolha" (a "fraude do Pacífico sul") em 1720 foram comemorados em incontáveis gravuras; entre os artistas, estava o talentoso Romeyn, de Hooghe. Na Escandinávia, embora fosse pequena a população urbana, podem-se encontrar jornais independentes do governo a partir dos meados do século XVIII. A Dinamarca tinha o *Kobenhavske Post-Tidener* (1749), fundado por E. H. Berling, que existe até hoje (com o nome de *Berlingske Tidende*); a Suécia possuía o *Tidningar* (1758), e a Noruega o *Efterretninger* (1765). A Suécia tinha uma tradição de participação popular na política, visto que os camponeses estavam representados no Riksdag, e viriam a desempenhar um papel mais importante no início do século XVIII, com líderes como Per Larsson e Olof Håkansson, seus porta-vozes respectivamente nos anos 1720 e 1730. Circulavam baladas e impressos sobre questões políticas internas. Com a queda do barão Görtz, um alemão empregado por Carlos XII para levantar dinheiro para suas guerras, um folheto expressou o sentimento geral de alegria:

> *Du har allt ont pafunnit*
> *Det du betala skall* [...]

Måsterligt har du jagat
*Efter silver och gull.**

A Dinamarca e a Noruega tiveram seu Görtz no final do século XVIII na pessoa de J. F. Struensee, médico do rei Cristiano VII, amante da rainha e verdadeiro governante dos dois reinos, até cair do poder em 1772. Um visitante inglês em Setran, na Noruega, alguns anos depois viu na cabana de um camponês "uma gravura do infeliz Struensee na prisão, atormentado pelo Demônio: essas gravuras, suponho, circulavam e eram recebidas avidamente pelo povo na época de sua queda". O final do século XVIII também foi a época de dois levantes que sugerem que os camponeses noruegueses estavam se tornando politicamente mais conscientes: o *Strilekrig*, em 1765, quando a região de Bergen rebelou-se contra um novo imposto, e o levante de Lofthus, em 1786, inicialmente dirigido contra o dono de uma fábrica que tinha diminuído os salários de seus empregados, mas que em seguida espalhou-se até abranger diversas províncias. Assim, tanto na Escandinávia e nos Países Baixos como na Inglaterra, os sistemas liberal-democráticos estabelecidos no século XIX tinham alguma base na cultura política popular do século anterior.[48]

Em outros lugares da Europa, é mais difícil encontrar provas da consciência política entre artesãos e camponeses antes de aproximadamente 1790, quando a situação foi transformada de súbito, a partir da Revolução Francesa. De fato, na França o gelo começara a derreter, ou melhor, se quebrar um pouco antes. Em Paris, por volta de 1780, um observador notou que os panfletos de crítica aos ministros eram apregoados abertamente nas ruas, e as conversas nos cafés giravam principalmente em torno da política. Depois de 1789, a cultura popular francesa se tornou politizada. Apareceram jornais populares e, pelo que consta, um deles, *Père Duchesne*, de Hébert, escrito num estilo vigorosamen-

---

* Fizeste todos os males/ E pagarás por isso [...]/ Habilmente perseguiste/ Prata e ouro.

te coloquial, atingiu a circulação de 1 milhão de exemplares. Os catecismos e almanaques se politizaram. Em 1791, o *Almanach de Père Duchesne*, apresentando-se como um *ouvrage bougrement patriotique*, comentava os acontecimentos do ano anterior; em 1792, o *Almanach de la Mère Gérard* publicou os direitos do homem e do cidadão em *vaudevilles*, versos populares.[49]

Os analfabetos podiam acompanhar o que acontecia não só ouvindo os discursos ou leituras, mas também olhando as imagens. As estampas políticas, como a famosa gravura do camponês carregando um nobre e um padre nas costas (ilustração 8, p. 258), agora acrescentavam-se às imagens pias feitas em Épinal e outros lugares. Havia pratos políticos e leques políticos. Os pratos, manufaturados principalmente em Nevers, traziam inscrições como *vive la liberté*, *vive le Tiers État*, e os leques traziam figuras do general Lafayette e da queda da Bastilha. Elaboravam-se novos rituais, alguns modelados a partir de rituais populares tradicionais. O plantio da árvore da liberdade era uma versão política do plantio do mastro de Maio. Em Rheims, em 14 de julho de 1794, o dia da Bastilha foi comemorado de forma carnavalesca, com o cerco e a tomada de um castelo de imitação, cheio de espantalhos.[50]

Como na Inglaterra dos anos 1640, da mesma forma na França dos anos 1790 a participação popular no debate político levou ao surgimento de visões radicais. De fato, os *sans-culottes* tinham muito em comum com os "niveladores". Ambos acreditavam na soberania do "povo", entendido este como os pequenos proprietários; ambos acreditavam na igualdade dos direitos; ambos obtinham a maior parte do seu apoio entre os artesãos; ambos falharam em conseguir impor suas ideias aos líderes da revolução. Uma diferença entre eles é certamente significativa: os militantes *sans-culotte* eram mais organizados e mais interessados na educação política dos seus adeptos em associações populares e assembleias gerais. Quanto aos camponeses franceses, parecem ter adquirido maior consciência política com a Revolução. Sua hostilidade contra os proprietários de terras, principalmente quando moravam nas cidades, exprimia-se mais abertamente do que antes: *"Il y a assez longtemps que ces bougres de bourgeois nous menaient"*.[51]

As notícias da Revolução Francesa tiveram um considerável impacto em outras partes da Europa, estimulando as pessoas comuns a pensar que suas injustiças também podiam ser remediadas. Não surpreende que isso tenha ocorrido na República Holandesa e na Inglaterra, onde há muito tempo existia uma viva cultura política. Nos Países Baixos, contrabandeavam-se panfletos da França e formaram-se sociedades para lê-los; a velha República foi derrubada; os simpatizantes da Revolução começaram a usar barretes da liberdade ao estilo francês, a plantar "árvores da liberdade" e a dançar em volta delas. Na Inglaterra, os comentários de Tom Paine sobre a Revolução, os *Direitos do homem*, logo se tornaram best-seller, e podem ter vendido, só em 1793, 200 mil exemplares. Fundaram-se sociedades radicais pela reforma do Parlamento e pelo sufrágio masculino universal.[52]

Mais significativo, pois com menos precedentes, foi o impacto da Revolução Francesa na Áustria, Itália e Espanha. Na Áustria, conforme observou desalentado o ministro da Polícia em 1790, "o material impróprio apresentado em vários jornais, que são tão baratos que até as classes mais baixas estão comprando, está tendo um efeito muito prejudicial sobre seus leitores". Mesmo os camponeses tinham seu jornal, o *Bauernzeitung* [Notícias camponesas], publicado em Graz. Ouviram falar da abolição do feudalismo na França, e exigiram a abolição dos seus deveres feudais. Um estalajadeiro de Graz, chamado Franz Haas, liderou uma campanha por uma representação política mais ampla, e um nobre da mesma área comentou em 1792 que "o povo comum daqui agora fala como todo o espalhafato". Em Viena, em 1792, houve um levante de oficiais desempregados, sob a influência da Revolução.[53]

Na Espanha e Itália, a situação era mais complicada, porque lá, como no oeste da França, o povo comum levantou-se contra a Revolução Francesa e seus defensores locais. A execução de Luís XVI foi acompanhada por manifestações antifrancesas em Barcelona, parte de uma cruzada contra a Revolução organizada pelos frades, alimentando-se da tradicional xenofobia. No entanto, o povo não se limitava a seguir a liderança dos frades. Uma carta de 1795, descrevendo Madri, comenta o interesse popular pelo que estava acontecendo na França: "Simples carregadores estão comprando jornais". Através de sua oposição à Revolução, os camponeses espanhóis, como os camponeses do oeste francês, estavam expressando sua hostilidade à burguesia local, que a apoiava. Pode-se dar uma interpretação semelhante sobre os acontecimentos de 1799 na Itália. Na Toscana, houve motins contra o exército de ocupação francês e a destruição de "árvores da liberdade"; na Calábria, ocorreram mais motins antifranceses e ataques aos "jacobinos", os adeptos locais da Revolução. Em ambos os casos, assim como na Espanha e na Vendeia, o clero local ajudou a organizar os motins, que interpretavam como uma defesa da fé; mas os amotinados estavam exprimindo não só sua devoção à Igreja, mas também sua hostilidade aos estrangeiros e aos ricos.[54] O período de 1500 a 1800 certamente termina com uma explosão.

Os episódios descritos nestas últimas páginas são bem conhecidos, mas não é usual tomá-los em conjunto. Quando o fazemos, começam a adquirir a aparência de um enorme movimento, o da educação política do homem comum. Há muito a se dizer em favor dessa interpretação. Não quero sugerir que a consciência política aumentou constante e cumulativamente ao longo do período, ou que houve uma espécie de corrida de revezamento, em que os alemães passaram o bastão para os holandeses, os holandeses para os ingleses, os ingleses para os franceses. A educação política do povo comum foi uma educação informal pelos acontecimentos, e assim foi necessariamente intermitente; por exemplo, a geração de franceses que atravessou as guerras religiosas foi obrigada a ser politicamente consciente de uma maneira diferente da dos seus filhos e netos. No entanto, a centralização dos Estados e o crescimento dos exércitos (tendências que eram mais constantes do que intermitentes) significavam que a política estava afetando a vida das pessoas comuns de modo mais direto e mais visível do que antes. Os governos europeus exigiam cada vez mais de seus súditos entre 1500 e 1800, com impostos e serviços militares. No século XVI, os exércitos podiam contar com dezenas de milhares de homens, mas passaram 2 milhões de homens pelo exército francês entre 1700 e 1763, enquanto a Rússia tinha perto de meio milhão de homens em armas em 1796.[55] Os governantes impuseram taxações mais pesadas aos seus súditos para pagar esses exércitos e empregaram mais funcionários, em parte para coletar esses novos impostos. Os artesãos e os camponeses tinham boas razões para estar mais conscientes sobre o Estado no final do século XVIII do que trezentos anos antes.

O outro grande fator que contribuiu para uma transformação contínua e cumulativa foi a imprensa. As gravuras e panfletos de uma geração tinham por referência as anteriores. Os jornais faziam saber ao povo que ele não estava sozinho, que outras regiões e mesmo outras nações estavam lutando pela mesma causa. Lofthus, o líder camponês da Noruega, talvez o primeiro cujo apelo estendeu-se além das fronteiras de uma só província, era conhecido pelos contemporâneos como "um segundo Washington". Se 1648 foi, como 1848, um ano de revoluções (ou pelo menos revoltas) europeias, em parte pode ter sido porque os diversos rebeldes tinham notícias uns dos outros. Na segunda metade do período, os jornais e gravuras políticas se tornaram instituições permanentes e proporcionaram a alguns artesãos, pelo menos, acesso a uma educação política mais continuada. Os contemporâneos perceberam isso, quer aprovassem ou desaprovassem essa tendência. No reinado de Carlos II, o censor oficial, sir Roger L'Estrange, manifestou-se contrário aos jornais exatamente por essa razão, pois ler os noticiários "familiariza excessivamente a multidão com as ações e conselhos dos seus superiores, torna-a pragmática e crítica demais, e lhe dá não só vontade, mas também uma espécie de direito e liberdade distorcidos de se imiscuir no governo". Os conservadores estavam num dilema. Para impedir que seus adversários radicais monopolizassem os meios de comunicação, eles teriam de fazer seus próprios jornais — como L'Estrange que fez *The Observator* — e com isso contribuíam para as transformações que desaprovavam. A organização de manifestações e motins contra a Revolução Francesa (na Inglaterra, Espanha e Itália) provavelmente teve um efeito semelhante a longo prazo.[56]

A RETIRADA DAS CLASSES SUPERIORES[57]

Em 1500 (é o que sugere o capítulo 2), a cultura popular era uma cultura de todos: uma segunda cultura para os instruídos e a única cultura para todos os outros. Em 1800, porém, na maior parte da Europa, o clero, a nobreza, os comerciantes, os profissionais liberais — e suas mulheres — haviam abandonado a cultura popular às classes baixas, das quais agora estavam mais do que nunca separados por profundas diferenças de concepção do mundo. Um sintoma dessa retirada é a modificação do sentido da palavra "povo", usada com menor frequência do que antes para designar "todo mundo" ou "gente respeitável", e com maior frequência para designar "a gente simples".[58] As próximas páginas são uma tentativa de elucidar essa tese da retirada, de responder às perguntas: Quem se retirou? Do que se retirou? Em que partes da Europa? E por quê?

O clero, a nobreza e a burguesia tinham suas razões pessoais para abandonar a cultura popular. No caso do clero, a retirada fazia parte das reformas católica e protestante. Em 1500, a maioria dos párocos era de homens com nível social e cultural semelhante ao dos seus paroquianos. Os reformadores não estavam satisfeitos com essa situação e exigiam um clero culto. Em áreas protestantes, os clérigos tendiam a ser indivíduos com grau universitário, e nas áreas católicas, depois do concílio de Trento, os padres começaram a ser formados nos seminários; nas áreas ortodoxas, não houve nenhuma transformação visível. Além disso, os reformadores católicos ressaltavam a dignidade do sacerdócio; são Carlos Borromeu dizia ao seu clero que preser-

356

vasse sua gravidade e decoro onde quer que estivesse. O pároco do velho estilo que punha uma máscara, dançava na igreja durante as festas e fazia piadas no púlpito foi substituído por um novo estilo de padre, mais educado, de *status* social superior e consideravelmente mais distante do seu rebanho.[59]

Para os nobres e a burguesia, a Reforma foi menos importante do que a Renascença. Os nobres vinham adotando maneiras mais "polidas", um estilo novo e mais autoconsciente de comportamento, modelado por livros de boas maneiras, entre os quais o mais famoso era o *Courtier* de Castiglione. Os nobres estavam aprendendo a exercer o autocontrole, a se comportar com uma indiferença estudada, a cultivar um senso de estilo e a andar com um modo altivo, como se estivessem numa dança formal. Os livros de dança também se multiplicaram, e a dança da corte se isolou da dança do campo. Os nobres deixaram de comer em grandes salões com seus dependentes e retiraram-se para salas de jantar separadas (para não falar das salas de visitas, *drawing-rooms*, isto é, salas de recolhimento, *withdrawing--rooms*). Deixaram de lutar corpo a corpo com seus camponeses, como costumavam fazer na Lombardia, e pararam de matar touros em público, como costumavam fazer na Espanha. O nobre aprendeu a falar e a escrever "corretamente", segundo regras formais, e a evitar os termos técnicos e o dialeto usados pelos artesãos e camponeses.[60] Essas modificações tinham sua função social. À medida que declinou seu papel militar, a nobreza precisava encontrar outras maneiras de justificar seus privilégios; precisava mostrar que era diferente dos outros. As maneiras polidas da nobreza eram imitadas pelos funcionários públicos, advogados e comerciantes, que queriam passar por nobres. A retirada de todos esses grupos da cultura popular foi tanto mais completa, pois incluía suas mulheres e filhas, que por muito tempo desempenharam a função de mediadoras (ver p. 55). É difícil medir o desenvolvimento da educação da mulher entre 1500 e 1800, porque grande parte era informal, mais em casa do que na escola. No entanto, a multiplicação de tratados sobre a sua educação, de Juan Luis Vives, *A educação de uma mulher cristã* (1529), a Francesco Algarotti, *Newtonianismo para senhoras* (1737), sugere que era crescente o número de mulheres de classe alta que partilhavam a cultura dos seus maridos.[61]

Essa separação entre a cultura de classe alta e a cultura de classe baixa pode ser vista com extrema clareza naquelas partes da Europa onde a imitação da corte significou que as classes superiores locais adotaram uma língua literalmente diferente da do povo. No Languedoc, por exemplo, a nobreza e a burguesia adotaram o francês, que os separava (ou exprimia sua separação) dos artesãos e camponeses, que só falavam provençal. No País de Gales, a fidalguia começou a falar inglês e a retirar sua proteção aos bardos tradicionais, de modo que a ordem dos bardos veio a se extinguir. Nas Terras Altas da Escócia, na época de Adam Ferguson, o gaélico, como ele disse, passou a ser "uma língua falada na cabana, mas não no salão nem à mesa de qualquer cavalheiro". Na Boêmia, os grandes nobres eram principalmente alemães, que tinham recebido suas terras depois da batalha da Montanha Branca, em 1620. Eles, e a corte de Viena, é que davam o tom; em 1670, o jesuíta Bohuslav Balbín podia observar com amargura que "se na Boêmia ouve-se alguém falar tcheco, considera-se que ficou com a reputação prejudicada". Alguém, é claro, que fosse alguém; o tcheco era para os camponeses. Na Noruega do século XVIII, as pessoas educadas falam dinamarquês, língua da corte em Copenhague; Holberg, um homem de Bergen, escreveu suas peças em dinamarquês. Da mesma forma, na Finlândia as pessoas educadas falavam sueco e abandonaram sua língua aos artesãos e camponeses; duas línguas para duas culturas.[62]

Não foi apenas a língua das pessoas comuns que foi rejeitada pelas classes superiores, e sim toda a sua cultura. A mudança de atitude que marcou sua retirada da participação nas festas populares foi detalhadamente discutida no capítulo 8; o clero, a nobreza e igualmente a burguesia estavam interiorizando a moral da ordem e do autocontrole. Assim — para tomar dois exemplos quase ao acaso —, um poeta holandês, ao descrever uma feira rural, escolhe um estilo simuladamente heroico para exprimir sua atitude de distanciamento divertido em relação às atividades, enquanto um escritor francês, em anos já entrados do século XVIII, achou constrangedor até mesmo assistir ao Carnaval de Paris, pois "todas essas diversões mostram uma tolice e uma grosseria tal que o gosto por elas se assemelha ao dos porcos".[63] As classes superiores não estavam rejeitando apenas as festas populares, mas também a concepção de mundo popular, como ajudará a mostrar o exame da transformação das atitudes em relação à medicina, à profecia e à feitiçaria.

A velha rivalidade entre o médico formado na universidade e o curandeiro não oficial parece ter adquirido um conteúdo mais intelectual na época da revolução científica, como podem sugerir alguns exemplos. Em 1603, um médico italiano, Scipione Mercurio, publicou um livro sobre os "erros populares" no campo da medicina, traçando uma aguda distinção entre as pessoas educadas, que patrocinam verdadeiros médicos como ele, e as "pessoas comuns" (*persone volgari*) que correm para a *piazza* (o próprio correr era uma ofensa ao decoro) para ouvir os conselhos de charlatães, *montimbancchi* e "praticantes do mal popularmente conhecidas como feiticeiras". Em 1619, um médico francês, o sieur de Courval, lançou um ataque semelhante contra os charlatães, provocando uma réplica de um membro da profissão, ninguém menos que o próprio Tabarin (ver p. 135). Uma outra contribuição para esse debate foi a *Pseudodoxia epidemica*, de sir Thomas Browne, um estudo sobre "dogmas recebidos e supostas verdades correntes, que examinados revelaram-se como erros comuns e vulgares". Sir Thomas era um médico, e foi sua prática médica que lhe deu a oportunidade de observar a "disposição errônea do povo", cujo "entendimento inculto" tornava-os crédulos e tão facilmente enganados por "saltimbancos, curandeiros e charlatães", assim como por "leitores da sorte, prestidigitadores, geomantes". Nesse ponto, os termos "charlatão", "*montimbancchi*" e "curandeiro" parecem ter adquirido o tom pejorativo que, desde então, sempre mantiveram.[64]

Um estudioso do assunto recentemente observou que "somente quando os homens inteligentes e cultos deixaram de levar as profecias a sério é que a Idade Média realmente terminou". Mas quando foi isso? Depende do tipo de profecia. Durante o século XVII, as atitudes cultas e populares afastaram--se mutuamente. No século XVI, as profecias que corriam em nome do "maravilhoso Merlin" tinham sido levadas suficientemente a sério para serem reeditadas na França e na Itália; depois de 1600, "as profecias bêbadas de Merlin", como chamava-as o puritano William Perkins, foram deixadas de lado. O abade Joachim de Fiore acompanhou Merlin no esquecimento, embora um erudito sério como o jesuíta Papebroch ainda o julgasse interessante no final do século XVII. Outras formas de prognósticos se desgastaram. Em sua carta sobre os cometas, Pierre Bayle rejeitou como um erro popular a ideia de que o cometa significasse futuras catástrofes e argumentou que os cometas eram fenômenos naturais e nada mais. O erudito holandês Van Dale e seu vulgarizador francês Fontenelle solaparam com a credibilidade dos oráculos do mundo antigo. Apenas as profecias da Bíblia continuaram a ser levadas a sério pelos cultos. Assim pode-se falar de "reforma da profecia" no século XVII, de homens cultos cada vez mais céticos em relação às profecias não bíblicas e tentando, como Newton, fundamentar mais solidamente o estudo das profecias bíblicas. Desde o final do século XVII há sinais de um menor interesse por profecias, de uma maior inclinação à zombaria. Em 1679, quando um pastor em Lydgate, Yorkshire, levantou o tema do milênio, sua congregação pediu-lhe para se ater a "temas mais proveitosos"; em 1688, quando o estadista holandês Coenraad van Beuningen começou a descuidar dos seus negócios para se dedicar à interpretação do Apocalipse, isso foi visto como um dos sinais de ter perdido a razão. Para os homens cultos, em 1800, era quase tão natural caçoar das profecias quanto fora natural levá-las a sério trezentos anos antes. Enquanto isso, os livretos populares reeditavam velhas profecias, como as de Mother Shipton, como se nada tivesse acontecido, e continuaram a surgir profetas populares; os *Strange effects of faith* [Estranhos efeitos da fé], de Joanna Southcott, foram publicados em 1801.[65]

A divisão crescente entre cultura erudita e cultura popular é ainda mais evidente no caso das bruxas. A crença no poder e malignidade das bruxas parece ter sido quase universal na primeira metade do nosso período. De fato, o final do século XVI e o início do século XVII marcaram o apogeu da "bruxo-mania" europeia, com mais processos e execuções de pessoas acusadas de feitiçaria do que nunca antes. A partir de 1650 aproximadamente, porém, o número de processos começou a diminuir, pelo menos na Europa ocidental. Não porque o povo tivesse parado de se acusar mutuamente de feitiçaria, mas porque os cultos tinham deixado de acreditar nela. Se não rejeitaram totalmente a ideia de feitiçaria, pelo menos esta-vam cada vez mais céticos quanto a acusações específicas. Na França, os magistrados do Parlement de Paris pararam de levar as acusações de feitiçaria a sério por volta de 1640, seguidos um pouco depois pelos magistrados das províncias. Em Essex, no século XVIII, os fidalgos do Grande Júri recusavam indiciações por feitiçaria com o veredicto *ignoramus*, embora os aldeães locais ainda afogassem bruxas. Tanto o clero como os leigos cultos estavam modificando suas mentalidades. Em 1650, por exemplo, o cardeal Barberini escreveu ao inquisidor de Aquileia sobre um caso de bruxaria, dizendo que era "muito incompleto (*molto diffectuoso*), porque praticamente nada do que ele confes-sou foi comprovado", critério com o qual os juízes não tinham propriamente se incomodado muito em processos anteriores. A diferença que se poderia encontrar no século XVIII entre a ati-tude de um pastor culto e a do seu rebanho aparece claramente numa estória de Boswell. Quando Johnson e ele visitaram as Hébridas, um clérigo lhes disse que:

> [...] a crença na feitiçaria, ou sortilégios, era muito comum, tanto que ele teve vários processos sob sua alçada [...] contra mulheres, por terem desviado o leite das vacas do povo. Ele os desconsiderou, e agora não há o menor vestígio dessa superstição. Ele pregou contra ela, e a fim de oferecer uma

prova sólida ao povo de que aí não havia nada, disse no púlpito que todas as mulheres da paróquia poderiam vir tirar o leite das suas vacas, desde que não encostassem nelas.[66]

Esse afastamento da cultura popular não ocorreu numa só geração, mas em diferentes épocas e em diversas partes da Europa. O processo nunca foi descrito tão detalhadamente quanto mereceria, mas aqui só cabe tratar de forma impressionista alguns poucos exemplos, observando algumas regiões onde essa retirada ocorreu antes e outras onde ocorreu relativamente tarde.

Na Itália, os ideais literários e sociais formulados nos anos 1520 por Bembo e Castiglione implicavam uma rejeição da cultura popular, e existem provas sobre a crescente separação entre as diversões dos pobres e as dos ricos em Florença e Roma no final do século XVI. Contudo, o processo de retirada foi muito menos definido na Itália do que na França ou na Inglaterra; mesmo no século XVIII, muitos italianos cultos continuaram a partilhar as crenças populares sobre magia e feitiçaria.[67]

Na França, parece ter havido um processo gradual mas constante de retirada entre 1500 e 1800. Em Paris, no início do século XVI, os artistas amadores do Basoche deixaram as ruas e praças por apresentações fechadas no Parlement, para um público mais exclusivo. Em meados do século XVI, os poetas da Plêiade rejeitaram formas literárias populares como os *rondeaux*, *ballades* e *virelais*, preferindo algo mais próximo às normas clássicas. Mas no início do século XVII, o novo ideal aristocrático do "homem de honra" (*honnête homme*), ao estilo do cortesão de Castiglione, estava tornando obsoletos os velhos romances de cavalaria. Guerreiros como Ogier, o Dinamarquês, e Reynaud de Montauban, afinal, eram diamantes brutos, sem o polimento agora exigido ao cavalheiro. Foram abandonados à Bibliothèque Bleue, para serem substituídos por um novo tipo de herói aristocrático, menos impulsivo e mais autocontrolado, que figura nas peças de Racine e nos romances de madame de Lafayette. A formulação dos ideais linguísticos e literários do Classicismo francês, por Vaugelas e Boileau, implicou a rejeição da maioria das canções populares tradicionais, como bárbaras e irregulares; Boileau emprega Pont-Neuf, onde os cantores de baladas se apresentavam, como símbolo do que deve ser evitado na boa poesia. A retirada de Luís XIV de Paris para Versalhes ajudou a aumentar o fosso entre a cultura cortesã e a cultura popular; ao contrário do seu pai, Luís não assistia a festas populares em Paris, como as fogueiras da noite de são João. Os comediantes italianos, outrora populares na corte, agora pareciam indignos demais para olhos e ouvidos cultos e foram relegados às feiras. O final do século XVII também foi a época da difusão do jansenismo entre os párocos, agora cada vez mais provenientes de seminários, que começaram a se distanciar das "superstições" do seu rebanho. Na mesma época, os magistrados dos tribunais deixaram de levar a feitiçaria a sério. A divisão se acentuou ainda mais no século XVIII. Os nobres, até então, geralmente moravam em suas propriedades rurais e participavam dos negócios e divertimentos da comunidade local; no século XVIII, a maioria deles vinha trocando o campo pela cidade, tornando-se forasteiros em suas próprias regiões. Os sulistas educados não só falavam o francês, ao invés de provençal, como também aprenderam a expurgá-lo de expressões regionais, a julgar pelo sucesso de *Les gasconismes corrigés* (1766), um livro que os ensinava a dizer não *Carnaval*, mas *Mardi*; não *montagnols*, mas *montagnards*; não *soir*, mas *nuit*, e assim por diante. No final do século XVIII, Rousseau podia zombar da ideia de que "a pessoa tem que se vestir de modo diferente do povo, falar, pensar, agir, viver de modo diferente do povo".[68]

Também na Inglaterra a retirada das classes superiores veio relativamente cedo. No reinado de Elizabeth, as referências dos cultos aos menestréis e suas baladas passaram a ter um ar cada vez mais condescendente, à medida que se produzia o impacto dos ideais literários da Renascença. Sir Philip Sidney, que achava *Chevy Chase* comovente, ainda assim lamentava seu "estilo rude", como dizia. *A art of English poesie* [A arte da poesia inglesa], de Puttenham (1581), faz uma distinção explícita entre "poesia vulgar", criada pelo "instinto da natureza (incluindo qualquer coisa, das canções dos índios do Peru às baladas inglesas tradicionais), e "poesia artificial", criada pelos cultos. Sem dúvida, ele preferia a segunda; "artificial", na época, é um termo elogioso. O ensaísta-fidalgo sir William Cornwallis escreveu sobre a cultura popular com um misto de curiosidade, distanciamento e desprezo:

> [...] panfletos, e estórias e notícias mentirosas, e poetas baratos, eu podia conhecer, mas tomando cuidado em não me familiarizar com eles: meu costume é lê-los, e logo usá-los, pois eles ficam na minha privada [...] Não me envergonho em arriscar meus ouvidos com um cantador de baladas [...] em ver mortais satisfeitos com uma tolice tão grosseira [...] ver quão plenamente os ouvintes se sentem tocados, quais os estranhos gestos que vêm deles, que asneira forçada vem do seu poeta.

No início do século XVII, os teatros públicos, onde Shakespeare fora encenado igualmente para nobres e aprendizes, não eram mais suficientemente bons para as classes superiores, e montaram-se teatros particulares, onde uma cadeira custava seis *pence*. A jiga elisabetana, uma peça satírica de um ato, cantada e dançada, fora popular entre todos, mas, para os dramaturgos que agora escreviam para os novos teatros particulares, "jiga" tornou-se uma palavra pejorativa, referindo-se a uma forma "baixa" de arte. Tanto na Inglaterra como na França, as classes superiores vinham frequentando cada vez mais os mestres de danças, para aprender danças mais respeitáveis. A fidalguia inglesa estava ficando mais bem-educada; no final do século XVI e começo do século XVII, iam em número crescente para Oxford e Cambridge. Estavam passando mais tempo em Londres, onde podiam observar os costumes da corte, ou em capitais do interior como York e Norwich, e isso, tanto quanto sua educação universitária, vinha-os separando (em termos culturais) dos seus arrendatários. Nas suas terras, desistiram de convidar esses rendeiros para refeições no salão principal, ocasiões tradicionais para a apresentação de menestréis e bufões. Os bufões estavam caindo de moda; Carlos I foi o último rei da Inglaterra a ter um bobo da corte. Tal como a nobreza francesa, a fidalguia inglesa abandonou o romance de cavalaria às classes baixas. Dos meados do século XVII em diante, *Guy of Warwick* e *Bevis of Hampton* só foram reimpressos em brochuras populares. No final do século XVII, os cultos estavam começando a julgar a crença em bruxas como uma característica de "gente que tem o discernimento e a razão mais fraca, como mulheres, crianças e pessoas ignorantes e supersticiosas". No século XVIII, lorde Chesterfield recomendou ao seu filho que evitasse "provérbios comuns", que eram "provas de se ter associado a gente baixa e má".[69]

Nas partes do norte e leste da Europa, a retirada das classes superiores da cultura popular parece ter vindo mais tarde do que na França e na Inglaterra. Na Dinamarca, por exemplo, parece que as baladas e livretos fizeram parte da cultura da fidalguia até o final do século XVII, quando foram abandonados sob a influência de modelos de comportamento franceses. Como o Boileau dinamarquês, T. C. Reenberg, disse em sua *Arte poética*:

> *Det der nu er*
> *Fordömt til Borgestuer*
> *Er fordum bleven läst og hört*
> *Med Lyst af ädle Fruer.**

Os novos ideais foram expressos com vigor e espírito por Ludvig Holberg, um outro admirador de Boileau e do Classicismo francês, cujos poemas e peças frequentemente zombam da literatura e crenças do povo. Sua peça *Heexerie eller Blind Alarm* ridicularizava a crença em bruxas, e seu épico burlesco *Peder*

---

* O que agora foi expulso para a cozinha/ E cervejarias e cocheiras,/ Outrora foi lido e ouvido com prazer/ Por damas em salões principescos.

Paars zomba do entusiasmo por *Ogier, o Dinamarquês* e outros romances de cavalaria.[70]

Mais a leste, a transformação parece ter sido ainda posterior. A fidalguia polonesa continuou a ler livretos como *Melusine* e *Magelona* até a metade do século XVIII, quando foram substituídos por ficção ocidental importada, como Richardson e Fielding, Lesage e Prévost. Os processos de feitiçaria atingiram seu auge na Polônia quando já estavam declinando na Europa ocidental, e foi só no fim do século XVIII que começaram a desaparecer. Também na Hungria o século XVIII parece ter sido a época em que a aristocracia e a fidalguia retiraram-se da cultura popular; começaram a ler Richardson e Rousseau, a preferir música alemã e italiana moderna, ao invés da música tradicional de foles, que ocupara um lugar de honra nas casas nobres durante o século XVIII. Pode-se ver até que ponto fora completa essa retirada no final do período através de uma estória contada por Zoltan Kodály. Um dia, em 1803, o poeta Benedek Virág ouviu alguém cantando uma canção folclórica do lado de fora da sua janela; ele não ouviu o final, e então perguntou ao seu amigo Kazinczy. Não lhe ocorreu abordar o próprio camponês. "Kazinczy morava a uma distância de sete dias de viagem, mas Virág pediu-lhe para completar a letra de uma canção que facilmente poderia ter descoberto por si só, atravessando o seu próprio portão."[71]

Também na Escócia, o século XVIII parece ter sido a época em que as classes superiores se retiraram da cultura popular. Scott descreveu esse processo em termos muitos semelhantes aos de Reenberg, quanto ao declínio da poesia do menestrel, passando das "cortes dos príncipes e salões dos nobres" para "os frequentadores do rústico banco da cervejaria". Em Edimburgo, as pessoas respeitáveis deixaram as tavernas, onde costumavam beber junto com artesãos e pequenos comerciantes. Nos campos em torno de Edimburgo, os mímicos perderam as boas graças da fidalguia, como lembra um fidalgo:

Como seus versos eram meras algaravias sem sentido, e seu comportamento excessivamente turbulento, o costume se tornou intolerável; de modo que [...] foram em geral enxotados e proibidos em todas as famílias decentes, e no final reduziram-se a nada, embora em alguns poucos casos tenham sido vistos até o ano 1800 ou mais tarde.

O dialeto local foi rejeitado como provinciano e incorreto. Os "escocesismos", tal como os "gasconismos", foram corrigidos, e os leitores do livro de James Beattie sobre o assunto foram advertidos para nunca dizerem *clattering* [vozerio] quando queriam dizer *chattering* [tagarelice], nem *dubiety* [dubiedade] quando queriam dizer *doubt* [dúvida]. Pode-se imaginar facilmente como as pessoas cultas agora encaravam a música de gaita de foles e as baladas tradicionais. Adam Smith pode ser tomado como porta-voz das novas atitudes, que aliás se tornaram antiquadas em 1780, quando um entrevistador perguntou-lhe sobres seus gostos literários, e recebeu essa resposta incisiva:

> É dever do poeta escrever como um cavalheiro. Desagrada-me aquele estilo grosseiro que alguns julgam conveniente chamar de linguagem da natureza e da simplicidade, e assim por diante. Nas *Reliques* de Percy [...] umas poucas passagens toleráveis estão enterradas sob um monte de lixo.[72]

É provável que os nobres russos estivessem entre os últimos europeus a abandonar suas tradições populares, apesar dos esforços de Pedro, o Grande, em "ocidentalizá-las". (Seu gosto pelos bufões e bufonaria sugere que ele próprio não estava totalmente ocidentalizado.) Tem-se afirmado que o público aristocrático do *lubok*, o livrinho popular ilustrado, desapareceu no século XVII, e o uso do francês pela alta nobreza sugere uma retirada consciente da cultura popular. No entanto, é improvável que essa retirada fosse completa em 1800. Os leitores de *Guerra e paz* e outros romances russos lembrarão que os nobres conservavam anões e bufões em suas residências, e que as mulheres nobres veneravam santos loucos e ícones da mesma forma que os camponeses. Em suas memórias, o nobre Aksakov lembrava que seu avô costumava ir para a cama ouvindo *skazki*, contos folclóricos, narrados pela sua governante serva. Quanto aos comerciantes e funcionários, por volta de 1800 ainda se encontravam à noite para ouvir baladas tradicionais.[73]

A retirada da cultura popular ocorreu em ritmos diferentes em diferentes partes da Europa, mas a tendência principal parece bastante clara. Da mesma forma, a explicação principal também parece bastante clara, quaisquer que sejam as nuanças locais, e por interessante que seja apresentá-las; e essa explicação é que a cultura erudita certamente transformou-se com grande rapidez entre 1500 e 1800, a era da Renascença da Reforma e Contrarreforma, da Revolução Científica e do Iluminismo (e cada um desses termos é uma abreviatura de um movimento não só complexo, mas em contínua transformação). A cultura popular europeia esteve longe de ser estática durante esses três séculos, mas na verdade não se transformou, e nem poderia, com tanta rapidez. Como vimos, existiam todos os tipos de contatos entre a cultura erudita e a cultura popular. Mascates distribuíam livros e panfletos de Lutero e Calvino, Voltaire e Rousseau; pintores camponeses imitavam o barroco e o rococó com o auxílio de gravuras. No entanto, isso não foi suficiente para impedir que aumentasse o fosso entre a cultura erudita e a popular, pois as tradições orais e visuais não conseguiriam absorver rápidas transformações ou, para mudar a metáfora, elas eram resistentes às transformações, acostumadas a tomar o novo e transformá-lo em algo muito semelhante ao antigo (ver p. 79). Uma cultura popular em rápida transformação, supondo que alguém o desejasse, teria sido impossível nos inícios do período moderno, que não dispunha da base institucional e econômica para tanto. Mesmo que se tivessem fundado as escolas necessárias e remunerado os mestres-escolas, muitos artesãos e camponeses não poderiam se dar ao luxo de abdicar da contribuição resultante do trabalho dos seus filhos. No século XIX, o crescimento das cidades, a difusão das escolas e o desenvolvimento das estradas de ferro, entre outros fatores, tornaram possível e até inevitável a rápida transformação da cultura popular; é por isso que este estudo sobre a cultura popular tradicional se encerra por volta de 1800.

DA RETIRADA À DESCOBERTA

Assim como o fosso entre as duas culturas ampliou-se gradativamente, da mesma forma algumas pessoas cultas começaram a encarar as canções, crenças e festas populares como exóticas, curiosas, fascinantes, dignas de coleta e registro.

Os primeiros compiladores tinham o que se pode chamar de "mentalidade pré-divisão". Eles achavam que as baladas e provérbios que transcreviam e publicavam eram uma tradição que pertencia a todos, não só ao povo comum. É a atitude, por exemplo, de Heinrich Bebel e Sebastian Franck. Bebel era filho de um camponês suábio, mas tornou-se um humanista conhecido, professor na universidade de Tübingen. Em 1508, publicou uma coletânea de provérbios alemães e uma antologia de estórias engraçadas, ambas traduzidas para o latim. Nas duas coletâneas, ele recorreu à tradição oral, e muitas de suas estórias se passavam na sua Suábia natal. Portanto, ele tem sido apresentado como um "folclorista" da Renascença, o que é um pouco enganador. Bebel oferece seus provérbios como exemplos da sabedoria alemã tradicional, sem sugerir que pertençam aos camponeses em particular. Seu livro de piadas inclui o que chamaríamos de "contos folclóricos", mas para Bebel eram apenas "contos". Podem-se fazer observações semelhantes a propósito de Sebastian Franck, que também publicou uma coletânea de provérbios alemães (dessa vez, na língua original) e ainda em *Weltbuch*, uma descrição dos povos do mundo, suas crenças, costumes e cerimônias. Franck também tem sido apresentado como um folclorista, mas ele não distingue, assim como Bebel, entre cultura erudita e popular. Ele achava que seus provérbios expressavam a sabedoria da humanidade, e seu *Weltbuch* descreve diversas nações sem distinguir os grupos sociais dentro delas. No mundo germanófono, o interesse pela cultura popular como algo distinto da cultura erudita parece remontar não além de Friedrich Friese, que publicou um estudo das "cerimônias notáveis dos camponeses de Altenburg" em 1703.[74]

Os "pioneiros" escandinavos dos folcloristas, assim como Bebel e Franck, tampouco tinham consciência de qualquer divisão entre cultura erudita e cultura popular, decerto porque a divisão chegou tarde a essas regiões. Anders Vedel, por exemplo, que foi preceptor do grande astrônomo Tycho Brahe, publicou em 1591 uma coletânea de cem baladas dinamarquesas. O prefácio, dirigido à rainha Sofia, recomenda as baladas como "antiguidades históricas", "documentos" valiosos que falam de "antigos reis e batalhas". Não há nenhuma sugestão de que essas canções pertençam às pessoas comuns; elas são apresentadas como "canções dinamarquesas" (*Danske viser*), não como "canções folclóricas" (*folkeviser*), termo que só veio a ser usado no século XIX. Por outro lado, diz-se que o rei Gustavo Adolfo, da Suécia, teria indicado uma "comissão de folclore". Graças ao conselho de Johan Bure, um famoso antiquário e ex-preceptor do rei, Gustavo realmente indicou uma comissão para percorrer a Suécia e pesquisar runas, baladas, moedas, trajes, ferramentas e métodos de agricultura e pesca. No entanto, a inclusão de runas e moedas na lista sugere que Bure e seu sucessor Johan Hadorph estavam mais interessados em antiguidades suecas do que em antiguidades especificamente populares. Eles incorporavam-se à tradição de Flavio Biondo e William Camden, não à de Herder. Um caso de interpretação mais difícil é o do clérigo e erudito Peder Syv, que reeditou a coletânea das baladas de Vedel em 1695, acrescida de uma introdução histórica e mais cem textos. Também escreveu um trata-

370

do *Sobre os erros do vulgo* (incluindo, por exemplo, a crença em fórmulas mágicas). É como se ele rejeitasse a cultura popular, como seu contemporâneo Holberg, mas não considerasse as velhas baladas como parte dela.[75]

Depois de aproximadamente 1650, é possível encontrar pessoas eruditas, na Inglaterra, França e Itália, que distinguem entre cultura erudita e cultura popular, rejeitam crenças populares, mas consideram-nas um objeto de estudo fascinante. John Aubrey é um exemplo óbvio. Sua atitude era a de que "os velhos costumes e fábulas das mulheres velhas são coisas grosseiras: mas ainda assim não se deve descartá-las totalmente: pode haver uma certa verdade e utilidade a se extrair delas. Além disso, é um prazer considerar os erros que envolveram épocas anteriores: como também o presente".[76] Os clérigos eruditos do final do século XVII e início do século XVIII viam a cultura popular numa perspectiva semelhante. Eles coletavam informações sobre costumes e "superstições", desaprovavam grande parte do que coletavam, mas mesmo assim continuaram a coletar. Um exemplo famoso foi Jean-Baptiste Thiers, filho de um estalajadeiro que se tornou padre rural com pretensões de reformador da religião popular. Escreveu um tratado defendendo a redução dos dias de festa, um outro atacando a profanação das igrejas por vendedores ambulantes que se estabeleciam nos pórticos, e um terceiro, o mais famoso, sobre superstições, que oferece muito mais detalhes do que exigiria uma simples condenação. O mesmo pode-se dizer de Henry Bourne, cura em All Saints, Newcastle, que publicou em 1725 um livro (em inglês) chamado *Antiquitates vulgares* [Antiguidades populares], sobre "cerimônias e opiniões, que são mantidas pelas pessoas comuns". O tom é crítico, distinguindo entre "o que pode ser retido e o que deve ser deixado de lado"; mas a riqueza de detalhes sobre mágicas, dias de Maio, carros alegóricos, ceias de colheita e tudo o mais tornaram o livro útil para várias gerações de folcloristas posteriores, que não tinham o zelo reformador de Bourne. O mais importante entre todos esses clérigos eruditos, do ponto de vista europeu, foi L. A. Muratori, padre de ideias rígidas e antiquário cuja indicação para o cargo de bibliotecário, pelo duque de Módena, deu-lhe o tempo livre e o acesso a livros que lhe eram necessários. Muratori escreveu um ensaio fascinante sobre o poder da fantasia, no qual sugeria que as bruxas e suas vítimas sofriam igualmente de um excesso de imaginação. Sua maior obra é uma coletânea de ensaios sobre antiguidades italianas, incluindo "as sementes de superstição nas épocas de obscuridade na Itália", desde o julgamento por ordálio até o ritual do tronco de Natal. Interessado em refutar o que chamou de "as ridículas tradições do vulgo ignorante", Muratori também se interessou em reconstruí-las.[77]

Enquanto esses clérigos estudavam a história da religião popular, alguns leigos vinham se interessando pela poesia popular. Como Puttenham (ver p. 363-4), Montaigne distinguia entre poesia popular e poesia artística; ao contrário de Puttenham, ele apreciava ambas:

A poesia que é popular e absolutamente natural tem uma inocência e uma graça comparáveis às maiores belezas da poesia artística, como se pode ver nas *villanelles* da Gasconha e nas canções que foram trazidas de nações que não têm nenhum conhecimento de qualquer ciência ou nem mesmo da escrita.

Montaigne era capaz de ver beleza em canções populares nas quais, por exemplo, Du Bellay não conseguiria. Durante sua visita à Itália, Montaigne interessou-se muito por uma camponesa analfabeta que improvisava versos (ver p. 149); defendeu os artistas ambulantes contra seus críticos e propôs que deveriam receber algum tipo de apoio cívico. Essas atitudes, evidentemente, estavam relacionadas com sua crítica à "civilização" de sua própria época. O caso de Malherbe é de interpretação mais difícil. Malherbe não era nenhum defensor da selvageria; era um poeta da corte cuja principal preocupação era a de purificar a linguagem literária e escrever versos que fossem polidos e corretos. Em certo sentido, ele pertence, com Boileau, ao movimento de retirada da cultura popular descrito na última seção.

Mas um dia um colega encontrou Malherbe deitado na cama, cantando uma canção folclórica, *D'où venez-vous Jeanne?* "Eu preferia ter escrito esta canção", Malherbe lhe disse, "do que todas as obras de Ronsard." Quando as pessoas interrogavam Malherbe (como frequentemente faziam) sobre questões de uso do francês, ele enviava-as aos seus "mestres" em língua, os doqueiros de Port-au-Foin. Seu ideal de linguagem e literatura era uma simplicidade natural; uma simplicidade que, como a elegância de um cortesão de Castiglione, geralmente exige muito trabalho árduo para se conseguir. Se uma canção popular calhava como exemplo dos seus ideais, Malherbe a elogiava; não estava interessado no popular em si. Mas é difícil imaginar o que um cantor tradicional de baladas — ou os doqueiros de Port-au-Foin — teria feito com os poemas de Malherbe.[78]

Os contos folclóricos, assim como as cantigas populares, tinham uma atração para alguns intelectuais na França do século XVII. Na corte de Luís XIV, os contos de fadas estavam na moda. Alguns escritores até chegaram a publicar suas versões pessoais: *madame* D'Aulnoy, *mademoiselle* Lheritier e o alto funcionário do governo Charles Perrault (embora não tenha posto seu nome na página de rosto da primeira edição). Na geração seguinte, a tradição foi mantida pelo conde de Caylus, que fundou a "academia do mascate" e publicou estórias recolhidas de mulheres que contavam-nas enquanto descascavam ervilhas. Perrault e os outros não levavam os contos folclóricos totalmente a sério, ou pelo menos não queriam admiti-lo; mas achavam as estórias fascinantes. É como se as pessoas cultas começassem a sentir que precisavam de uma válvula de escape do mundo desencantado, do universo intelectual cartesiano em que então viviam. Era exatamente o não científico, o fantástico que os atraía nos contos folclóricos, assim como atraiu os historiadores da "superstição".[79]

A atitude de Joseph Addison em relação à literatura popular está a meio caminho entre Malherbe e Perrault. Em três ensaios em *The Spectator*, em 1711, ele surpreendeu seus leitores discutindo duas baladas, *Chevy Chase* e *The two children in the wood* [As duas crianças na floresta]. Addison, como outros escritores da sua época, acreditava que a boa literatura obedecia a regras universais, e assim ele discute *Chevy Chase* como "um poema heroico", comparando-o a *Eneida*. O que o impressiona particularmente é a "majestosa simplicidade" do poema, em contraste com o que chama de "maneira gótica no escrever", em outras palavras, os estilos metafísico e barroco; quase chega a apresentar essas baladas como exemplos do Classicismo. Ao mesmo tempo, Addison reconhece, ainda que se justificando, um interesse geral na literatura popular:

> Quando viajei, senti especial prazer em ouvir as canções e fábulas que vêm de pai para filho, e são extremamente correntes entre o povo comum das regiões por onde passei; pois é impossível que algo que seja universalmente experimentado e aprovado por uma multidão, ainda que seja apenas a ralé de uma nação, não tenha em si alguma aptidão para agradar e satisfazer a mente humana.

É esse "especial prazer" que irá se tornar tão na moda mais tarde, no século XVIII, e com ele a ideia, aqui expressa com certa hesitação, de que os valores das pessoas comuns não devem ser rejeitados. A civilização tem seu preço. Da mesma forma, Thomas Clackwell, num estudo sobre Homero publicado em 1735, sugeriu que Homero teve sorte em viver numa época em que os costumes eram "simples e sem afetação" e a linguagem não era "totalmente polida no sentido moderno". Robert Lowth, discorrendo sobre a poesia sacra dos hebreus, sugeriu que ela era menos polida e mais sublime do que a poesia dos gregos.[80]

Herder conhecia alguns desses predecessores e aprendeu com eles. Seu *Volkslieder* tira suas epígrafes de Addison, Sidney e Montaigne. Mas, se olharmos os trezentos anos discutidos neste livro, a transformação nas atitudes dos homens cultos parece realmente notável. Em 1500, desprezavam as pessoas comuns, mas partilhavam a sua cultura. Em 1800, seus descendentes tinham deixado de participar espontaneamente da cultura popular, mas estavam-na redescobrindo como algo exótico e, portanto, interessante. Estavam até começando a admirar "o povo", do qual brotara essa cultura estranha.

Apêndice 1
A DESCOBERTA DO POVO: ANTOLOGIAS E ESTUDOS SELECIONADOS, 1760-1846

As publicações em partes estão mencionadas pelo ano em que saiu a primeira parte

1760 J. Macpherson, *Fragments of ancient poetry*
1762 J. Macpherson, *Fingal*
1763 H. Blair, *A critical dissertation on the poems of Ossian*
1765 T. Percy, *Reliques of ancient poetry*
1766 H. G. Porthan, *De Poesi Fennica*
1770 M. I. Chulkhov, *Sobranie Raznykh Pesen*
1774 A. Fortis, *Viaggio in Dalmazia*
1775 S. Johnson, *A journey to the Western Islands*
1776 D. Herd, *Ancient and modern Scottish songs*
1776 G. A. Bürger, *Herzensausguss über Volkspoesie*
1776 V. F. Trutovsky, *Sobranie Russkich Prostych Pesen*
1777 J. Brand, *Observations on popular antiquities*
1778 J. G. Herder, *Volkslieder*
1780 J. J. Bodmer, *Altenglische und Altschwäbische Ballade*
1782 J. K. A. Musäus, *Volksmärchen der Deutschen*
1783 J. Pinkerton, *Select Scottish ballads*
1789 C. Ganander, *Mythologia Fennica*
1789 C. Brooke, *Reliques of Irish poetry*
1790 N. A. Lvov, *Sobranie Narodnykh Russkikh Pesen*
1791 J. Ritson, *Pieces of ancient popular poetry*
1800 "Otmar", *Volkssagen*
1801 J. Strutt, *Sports and pastimes of the people of England*
1802 W. Scott, *Minstrelsy of the Scottish Border*
1802 Chateaubriand, *Génie du christianisme*
1804 K. Danilov, *Drevnie Rossiyskie Stikhotvoreniya*
1806 A. von Arnim/C. Brentano, *Des Knaben Wunderhorn*
1807 J. Görres, *Die Deutsche Volksbücher*
1808 W. Grimm, *Uber die Entstehung der Altdeutschen Poesie*
1810 F. L. Jahn, *Deutsches Volkstum*
1812 J. Grimm/W. Grimm, *Kinder-und Haus-Märchen*
1812 W. Abrahamson etc., *Udvalgte Danske Visen*
1814 A. Afzelius/E. Geijer, *Svenska Folkviser*

1814 V. S. Karadžić, *Malo Prostonarodna Pesnaritsa*
1817 G. Renier Michiel, *Origine delle feste veneziane*
1818 M. Placucci, *Usi e pregiudizi de'contadini della Romagna*
1818 A. Czarnocki, *O Slowiannśzczyżnie przed Chreścijaństwem*
1822 F. L. Celakovský, *Slowanské Národnj Pjsne*
1824 C. Fauriel, *Chants populaires de la Grèce moderne*
1828 A. Durán, *Romancero*
1830 L. Golebiowski, *Lud Polski*
1832 E. Geijer, *Svenska Folkets Historie*
1835 E. Lönnrot, *Kalevala*
1836 F. Palacký, *Geschichte von Böhmen*
1839 Villemarqué, *Barzaz Breiz*
1841 P. C. Asbjornsen/J. Moe, *Norske Folk-Eventyr*
1841 N. Tommaseo, *Canti popolari*
1846 J. Erdélyi, *Népdalok és Mondák*
1846 J. Michelet, *Le peuple*

Apêndice 2
PUBLICAÇÕES SELECIONADAS ILUSTRANDO A REFORMA DA CULTURA POPULAR, 1495-1664

1495 S. Brant, *Das Narrenschiff* (2ª edição)
1540 H. Sachs, *Gespräch mit der Fastnacht*
1553 T. Naogeorgus, *Regnum papisticum*
1556 G. Paradin, *Le blason des danses*
1559 F. de Alcocer, *Tratado del juego*
1566 H. Estienne, *Apologie pour Herodote*
1577 J. Northbrooke, *A treatise against dicing*
1578 G. Paleotti, *Scrittura*
1579 C. Borromeo, *Memoriale*
1579 J. Northbrooke, *Distractions of the Sabbath*
1582 C. Fetherston, *Dialogue against dancing*
1583 P. Stubbes, *Anatomy of abuses*
1584 R. Scot, *Discovery of witchcraft*
1594 C. Bascapè, *Contra gli Errori... avanti la Quaresima*
1606 C. Bascapè, *Settuagesima*
1607 Anon., *Discorso contra il Carnevale*
1608 J. Savaron, *Traité contre les masques*
1609 C. Noirot, *L'origine des masques*
1633 W. Prynne, *Histriomastix*
1640 G. D. Ottonelli, *Della christiana moderatione del teatro*
1655 P. Wittewrongel, *Oeconomia christiana*
1655 G. Hall, *Triumph of Rome*
1660 T. Hall, *Funebria florae*
1664 J. Deslyons, *Discours... contre le paganisme des rois*

NOTAS

PRÓLOGO [pp. 11-4]

1. Sobre definições de cultura, A. L. Kroeber e C. Kluckhohn, *Culture: a critical review of concepts and definitions* (1952), nova ed., Nova York, 1963.

2. A. Gramsci, "Osservazioni sul folclore", em *Opere*, 6, Turim, 1950, p. 215 ss.

3. Ver bibliografia em G. Cocchiara, A. Dundes, A. van Gennep, G. Ortutay etc.

4. Ver bibliografia em M. Bakhtin, C. Baskervill, D. Fowler, A. Friedman, V. Kolve, M. Lüthi etc.

5. Particularmente útil para as questões levantadas neste livro foram as obras de G. Foster, C. Geertz, M. Gluckman, C. Lévi-Strauss, R. Redfield, V. Turner, E. Wolf.

6. Para bons exemplos de abordagem quantitativas nesse campo, ver Bollême (1969) e Svärdström (1949), respectivamente sobre almanaques franceses e pinturas suecas.

INTRODUÇÃO A ESTA EDIÇÃO [pp. 15-24]

1. Sobre o capítulo 1, por exemplo, Hobsbawm e Ranger (1983); sobre o capítulo 2, Arantes (1981); sobre o capítulo 3, Allegra (1981); sobre o capítulo 4, Clark (1983); sobre o capítulo 5, Stallybrass e White (1986); sobre o capítulo 6, Lüsebrink (1979); sobre o capítulo 7, Kinser (1983); sobre o capítulo 8, Ingram (1984); sobre o capítulo 9, McKendrick (1982).

2. Christian (1981); Contreras (1982); Dedieu (1979, 1987); García Carcel (1980); Held (1983); Godzich e Spadaccini (1986); Marco (1977); Molho (1976); Nolle (1987).

3. Geremek (1978); Ginzburg (1979); Yeo e Yeo (1981); Van Dülmen e Schindler (1984); Kaplan (1984); Bertrand (1985); Grückner, Blickle e Breuer (1985); Reay (1985).

4. Para exemplos de desconfiança, ver Gombrich (1971) e os ensaios reunidos em Vrijhof e Waardenburg (1979).

5. A conferência sobre a China já foi publicada: Johnson, Nathan e Rawski, 1985. O seminário sobre a Ásia meridional, editado pelo dr. R. O'Hanlon, está

379

para ser publicado pela Cambridge University Press. Historiadores japoneses do Japão já se interessaram pelo povo e sua cultura (Gluck, 1979).

6. Burns (1980) coloca a cultura popular no contexto dos conflitos de classe na América Latina do século XIX. Pereira de Queiroz (1978) fornece um resumo da história do Carnaval no Brasil.

7. Bons exemplos recentes da aproximação da literatura são Paulson (1979) e Stallybrass e White (1986), e da antropologia, Flykman e Löfgren (1986).

8. Cf. Brown (1981), especialmente pp. 13-7.

9. A Bakhtin (1965) deve-se agora acrescentar Bakhtin (1929) e Bakhtin (1981).

10. Uma conversa com o dr. B. Geremek ajudou-me a tomar cuidado nesse ponto.

11. Harris (1988).

12. Fergusson (1959).

13. Johnson em Johnson, Nathan e Rawski (1985), 39.

14. Isherwood (1986), especialmente o capítulo 8. Cf. Isherwood (1981), que discute meu livro mais explicitamente.

15. Collinson (1982); Duffy (1986), 36.

16. Thompson (1973-4) é uma discussão influente, e Williams (1977), 95 s., 108 s., um auxílio esclarecedor. Comentários perspicazes com especial referência à história da cultura popular em Hall (1981) e Bailey (1987), 9 s.

17. O papel do Estado é enfatizado (talvez em excesso) em Muchembled (1978), parte 2, e Lottes (1984).

18. Sider(1980).

19. Gray (1976); Burke (1982, 1984).

20. Christian (1981); Chartier (1982), 33 s., (1984).

21. Christian (1981); especialmente pp. 8, 177.

22. Burke (1984).

23. Chartier (1984), 233.

24. A noção de Lévi-Strauss da *bricolage* intelectual é discutida com referência à cultura popular na p. 170.

25. Ingram (1985), p. 129.

26. Burke (1987), capítulo 8; cf. Garrioch (1987) e Moogk (1979).

27. Medick (1982), 94. Cf. Sandgruber (1982).

28. Para uma aproximação arqueológica, Deetz (1979); para uma aproximação antropológica, Appadurai (1986).

1. A DESCOBERTA DO POVO [pp. 26-49]

1. O livro mais útil sobre a descoberta é Cocchiara (1952). Sobre o *Völkslied* e os outros termos do grupo, em alemão, ver, de modo bastante condizente, J. Grimm e W. Grimm (eds.), *Deutsches Wörterbuch*, Leipzig, 1852 etc.

2. J. G. Herder, "Uber die Wirkung der Dichtkunst auf die Sitten der Völker" (1778), em seu *Sämtliche Werke*, ed. B. Suphan, 8, Hildesheim, 1967. Sobre ele, R. T. Clark, *Herder*, Berkeley e Los Angeles, 1955, em esp. cap. 8.

3. J. Grimm, *Kleinere Schriften*, 4, Hildesheim, 1965, p. 4, 10, nota.

4. Sobre Percy, Friedman (1961a), cap. 7; sobre a acolhida das *Reliques* na Alemanha, H. Lohre, *Von Percy zu Wunderhorn*, Berlim, 1902, parte 1.

5. A. A. Afzelius e E. G. Geijer (eds.), *Svenska Folkviser*, Estocolmo, 1814, p. x. Sobre Afzelius, Jonsson, p. 400 ss.; sobre Geijer, J. Landqvist, *Geijer*, Estocolmo, 1954; sobre ambos E. Dal, *Nordisk Folkeviseforskning siden 1800*, Copenhague, 1956, cap. 10.

6. C. Fauriel (ed.), *Chants populaires de la Grèce moderne*, 1, Paris, 1824, p. xxv, cxxvi; sobre ele, M. Ibrovac, *C. Fauriel*, Paris, 1966, em esp. parte 1.

7. V. Koox, *Essays moral and literary*, 2ª ed., Londres, 1779, ensaio 47.

8. L. Tieck, *Werke*, 28 vol., 1828-54, 15, p. 21; sobre ele, B. Steiner, *L. Tieck und die Volksbücher*, Berlim, 1893, em esp. p. 76 ss.

9. Principalmente J. K. A. Musäus (ed.), *Volksmärchen der Deutschen* (1782), e "Otmar" (ed.), *Volkssagen*, Bremen, 1800.

10. G. von Gaal (ed.), *Märchen der Magyaren*, Viena, 1822; sobre ele, L. Dégh (ed.), *Folktales of Hungary*, Londres, 1965, p. xxvi,

11. W. Hone, *Ancient mysteries described*, Londres, 1823; F. J. Mone (ed.), *Altdeusche Schauspiele*, Quedlingurg/Leipzig, 1841.

12. Arnim cit. H. U. Lenz, *Das Volkserlebnis bei L. A. von Arnim*, Berlim, 1938, p. 123; sobre Chateaubriand, ver seu *Génie du christianisme*, Paris, 1802, parte 3, cap. 6.

13. Clark (nota 2), p. 51 ss.

14. J. W. von Goethe, *Italienische Reise*, ed. H. von Einem, Hamburgo, 1951, p. 484 ss.

15. J. Strutt, *Sports and pastimes of the people of England*, Londres, 1801; G. Renier Michiel, *Origini delle feste veneziane*, Veneza, 1817; I. M. Snegirov, *Ruskie Prostonarodnye Prazdniki*, Moscou, 1938. Sobre a descoberta do povo na Rússia, P. Pascal, *Civilisation paysanne en Russie*, Lausanne, 1969, p. 14 ss.

16. Sobre Trutovsky, G. Seaman, *History of Russian music*, 1, Oxford, 1967, p. 88 ss.; Grove's, artigo "Folk music: Austrian"; K. Lipiński, *Piesni Polskie i Ruskie Ludu Galicyjskiego*, Lwów, 1833.

17. E. G. Geijer, *Svenska Folkets Historia*, Estocolmo, de 1832 em diante; Palacký publicou seu primeiro volume em alemão em 1836 como *Geschichte von Böhmen*, mas continuou-o em tcheco como *Dějiny Národu Ceského*. Sobre Michelet e o povo, ver Boas, p. 65 ss., e C. Rearick, *Beyond the Enlightment: historians and folklore in nineteenth-century France*, Bloomington/Londres, 1974, p. 82 ss.

18. Em 1860, S. J. Kraszewski publicou *Die Kunst der Slaven*; em 1861, William Morris fundou a firma Morris, Marshall, Faulkner e Cia.; em 1867, Eilert Sundt publicou um estudo sobre a indústria doméstica na Noruega,

e algumas construções rurais foram reerguidas num terreno fora de Oslo. A ideia de um museu ao ar livre de construções rurais foi apresentada por um estudioso suíço, C. V. de Bonstetten, em 1799.

19. A. Fortis, *Viaggio in Dalmazia*, 2 v., Veneza, 1774, em esp. 1, p. 43 ss.; sobre ele, G. F. Torcellan, "Profilo di A. Fortis", em seu *Settecento Veneto*, Turim, 1969, p. 273 ss.; S. Johnson, *A journey to the Western Islands of Scotland* (1775), e J. Boswell, *Journal of a tour to the Hebrides* (1785), ambos ed. H. W. Chapman, reed. Oxford, 1970, em esp. Johnson, pp. 27 ss., 90, e Boswell, p. 250 ss.

20. Sobre o "populismo" espanhol, C. Clavería, *Estudios sobre los gitanismos del español*, Madri, 1951, p. 21 ss., e J. Ortega y Gasset, *Papeles sobre Velázquez y Goya*, Madri, 1950, p. 282 ss.; mas a afirmação de Ortega de que esse entusiasmo aristocrático era exclusivamente espanhol não resiste a um estudo comparativo. A citação é extraída de Blanco White, *Letters from Spain*, 2ª ed., Londres, 1825, p. 237.

21. J. G. Herder, *Ideen zur Philosophie der Geschichte*, 4 v., Riga/Leipzig, 1784-91, parte 3; "usos, costumes...", cit. W. Thoms, definindo o termo "folclore" que acabara de inventar em 1846, reed. em A. Dundes (ed.), *The study of folklore*, Englewood Cliffs, 1965, p. 44 ss.; sobre as canções folclóricas antes como uma invenção do que uma descoberta, Bausinger, p. 14.

22. "Chodakowski", cit. Grove's, artigo "Folk music: Polish".

23. T. Percy (ed.), *Hau Kioy Choaan*, 4, Londres, 1761, p. 200. Percy fez pessoalmente as traduções para esse livro — a partir do português.

24. H. Honour, *Neoclassicism*, Harmondsworth, 1968, considera que os artistas e escritores do final do século XVIII estavam rejeitando os estilos barroco e rococó em nome do Classicismo. Decerto isso se deu, mas ao mesmo tempo as próprias regras do Classicismo estavam sendo rejeitadas, e às vezes pelas mesmas pessoas.

25. Sobre Gottsched, ver p. 312; sobre Bodmer, M. Wehrli, *J. Bodmer und die Geschichte der Literatur*, Frauenfeld/Leipzig, 1936; Goethe cit. R. Pascal, *The German sturm und drang*, Manchester, 1953, p. 242.

26. Sobre Ossian, J. S. Smart, *James Macpherson*, Londres, 1905, e D. S. Thomson (1952).

27. H. Blair, *A critical dissertation on the poems of Ossian* (1763), 2ª ed. Londres, 1765, em esp. p. 2, 21, 63; sobre Herder como compilador, L. Arbusow, "Herder und die Begründung der Volksliedforschung", em E. Keyser (ed.), *Im Geiste Herders*, Kitzingen, 1953.

28. Sobre Rousseau nesse contexto, Cocchiara (1952), p. 135 ss.; exemplos de figuras de camponeses noruegueses de porcenala, feitos por Claus Rasmussen Tvede, em Kunstindustri-Museet, Bergen.

29. J. Jorák, "Jacob Grimm und die slawische Volkskunde", em *Deutsche Jahrbuch für Volkskunde*, 9 (1963).

30. Cocchiara (1952), p. 231 ss.; L. L. Snyder, *German nationalism* (1952), 2ª ed., Port Washington, 1969, cap. 2 e 3.

31. J. Lundqvist, *Geijer*, Estocolmo, 1954, cap. 6.

32. Sobre Porthan, M. G. Schybergson, *H. G. Porthan*, Helsinque, 1908 (em sueco), em esp. cap. 4; o "intelectual finlandês" (Söderhjelm), cit. Wuorinen, p. 69.

33. Sobre Lönnrot, J. Hautala, *Finnish folklore research 1828-1918*, Helsinque, 1969, cap. 2, e M. Haavio, "Lönnrot" em *Arv*, 1969-70.

34. Sobre a Polônia, H. Kapełuś/J. Krzyżanowski (ed.), *Dzieje Folklorystyki Polskiej*, Wrocław etc., 1970; sobre Willems, J. E. F. Crick, *J. F. Willems*, Antuérpia, c. 1946; Scott, 1, p. 175.

35. Arnim/Brentano, p. 886; cf. R. Linton, "Nativistic movements" em *American Anthropologist*, 45 (1943), e J. W. Fernandez, "Folklore as an agent of nationalism", reed. em I. Wallerstein (ed.), *Social change: the colonial situation*, Nova York, 1966.

36. Wilson.

37. Sobre a França, P. Bénichou, *Nerval et la chanson folklorique*, Paris, 1970, em esp. cap. 1; F. Gourvil, *T. C. H. Hersart de la Villemarqué*, Rennes, 1959.

38. Sobre Grégoire, M. de Certeau *et al.*, *Une politique de la langue*, Paris, 1975, em esp. pp. 12 ss., 141 ss.; sobre Finistère, J. de Cambry, *Voyage dans le Finistère*, 3 v., Paris, 1799.

39. H. Mackenzie (ed.), *Report of the Committee ... appointed to inquire into the ... authenticity of... Ossian*, Edimburgo, 1805; sobre a Academia Céltica, Durry; o questionário da Academia reed. em Van Gennep. 3, p. 12 ss., e em de Certeau, p. 264 ss.; cf. S. Moravia, *La Scienza dell'uomo nel'700*, Bari, 1970, p. 187 ss.

40. Sobre o questionário italiano, G. Tassoni (ed.), *Arti e tradizioni popolari: le inchieste napoleoniche sui costumi e le tradizioni nel regno italico*, Bellinzone, 1973; M. Placucci, *Usi e pregiudizi dei contadini di romagna* (1818), reed. em P. Toschi (ed.), *Romagna tradizionale*, Bolonha, 1952; sobre Placucci, G. Cocchiara, *Popolo e letteratura in Italia*, Turim, 1959, p. 118 ss.

41. "Otmar" era J. Nachtigall; "Chodakowski" era A. Czarnocki; "Merton" era W. Thoms; "Kazak Lugansky" era V. I. Dal; "Saintyves" era o editor E. Nourri; e "Davenson" oculta o estudioso dos clássicos H. I. Marrou.

42. "Otmar" (nota 9), p. 22.

43. Scott, 1, p. 175; Arnim, p. 861.

44. M. B. Landstad, cit. O. J. Falnes, *National romanticism in Norway*, Nova York, 1933, p. 255.

45. Mackenzie (nota 39), p. 152; cf. D. S. Thomson (1952).

46. Lönnrot cit F. P. Magoun (ed.), *The Kalevala*, Cambridge, Mass., 1963, prefácio. Cf. Jonsson. p. 675 ss. sobre falsificações, p. 801 ss. sobre a edição de baladas na Suécia.

47. Wilson, p. 76.

48. Percy, 1, p. 11; Fowler, p. 249.

49. Pinkerton foi desmascarado em 1784 pelo perspicaz e irascível estudioso Joseph Ritson, sobre o qual ver B. H. Bronson, *J. Ritson, scholar at arms*,

2 v., Berkeley, 1938. Sobre Arnim e Brentano, F. Rieser, *Des Knaben Wunderhorn und Seine Quellen*, Dortmund, 1908, em esp. p. 45 ss.

50. Schoof; cf. A. David/M. E. David, "A literary approach to the brothers Grimm", em *Journal of the Folklore Institute*, 1 (1964).

51. Seaman (nota 16), p. 88; sobre a coleta de músicas folclóricas na Suécia, Jonsson, p. 323 ss.

52. Simpson (1966), p. XVI; W. Chappell (ed.), *A collection of national English airs*, 1, Londres, 1838, prefácio.

53. Sobre a reconstrução romântica do Carnaval de Colônia por F. F. Wallraf, Klersch, p. 84 ss.; sobre Nuremberg, Sumberg, p. 180; sobre Nice, Agulhon (1970), p. 153 ss.

54. S. Piggott, *The druids*, Londres, 1968, cap. 4; T. Parry, *A history of Welsh literature*, Oxford, 1955, p. 301 ss. Prys Morgan, do University College of Swansea, apresentou uma comunicação sobre a descoberta/invenção galesa do seu passado na conferência Past and Present, em 1977.

55. H. N. Fairchild, *The noble savage*, Nova York, 1928, cap. 13.

56. Boswell (nota 19, op. cit.), p. 246.

57. Os capítulos 8 e 9 tentam apresentar as transformações mais importantes.

58. Coirault, 5ª exposição; Boas, cap. 4; para uma defesa sofisticada da ideia de criação coletiva, Jakobson/Bogatyrev.

59. J. G. Herder, *Sämtliche Werke*, ed. B. Suphan, 25, Hildesheim, 1967, p. 323.

2. UNIDADE E DIVERSIDADE NA
CULTURA POPULAR [pp. 50-100]

1. Sobre os tivs, P. Bohannan, "Artist and critic in a tribal society", em M. W. Smith (ed.), *The artist in tribal society*, Londres, 1961.

2. Sobre a "comunidade de baladas" em partes da Europa, Entwistle, p. 7 ss.; no nordeste da Escócia, Buchan (1972), p. 18 ss.

3. Redfield, p. 41-2.

4. Sobre Ferrara, E. Welsford, *The court masque*, Cambridge, 1927, p. 100; sobre Paris, P. de L'Estoile, *Mémoires-journaux*, 12 v., Paris, 1875-92, 2, p. 106; sobre Nuremberg, Sumberg, p. 59. Beerli (1956) observa que Berna no século XVI tinha dois carnavais, com uma semana de diferença, para os nobres e para os camponeses, mas parece ser uma exceção.

5. Sobre a França, Davis (1975), p. 99 ss., 111 ss.

6. Sobre Poliziano e Pontano, G. Cocchiara, *Le origini della poesia popolare*, Turim, 1966, p. 29 ss.; sobre Malherbe, ver p. 364; sobre Hooft, Wirth, p. 164; sobre a rainha Elizabeth, Entwistle, p. 28; sobre Ivã e Sofia, ver notas 8 e 12.

7. Sobre os *visböcker* (alguns deles em Noreen/Schück), Jonsson, p. 31 ss., e E. Dal, *Nordisk Folkeviseforskning siden 1800*, Copenhague, 1956, cap. 26.

8. Sobre Zan Polo, Lea, 1, p. 247 ss.; sobre Tarleton, Baskervill (1929), p. 95 ss.; sobre Tabarin, Bowen, p. 185 ss.; sobre Ivan, G. Fletcher, *The Russe Commonwealth* (1591), ed. A. J. Schmidt, Ithaca, 1966, p. 147 (cf. Jakobson [1944], p. 63).

9. Sobre Gouberville, E. Le Roy Ladurie, *Le territoire de l'historien*, Paris, 1973, p. 218; sobre folhetos alemães, Coupe, p. 19; sobre almanaques franceses. Bôlleme (1969), p. 15, 27; sobre curandeiros suecos, Tillhagen (1962), p. 1; sobre o *kåsor* finlandês, N. Cleve, "Till Bielkekåsernas Genealogi" em *Fataburen*, 1964, referência que devo à gentileza de Maj Nodermann.

10. Grazzini cit. R. J. Rodini, A. F. Grazzini, Madison etc., 1970, p. 148; J. Aubrey, *Brief lives*, Oxford, 1898, "Corbet"; *Fataburen*, 1969 (número especial sobre os costumes matrimoniais suecos), pp. 142, 152.

11. Sobre as atitudes inglesas em relação ao "monstro de muitas cabeças", Hill (1974), cap. 8.

12. Sobre a área de Cracóvia, Wyczański; entre as mulheres nobres que colecionavam *visböcker* estampados em Noreen/Schück, incluem-se Barbro Banér e a rainha Sofia (a mulher sueca de um rei da Dinamarca do final do século XVI).

13. E. Obiechnina, *Culture, tradition and society in the West African novel*, Cambridge, 1975, p. 35 ss.

14. A. Gramsci, "Osservazioni sul folclore" em *Opere*, 6, Turim, 1950, p. 215 ss.

15. Kodály, p. 20.

16. Sobre a estratificação dentro do campesinato, Lefebvre (1924), p. 321 ss.; P. Goubert, *Beauvais et le beauvaisis de 1600 à 1730*, Paris, 1960; Blickle, p. 84 ss.

16a. Citação do poeta medieval inglês, William Langland.

17. P. Jeannin, "Attitudes culturelles et stratifications sociales", em L. Bergeron (ed.), *Niveaux de culture et groupes sociaux*, Paris/Haia, 1967, p. 67 ss.

18. Bødker, itens "drängvisor", "pigvisor".

19. Johnson (cap. 1, nota 19), p. 38 ss.

20. Barley (1967), p. 746 ss. (cf. C. Fox, *The personality of Britain*, Cardiff, 1932); sobre Alpujarras, F. Braudel, *The Mediterranean*, 1, trad. ingl., Londres, 1972, p. 35.

21. Grove's, item "Folk music: Norway" etc.

22. J. Hansen, *Zauberwahn, Inquisition und Hexenprozess*, Bonn, 1900, p. 400 ss., seguido por Trevor-Roper, p. 30 ss.; compare-se Cohn (1975), p. 225.

23. Cipolla, p. 73 ss.; J. J. Darmon, *Le colportage de librairie en France sous le Second Empire*, Paris, 1972, p. 30 ss.; Vovelle (1975).

24. Sobre a cultura pastoril na França, Louis, p. 151 ss.; na Europa central, Jacobeit; na Hungria, Fél/Hofer, p. 23 ss.; na Polônia, W. Sobisiak em

Burszta, 2, p. 186 ss.; sobre sua música, Grove's, item "bagpipe"; sobre suas canções, Erk/Böhme, n°s 1471/1596.

25. S. Paolucci, *Missioni de' padri della Compagnia di Gesù nel regno di Napoli*, Nápoles, 1651, p. 21 ss.

26. Exemplos da arte pastoril ibérica do século XVIII em Hansen, pp. 138, 150.

27. Para o provérbio, Amades (1950-1), p. 1030 (cf. Hornberger, p. 16); para a magia, Jacobeit, p. 367 ss.

28. Hornberger, p. 85 ss.; Jacobeit, p. 328 ss.; sobre *autos del nacimiento* na Espanha, Rael, cap. 1.

29. Hornberger, p. 38 ss.; Jacobeit, p. 173 ss.; sobre Brie, Mandrou (1968), p. 500 ss.

30. Sobre os moradores das florestas, M. Devèze, *La vie de la forêt française au 16ᵉ siècle*, 1, Paris, 1961, p. 130 ss.; sobre a Rússia, J. H. Billington, *The icon and the axe*, Nova York, 1966, p. 16 ss.; sobre os Bálcãs, Stoianovich.

31. Karadžić, cit. Wilson, p. 33, 24; sobre canções cossacas, Stief (cap. 4) e Ralston, p. 41 ss.

32. Sobre a cultura dos mineiros, Heilfurth (1959, 1967), Schreiber (1962), Sébillot (1894); sobre sua linguagem, Avé-Lallement, 3, p. 113 ss.

33. T. C. Smout, *A history of the Scottish people 1560-1830*, nova ed., Londres, 1972, p. 169; F. Rodriguez Marin, *Cantos populares españoles*, 5 v., Sevilha, 1882-3, n° 7581; a pintura, de um manuscrito em Viena, em J. Delumeau, *Civilisation de la Renaissance*, Paris, 1967, defronte à p. 20.

34. Sobre a honra da guilda e os párias sociais, Danckert.

35. Sobre a cultura artesã, Krebs; G. Fischer, *Volk und Geschichte*, Kulmbach, 1962; E. P. Thompson (1963), p. 830 ss. Rituais das guildas alemãs descritos em F. Friese, *Ceremonial-Politica*, Leipzig, 1708-16. Sobre roupas, P. Cunnington/C. Lucas, *Occupational costume in England from the eleventh century to 1914*, Londres, 1967, pp. 82, 111.

36. Sobre a cultura tecelã inglesa, G. C. Homans, "The puritans and the clothing industry in England", em seu *Sentiments and activities*, Londres, 1962; T. Deloney, *Jack of Newbury*, Londres, 1596; J. Collinges, *The Weaver's pocket-book*, Londres, 1675; R. C. *The Triumphant Weaver*, Londres, 1682; E. P. Thompson (1963), cap. 9; M. Vicinus, "Literary voices in an industrial town" em H. J. Dyos/M. Wollf (ed.), *The Victorian city*, Londres, 1973. Sobre os trabalhadores em seda de Lyon, M. Garden, *Lyon et le lyonnais au 18ᵉ siècle*, Paris, 1970, p. 242 ss.; canções de tecelãos alemães em Schade, p. 79 ss.; canções de tecelãos holandeses discutidas em Wirth, p. 316 ss.

37. Sobre a cultura dos sapateiros, Garden (n. 36), p. 244 ss.; Schade, p. 75 ss.; Friese (nota 35), p. 341 ss.; Bødker, p. 278; T. Deloney, *The gentle craft*, Londres, 1597-8.

38. Sobre Portugal, D'Azevedo, pp. 19 ss., 27 ss., 36 ss.; sobre as Cévennes, E. Le Roy Ladurie (1966), p. 349; sobre Viena, E. Wangermann, *From Joseph II to the jacobin trials*, 2ª ed., Oxford, 1969, p. 17 ss.

39. M. H. Dodds e R. Dodds, *The pilgrimage of grace*, 1, Cambridge, 1915, p. 92; Soboul (1966), p. 49.

40. Sobre a cultura dos oficiais, Hobsbawm (1959), cap. 9; M. Crubellier, *Histoire culturale de la France, 19ᵉ-20ᵉ siècles*, Paris, 1974, p. 91 ss.; Hauser (1899), cap. 3; E. Coornaert, *Les compagnonnages en France*, Paris, 1966, em esp. p. 35 ss.; sobre os Griffarins, Davis (1975), p. 4 ss.

41. T. Gent, *The life of mr T. Gent*, Londres, 1832, p. 16; Krebs, p. 42, 68 ss.; canções alemãs em Schade, p. 135 ss., 247; a canção húngara em T. Klaniczay (ed.), *Hét Evszázad Magyar Versei*, 1, 2ª ed., Budapeste, 1966, p. 68.

42. G. Tassoni, "Il gergo dei muratori di viadana", em *Lares*, 20 (1954); D. Knoop/G. P. Jones, *The genesis of freemasonry*, Manchester, 1947; J. M. Roberts, *The mythology of the secret societies*, Londres, 1972, cap. 2; para *Manole, o pedreiro*, Amzulescu, nº 164, e Ortutay (1969), p. 107 ss.

43. Hauser (1899), cap. 2; S. R. Smith, "The London apprentices as seventeenth-century adolescents" em *P&P*, 61 (1973); *The honour of the Taylors*, Londres, 1687.

44. Sobre espetáculos londrinos, D. M. Bergeron, *English civic pageantry 1558-1642*, Londres, 1971, cap. 2; sobre Pasquino, R. Silenzi/F. Silenzi, *Pasquino*, Milão, 1932.

45. J. M. Yinger, "Contra-culture and sub-culture" em *American Sociological Review*, 25 (1960); M. Clarke, "On the concept of sub-culture" em *British Journal of Sociology*, 25(1974).

46. Sobre a cultura dos itinerantes ingleses, Hill (1972), cap. 3.

47. Sobre a cultura dos soldados, Rehnberg e A. Corvisier, *L'armée française*, Paris, 1964, parte 4, cap. 5; sobre a linguagem dos soldados, Avé-Lallemant, 3, p. 119 s., para o conceito de "instituição total"; Goffman, *Asylums*, Nova York, 1961; canções citadas a partir de Kohlschmidt, nᵒˢ 17, 30 (cf. Erk-Böhme, nᵒˢ 1279-1433); sobre Arnim e "Das heisse Afrika", F. Rieser, *Des Kanben Wunderhorn und seine Quellen*, Dortmund, 1908, p. 197.

48. Grove's, item "Shanty"; Davids — referência (como o leitor pode ter adivinhado) que devo ao professor C. R. Boxer; J. Leyden (ed.), *The complaynt of Scotland*, Edimburgo, 1801, p. 62; Braga (1867b), p. 145; K. Weisbust, *Deep sea sailors*, Estocolmo, 1969; R. D. Abrahams, *Deep the water, shallow the shore: essays on shantying in the West Indies*, Austin/Londres, 1974, p. xiii, 10.

49. Roupas: Cunnington/Lucas (nota 35), p. 58; para termos marítimos em nove línguas europeias, J. H. Roding, *Allgemeines Wörterbuch der Marine*, 4 v., Hamburgo/Halle, 1794-8; E. Ward, *The London spy*, 1, Londres, 1706, p. 281 ss.

50. Rituais: Henningsen *passim*; Hasluck, p. 342 ss.; Arte: H. J. Hansen (ed.), *Art and the seafarer*, trad. ingl., Londres, 1968. Alfabetização: Vovelle (1973), p. 378 ss. Sobre a cultura marítima, nos séculos XV e XVI, J. Bernard, *Naviers et gens de mer à Bordeaux*, Paris, 1968, em esp. cap. 3 e 4, referência que devo a Peter Lewis.

51. Sébillot (1901); F. Alziator, "Gli ex-voto del Santuario di Nostra Signora di Bonaria", em seu *Picaro e folklore*, Florença, 1959; Schrijnen, 2, p. 125 ss.; S. Klonowicz, *The boatman*, trad. ingl., Cambridge Springs, 1958, versos 1021 ss.

52. Glossário de Pulci em Camporesi, p. 179 ss.; para a Inglaterra elisabetana, Salgado, p. 62 ss.; 210 ss.; para a França, Sainéan; para a Espanha, Salillas; para a Alemanha, Avé-Lallemant, 3 e 4.

53. C. García, *La desordenada codicia de los bienes agenos*, Paris, 1619, cap. 7, 8 e 13; sobre Paris, F. de Calvi, *Histoire générale des Larrons*, Paris, 1631, livro 1, cap. 17; sobre Londres, Aydelotte, p. 95 ss.; sobre estereótipos literários, E. von Kraemer, *Le type de faux mendiant dans les littératures romanes*, Helsinque, 1944.

54. Sobre "Contra-culture", Yinger (nota 45); Grove's, item "Folk music: Jewish"; P. Bénichou, *Romancéro judeo-español de Marruecos*, Madri, 1968; Wilson, p. 399.

55. J. Caro Baroja, *Los moriscos del reino de Granada*, Madri, 1957, p. 108 ss.; Gallego, p. 59 ss.; M. Ladero Quesada, *Granada*, Madri, 1969, pp. 68 ss., 163 ss.

56. J. P. Clébert, *The gypsies*, trad. ingl., Londres, 1963, em esp. p. 96 ss.; C. Clavería, *Estudios sobre los gitanismos del español*, Madri, 1951, p. 7 ss.; a citação é extraída de J. de Quiñones, *Discurso contra los gitanos*, Madri, 1631, f. 11.

57. S. Ardener (ed.), *Perceiving women*, Londres, 1975 (em esp. contribuições dos Ardeners e C. Hardman); *Journal of American Folklore*, número especial sobre "Women and folklore", 1975; sobre a Galícia, K. Lipiński (ed.), *Piesni Polskie...*, 1833; sobre a Sérvia, Karadžić (1824-33), livro 1, introdução; sobre as canções de trabalho das mulheres na Escócia, Collinson, p. 67 ss.; sobre a alfabetização em Amsterdam, Har; na França, Fleury/Valmary; sobre livros para mulheres, L. B. Wright, p. 109 ss., e Schotel (1873-4), 2, cap. 7; sobre mulheres e religião extática, Bost (1921), p. 25, e K. V. Thomas, "Women in the Civil War Sects" em *P&P*, 13 (1958) (cf. I. M. Lewis, *Ecstatic religion*, Harmondsworth, 1971, p. 75 ss.).

58. C. Sauvageon, cit. Boychard, p. 352.

59. P. Smith em J. Thirsk (ed.), *Agrarian history of England and Wales*, 4, Cambridge, 1967, p. 767 ss.; Bernard (nota 50), p. 753, sobre nomes de barcos bretões; sobre a Escandinávia, C. Nordmann, *Grandeur et liberté de la Suède*, Paris/Louvain, 1971, p. 120 ss.; sobre a Lituânia, M. Mosvidius, *Catechismus* (1547), ed. fac-similar, Heidelberg, 1923, prefácio; S. Herberstein, *Description of Moscow* (1557), trad. ingl., Londres, 1969, p. 36.

60. Sobre variações regionais (com exemplos da Iugoslávia), Bosković--Stulli; sobre baladas de fronteira, reed.

61. C. von Sydow, *Selected papers on folklore*, Copenhague, 1948, em esp. p. 11 ss., 44 ss.

62. Svärdeström (1957), p. 3; P. Bogatyrev, *The functions of folk costume in Moravian Slovakia*, trad. ingl., Haia/Paris, 1971, p. 54.

63. K. Liestøl, p. 15; S. Resnikow, "The cultural history of a democratic proverb", *em Journal of English and Germanic Philology*, 36 (1937).

64. *Motif-Index*, J. 1700s.; Christensen.

65. Nygard (cf. Vargyas, p. 129 ss.); Child 95, *Motif-Index*, D.1855.2.

66. A. Fortis, *Viaggio in Dalmazia*, 1, Veneza, 1774, p. 66; Hansen, p. 158.

67. Sobre a "área da tradição", *Motif-Index*, introdução; N. N. Martinovitch, *The Turkish theatre*, Nova York, 1933; M. Marriott, "The feast of love" em M. Singer (ed.), *Krishna*, Honolulu, 1966; sobre o conceito de "indo-europeu", S. Poliakov, *The Aryan myth*, trad. ingl., Londres, 1974, p. 194 ss.

68. R. Dorson (ed.), *Studies in Japanese folklore*, Bloomington, 1963, oferece uma primeira impressão; G. P. Murdock, "World ethnographic sample" em *American Anthropologist*, 59 (1957); cf. C. Kluckhohn, "Recurrent themes in myth", em H. A. Murray (ed.), *Myth*, Nova York, 1960.

69. S. Erixon (ed.), *Atlas över Svensk Folkkultur*, 1, Uddevalla, 1957; sobre províncias e baladas, Seemann et al., p. XVIII (cf. Entwistle, p. 21 ss., que distingue quatro áreas de baladas, nórdica/românica/balcânica/russa); M. J. Herskovits, *The human factor in changing Africa*, Nova York, 1962, p. 56 ss.

70. Sobre tipos de assentamento, C. T. Smith, *An historical geography of Western Europe before 1800*, Londres, 1967, cap. 5; sobre casas, F. Braudel, *Capitalism and material life*, 1, Londres, ed. 1974, p. 192 ss.; sobre alfabetização, Fleury/Valmary e Cipolla, em esp., p. 113 ss.

71. Sobre culturas de fronteira, Angyal; Reed; J. Mavrogordato (ed./trad.), *Digenes Akritas*, Oxford, 1956; H. Inalcik, *The Ottoman Empire*, Londres, 1973, p. 6 ss.

72. P. Chaunu. "Le bâtiment dans l'economie traditionelle", em J. P. Bardet (ed.), *Le bâtiment*, 1, Paris/Haia, 1971, p. 9 ss.; J. C. Peristiany (ed.), *Honour and shame*, Londres, 1965; cf. Agulhon (1966) e Bennassar.

73. J. Swift, "An argument against abolishing christianity in England", em *Prose Works*, ed. H. Davis, 2, Oxford, 1939, p. 27.

74. J. Meier, *Kunstlied und Volkslied in Deutschland*, Halle, 1906; H. Naumann, *Primitive Gemeinschaftskultur*, Iena, 1921.

75. Redfield, p. 42; para outras exposições da teoria do fluxo em dois sentidos, ver Baskervill (1920), Haan (1950), Entwistle, cap. 7 e 8, e Crubellier (nota 40), p. 125 ss.

76. Hoskins (1963); Hauglid; Svärdström (1949, 1957).

77. J. Addison, *Remarks on several parts of Italy*, Londres, 1705, p. 104; A. F. Grazzini, *Rime burlesche*, ed. C. Verzone, Florença, 1882, p. 240.

78. Chambers (1933), p. 82, 149; E. Warner, "Pushkin in the Russian folk-plays", em J. J. Duggan (ed.), *Oral literature*, Edimburgo/Londres, 1975; Straeten, p. 169 ss.

79. Sobre a Sicília, Pitrè (1889), 1, p. 121 ss.; sobre a França, Mandrou (1964), pp. 40, 131 ss.

80. E. P. Thompson, "Anthropology and the discipline of historical context", em *Midland History*, 1 (1971-2), p. 52.

81. E. Welsford, *The court masque*, Cambridge, 1927, p. 20 ss.; cf. F. Sieber, *Volk und Volkstümliche Motiven im Festwerk des Barocks*, Berlim, 1960.

82. T. Klaniczay, *Zŕinyi Miklós*, Budapeste, 1964, p. 127 ss.; J. Playford, *The dancing master*, Londres, 1652.

83. Sobre Gay, F. Kidson, *The beggars' opera*, Cambridge, 1922; sobre Perrault, Soriano, p. 479 ss.; Friedman (1961a) se debruça sobre "a influência do popular na poesia sofisticada" na Inglaterra, 1600-1800.

84. Sébillot (1883), em esp. a introdução.

85. G. Bronzini, *Tradizione di stile aedico dai cantari al furioso*, Florença, 1966, discute a dívida de Ariosto para com as tradições populares; para uma versão em folheto de Ariosto, British Library 1071.c.63 (32); para pastores e pastorais, Hornberger, p. 207.

86. Ginzburg (1966); Cohn (1975); Kieckhefer.

87. P. Goubert, *The Ancien Régime*, trad. ingl., Londres, 1973, p. 261 ss.; D. Macdonald, *Against the American grain*, Nova York, 1972, p. 3 ss.

88. Sobre Croce, Guerrini; sobre Sachs, Balzer; sobre Deloney, Roberts; J. Timoneda, *El sobremesa y alivio de caminantes*, Valença, 1564 (cf. cap. 5, nota 34).

3. UMA PRESA ESQUIVA [pp. 101-28]

1. Comentários perspicazes sobre esses problemas em Hobsbawn (1959), p. 2, Samuel e M. de Certeau, *L'Ecriture de l'histoire*, Paris, 1975, em esp. cap. 5.

2. Sobre Guadix, Gallego; sobre South Kyme, N. J. O'Conor, *Godes peace and the queenes*, Cambridge, 1934.

3. R. Tarleton, *Jests* (póstumo, Londres, 1611); F. Andreini, *Bravure*, Veneza, 1607; C. dell'Altissimo, *I reali di Francia* (póstumo, Veneza, 1534); S. Tinódi, *Cronia*, 1554; O. Maillard, *Sermones de adventu*, Lyon, 1503; G. Barletta, *Sermones*, Brescia, 1497.

4. Fuller não poderia ter visto Tarleton, mas amplia a observação em seu epitáfio, citado por W. Camden, *Remains*, Londres, 1605, parte 2, p. 58: *"Hic situs est cuius vox, vultus, actio possit Ex Heraclito reddere Democritum".*

5. F. Flamini, *La lirica toscana del Rinascimento*, Pisa, 1891, p. 187 n.

6. Sobre sermões, cf. p. 156 adiante.

7. Sobre Villon, Ziwès; P. Guiraud, *Le jargon de Villon*, Paris, 1968.

8. Bakhtin; Sébillot (1883); M. Beaujour, *Le jeu de Rabelais*, Paris, 1969, p. 18 ss.; J. Paris, *Rabelais au Futur*, Paris, 1970, p. 45.

9. C. García, *La desordenada codicia de los bienes agenos*, Paris, 1619; sobre G. B. Basile, B. Croce, *Saggi sulla letteratura italiana del 1600*, Bari, 1911; cf. R. M.

390

Dorson, "The identification of folklore in American literature", em *Journal of American Folklore*, 70(1957).

10. Sobre o estrago de telhados, J. Huizinga, *The waning of the Middle Ages*, Harmondsworth, ed. 1965, p. 13.

11. Moser-Rath (1964, 1968); M. Michael, *Die Volkssage bei Abraham a Sancta Clara*, Leipzig, 1933.

12. J. W. Blench, *Preaching in England*, Oxford, 1964, cap. 3.

13. A. P. Moore, *The genre Poissard and the French stage of the eighteenth century*, Nova York, 1935.

14. Sobre Eulenspiegel, J. Lefebvre (1968), cap. 5.

15. Sobre as baladas da Guerra dos Camponeses, Liliencron, n°s 374 ss., em esp. 380, 383, 384; *London Magazine*, cit. Brewer, p. 159.

16. Sobre a Bibliothèque Bleue, Mandrou (1964), que afirma que os livretos populares refletem os valores do público camponês. Algumas dúvidas sobre o público levantadas por Bollême (1965) e H. J. Martin, *Livre, pouvoirs et société*, Paris, 1969, p. 955 ss.; algumas dúvidas sobre esse espelhamento levantadas por Ginzburg (1966), p. xi ss.

17. B. H. Bronson, "Folksong and live recordings", reed. em Bronson (1969); Lord, p. 19, 23, 79, 109, 136.

18. Dúvidas levantadas por B. H. Bronson, "Mrs Brown and the ballad", reed. em Bronson, 1969; sua confiabilidade defendida por Buchan (1972), cap. 19; sobre Die Frau Viehmännin, Schoof, p. 62 ss.; H. V. Velten, "Perrault's influence on German folklore" em *Germanic Review*, 5 (1930); Friedman (1961a), p. 53.

19. Sobre a prova das confissões, Ginzburg (1966), p. xi; Trevor-Roper, p. 42 ss.; Thomas (1971), p. 516 ss.

20. Comparem-se as interpretações sobre os levantes na França do século XVII em Porchnev, Mousnier e R. Mandrou. "Vingt Ans Après", em *Revue Historique*, 242 (1969), p. 29 ss.

21. Para o texto do *Code paysan*, A. de la Borderie, *La révolte du papier timbré*, Saint-Brieuc, 1884, p. 93 ss.; discussão em Mousnier, p. 141 ss.; E. B. Bax, *German society at the close of the Middle Ages*, Londres, 1894, p. 54 ss.

22. Blickle, em esp. p. 37, 157; Franz (1963), p. 73 ss.

23. P. Goubert/M. Denis (ed.), *1789: Les français ont la parole*, Paris, 1964, pp. 29 ss., 225.

24. Ginzburg (1966), p. 9; Thomas (1971), em esp. cap. 17; Macfarlane, cap. 10-16.

25. Sobre a ideia de "mediadores" culturais, E. Wolf, "Aspects of group relations in a complex society", em *American Anthropologist*, 58 (1956); para o Manuscrito Sheale, T. Wright (ed.), *Songs and ballads*, Londres, 1860.

26. B. Cellini, *Autobiography*, trad. G. Bull, Harmondsworth, 1956; G. C. Croce, *Descrizione della vita*, Bolonha, 1600; J. Bunyan, *Grace abounding*, Londres, 1966; S. Bamford, *Early days*, nova ed., Londres, 1893.

27. E. Panofsky, *Meaning in the visual arts*, Nova York, 1955, cap. 1.

28. Sobre roupas, P. Bogatyrev, *Functions of folk costumes in Moravian Slovakia*, trad. ingl., Haia/Paris, 1971, e H. Kuper, "Costume and identity", em *Comparative Studies in Society and History*, 15 (1973); sobre casas, P. Bourdieu, "The berber house", em M. Douglas (ed.), *Rules and meanings*, Harmondsworth, 1973, p. 98 ss.; B. H. Kerblay, *L'izba*, Lausanne, 1973, em esp. p. 42 ss.

29. M. Bloch, *Les caractères originaux de l'histoire rurale française*, Paris, ed. 1964, p. xii.

30. Para as artes visuais, Adhémar e Hansen, *passim.*

31. Wossidlo 139b é uma estória recolhida em 1919 a partir de um homem com 75 anos, que a ouvira do seu pai, nascido em 1793. Sobre a confiabilidade da tradição oral, ver J. Vansina, *Oral tradition*, trad. ingl., Londres, 1965.

32. Outro pioneiro foi Nils Andersson (1864-1921), na Suécia; sobre ele ver O. Anderson, *Spel Opp I Spelmänner*, Estocolmo, 1958. Alguns compiladores do século XIX tiveram grande interesse por melodias folclóricas, como Ludwig Lindeman na Noruega, mas até 1900 foi um problema gravá-las com precisão.

33. Sobre Rybnikov e a *byliny* russa, Chadwick, introdução; sobre Parry, Lord; B. A. Rosenberg, *The art of the American folk preacher*, Nova York, 1970; sobre adivinhos franceses, M. Bouteiller, *Sorciers et jeteurs de sort*, Paris, 1958; sobre curandeiros iugoslavos, Kemp; sobre a Escandinávia, ver *Arv*, 18-19 (1962-63).

34. Cf. W. C. Sturtevant, "Anthropology, history and ethno-history", em *Ethno-History*, 13 (1966); o que Bloch chama de "método regressivo" Sturtevant chama de "subir a montante". Cf. J. Vansina, *Oral tradition*, Londres, 1965, e Phythian-Adams (1975).

35. Sobre a continuidade no nível da aldeia, Bouchard; P. Goubert, *The Ancien Régime*, trad. ingl. Londres, 1973, p. 42 ss.; E R. Cregeen, "Oral tradition and agrarian history in the West Highlands" em *Oral History*, 2, nº 1. Estudos recentes de Alan Macfarlane, Peter Clark e Margaret Spufford sugerem que havia uma considerável mobilidade geográfica em Essex, Kent e Cambridgeshire durante os séculos XVI e XVII; considero essas áreas como atípicas devido à sua proximidade de Londres. I. Opie/P. Opie, *The lore and language of schoolchildren*, Oxford, 1959, p. 2.

36. Chambers (1933): Brody. Para outros exemplos ligando duas abordagens, Davis (1975), p. 104 ss. (sbore o *charivari* na França), e Soriano, p. 148 ss.

37. R. M. Dawkins, "The modern Carnival in thrace", em *Journal of Hellenic Studies*, 6 (1906); para as peças alemãs, Keller.

38. M. Bloch, "Pour une histoire comparée des sociétés européennes". trad. em seu *Land and work in medieval Europa*, Londres. 1967; Nygard.

39. E. E. Evans-Pritchard, *Witchcraft oracles and magic among the Azande*, Oxford, 1937, inspiração para Thomas (1971); M. Marwick, *Sorcery in its social setting*, Manchester, 1975.

40. Sobre os ritos de inversão, M. Gluckman, *Customs and conflict in*

Africa, Oxford, 1956, e M. Marriott (cap. 2. nota 67); sobre a casa bérbere, Bourdieu (ver nota 28).

41. Foster (1960): G. Balandier, *Daily life in the kingdom of the Kongo*, trad. ingl., Londres, 1968. Cf. N. Wachtel, *La vision des vaincus*, Paris, 1971, sobre o Peru. Agora disponível em inglês (*The vision of the vanquished*, Hassocks, 1977).

4. A TRANSMISSÃO DA CULTURA POPULAR [pp. 130-62]

Não são dadas referências a informações encontradas em dicionários biográficos padronizados.

1. Schoof, p. 62 ss.
2. C. von Sydow, *Selected papers on folklore*, Copenhague, 1948, p. 12-6.
3. Duchartre/Saulnier, pp. 44 ss., 88 ss.; Mistier (em esp. a contribuição de Blaudez).
4. Sobre os artesãos noruegueses, Anker, em esp. cap. 6, 8; sobre os homens de Dalarna, Svärdström (1949, 1957); tirei grande proveito das discussões com Peter Anker e Maj Nodermann sobre esses pontos.
5. Sobre ferreiros, Hansen, pp. 18, 106, 118-9.
6. Sobre menestréis. Salmen; na França, Petit de Julleville; na Espanha, Menéndez Pidal (1924); na Inglaterra, Fowler, p. 96 ss.; na Hungria, Leader, cap. 2; na Rússia, Zguta.
7. V. Turner, *The forest of symbols*, Ithaca/Londres, 1967, em esp. cap. 6, 10.
8. Sobre charlatães, T. Garzoni, *La piazza universale*, Veneza, 1585, cap. 103-4; suas arengas imitadas por Ben Jonson em Volpone (ato 2, cena 1).
9. Sobre os *skomorokhi*, Zguta.
10. Sobre os jornalistas ingleses, Shaaber, cap. 10; F. C. Brown, *Elkanah Settle*, 1910; sobre bardos, T. Parry, *A history of Welsh literature*, Oxford, 1955, p. 133 ss., e D. S. Thomson (1974), cap. 1.
11. Rosenfeld (1939), cap. 1. P. Slack, "Vagrants and vagrancy in England", em *Economic History Review*, 27 (1974), p. 364, aponta um sortista, um menestrel, um dançador de *morris* e dois prestidigitadores entre os vagabundos registrados em Salisbury no início do século XVII.
12. A. de Rojas, *El viaje entretenido* (1603), Madri, ed. 1901, p. 149 ss.; cf. A. D. Shergold, *A history of the Spanish stage*, Oxford, 1967, cap. 6.
13. Sobre o Languedoc, Le Roy Ladurie (1966), p. 130; sobre a França, P. Coirault, *Formation de nos chansons folkloriques*, 1, Paris, 1953, p. 63 ss.; sobre a Itália, Levi, p. 6 ss., e Buttitta, p. 149 ss.; sobre a Sérvia, Lord (cf. Cronia, introdução); sobre a Rússia, A. Rambaud, *La Russie epique*. Paris, 1876, p. 435 ss.; sobre a Espanha, Caro Baroja (1969), p. 46 ss., 179 ss., e Varey, p. 109 ss., 232 ss.; sobre a Alemanha, Riedel.
14. Salmen, pp. 52, 55; E. Munhall, "Savoyards in French eighteenth-cen-

tury art", *em Apollo*, 87 (1968), referência que devo a Erica Langmuir; a citação é extraída de H. Swinburne, *Travels in the two Sicilies*, 1, Londres, 1783, p. 377.

15. Danckert, p. 221 ss.

16. Sobre mendigos na Inglaterra, Aydelotte, p. 43 ss.; sobre a França, J. P. Gutton, *La société et les pauvres*, Paris, 1971, p. 184 ss.

17. Sobre Palermo, L. Vigo (ed.), *Canti popolari siciliani*, Catania, 1857, p. 56 ss.; C. E. Kany, *Life and manners in Madrid 1750-1800*, Berkeley, 1932, p. 62 ss.; Karadžić cit. Wilson, p. 24, 111.

18. D. O'Sullivan, *Carolan*, Londres, 1958.

19. Sobre os mestres-escolas franceses, Vivelle (1975), p. 127; sobre Missus a Deo, A. Battistella, *Il S. Officio e la Riforma religiosa in Bologna*, Bolonha, 1905, p. 13.

20. Hefele, em esp. p. 19 ss.; sobre Caracciolo, Erasmo, *Opera*, V. Leiden, 1704 (reed. Hildeshein, 1962), col. 985-6; Maillard cit. H. Laswell/N. Leites, *Studies in rhetoric*, Nova York, 1925, p. 4.

21. Diderot a Sophie Volland, 5 de setembro de 1762, em P. France (ed. trad.), *Diderot's letters*, Londres, 1972, p. 119.

22. J. F. V. Nicholson, *Vasavor Powell*, Londres, 1961 (cf. Hill [1974], p. 34 ss.); sobre a Inglaterra, em esp. Bunyan, Tyndall; sobre a França, Bost (1921), p. 16 ss.

23. Sobre a Inglatera, Chambers (1903); sobre as "abadias" francesas, Davis (1975), cap. 4; sobre a Espanha, Very; sobre Florença, D'Ancona, (1891), 1, p. 400 ss.; sobre Siena, Mazzi; sobre Nuremberg, Sumberg.

24. Sobre os Países Baixos, Straeten.

25. Sobre *Meistergesang*, A. Taylor (1937), e G. Strauss, *Nuremberg in the sixteenth century*, Nova York, 1966, p. 264 ss.

26. Davis (1975), cap. 4; Tilliot; H. G. Harvey.

27. Sobre a sra. Brown, Buchan (1972), cap. 7; sobre a França, L. Petit de Julleville, *Les mystères*, 1, reed. Genebra, 1968, cap. 9; sobre a Itália, D'Ancona (1891), 1, p. 258 ss.

28. Coirault, p. 63 ss., discute oito *chanteurs* do século XVIII.

29. Sobre Pèri, Lazzareschi; sobre Fullone, Pitrè (1872); sobre Croce, Guerrini.

30. Sobre *shanachies*, Jackson (1936); sobre Gales, T. G. Jones, p. 218; sobre Nápoles, J. J. Blunt, *Vestiges of ancient manners...*, Londres, 1823, p. 290; J. W. von Goethe, *Italienische Reise* (ed. H. von Einem, Hamburgo, 1951), 3 de outubro de 1786.

31. O. Andersson, "Folk-music", em S. Erixon/A. Campbell (ed.), *Svensk Bygd och Folkultur*, 1, Estocolmo, 1946, p. 108 ss.; Burdet, p. 108 ss.; sobre a Calábria, H. Swinburne, *Travels in the two Siciles*, 1, Londres, 1783, p. 114; sobre a Escócia, Collinson, p. 113 ss.; sobre a Rússia, H. M. Chadwick/N. Chadwick, *The growth of literature*, 3 v., Cambridge, 1932-40, 2, p. 286 ss.

32. Sobre Böhm, Cohn (1957), p. 226 ss.; sobre Bernardo, D. Weinstein,

Savonarola and Florence, Princeton, 1970, p. 324 ss.; sobre Bandarra, D'Azevedo, p. 7 ss.; cf. Manning, p. 38 ss., sobre Londres por volta de 1640.

33. Sobre a Inglaterra, Thomas (1971), cap. 8, e Macfarlane, cap. 8; sobre a Suécia, Tilhagen (1962, 1969); sobre a Espanha, S. de Covarrubias, *Tesoro de la lengua castellana* (1611), reed. Barcelona, 1943, s. v. *Saludadores;* sobre a Sicília, Blunt (nota 30), p. 165; sobre a França, F. Lebrun, *Les hommes et la mort en Anjou aux 17ᵉ et 18ᵉ siècles*, Paris/Haia, 1971, p. 405*n*; sobre Lucerna, Schacher, p. 98 ss.

34. Sobre o norte da Itália (Friuli), Ginzburg (1966), pp. 45 ss., 56 ss., 82 ss., 96, 151, 123 ss.; sobre a Suécia, Tilhagen (1962, 1969).

35. Sobre Ramírez, L. P. Harvey; sobre Fagerberg, Edsman; sobre curandeiros populares na atualidade, A. Kiev, *Curanderismo*, Nova York/Londres, 1968, em esp. cap. 8.

36. Christie, p. 178.

37. Sobre as "ocasiões de contos", L. Dégh, *Folktales and society*, Bloomington/Londres, 1969; cap. 6; G. Massignon, *Contes traditionnels des teilleurs de Lin du Trégar*, Paris, 1965, introdução. N. du Fail, *Propos rustiques* (1547), Paris, ed. 1928, cap. 5.

38. As "vigílias" e "cervejadas na igreja" estão mais bem documentadas a partir das tentativas de eliminá-las; ver a respeito p. 285.

39. Sobre as funções culturais da estalagem inglesa, F. G. Emmison, *Elizabethan life: disorder*, Chelmsford, 1970, cap. 18 (sobre Essex); E. K. Chambers, *The Elizabethan stage*, 2, Oxford, 1923, p. 379 ss. (sobre Londres); S. Rosenfeld (1960), p. 76 (sobre Queen's Arms em Southwark); D. Lupton, *London and the County Carbonadoed* (1632), cit. J. Thirsk/J. P. Cooper (ed.), *Seventeenth-century economic documents*, Oxford, 1972, p. 348 (sobre pinturas); Spufford, p. 231, 246 (sobre os devotos em estalagens). (S. Rosenfeld [1960], p. 76 [sobre Queen's Arms em Southwark].)

40. Sobre a Polônia, J. Burszta, *Wiés i Karczma*, Varsóvia, 1950, referência que agradeço a Keith Wrightson; sobre o *cabaretier* francês, Bercé (1974a), p. 297 ss.; sobre estalajadeiros e a Guerra dos Camponeses, E. B. Bax, *The Peasant War in Germany*, Londres, 1899, pp. 77, 111, 113, 116 (cf. p. 345, para o papel do estalajadeiro Franz Hass de Graz nos motins de 1790).

41. G. F. Lussky, "The structure of Hans Sachs' Fastnachtspiele", em *Journal of English and Germanic Philology*, 26 (1927); sobre a dança em tabernas suíças, Burdet, p. 65 ss.; sobre a França, A. P. Moore, *The genre Poissard and the French stage of the eighteenth century*, Nova York, 1935, p. 284 ss.; *Dom Quixote*, 2, cap. 25-6 (cf. Varey, p. 232 ss.); Machiavelli a Vettori, 10 de dezembro de 1513.

42. Sobre a Piazza San Marco, uma vívida descrição em T. Coryate, *Crudities*, 1, Glasgow, ed. 1905, p. 409 ss. (Coryate esteve lá em 1608); sobre Pont-Neuf, F. Boucher, *Le Pont-Neuf*, 2, Paris, 1926, p. 149 ss.

43. Cf. P. Bohannan/G. Dalton fed.), *Markets in Africa*, Evanston, 1962, p. 15 ss.

44. N. Staf, *Marknad och Möte*, Estocolmo, 1935; E. Mentzel, *Geschichte der Schauspielkunst in Frankfurt*, Frankfurt, 1882, p. 48 ss.

45 Brockett; M. Lister, *A journey to Paris*, Londres, 1699, p. 175 ss.

46. C. Walford, *Fairs past and present*, Londres, 1883; H. Morley, *Memoirs of Bartholomew Fair*, Londres, 1859; S. Rosenfeld (1960); sobre os devotos nas feiras, Spufford, p. 261.

47. Sobre a individualidade na tradição oral, Lord, p. 63 ss., e M. Azadovsky, *Eine Siberische Märchenerzählerin*, Helsinque, 1926.

48. Sobre Tarleton, Bradbrook; sobre Carolan, O'Sullivan (nota 18), p. 74 ss.; sobre a *sfida* siciliana, Pitrè (1872), p. 109 ss.

49. P. Barry em M. Leach/T. Coffin (ed.), *The critics and the ballad*, Carbondale, 1961.

50. "Otmar", *Volkssagen*, Bremen, 1800, p. 42 ss.; M. Panić-Surep, *Filip Višnjić*, Belgrado, 1956 (em servo-croata); sobre Fiorillo, Lea, p. 91, 93; sobre Stranitzky, Rommel, p. 206 ss.; os exemplos escoceses foram extraídos de Collinson, p. 208 ss.; sobre as artes visuais, Svärström (1949), p. 12, e Hauglid, p. 17.

51. Vuk cit. Wilson, p. 396.

52. Sharp, p. 13 ss.; sobre a "censura prévia", Jakobson/Bogatyrev.

5. FORMAS TRADICIONAIS [pp. 163-203]

1. Sobre a dança, ver em esp. Guilcher, Louis, Sachs e os vários itens sobre música folclórica nacional em *Grove's*.

2. A. Fortis, *Viaggio in Dalmazia*, 1, Veneza, 1774, p. 93 ss.

3. Sobre danças de espadas, Louis, p. 275 ss.

4. Sachs, p. 367-99.

5. Esse texto do século XVIII está em L. W. Forster (ed.), *Penguin book of German verse*, Harmondsworth, 1957, p. 56.

6. Cronia, p. 114.

7. Menéndez Pidal (1938), p. 44.

8. *Io son lo Gran Capitano della Morte*: livreto popular italiano do século XVI na British Library, C. 57 i. 7 (36).

9. Child 117; S. Tinódi, *Cronica* (1554), reed. Budapeste, 1881; Cristoforo "Altíssimo", *I reali di Francia*, Veneza, 1534.

10. F. Flamini, *La lirica toscana del Rinascimento*, Pisa, 1891, p. 72.

11. F. G. Emmison, *Elizabethan life: disorder*, Chelmsford, 1970, cap. 4.

12. Forster (nota 5), p. 76.

13. Sobre a ideia do "jogo", Kolve, p. 12 ss.

14. Para exemplos italianos, ver o volume citado na nota 8; para franceses, Viollet-le-Duc, n°ˢ 49, 62; para alemães, H. Sachs, *Werke*, 2 v., Weimar, 1960, 1, pp. 323 ss., 368 ss.

15. O termo italiano para os três tipos de peças era simplesmente *rappresentazioni sacre* [representações sacras].

16. *Saint Hareng*, reed. Paris 1830 (cf. Viollet-le-Duc, n°s 23, 37); o sermão de Haberdyne está em Salgado, p. 381 ss.

17. Kuiper, n° 239; sobre o gênero, Werner, Mehring.

18. Sobre esse gênero, García de Diego.

19. Coupe, p. 126; George, p. 85; Ovsyannikoy (1968), prancha 31.

20. Coupe, p. 214 ss.; C. Lévi-Strauss, *La pensée sauvage*, Paris, 1962, p. 26.

21. Sobre a relação entre gênero e sentido, E. D. Hirsch, jr, *Validity in interpretation*, New Haven/Londres, 1967.

22. Kodály, cit. Szabolcsi, p. 173.

23. Sobre a perambulação, W. Tappert, *Wandernde Melodien* (1865), 2ª ed., Leipzig, 1890: sobre os estereótipos das variações, Collinson, p. 174 ss.

24. H. Swinburne, *Travels in the two Sicilies*, 1, Londres, 1783, p. 379.

25. Elschek.

26. H. Mackenzie (ed.), *Report of the Committee ... appointed to inquire in to the ... authenticity of ... Ossian*, Edimburgo, 1805, p. 19.

27. Scott, 1, p. 8; *Scottish tragic ballads* (publicado anônimo), Londres, 1781, p. xx; J. H. Jones.

28. Ortutay (1968), p. 125; cf. *Motif-Index*, E.631.0.1, "ramos entrelaçados brotam dos túmulos dos amantes".

29. Webber, apêndice 2.

30. C. Lévi-Strauss. *Mythologiques*, 4 v., Paris, 1964-70.

31. Lord, p. 4.

32. Daur, *passim.*

33. Bolte/Polívka, 1, p. 165 ss.; P. Delarue, M. L. Tenèze (ed.), *Le conte populaire français*, 2, Paris, 1964, p. 245 ss.

34. G. F. Straparola, *Le piacevoli notti. 2* v., Veneza, 1550-5; J. Timoneda, *El sobremesa y alivio de caminantes*, Valença, 1564 (cf. J. W. Childers, *Motif-Index of the Cuentos of Juan Timoneda*, Bloomington, 1948).

35. Propp, p. 31 ss.; *Motif-Index, passim.*

36. O ajudante: Straparola (nota 34), 3.1, 3.2, 3.3, 4.3, 5.1, 7.5, 11.1; o teste: Straparola, 3.2, 3.4, 5.1, 10.3.

37. Bolte, 1, p. 165 ss.

38. J. U. Surgant, *Manuele Curatorum* (ed. 1503, s. 1.), parte 1, cap. 16; J. Aubrey, *Brief lives*, Oxford, 1898; "Charles Cavendish"; W. Nicholls, *A defence of the doctrine and discipline of the Church of England*, trad. ingl., Londres, 1725, parte 2, cap. 14; B. A. Rosenberg, *The art of the American folk preacher,* Nova York, 1970, pp. 48, 53 ss.

39. Surgant (nota 38), parte 1, cap. 8; *Sermones dormi secure*, Rutlingen, 1484 (só na British Library existem 25 edições por volta de 1520).

40. Sobre o jogo de cartas, Rosenberg (nota 38), p. 29, 91-3, e G. R. Owst, *Literature and pulpit in medieval England*, 2ª ed., Oxford, 1961, p. 99;

uma crítica a metáforas extensas em sermões em J. Eachard, *Works*, 11ª ed., Londres, 1705, p. 38 ss.

41. E. C. Cawte, A. Helm e N. Peacock, *English ritual drama*, Londres, 1967; Sokolov, p. 499 ss.; Rael, cap. 1.

42. F. Andreini, *Le bravure del Capitane Spavento*, Veneza, 1607; cf. Spezzani.

43. Sobre *lazzi*, Petraccone, pp. 63 ss., 191 ss., 263 ss.

44. O. Szentpál, "Formanalyse der ungarsche Volkstänze", em *Acta Ethnographica*, 7 (1958); Grove's, item "Folk music: Czech".

45. G. E. Lessing, *Laokoön*, 1766.

46. Amades (1947), 2, p. 150.

47. Sobre o cenário de batalha, Landsverk, referência que devo à gentileza de Marta Hoffmann.

48. Olrik (1908); Shklovsky cit. Oinas/Soudakoff, p. 156.

49. Lutero usou o termo "antítese" para a *Passional* numa carta de 7 de março de 1521; cf. Coupe, p. 204 ss., e G. Fleming, "On the origin of the passional Christi und Antchristi", em *Gutenberg Jahrbuch* (1973).

50. George, p. 4, 25; Kunzle, p. 3.

51. Buchan (1972), p. 88 ss.; Olrik (1908), p. 135 ss.

52. Compare-se, por exemplo, os Três Reis Magos de Clemet Hakansson (agora em Nordiska Museet, Estocolmo) com os de Gentile da Fabriano (agora nos Uffizi, Florença).

53. P. Bénichou, *Romancéro judeo-español de Marruecos*, Madri, 1968, p. 111.

54. Essa variante da balada encontra-se no registro de J. M. Serrat, *Chansons traditionnelles* (cantadas em catalão), col. "Le chant du monde", LDX 74491.

55. Propp; Lévi-Strauss (nota 30); cf. A. Dundes, *The morphology of North American indian folktales*, Helsinque, 1964; Schenda (1965-6); e T. Todorov, *Grammaire du Décaméron*, Haia/Paris, 1969.

56. D'Ancona (1872) contém 43 peças, entre as quais oito tratam de santas, e nelas seis assumem essa forma; Viollet-le-Duc traz 64 peças entre as quais 24 se referem a casais.

57. F. Scala, *Il teatro delle favole rappresentative*, Veneza, 1611, nº 1.

58. Buchan (1972), p. 121.

59. Lord, p. 36.

60. Lord, p. 78; cf. Gesemann (1926), p. 65 ss.

61. A. Fortis, *Viaggio in Dalmazia*, 1, Veneza, 1774, p. 92; M. Martin, *A description of the Western Islands of Scotland* (1703), ed. D. J. Macleod, Stirling, 1934, p. 95; Mackenzie (nota 26), p. 148; T. Pennant, *A tour in Wales*, 2, Londres, 1781, p. 92; R. Steffen (ed.), *Norska Stev*, Oslo, 1899.

62. M. de Montaigne, *Journal de voyage en Italie*, Paris, ed. 1955, p. 175; Pitrè (1872), p. 109 ss.

63. "Altíssimo" (nota 9); sobre a *commedia*, Nicoll, p. 24 ss., Petraccone, pp. 52 ss., 69 ss.; sobre a Ásia atualmente, J. R. Brandon, *Theatre in Southeast Asia*,

Cambridge, Mass., 1967, cap. 7; J. L. Peacock, *Rites of modernisation*, Chicago/ Londres, 1968, p. 61 ss. T. Coryat, *Crudities*, Glasgow, ed. 1905, 1, p. 409 ss.

64. Nicholls (nota 38), p. 333; I. Bunyan, *Works*, 1, Londres, 1692, prefácio de E. Chadler e J. Wilson; cf. Tindall, cap. 8, e J. Downey, *The eighteenth-century pulpit*, Oxford, 1969, p. 164 ss. Sobre a sra. Brown, Buchan (1972), cap. 7.

65. L. P. Harvey.

66. Rosenberg (nota 38), p. 55 ss.; sobre um contador de estórias do século XIX, Pitrè (1889), 1, p. 203.

67. Karadžić cit. Wilson, p. 169; Román cit. L. P. Harvey, p. 96; F. Yates, *The art of memory*, Londres, 1966; um exemplo do uso dessa arte por um cantor italiano em 1435 encontra-se em O. Bacci, *Prosa e prosatori*, Milão, s/d (c. 1907), p. 99 ss.

68. Citação de Perrucci (1699) em Petraccone, p. 94; sobre o conceito de "improvisação", Astakhova; também beneficiei-me com discussões com Ruth Finnegan sobre esse ponto.

69. Sobre a balada inglesa, J. H. Jones; Friedman (1961b); e Buchan (1972), cap. 7. Para uma controvérsia semelhante a respeito de baladas espanholas, Webber; Beattie; e Norton/Wilson, p. 55 ss. Sobre a Suécia e Ingierd Gunnarsdotter, Jonsson, p. 278 ss. (cf. A. Noreen (ed.), *K. Bibliotekets Visbok i 4:o*, Uppsala, 1915, n°s 42, 46, 51). Sobre a ausência de uma distinção entre memorização e criação na França, Coirault, p. 621 ss.

70. Gesemann (1926), p. 96.

71. T. Coffin em M. Leach/T. Coffin (ed.), *The critics and the ballad*, Carbondale, 1961, p. 247; G. Allport/L. Postman, "The basic psychology of rumour", em W. Schramm (ed.), *Mass communications*, 2ª ed., Urbana, 1960.

72. A. Warburg, *Gesammelte Schriften*, 2 v., Leipzig/Berlim, 1932 (ver índice remissivo, "Antike: bildmotive"); E. R. Curtius, *European literature and the Latin Middle Ages*, trad. ingl., Nova York, 1953; E. H. Gombrich, *Art and illusion*, Londres, 1960, em esp. cap. 2 e 5.

73. W. J. Ong, "Oral residue in Tudor prose style", em *Proceedings of the Modern Language Association*, 80 (1965).

74. Wolf/Hoffmann, n°s 5a e 98, e p. 327; A. Rambaud, *La Russie epique*, Paris, 1876, p. 292.

75. F. Fleuret (ed.), *Cartouche et Mandrin*, Paris, 1932, pranchas ii, vi.

6. HERÓIS, VILÕES E BOBOS [pp. 204-42]

1. O. E. Klapp, *Heroes, villains and fools: the chancing American character*, Englewood Cliffs, 1962, p. 17.

2. Sobre são Martinho, Jürgensen; sobre são Nicolau, Meisen (1931); sobre Bevis, Greve; sobre os turcos, P. Belon, *Observations*, Paris, 1553, livro 3, cap. 42, e C. De Bruin, *Reizen*, Delft, 1668, p. 125.

3. Sobre os santos, H. Delehaye, *Les légendes hagiographiques*, Bruxelas, 1905; sobre Alexandre, G. Cary, *The medieval Alexander*, Cambridge, 1956.

4. M. Luther, *Works*, 53, ed. U. S. Leupold, Filadélfia, 1965, p. 214 ss.; J. Crespin, *Histoire des martyrs*, 3 v., Toulouse, 1885-9; W. Haller, *Foxe's book of martyrs and the elect nation*, Londres, 1963, em esp. cap. 4; para Sacherevell, ver p. 341.

5. Citações de baladas em folhetos na British Library, C.40.m.10 (172) e C.22. f.6 (168).

6. Ditfurth (1869), nº 24 (cf. nos 10, 12 etc.); sobre o rei como conquistador e juiz, P. Goubert, *L'Ancien Régime*, 2, Paris, 1973, p. 27 ss.

7. Bercé (1974a), pp. 391, 492, 608, 636; P. Goubert/M. Denis (ed.), *1789: Les français ont la parole*, Paris, 1964, pp. 41-2, 48, 204, 217; sobre Henrique IV, Reinhard.

8. Sobre Maximiliano, Waas, pp. 89, 136-7, 150; sobre Mátyás, Komorovský, p. 69 ss.; sobre Olvo, Bø, cap. 6.

9. Sobre Jaime V, Percy, 2, p. 67; o dr. David Stevenson, da Universidade de Aberdeen, informa-me que no século XVII a expressão "the gudeman of Ballengight" era uma forma críptica de se referir ao rei da Escócia. A estória sobre Ivã está em S. Collins, *The present state of Russia*, Londres, 1671, p. 52 ss. Não vi A. Veselovsky, *Skazki ob Ivane Groznom*, Leningrado, 1938.

10. Sobre a batalha de Frankenhausen, Eberhardt, p. 97 ss.; sobre o "verdadeiro czar" russo, J. Billington, *The icon and the axe*, Nova York, 1966, p. 198 ss.

11. Sobre Filipe II como Faraó, Kuiper, nº 145; sobre Henrique II, Bordier, p. 209; sobre Henrique III como Herodes, Blum, p. 250 ss.; sobre o czar Maximiliano, Sokolov, p. 499 ss., e Billington (nota 10), pp. 97, 665.

12. Sobre Luís XIII, Porchnev, p. 135 ss., 279; sobre Luís XIV, F. Gaiffe, *L'envers du grand siècle*, Paris, 1924, p. 12, e Bercé (1974a), p. 609; sobre Henrique VIII, M. H. Dodds/R. Dodds, *The pilgrimage of grace*, 1, Cambridge, 1915, p. 69; sobre Jorge II, Wearmouth, p. 24; sobre Jorge III, George, cap. 7.

13. Bercé (1974a), p. 300 ss.; cf. Koht (1926), cap. 12, sobre a Noruega, e A. Giraffi, *Le rivolutioni di Napoli*, Veneza, 1647, pp. 16, 19, sobre Nápoles.

14. Exemplos noruegueses em Koht (1926), p. 226 ss., e Anker, p. 209.

15. Para pinturas desses incidentes, L. Réau, *Iconographie de l'art chrétien*, v. 3, 3 partes, Paris, 1958-9, sob os santos de destaque.

16. I. Meiners, *Schelm und Dümmling in Erzählungen des Deutschen Mittelalters*, Munique, 1967; G. Folena (ed.), *Motti e facezie del Piovano Arlotto*, Milão, 1953.

17. Sobre a cerâmica de Staffordshire, C. Lambert e E. Marx, *English popular art*, Londres, 1951, p. 75; sobre estatuetas russas, Ovsyannikov (1970), pp. 31, 33; para as farsas francesas, Viollet-le-Duc, nos 18-22, 24, 26, 32; para estórias italianas, Rotunda, K. 1354.2.2, K. 2111.3, Q. 424.3; cf. Koht (1926), cap. 10 e p. 251 ss., sobre a Noruega.

18. Sobre Marko, Karadžić cit. Djuric, p. 315; sobre Orlando, G. Lippomano em 1557, cit. D'Ancona (1913), p. 35.

19. R. Johnson, *The seven champions of christendom*, Londres, 1596 (obra que teve pelo menos 26 edições até 1770).

20. Ditfurth (1874), nºs 6, 8, 13-5; "Larwood and Hotten", *The history of signboards*, Londres, 1866, p. 54 ss.; sobre Vernon, Perceval, nºs 54, 68-9.

21. A citação é de Fél/Hofer, p. 367; para um hussardo num folheto, Arnim/ Brentano, p. 253 ss.; para exemplos de soldados na arte, Hauglid, p. 48, Uldall, fig. 21; discussão em A. Corvisier, *L'armée française*, Paris, 1964, p. 98 ss.

22. D. Boughner, *The Braggart in Renaissance comedy*, Mineápolis, 1954, em esp. cap. 1; para os contos italianos, Rotunda, T.72, U.34; sobre 1525, Zins, p. 186; sobre Mecklenburgo, Wossidlo.

23. "Como tudo", em W. Brückner (ed.), *Populäre Druckgraphik Europas*, Munique, 1969, fig. 104; A. Taylor (1921); *Motif-Index*, X310-19; Guershoon, nºs 40, 132; Hill (1972), índice remissivo no verbete "advogados".

24. Mousnier, p. 115 ss.; Bercé (1974a), p. 484, 625 ss.; cf. as provas norueguesas em Koht (1926), pp. 167 ss., 238 ss.

25. O usurário em H. E. Rollins, *A Pepysian Garland*, Cambridge, 1922, nº 5; Mompesson em George, p. 12; sobre a França e a Inglaterra no século XVIII, Cobb, p. 246 ss., Rudé (1964), cap. 1, 7, e E. P. Thompson (1971, 1975); sobre Gales, T. Parry, *A history of Welsh literature*, Oxford, 1955, p. 267 ss.

26 *Motif-Index*, X 372; Chambers (1933), índice remissivo sob verbete "doutor"; Keller, nºs 6, 48, 82, 85 etc.; D'Ancona (1891), 1, p. 578.

27. Sobre o empresário, T. Deloney, *Jack of Newbury*, Londres, 1596 (pelo menos quinze edições no final do século XVII); T. Deloney, *The gentle craft*, Londres, 1597 (mais de vinte edições no final do século XVIII); H. B. Wheatley (ed.). *The history of Dick Whittington*, Londres, 1885, introdução; D. Piper, "Dick Whittington and the middle-class dream of success", em R. Browne/M. Fishwick, *Heroes of popular culture*, Bowling Green, 1972.

28. E. Gordon Duff (ed.). *The dialogue ... between the wise king Solomon and Marcolphus*, Londres, 1892; A. Zenatti (ed.), *Storia di campriano contadino*, Bolonha, 1884.

29. "Champfleury", *De la littérature populaire en France*, Paris, 1861: há catorze edições conhecidas deste conto antes de 1800. Para Bonde Lyckan, pintado numa tábua num chalé norueguês do século XVIII (agora em Oslo, Norsk Folkemuseum nº 81), Landsverk, p. 52, e Koht (1926), p. 261 ss.

30. D. Merlini, *Saggio di ricerche sulla satira contra il villano*, Turim, 1894; *Rappresentazione di Biagio contadino*, Florença, 1558; H. Sachs, *Heinz in Nürnberg; Frottola d'un villan dal Bonden che se voleva far cittadin in Ferrara* (Veneza, sem data, mas do século XVI).

31. Sobre os santos, Réau (nota 15); uma peça sobre Susana em Keller,

nº 129, e baladas em Noreen/Schück; um livreto popular dinamarquês sobre Griselda teve pelo menos treze edições, 1528-1799.

32. Sobre as mulheres como bruxas, Thomas (1971), f. 568 ss.; Midelfort, p. 182 ss., Monter, p. 118 ss.; sobre sua ardilosidade, *Motif-Index*, f. 585.1, K. 443.9 (cf. *Le malizie delle donne*, Veneza, por volta de 1520, e outras obras do gênero).

33. Hobsbawn (1959, 1969) tem os estudos clássicos em inglês sobre os fora da lei; cf. Domokos, Eeckaute, Fuster e Y. Castellan, *La culture serbe au seuil de l'indépendance*, Paris, 1967, p. 125 ss.

34. Sobre Pugachev, Avrich, cap. 4, e Pascal (1971); sobre Jánosik, Melicherčík; sobre Diego Corrientes, Caro Baroja (1969), cap. 17, e C. Bernaldo de Quiros/L. Ardila, *El bandolerismo*, Madri, 1931; sobre Angiolillo, B. Croce, *La rivoluzione napoletana del 1799*, Bari, 1912, apêndice; sobre Kidd, Bonner.

35. Sobre Rob Roy, *The Highland rogue*, Londres, 1743, p. 20 ss.; sobre Turpin, *The genuine history of the life of Richard Turpin*, Londres, 1739; sobre Diego Corrientes, Caro Baroja (1979), p. 368; sobre Angiolillo, Croce (nota 34).

36. O livreto sobre Ianot Poch encontra-se na British Library, 11450.e.25(3); sobre Kidd, Bonner, p. 86 ss.; sobre as atitudes populares desfavoráveis em relação aos fora da lei, A. Blok, "The peasant and the brigand", em *Comparative Studies in Society and History*, 14 (1972).

37. R. Schwoebel, *The shadow of the crescent*, Nieuwkoop, 1967, p. 19 ss., 166 ss., 213; Hartmann, 2, nºs 110-4; J. Caro Baroja, *Los moriscos del reino de Granada*, Madri, 1957, pp. 131 ss., 176; J. G. Wilkinson, *Dalmatia and Montenegro*, Londres, 1848, p. 337.

38. J. Trachtenberg, *The devil and the Jews*, New Haven, 1943; C. Schwoebel, *La légende du juif errant*, Paris, 1877; Coupe, p. 132; V. Newall, "The Jew as a witch figure", em V. Newall (ed.), *The witch figure*, Londres/Boston, 1973; Liliencron, nºs 439-443; sobre Judas, *The lost and undone son of perdition*, Wotton-under-Edge, s/d (cf. Bollême [1971], p. 224).

39. Trevor-Roper; Cohn (1975), p. 259, discute a projeção; sobre Baba Yaga, Ralston, p. 161 ss.; sobre os protestantes franceses, J. Estèbe, *Tocsin pour un massacre*, Paris, 1968, p. 190 ss., e Davis (1975), cap. 6; sobre os católicos ingleses, C. Wiener, "The beleaguered isle" em *P&P*, 51 (171), e R. Clifton, "The popular fear of catholics during the English Revolution", *em P&P*, 52 (1971); Th. Adorno *et al.*, *The authoritarian personality*, Nova York, 1950.

40. Sobre Carlos V e Henrique IV em contos folclóricos, Bercé (1976), p. 36, 62, e Bercé (1974a), p. 608.

41. Para o termo "cristalização", Schmidt (1963), p. 306 ss.; cf. K. L. Steckmesser, "Robin Hood and the American outlaw", em *Journal of American Folklore*, 79 (1966).

42. Sobre Ratsey (executado em 1605), S. H. Atkins (ed.); *The life and death of Gamaliel Ratsey*, Londres, 1935, introdução; sobre Whittington, nota 27 acima.

43. E. M. Butler, *The fortunes of Faust*, Cambridge, 1952, p. 7 ss.; C. Dédéyan, *Le thème de Faust dans la littérature européenne*, 1, Paris, 1954.

44. M. Bloch, *The royal touch*, trad. ingl., Londres, 1973; sobre o rei Olavo, Bø, cap. 4.

45. Sobre Razin, Avrich, p. 121; não consultei A. N. Lozonova, *Narodnye Pesni o Stepane Razine*, Saratov, 1928.

46. Sobre são Pedro, Martin de Arles, *De superstitionibus*, Paris, ed. 1517; sobre são Jorge, Ferté, p. 340; cf. T. Naogeorgus, *Regnum papasticum*, 1552, p. 156, sobre a imersão de santo Urbano; sobre são Cristóvão, Amades (1952), p. 22.

47. Sobre a peste, Wilson, p. 22, seguindo Karadžić; sobre a inscrição *Crédit est mort* [O fiado morreu] numa estalagem em Lyons, T. Coryat, Crudities (1611), Glasgow, ed. 1905, 1, p. 213.

48. Ardener (cap. 2, nota 57).

49. Pastor F. J. Wille, cit. Koht (1926), p. 52; Amades (1950-1), p. 1.135.

50. Strobach, n°s 1-3, 16-9; Coupe, p. 144; *Pericles*, ato 2, cena 1.

51. Luthi (1970), p. 11 ss.; Guershoon, n°s 88, 1143; Jente, n°s 72, 353.

52. Hobsbawm (1959), p. 24; compare-se Melicherćik e outros estudiosos da Europa oriental que apresentam os fora da lei como rebeldes contra o "feudalismo".

53 Franz (1933), p. 157 ss.; Mousnier, p. 117; Thompson (1971); Bø cap. 6.

54. Sobre 1525, Blickle, pp. 127 ss., 135 ss., 186 ss.; sobre Gaismair, F. Seibt, *Utopica*, Düsseldorf, 1972, p. 82 ss.; projeto de Gaismair editado em Franz (1963), p. 285 ss.; "Quando Adão cavava" como slogan na Alemanha em 1525, Zins, p. 186.

55. Böhm e Bockelson cit. Cohn (1957), pp. 228, 265; Seibt (nota 53), p. 182 ss.; sobre o fatalismo, cf. Kaplow, p. 166, comparando os parisienses pobres do século XVIII com a "cultura da pobreza" descrita pelo antropólogo Oscar Lewis.

56. Sobre Essex, Samaha, p. 73; sobre a consciência de classe (e a ausência dela), Hobsbawm (1971), p. 9; sobre "bens limitados", Foster (1965); sobre bruxas, adiante, p. 295; sobre o Vivararis, Le Roy Ladurie (1966), p. 607 ss.

57. Sobre aldeões turcos, D. Lerner, *The passing of traditonal society*, Glencoe, 1958, p. 132; provérbio em Guershoon, n° 149.

58. Sobre a insegurança material, Galarneau, e Thomas (1971), p. 5 ss.; G. Correas, *Vocabulario de refranes*, Madri, ed. 1924, pp. 44, 300; Jente, n° 42; sobre os "catorze salvadores na necessidade", Schreiber (1959).

7. O MUNDO DO CARNAVAL [pp. 243-77]

1. A. Fortis. *Viaggio in Dalmazia*, 1, Veneza, 1774, p. 57.

2. H. Swinburne, *Travels in the two Sicilies*, 1, Londres, 1783, p. 67.

3. Bringéus, *Arbete och Redskap*, Lund, 1973, pp. 250 ss., 265, 287.

4. R. Caillois, *L'Homme et le sacré*, Paris, ed. 1963, p. 125; T. Gray, *Correspondance*, ed. P. Toynbee/L. Whibley, 1, Oxford, 1935, p. 127. (Na verdade, Gray não passou um ano em Turim.)

5. Sobre Prato, R. Dallington, *A survey of Tuscany*, Londres, 1605, p. 16; sobre Barcelona, J. Townsend, *A journey through Spain*, 1, Londres, 1791, p. 106 ss.; sobre a Provença, C. de Ribbe, *La société provençale à la fin du Moyen Age*, Paris, 1898, p. 165 ss.

6. Para definições divergentes, E. R. Leach, "Ritual", em D. Sills (ed.), *International Encyclopaedia of the Social Sciences*, 13, Nova York, 1968, p. 521 ss. O cantor escocês em Mackenzie (cap. 1, nota 39), p. 54.

7. Chambers (1903), 1, p. 174 ss.; sobre Maio (não Robin), cf. J. Frazer, *The magic art*, 2, Londres, 1911, p. 52 ss.

8. Sobre são João, Lanternari; sobre selvagens, Bernheimer.

9. C. Kluckhohn, "Myths and rituals", em *Harvard Theological Review*, 35 (1942); G. S. Kirk, *Myth*, Cambridge, 1970, cap. 1; sobre o porco, Gaignebet (1974), p. 57 ss.; sobre o ganso, Arnim/Brentano, p. 608.

10. "Não havia uma distinção marcante"; cf. Bakhtin, p. 7 ss.

11. J. Taylor, "Jack a Lent" em *Works*, Londres, 1630, p. 115; S. Collins, *The present state of Russia*, Londres, 1671, p. 22.

12. S. Slive, *Frans Hals*, 1, Londres, 1970, p. 37; ele não diz como obteve essa informação.

13. J. W. von Goethe, *Italienische Reise*, ed. H. von Einem, Hamburgo, 1951, p. 492; Townsend (nota 5), p. 39 ss.

14. R. Lasseis, *The voyages of Italy*, Paris, 1670, p. 195.

15. H. Swinburne, *Travels through Spain*, Londres, 1779, p. 228.

16. Caro Baroja (1965), pp. 53 ss., 83 ss.

17. Davis (1975), p. 114 ss.; Sumberg, p. 59.

18. Sumberg, *passim*; Singleton; C. Noirot, *L'origine des masques* (1609), reed. em Leber, p. 50 ss.; cf. Vaultier, (1946), p. 60 ss.

19. Sobre Roma, Clementi; sobre Lille, Cottignies, nº 40; sobre a Inglaterra, F. P. Magoun, *History of football*, Bochum, 1938, cap. 9; sobre a França, Vaultier (1965), p. 45 ss.; C. M. Ady, *The Bentivoglio of Bologna*, Londres, 1937, p. 172.

20. Sobre cercos simulados, Pitrè (1889), 1, p. 23 ss.; sobre processos judiciais simulados, H. G. Harvey, p. 19 ss., e Vaultier (1946), p. 68, 75; sobre sermões simulados, Caro Baroja (1965), p. 35; sobre arações simuladas, Keller, nº 30, Coupe, p. 176; sobre casamentos simulados, Caro Baroja (1965), p. 90 ss.

21. Sobre batalhas simuladas, Gaignebet (1972); Toschi (1955), sobre Bolonha; sobre Veneza, B. T. Mazzarotto, *Le feste veneziane*, Florença, 1961, p. 31 ss.; sobre Madri, Caro Baroja (1965), p. 110.

22. Para duas tentativas brilhantes, mas questionáveis, de interpretação do Carnaval, Bakhtin (em esp. p. 197 ss.) e Gaignebet (1974).

23. A salsicha de Koenigsberg em Bakhtin, p. 184*n*; sobre concepções, a tabela de J. Dupâquier em J. Le Goff/P. Nora (ed.), *Faire de l'histoire*, 2, Paris, 1974, p. 86 (mas ele não inclui em seus cálculos a festa do Carnaval, sem data fixa). A canção foi extraída de A. F. Grazzini, *Rime burlesche*, ed. C. Verzone, Florença, 1882, p. 164 ss.; o falo é mencionado por I. Fuidoro, *Giornali di Napoli*, 1, Nápoles, 1934, p. 209.

24. Caro Baroja (1966), p. 84.

25. Sobre Veneza, Dallington (nota 5), p. 65; sobre Londres, Taylor (nota 11); sobre Sevilha, Blanco White, *Letters from Spain*, 2ª ed., Londres, 1822, p. 237.

26. O. Odenius, "Mundus inversus", em *Arv*, 10 (1954), é um guia útil para a rica literatura sobre o tema; cf. Cocchiara (1963) e Grant.

27. Hill (1972), p. 186.

28. Sobre Heilbronn, H. W. Bensen, *Geschickte des Bauernkriegs in Ost-franken*, Erlangen, 1840, p. 158, referência que agradeço a Henry Cohn da Universidade de Warwick; sobre Norfolk, Hill, "Many-headed monster" (1965), reed. em Hill (1974); sobre o Vivarais, Le Roy Ladurie (1966), p. 607 ss.

29. Sobre a Cocanha, Cocchiara (1956), e (para a Hungria) Tassy; o texto francês está em Cottignies, nº 55. Não consultei E. M. Ackermann, *Schlaraffenland*, Chicago, 1944.

30. I. Donaldson, *The world upside down: comedy from Jonson to Fielding*, Oxford, 1970.

31. G. B. Spagnuoli, "Mantuanus", *Fasti*, Estrasburgo, 1518; livro 2.

32. Sumberg, pp. 159, 162 e fig. 45.

33. A favor da fertilidade (além de Wilhelm Mannhardt e sir James Frazer) estão Rudwin (1920), Toschi (1955), p. 166 ss.; contra, estão van Gennep, von Sydow (capítulo 4, nota 2), Caro Baroja (1965).

34. As citações são de Tilliot, p. 29, e J. Chandos, *In God's name*, Londres, 1971, p. 39 ss. Cf. Chambers (1903), 1, p. 274 ss., e Kolve, p. 135.

35. Sobre os doze dias de Natal na Inglaterra, H. Bourne, *Antiquitates vulgares*, Newcastle, 1725, p. 147 ss.; sobre a corrida de Natal, A. G. Dickens, "Tudor York", em P. M. Tillott (ed.), *Victoria County history: the city of York*, Londres, 1961, p. 152; sobre *La befana*, Pola, p. 87.

36. Sobre a Rússia, G. Fletcher, *Of the Russe Commonwealth* (1591), ed. A. J. Schmidt, Ithaca, 1966, p. 142, e A. Olearius, *Travels* (1647), trad. ingl., Stanford, 1967, p. 241; sobre a Espanha, Caro Baroja (1965), p. 139 ss.

37. Sobre a Terça-Feira da Páscoa em Coventry, Phythian Adams (1972), p. 66 ss.; sobre os jogos de Maio, Chambers (1903), 1, p. 174 ss., e P. Stubbes, *Anatomy of abuses*, Londres, 1583, p. 94 ss.; sobre Londres, P. J. Grosley, Londres, Lausanne, 1770, p. 321; sobre a Itália, Pola, 3, pp. 334 ss., 431 ss., e Toschi (1955), pp. 16 ss., 44 ss.; Covarrubias cit. Palencia/Mele, p. 45.

38. Sobre a Inglaterra, Kolve; sobre a Espanha, Very, e Varey/Shergold.

39. E. Jolibois, *La diablerie de Chaumont*, Chaumont, 1838; sobre Florença,

Guasti; sobre a Estônia, Baltasar Russow, cit. I. Paulson, *The old Estonian folk religion*, Haia, 1971, p. 103 ss.; cf. Kohler, p. 130 ss., sobre a Alemanha.

40. Lewis Morris, cit. T. G. Jones, p. 155; J. Houel, *Voyage pittoresque*, 4 v., Paris, 1782-7, 3, p. 17; Bourne (nota 35), p. 252.

41. Sobre Bolonha, L. Frati, *La vita privata di Bologna dal secolo 13 al 17*, Bolonha, 1900, p. 161 ss.; sobre Londres, H. Morley, *Memoirs of Bartholomew Fair*, Londres, 1885; sobre o dia de são Martinho, Jürgensen, Kohler, p. 141 ss., Schotel (1868), e em Groningen, E. H. Waterbolk, "Deux poèmes inconnus de Rodolphe agrícola", em *Humanística Lovaniensia* (1972), p. 47. (Agradeço ao prof. Waterbolk por me enviar uma cópia desse artigo.)

42. J. Boswell, *Life of Johnson*, ed. G. B. Hill/L. F. Powell, 4, Oxford, 1934, p. 188; sobre Savonarola, L. Landucci, *Diario*, Florença, 1883, p. 176 ss.; "de costas num asno", F. Platter, *Beloved Son Felix*, trad. ingl., 1961, p. 121.

43. Sobre os rituais não oficiais de execução, P. Linebaugh, "The Tyburn Riot", em Hay, p. 66 ss., e M. Foucault, *Surveiller et punir*, Paris, 1975, p. 61 ss.; J. R. Moore, *Defoe in the Pillory*, Nova York, ed. 1973, p. 3 ss.

44. A definição é de R. Cotgrave, *A dictionary of the French and English tongues*, Londres, 1611. Estudos recentes sobre o *charivari* incluem os de Pinon; Davis (1975), cap. 4, sobre a França; E. P. Thompson (1972) sobre a Inglaterra. Sobre o coletor de impostos, Bercé (1974a), p. 180.

45. C. Haton, *Mémoires*, 2, Paris, 1857, p. 722; cf. Heers (1971).

46. Bennassar, p. 124, com uma boa discussão sobre as funções das festas.

47. Hay, p. 62*n*, objeta contra o conceito de "controle social"; sobre Palermo, A. Pocili, *Delle rivolutioni della città di Palermo*, Verona, 1648, p. 16.

48. M. Gluckman, "Rituals of rebellion in South-East Africa", reed. em seu *Order and rebellion in tribal Africa*, Londres, 1963; M. Gluckman, *Custom and conflict in Africa*, Oxford, 1956, cap. 5; V. Turner, *The ritual process*, Londres, 1969, cap. 5.

49. O *Oxford English Dictionary*, verbete "válvula de segurança", observa que William Hone usou essa metáfora sobre festas populares em 1825; o texto de 1444 (para o qual Bakhtin chamou a atenção) é traduzido de H. Denifle (ed.), *Chartularium Universitatis Parisiensis*, 4, Paris, 1897, p. 652 ss.; sobre Roma, Lassels (nota 14), p. 188.

50. Donaldson (nota 30).

51. Sobre Palermo, V. Avria, cit. Pitrè (1889), 1, p. 10; o termo "transferência" de códigos devo a Ranajit Guha da Universidade de Sussex; sobre Napoles, A. Giraffi, *Le rivolutioni di Napoli*, Veneza, 1647, p. 7; sobre festa e revolta, Bercé (1976), Cobb, p. 18 ss., Davis (1975), pp. 97, 131 e P. Weidkuhnm "Fastnacht, Revolte, Revolution", *em Zeitschrift für Religions -und Geistesgeschichte*, 21 (1969).

52. M. H. Dodds e R. Dodds, *The pilgrimage of grace*, 1, Cambridge, 1915, pp. 129, 213; sobre a Normandia, Mousnier, p. 111; sobre Nápoles, R. Villari, *La rivolta antispagnuola a Napoli*, Bari, 1967, p. 42 ss.

53. Sobre Berna, Beerli (1953), p. 369; sobre as guerras de religião, Davis (1975), cap. 6; sobre os romanos, Le Roy Ladurie (1966), p. 393 ss.; cf. Bercé (1976), p. 75 ss.; as citações são de E. Piemond, *Mémoires*, ed. J. Brun-Durand, Valença, 1885, p. 88 ss.; sobre Dijon, Porchnev, p. 135 ss.

8. A VITÓRIA DA QUARESMA:
A REFORMA DA CULTURA POPULAR [pp. 280-323]

1. Sobre a pintura, Gaignebet (1972), e O. Stridbeck, "The combat of Carnival and Lent", em *JWCI* (1956).
2. Davis (1974), p. 309, critica a abordagem dos "receptáculos passivos". Este capítulo se insere na tradição de Delumeau e Bercé (1976), mas passando da reforma do catolicismo popular para a reforma da cultura popular como um todo.
3. Sobre Huelva, A. Domínguez Ortiz, *The Golden Age of Spain*, trad., ingl., Londres, 1971, p. 323n.; Rudyerd cit. Hill (1974), p. 19.
4. Ottonelli, cit., Lea, 1, p. 311.
5. Erasmo, "Supputatio Errorum in Censuris Beddae", em *Opera*, IX, Leiden, 1706 (reed. Hildesheim, 1962), col. 516.
6. J. Deslyons, *Discours contre le paganisme des rois*, Paris, 1664, p. 41; T. Hall, *Funebria florae*, Londres, 1660, p. 7; sobre s. Carlo, Taviani, pp. 13, 17, 24 ss.
7. J. Stopford, *Pagano-papismus*, Londres, 1675.
8. Sobre Eynatten, van Heurck, p. 5 ss.
9. A condenação de 1655 editada em Leber, p. 472 ss.
10. Erasmo, "Ecclesiastes" em *Opera*, 5, Leiden, 1705 (reed. Hildesheim, 1962), col. 985; Giberti cit. A. Grazioli, *G. M. Giberti*, Verona, 1955; cf. Schamnat, índice remissivo sob verbete "fabulosa et vana non immiscenda concionibus"; W. Perkins, *The whole treatise of the cases of conscience*, Londres, 1632, p. 344; H. Estienne, *Apologie pour Hérodote* (1566), cap. 34-6.
11. O bispo de Évora cit. Braga (1867a), p. 48.
12. Sobre a mentalidade mais antiga, J. Huizinga, *The waning of the Middle Ages*, Harmondsworth, ed. 1965, p. 151 ss.
13. P. Stubbes, *Anatomy of abuses*, Londres, 1583, p. 98 ss.; cf. Perkins (nota 10); Doublet (1895a), p. 369 ss.; Dejean, p. 32n.
14. Hall (nota 6), p. 10; sobre Mère Folie, Tilliot, p. 111 ss.
15. S. Brant, *Das Narrenschiff* (2ª ed., Estrasburgo, 1495), seção 110b; R. Crowley, *Select works*, Londres, 1872, p. 8; P. Prodi, *Il cardinale G. Paleotti*, 2, Roma, 1967, p. 210; *Discorso* reed. em Taviani, p. 65 ss.
16. M. Weber, *The protestant ethic and the spirit of capitalism*, trad. ingl. Londres, 1930; cf. Hill (1964), e E. P. Thompson (1963, p. 350 ss.; 1967).
17. Como observa Wiertz, pouca pesquisa se fez sobre a religião popular na Europa ortodoxa; ele dá referências sobre o que existe.

18. E. Duchesne (ed.), *Le Stoglav*, Paris, 1920, p. 242 ss.; cf. Zguta, p. 302.

19. Pascal (1938), pp. 35 ss., 54 ss., 49 ss.; cf. Zguta, p. 306 ss.

20. Memórias inéditas de Beurrier, cura de Nanterre de 1637 em diante, cit. Ferté, p. 292; Avvakum, *Autobiography*, trad. ingl., Londres, 1963, pp. 47-8, referindo-se a acontecimentos dos anos 1640.

21. R. O. Crummey, *The old believers and the world of Antichrist*, Madison, 1970, p. 8 ss., discute o cisma russo como uma divisão entre a elite e o povo.

22. Para um estudo de caso de iconoclastia inglesa, Phillips; é uma pena que o trabalho de David Freedberg sobre a iconoclastia holandesa permaneça inédito.

23. Bascapè reed. em Taviani, p. 45 ss.

24. *Rueff von dem Heyligen Ritter S. Gergen*, Augsburg, 1621; C. Hole, *English folk heroes*, Londres, 1647, p. 27 ss.

25. Sobre Geiler, L. Dacheux, *Un réformateur catholique à la fin du 15 siècle*, Paris/Estrasburgo, 1876, p. 67*n*; sobre Savonarola, L. Landucci, *Diario*, ed. J. Del Badia, Florença, 1883, p. 124.

26. I. Origo, *The world of St Bernardino*, Londres, 1963, p. 166; sobre Gerson e Clamanges, P. Adam, *La vie paroissiale en France au 14ᵉ siècle*, Paris, 1964, p. 264 ss.; Grosseteste cit. Baskervill (1920), p. 43; exemplos anteriores em Chambers (1903), 2, Apêndice N.

27. Empresto o termo "resistente" de R. Hoggart, *The uses of literacy*, Harmondsworth, ed. 1958, p. 264.

28. Sobre o protestantismo e cultura popular, ensaio bibliográfico em Brückner (1974), p. 23 ss.; sobre Lutero, Clemen (1938), Klinger, Kohler. Sobre Osiander, Roller, p. 140 ss., e Sumberg, p. 176 ss. T. Naogeorgus, *Regnum papisticum*, s.l., 1553. Sobre a Suécia luterana, Granberg.

29. Sobre Zwinglio e cultura popular, Trümpy (cf. C. Garside, *Zwingli and the arts*, New Haven/Londres, 1966). Sobre o calvinismo holandês, Wirth, pp. 120 ss., 173 ss.; sobre o calvinismo escocês, T. C. Smout, *A history of the Scottish people*, Londres, ed. 1972, p. 78 ss.

30. Dickens (cap. 7, nota 32); Gardiner; E. Grindal, *Remains*, Cambridge, 1843, p. 141 ss.

31. Wirth, p. 174 ss.; R. D. Evenhuis, *Ook dat was Amsterdam*, 2, Amsterdam, 1967, p. 116 ss.

32. Concílio de Trento, 25ᵃ sessão, em E. C. Holt (ed.), *A documentary history of art*, 2, Nova York, 1958, p. 64 ss.

33. Para os decretos dos concílios alemães, Schannat; para os concílios espanhóis, Saenz; para os concílios de são Carlos Borromeu, P. Galesinus (ed.), *Acta ecclesiae mediolanensis*, Milão, 1582; para uma amostra dos concílios franceses, T. Gousset (ed.), *Les Actes de la province ecclésiastique de Reims*, 4 v., Reims, 1842-4, em esp. v. 3 e 4; sobre a censura, F. H. Reusch (ed.), *Die Indices Librorum Prohibitorum des 16. Jahrhunderts*, Tübingen, 1886, em esp. pp. 242,

315, 384; sobre Eulespiegel, C. Sepp, *Verboden Lectuur*, Leiden, 1889, p. 261; sobre o Índex de 1624, Braga (1867a), p. 107 ss.

34. Delumeau, p. 256 ss.; sobre a Baviera, F. Stieve, *Das Kirchliche Polizeiregiment in Bayern unter Maximilian I*, Munique, 1876.

35. Na bibliografia de Cioni, há menção a mais de duzentas edições de peças religiosas entre 1600 e 1625, o número é negligenciável. Édito de 1601 cf. Straeten, p. 67.

36. C. Bagshaw, *A Ture relation* (1601), reed. em T. G. Law, *A historical sketch of the conflict between jesuits and seculars*, Londres, 1889, em esp. p. 18, referência que agradeço a John Bossy.

37. Sobre a revolta de Alpujarras, J. Elliott, *Imperial Spain*, Londres, 1964, p. 228 ss.; sobre Nuremberg, Roller, p. 140 ss., Sumberg, p. 176 ss.; sobre Bolonha, Toschi (1955), p. 143; sobre Wells, Sisson, p. 157 ss.

38. M. Lutero, prefácio ao hinário de Wittenberg de 1524, em *Werke*, 35, Weimar, 1923, p. 474.

39. M. Lutero, *Sendbrief am Dometschen*, em *Werke*, 30, parte 2, Weimar, 1909, p. 632 ss.

40. S. L. Greenslade (ed.), *The Cambridge history of the Bible*, Cambridge, 1963, cap. 3, 4.

41. Sobre o custo, Greenslade (nota 38), p. 95; sobre a Suécia, Pleijel, (1955), p. 9 ss., 16 ss.

42. Houve pelo menos 288 edições de Sternhold e Hopkins, 1547-1640. Sobre os salmos na cultura huguenote, Bost (1912), Douen, Le Roy Ladurie (1966), trad. ingl. p. 271, e Davis (1975), p. 4; na cultura puritana, Manning, pp. 32, 244 ss.; na cultura sueca, Olsson.

43. Sobre o termo "catecismo" (empregado a propósito da instrução oral por Agostinho, e referindo-se a um livro a partir de Lutero em diante), J. Geffcken, *Der Bildercatechismus des 15 Jahrhunderts*, Leipzig, 1855; sobre a Alemanha, Strauss, p. 38 ss.; sobre a Suécia, Pleijel (1955, p. 17 ss.; 1965, p. 64 ss.), e Johansson (1969), p. 42 ss.; dois dos livros mais reeditados na Inglaterra antes de 1640 eram o catecismo de Nowell e o catecismo de Egerton.

44. Sobre o público leitor de Calvino, F. M. Higman, *The style of John Calvin*, Oxford, 1967, apêndice A.

45. Para os hinos de Lutero, ver suas *Werke* (nota 36), p. 411 ss.; para os hinos luteranos, Wackernagel, em esp. v. 3-5.

46. "Go from my window" é cantado por Merrythought em *Knight of the burning pestle* de Beaumont (1613, ato 3, cena 5). Sobre a coletânea escocesa, D. Laing (ed.), *A compendious book of Psalms and spiritual songs*, Edimburgo, 1868; sobre canções de luta calvinistas, Bordier, Kuiper, H. J. van Lummel (ed.), *Nieuw geuzenlied-Boeck*, nova ed., Utrecht, 1892.

47. "An Englishman", provavelmente, Richard Morison; S. Anglo, "An early Tudor programme for plays and other demonstrations against the pope", em *JWCI* 20 (1957).

48. Sobre a iconografia luterana, Christie, Haebler, Lieske, Scharfe (1967; 1968), e Svärdström (1949), p. 93 ss. Parece não existir nada comparável sobre os templos calvinistas, mas há um belo exemplo de um púlpito com decoração floral no templo em Kolozsvár (Cluj), na Transilvânia, e de um forro pintado com emblemas (entre eles, o grou) na igreja aldeã das redondezas de Körösfö.

49. Gregório cit. Bede, *Ecclesiastical history.* trad. ingl., Harmondsworth, 1955, livro 1, cap. 30; R. de Nobili, *Première apologie* (1610), trad. franc., Paris, 1931, em esp. p. 67.

50. Sobre Granada, Dominguez Ortiz (nota 3), p. 323; J. B. Bossuet, *Catéchisme de diocèse de Meaux,* Paris, 1690, p. 363 ss.; cf. Lanternari.

51. Sobre Savonarola, Landucci (nota 25), pp. 124, 163; cf. Manzoni, p. 216. Sobre as Quarenta Horas, ver nota 55.

52. S. Paolucci, *Missioni de' padri della Compagnia di Giesù nel regno di Napoli,* Nápoles, 1651, pp. 19 ss., 23, 42 ss.

53. H. Le Gouvello, *Le vénérable Michel Le Nobletz,* Paris, 1898, p. 187 ss.

54. E. Mâle, *L'Art religieux ... après le Concite de Trente,* Paris, 1951, p. 100 ss.; cf. Amades (1947), 2, fig. 218-9.

55. Sobre são José, Huizinga (nota 12), p. 164, e Mâle (nota 52), p. 309 ss.; sobre as "Quarenta Horas", M. S. Weil, "The devotion of the forty hours and Roman baroque illusions", *em JWCI,* 37(1974).

56. Comparem-se os exemplos de Male com B. Malinowski, *Magic, science and religion,* Nova York, 1954, pp. 101, 107, 144.

57. D'Aocona (1872), 2, p. 129; Wardropper, p. xxvi; A. Boschet, *Le parfait missionaire, ou la vie du R. P. Julien Maunoir,* Paris, 1697, em esp. p. 96.

58. C. Sommervogel, *Bibliothèque de la Compagnie de Jésus,* v. 1 e 2, Bruxelas/Paris, 1890-1, itens "Bellarmine" e "Canisius"; sobre o catecismo na França, Dhotel, e J. R. Armogathe em *Images du peuple.*

59. Os catálogos da British Library e a da Bibliothèque Nationale arrolam 23 edições de Scupoli entre eles. Sobre o sínodo de Chalons e o impressor de Paris, H. J. Martin, *Livre, pouvoirs et société,* Paris, 1969, pp. 956 ss., 706.

60. Sobre a área de Berna, Trümpy; sobre a Holanda, Wirth; sobre Nuremberg, Sumberg. Sobre a Alemanha luterana, uma visão mais cética em Strauss.

61. Sobre a Baviera, L. G. Séguin, *The country of the passion-play,* Londres, 1880, p. 175; sobre a Sicília, Pitrè (1876), p. 7 ss.; sobre a Bretanha, F. M. Luzel (ed.), *Sainte Tryphine,* Quimperlé, 1863, p. vii; sobre Finistère, J. de Cambry, *Voyage dans le Finistère,* 3 v., Paris, 1799, 3, p. 176.

62. Sobre Languedoc, Dejean e Doublet (1895a, b); B. Amilha, *Le tableu de la bido del parfet crestia,* Toulouse, 1673, em esp. p. 231 ss.

63. Fabre/Lacroix, pp. 161, 168.

64. Sobre a Áustria, E. Wangermann, *From Joseph II to the jacobin trials,* 2ª ed., Oxford, 1969, p. 31; sobre a Itália, J. Carreyre, "Synode de Pistoie", em

Dictionaire de Théologie Catholique, 12, Paris, 1935; sobre a reação popular, Turi, p. 7 ss.; sobre um reformador jansenista do sul da Itália, cf. de Rosa, pp. 34 ss., 49, 73, 126. Sobre a ligação com o jansenismo, compare-se A. Adam, *Du mysticisme à la révolte*, Paris, 1968, p. 285 ss., e E. Appoli, *Le tiers Parti Catholique au 18ᵉ siècle*, Paris, 1960, p. 330 ss.

65. J. Molanus, *De picturis et imaginibus sacris*, Louvain, 1570, em esp. p. 104*n*; sobre o bispo de Orléans em Sennely, Bouchard, p. 299.

66. Sobre a Noruega, Bø, cap. 4; sobre a Escócia, T. C. Smout, *A history of the Scottish people 1560-1830*. Londres, ed. 1972, p. 80; cf. M. Martin, *A description of the Western Island of Scotland* (1703), ed. D. J. Macleod, Stirling, 1934.

67. E. Saunders, *A view of the state of religion in the Diocese of St. David's*, Londres, 1721, em esp. p. 36; T. Rees, *History of protestant nonconformity in Wales*, 2ᵃ ed., Londres, 1883, em esp. pp. 313 ss., 348; sobre Howell Harris, G. Whitefield, cit. Walsh, p. 220; quem escrevia em 1802 era E. Jones, *The Bardic Museum*; sobre o desaparecimento do folclore galês, T. G. Jones, pp. 161, 218.

68. Sobre a reforma inglesa dos costumes, Bahlman (mas cf. Malcolmson, cap. 6 e 7, sugerindo que um "ataque sistemático e continuado" contra os divertimentos populares só se iniciou a partir de meados do século XVIII); sobre a Escandinávia, Pleijel (1965), p. 19 ss., e (sobre Hauge) Koht (1926), cap. 23; sobre a França, Allier (1909, 1914).

69. J. C. Gottsched, *Versuch einer Cristische Dichtkunst* (1730), em *Werke*; Berlim/Nova York, 1973, em esp. parte 2, cap. 11; J. von Sonnenfels, "Brief über die Wienerische Schaubühne" em *Gesammelte Schriften*, 10 v., Viena, 1783-7, 5, p. 189 ss.; Rommel, p. 384 ss.

70. Sobre Pavillon, Dejean, em esp. p. 31*n*; sobre Bekker, W. P. C. Knuttel, *B. Bekker*, Haia, 1906.

71. Sobre a Inglaterra, *OED*, verbete "superstição"; sobre a Itália, G. Cocchiara, *Sul concetto di superstizione*, Palermo, 1945; sobre a França, J. B. Thiers, *Traité des superstitions*, Paris, 1704, em esp. cap. 9; para o pano de fundo clássico, A. Momigliano, "Popular religious beliefs and the late Roman historians", em Cuming/Baker.

72. Sobre a França, Mandrou (1968), parte 3; sobre a Inglaterra, Thomas (1971), em esp. p. 570; sobre a Alemanha, Midelfort; sobre a Polônia, Baranowski.

73. B. G. Feijoó, *Teatro critico universal*, 8 v., Madri, 1733, em esp. 1, ensaio 1; 2, ensaios 3-5; 3, ensaios 1, 6; 5, ensaio 16.

74. "Mixing and confusing", cit. A. A. Parker, *The allegorical drama of Calderón*. Oxford/Londres, 1943, p. 20; N. Fernández de Moratín, *Desengaños al teatro español*, Madri, 1762, pp. 10 ss., 21; Very, p. 106 ss.

75. G. de Jovellanos, "Memoria para el arreglo de la polícia de los espectáculos" (1790), em seu *Obras escogidas*, Madri, 1955, 2, p. 29; J. Meléndez Valdés, *Discursos forenses*, Madri, 1821, p. 167 ss. (cf. A. Gonzalez Palencia, "Meléndez Valdés y la literatura de cordel", reed. em seu *Entre dos siglos*, Madri, 1943).

9. CULTURA POPULAR E TRANSFORMAÇÃO SOCIAL [pp. 324-75]

1. R. Mols, "Population in Europe", em C. Cipolla (ed.), *The Fontana economic history of Europe*, 2, Londres, 1974; F. Braudel, *Capitalism and material life*, trad. ingl., Londres, 1973, cap. 1.

2. Braudel (nota 1), *passim*; cf. C. T. Smith, *An historical geography of Western Europe*, Londres, 1967, cap. 10.

3. Sobre a Inglaterra, Harrison (1577) cit. Hoskins; cf. Barley (1961, 1967); sobre a Alsácia, Riff (1945), p. 4 ss.

4. Sobre Friesland, de Vries (que observa o início desses desenvolvimentos no século XVII); sobre Artois, Le Roy Ladurie (1975), p. 415; N. Rétif de la Bretonne, *La vie de mon père*, ed. G. Rouger, Paris, 1970, p. xxx-xxxi; sobre a Noruega, Anker, cap. 8; sobre a Suécia, Svärdström (1949).

5. Sobre a Inglaterra, Hoskins (1963); sobre a Alsácia, Riff (1945); sobre a Noruega, Koht (1926), p. 205 ss.

6. Sobre os Países Baixos, Korf; sobre a Suécia, E. Heckscher, *An economic history of Sweden*, trad. ingl., Cambridge, Mass., 1954, p. 189 ss.; sobre a Noruega, Kloster.

7. Sobre os Países Baixos, Korf; sobre Lothian, G. Robertson, *Rural recollections*, Irvine, 1829, p. 102 ss.

8. Stoianovich.

9. Plumb (1973); P. Egan, Boxiana, Londres, 1812, p. 48 ss. (sobre Broughton).

10. J. M. Cossio, *Los toros*, 1, Madri, 1945, p. 584 ss.; Montaigne, *Journal*, Paris, ed. 1955, p. 141; sobre Veneza, M. Misson, *Nouvelle voyage d'Italie*, Haia, 1691, 1, p. 193 ss.

11. Mackenzie (cap. 1, nota 39), p. 10; *ibid.*, apêndice, p. 47.

12. H. J. Martin em J. Cain et al., *Le Livre français*, Paris, 1972, em esp. p. 48 ss., 59; sobre a imprensa e o povo, Davis, (1975), cap. 7.

13. O levantamento padrão da alfabetização europeia é o de Cipolla. Desde então entre as contribuições mais importantes estão as de Furet/Sachs, Johansson (1969, 1973), Lockridge, Neuburg, Schofield (1973). Vovelle (1975). Citação de Lockridge, p. 7; cf. Schofield (1973), e Furet/Sachs, p. 715 ss.; compare-se com as ideias de Neuburg, p. 96.

14. Sobre Narbonne, Le Roy Ladurie (1966), p. 333; sobre a França, Fleury/Valmary; as cifras de 1850 são de Cipolla, Tabela 24.

15. Sobre Veneza, Cipolla, p. 58 ss.; sobre Durham, M. James, *Family lineage and civil society*, Oxford, 1975, p. 105 ss.; sobre a França, Fleury/Valmary; sobre a Inglaterra, Stone (1969) e Schofield (1973); sobre Amsterdam, Hart; sobre Marselha, Vovelle (1973), p. 378 ss.; sobre a Suécia, Johansson (1969, 1973).

16. G. de Jovellanos, *Obras escogidas*, Madri, 1955, 1, p. 71.

17. Stone (1964); Hill (1974); T. Parry, *A history of Welsh literature*, Oxford, 1955, p. 257 ss.; Johansson (1969, 1973); Poutet; Laget.

18. R. Cotgrave, *A dictionary of the French and English tongues*, Londres, 1611, verbete "Bissouart".

19. Sobre os vendedores ambulantes, Neuburg, cap. 5; Schenda (1970), cap. 4; J. J. Darmon, *Le colportage de librairie en France sous le Second Empire*, Paris, 1972, p. 30 ss.

20. Sobre a Inglaterra, J. Ashton; sobre a França, Bollême (1969, 1971), e Mandrou (1964); sobre o norte dos Países Baixos, Schotel (1873-4); sobre o sul dos Países Baixos, van Heurck; sobre a Dinamarca, Jacobsen, 13; sobre a Espanha, Caro Baroja (1969); sobre a Rússia, Ovsyannikov (1968).

21. Sobre os preços franceses, Mandrou (1964); p. 18; sobre os preços ingleses, J. Ashton, p. viii; um *shilling* sueco correspondia a 1/48 de um *riks-daler*, ver Heckscher (nota 6), p. 198. Sobre Lyons, Garden, cap. 2, nota 36, p. 459 ss.; sobre Grenoble, Solé.

22. Dahl (1946), p. 23.

23. Fehr; Shaaber; sobre o "pseudoacontecimento", D. Boorstin, *The image*, Nova York, 1962, cap. 1-2 (um exemplo elisabetano encontra-se em Shaaber, p. 294). Sobre a família Oudot, Mandrou (1964), p. 30 ss.; sobre a família Dicey, Shepard (1973), p. 28 ss.

24. E. Nesi (ed.), *Il diario della stamperia di Ripoli*, Florença, 1903, p. 97, 114.

25. Sobre o embotamento da improvisação, Lord, cap. 6.

26. Sobre a Nigéria, E. Obiechnina, *An African popular literature*, ed. rev., Cambridge, 1973; sobre o Oriente Médio, D. Lerner, *The passing of traditional society*, Glencoe, 1958.

27. Lockridge, em esp. p. 33 ss. A crítica de Margaret Spufford a essa argumentação permanece inédita.

28. Schenda (1970), pp. 250, 253.

29. Bollême (1969), Bosanquet (1917, 1930), e Svensson (1967).

30. Shepard (1973), p. 45.

31. *The Academy of Compliments* (Londres, Aldermary Churchyard, s/d), pp. 10-1.

32. Le Bras, 1, p. 267 ss.; Delumeau, p. 293 ss.; B. Plongeron, *Conscience religieuses en révolution*, Paris, 1969, cap. 2; Vovelle (1973).

33. É difícil ser exato porque é difícil tratar os livretos populares, muitas vezes sem data, como uma série temporal, à parte dos almanaques.

34. Bollême (1969); Champfleury, *De la littérature populaire en France*, Paris, 1861.

35. Lutero (carta, 2 de junho de 1525), cit. George, p. 3; a canção de 1546 está em Liliencron, n° 522; cf. Erk-Böhme, n°s 262-97; Blickle, p. 127 ss.; Gravier, p. 175 ss.; Schottenloher, pp. 59 ss., 81 ss.

36. Para as canções, Kuiper, Lummel (cap. 8, nota 46); para os panfletos, Knuttel; a insígnia está reproduzida em K. Haley, *The dutch in the seventeenth century*, Londres, 1972, fig. 20.

37. Para as canções, Bordier; para as estampas, Adhémar, Blum.

38. H. G. Koenigsberger, "The organisation of revolutionary parties in France and the Netherlands", reed. em seu *Estates and revolutions*, Ithaca/Londres, 1971; T. Wittman, *Quelques problèmes relatifs à la dictature révolutionnaire des grandes villes de Flandre*, Budapeste, 1960; J. H. Salmon, "The Paris 16" em *Journal of Modern History*, 44 (1972), que indica que o "The Paris 16" era originalmente dominado pelas classes superiores, mas que estas se retiraram.

39. J. H. Salmon, *French society in crisis*, Londres, 1975, pp. 138, 209, 287; Le Roy Ladurie (1966), p. 393.

40. Sobre os volantes, Coupe; para as canções, Erk-Böhme, n°ˢ 303-16, e Ditfurth (1882), n°ˢ 3, 4 (sobre Khlesl); para as profecias, R. Hasse, *Das Problem der Chiliasmus und der Dressig Jährige Krieg*, Leipzig, 1933.

41. Dahl (1939, 1946).

42. L. Zuccoli (1621), em B. Croce/S. Caramella (ed.), *Politici e moralisti del '600*, Bari, 1930, p. 25.

43. M. N. Grand-Mesnil, *Mazarin, la Fronde et la presse*, Paris, 1967; *Le pernonisme berné*, Paris ?, c. 1650, p. 2 (British Library, 1492m 17 [10]).

44. Manning, em esp. cap. 1, 4; comentário de D. Digges, cit. Manning, p. 91; sobre as estampas, George, p. 14 ss.; sobre panfletos e papéis, *A catalogue of the pamphlets ... collected by G. Thomason*, Londres, 1908, e J. Frank, *The beginnings of the English newspaper, 1620-1660*, Cambridge, Mass., 1961.

45. Sobre os "niveladores", Hill (1972), cap. 7.

46. Para as baladas, Rollins (1929-32), e Perceval; sobre Wilkes, Rudé (1974), p. 222 ss., e Brewer, cap. 9, sobre as estampas, George, p. 65 ss.

47. Plumb (1968); Brewer, cap. 8; o visitante suíço era C. de Saussure, *Lettres et voyages*, Lausanne etc. ed. 1903, p. 167. Um *liard* era uma quarta parte de um *sou*, e devia se referir à contribuição de cada um, e não ao preço do jornal.

48. Sobre estampas holandesas, J. van Kuyk, *Oude Politieke Spotprenten*, Haia, 1940, p. 21 ss.; sobre líderes camponeses suecos, E. Ingen, *Bonden i Svensk Historie*, 2, Estocolmo, 1948, p. 24 ss.; a balada de Görtz está em Hildeman, p. 80 ss.; sobre Struensee, W. Coxe, *Travels into Poland. Russia, Sweden*, 3, Londres, 1790, p. 168; levantes descritos por Koht (1926), cap. 21, 22.

49. O observador é S. Mercier, *Tableau de Paris*, 1, Paris, 1782, pp. 68 ss., 90; sobre Père Duchesne, J. Godechot, em C. Bellanger *et al* (ed.), *Histoire générale de la presse française*, 1, Paris, 1969, p. 456 ss.; sobre almanaques políticos, Soboul (1966), p. 217 ss.

50. Para os pratos, "Champfleury", *Histoire des faiences patriotiques sous la Révolution*, Paris, 1867; sobre um francês que vendia leques em Bilbao, em 1790, R. Herr, *The eighteenth-century revolution in Spain*, Princeton, 1958, p. 251; sobre Rheims, M. Crubellier, *Histoire culturelle de la France*, Paris, 1974, p. 43 (cf. Ozouf [1976, em esp. cap. 9] e Tiersot).

51. Soboul (1958); P. Bois, *Paysans de l'Ouest*, Le Mans, 1960, p. 594 ss.

52. P. J. Blok, *History of the people of the Netherlands*, 5, trad. ingl., Nova York/Londres, 1912, cap. 12-16; E. P. Thompson (1963), pp. 89 ss., 104 ss.

53. E. Wangermann, *From Joseph II to the jacobin trials*, 2ª ed., Oxford, 1969, pp. 32, 47, 77 ss., 81; L. Schmidt (1971), nº 31.

54. Godechot; Herr (nota 50), p. 294; Turi; G. Cingari, *Giacobini e sanfedisti in Calabria nel 1799*, Messina/Florença, 1957, em esp. 283 ss.

55. A. Corvisier, *L'armée française*, Paris, 1964, p. 151; G. Rudé, *Europe in the eighteenth century*, Londres, 1972, p. 216.

56. L'Estrange cit. no verbete sobre ele no *Dictionary of National Biography*. O jornal fundado por ele é diferente do *Observator whig* do início do século XVIII.

57. Essa tese da retirada tem sido apresentada diversas vezes em diferentes contextos nacionais, embora nunca (ao que eu saiba) tenha sido discutida com algum detalhe ou em bases comparativas. Sobre a Espanha, Juan Valera, discutido em Caro Baroja (1969), p. 24 ss.; para a Inglaterra, F. R. Leavis, *The common pursuit*, Harmondsworth, ed. 1962, p. 188; para a Alemanha, E. Cohn, *Gesellschaftsideale und Gesellschaftsroman*, Berlim, 1921, p. 98; para a Dinamarca, R. Paulli em Jacobsen, 13, p. 171 ss.; para a Rússia, R. Jakobson (1944); para a França, Davis (1975), p. 265.

58. Sobre o uso francês, C. Faure de Vaugelas, *Remarques sur la langue française*, Paris, 1647, prefácio; W. Bahner, "Le Mot et la notion du 'peuple' dans l'Oeuvre de Rousseau", em *Studies on Voltaire*, 55 (1967); *Images du Peuple*, parte 1; ver ainda H. Payne, *The philosophes and the people*, New Haven, 1976. Para a Inglaterra, *OED.* verbete "vulgar", indica o novo sentido de "malcriado" (*ill-bred*), que se acrescentou aos sentidos tradicionais de "vernacular" (*vernacular*) e "mal-educado" (*ill-educated*). Para o alemão, a definição de Stieler de 1691, cit. W. Conze, em H. U. Wehler (ed.), *Moderne Deutsche Sozialgeschichte*, Colônia/Berlim, 1966, p. 113.

59. Sobre o clero católico, Delumeau, pp. 72 ss., 271 ss.

60. Sobre a luta corpo a corpo, B. Castiglione, *Il cortegiano* (1528); sobre o autocontrole, N. Elias, *Über den Prozess der Zivilisation*, 1, Basileia, 1939; cf. R. zu Lippe, *Naturbeherrschung am Menschen*, 2 v., Frankfurt, 1974 (em esp. sobre a dança).

61. R. Kelso, *Doctrine for the lady of the Renaissance*, Urbana, 1956, arrola 891 tratados sobre o tema.

62. Sobre o Languedoc, P. Wolff, *Histoire de Toulouse*, Toulouse, 1958, pp. 212 ss., 236; sobre o País de Gales, T. Parry, *A history of Welsh literature*, Oxford, 1955; sobre a Escócia, A. Ferguson, cit. Mackenzie (cap. 1, nota 39), p. 65; sobre a Boêmia, R. J. Kerner, *Bohemia in the eighteent century*, Nova York, 1932, p. 344 ss.; B. Balbín, *Dissertatio apologetica*, Praga, 1775, p. 7; sobre a Noruega, O. J. Falnes, *National romanticism in Norway*, Nova York, 1933; sobre a Finlândia, Wuorinen, em esp. p. 44.

63. L. Rotgans, *Boerekermis*, Amsterdam, 1708, em esp. pp. 10-1, 29; S. Mercier, *Tableau de Paris*, 8 v., Paris, 1782-4, 5, cap. 431.

64. P. Talpa, *Empricus sive Indoctus Medicus*, Antuérpia, 1563, p. 9; S. Mercurio, *De gli errori popolari d'Italia*, Veneza, 1603, em esp. livro 4; T. Browne, *Pseudoxia epidemica*, Londres, 1646, em esp. cap. 3; *Les tromperies des charlatans découvertes*, de Courval, reed. em Tabarin, *Oeuvres, 2*, Paris, 1858, com a réplica de Tabarin. Cf. Davis (1975), p. 258 ss.

65. M. Reeves, *The influence of prophecy in the later Middle Ages*, Oxford, 1969, p. 508; P. Hazard, *La crise de la conscience européenne*, Paris, 1935, parte 2, cap. 2; Haase (nota 40); C. W. Roldanus, *C. van Beuningen*, Haia, 1931; E. Labrousse, P. Bayle, 2, Haia, 1964; e sobre a Inglaterra, Thomas (1971), p. 427 ss.; B. Capp, *The fifth monarchy men*, Londres, 1972 (em esp. a conclusão); F. Manuel, *Isaac Newton historian*, Cambridge, 1963, p. 144 ss.; e sobre Joanna Southcott, E. P. Thompson (1963), p. 382 ss.

66. Trevor-Roper, p. 97 ss.; Caro Baroja (1961), cap. 4; Mandrou (1968), cap. 7-9; Macfarlane, pp. 57, 88; Thomas (1971), cap. 18, 22; Midelfort, cap. 6; Barberini cit. Ginzburg (1966), p. 137; ministro cit. Bowell (cap. 1, nota 19), p. 266.

67. Para exemplos florentinos, Guasti, p. 72; para exemplos romanos, J. Delumeau, *L'Italie de Botticelli à Bonaparte*, Paris, 1974, p. 328; sobre o século XVIII, F. Venturi, "Enlightenment versus the powers of darkness", em seu *Italy and the Enlightenment*, Londres, 1972; L. Parinetto, *Magia e ragione*, Florença, 1974.

68. J. Du Beilay, *Défense et illustration de la langue française* (1549), em esp. livro 2, cap. 4; sobre a linguagem, J. Lough, *An introduction to seventeenth-century France*, Londres, 1954, p. 244 ss.; sobre o clero, M. de Certeau, *L'Écriture de l'histoire*, Paris, 1975, p. 207 ss.; M. Desgrouais, *Les Gasconismes corrigés*, Toulouse, 1766; Rousseau, cit. Bahner (nota 58), p. 122.

69. Frieman (1961a), cap. 1-2; W. Cornwallis, *Essays*, Londres, 1600, "Of the observation and use of things"; sobre a jiga, Baskervill (1929), p. 111; sobre bobos, Welsford, cap. 7; R. S. Crane, "The vogue of Guy of Warwick", em *Proceedings of the Modern Language Association*, 30 (1915), em esp. p. 167 ss.; J. Webster, *The displaying of supposed witchcraft*, Londres, 1677, p. 323; Chesterfield ao seu filho, 25 de julho de 1741.

70. Reenberg cit./trad. R. C. A. Prior, *Ancient Danish ballads*, 3 v., Londres, 1860, 1, p. viii; cf. R. Paulli em Jacobsen 13, p. 228 ss.

71. P. Cazin, *Le Prince-Evêque de Varmie*, Paris, 1940, p. 131, sobre romanças na Polônia; sobre bruxas, Baranowski, B. Szabolcsi, *A concise history of Hungarian music*, Londres, 1964, pp. 37, 43; Kodály, p. 16.

72. Scott, 1, p. 13; sobre mímicos, Robertson (nota 7), p. 118 ss.; J. Beattie, *Scotticisms*, 1787; J. Rae, *Life of Adam Smith* (1895), reed. Nova York, 1965, p. 369; discussão geral em D. Craig, *Scottish literature and the Scottish people 1680-1830*, Londres, 1961, cap. 1-2.

73. Sobre a "alienação" dos nobres russos em relação à sua cultura tradicional, M. Raeff, *Origins of the Russian intelligentsia*, Nova York, 1966, p. 74 ss.;

sobre os bufões de Pedro, o Grande, Welsford, p. 182 ss.; sobre o público do *lubok*, Ovsyannikov (1968), p. 17; sobre sobrevivências da tradição, R. Pipes, *Russia under the Old Regime*, Londres, 1975, p. 187; S. T. Aksakov, *A Russian gentleman*, trad. ingl., Londres, 1917, p. 289; e Chadwick, p. xiii.

74. Para a visão a que estou me opondo, E. Schmidt; H. Bebel, *Proverbia Germanica*, ed. W. H. D. Suringar, Leiden, 1879; H. Bebel, *Facetten*, ed. G. Bebermayer, Leipzig, 1931; S. Franck, *Weltbuch*, 2 v., Frankfurt, 1567; S. Franck, *Sprichwärter*, 2 v., Frankfurt, 1541; F. Friese, *Historische Nachricht von der Merkwürdigen Ceremonien der Altenburgischen Bauern* (1703), reed. Schmölln, 1887; sobre Friese, G. Fischer, *Volkund Geschichte*, Kuhnbach, 1962.

75. Para a visão a que estou me opondo, Hustvedt; P. Syv (ed.), *Udvalde Danske Viser*, Copenhague, 1695, reed. prefácio de Vedel e acrescenta o seu próprio prefácio; sobre a Suécia, Jonsson, p. 35 ss., e Svensson (1955).

76. J. Aubrey, "Remains" em *Three prose works*, Fontwell, 1972, p. 132; sobre ele, R. Dorson, *The British folklorists*, Londres, 1969, p. 4 ss.

77. J. B. Thiers, *Traité des superstitions*, Paris, 1704; H. Bourne, *Antiquitates vulgares*, Newcastle, 1725 (sobre ele, Dorson, *The British folklorists*, Londres, 1968, p. 10 ss.); L. A. Muratori, *Dissertazioni sopra le antichità italiane*, 3 v., Milão, 1751; sobre ele, S. Bertelli, *Erudizione e Storia in L. A. Muratori*, Nápoles, 1960.

78. Montaigne, *Essais*, 1, cap. 54; sobre Malherbe, G. Tallemant des Réaux, *Historiettes*, ed. A. Adam, 1, Paris, 1960, p. 119.

79. Sobre a moda, M. E. Storer, *La mode des contes de fées* (*1685-1700*), Paris, 1928; sobre Caylus, A. P. Moore, *The genre Poissard and the French stage of the eighteenth century*, Nova York, 1935, p. 96 ss.

80. *The Spectator*, nº 70; Friedman (1961a), cap. 4; T. Blackwell, *An enquiry into the life and writings of Homer*, Londres, 1735; R. Lowth, *De sacra poesia hebraeorum*, Oxford, 1753.

BIBLIOGRAFIA

Esta bibliografia contém (*a*) antologias modernas de material de fonte, marcadas com um asterisco, e (*b*) uma seleção de livros e artigos sobre cultura popular, 1500-1800, publicados antes de outubro de 1976. Todas as obras citadas sob forma abreviada nas notas aqui estão citadas na íntegra, mas alguns livros citados na íntegra nas notas não estão na bibliografia, e alguns livros citados na bibliografia não estão nas notas. Foi omitido desta bibliografia um tipo importante de fonte: as coleções de folhetos e livretos populares da Europa ocidental que se encontram na British Library, encadernados em volumes, mas catalogados pelo título de cada unidade.

ABREVIATURAS

AESC	*Annates: Économies, Sociétés, Civilisations*
Child	F. J. Child (ed.), *The English and Scottish popular ballads* (1882), nova ed., 5 v., Nova York, 1965
FFC	*Folklore Fellows Communications*
Funk and Wagnall	*Funk and Wagnall's Standard Dictionary of Folklore, Mythology and Legend*, ed. M. Leach, 2 v., Nova York, 1949-50
JWCI	*Journal of the Warburg and Courtauld Institutes*
Motif-Index	S. Thompson (ed.), *Motif-Index of folk literature*, ed. rev., 6 v., Copenhague, 1955-8
P&P	*Past and Present*

ADEMOLLO, A. *Il Carnevale di Roma nei secoli 17 e 18*, Roma, 1883.
ADHÉMAR, J. *et al. Imagerie populaire française*, Milão, 1968.
*AFANASIEV, A. N. (ed.) *Narodnye Russkie Skazki*, 8 v., 1855-63; sel. trad. *Russian fairy tales*, Londres, 1946.
AGULHON, M. (1966) *La Sociabilité méridionale*, Aix.
———. (1970) *La Republique au village*, Paris.
* ALLIER, R. (1909) (ed.) *La Compagnie du Très Saint Sacrement à Marseille*, Paris.
———. (1914) *La Compagnie du Très Saint Sacrement à Toulouse*, Paris.
AMADES, J. (1934) *Gegants, nans i altres entremesos*, Barcelona.
———. (1947) *Xilografies gironines, 2* v., Girona.
*———. (1950-1) (ed.) *Folklore de Catalunya, 2* v., Barcelona.
———. (1952) *Els ex-vots*, Barcelona.

418

AMADES, J. (1966) *Danzas de moros y christianas*, Valencia.

* AMZULESCU, A. I. (ed.) *Balade populare romînesti*, 3 v., Bucareste, 1964.

* D'ANCONA, A. (1872) (ed.) *Sacre rappresentazioni*, 3 v., Florença.

_____. (1891) *Origini del teatro italiano*, 2 v., Turim.

_____. (1913) *Saggi di letteratura popolare*, Livorno.

ANDERSON, W. *Kaiser und Abt*, Helsinque, 1923.

ANGYAL, A. "Die Welt der Grenzfestungen", *Süd-Ost Forschungen*, 16 (1957). (Na fronteira turco-habsbúrgica.)

ANKER, P. *Folkekunst i Norge*, Oslo, 1975.

* ARNIM, A. von/BRENTANO, C. (eds.) *Des Knaben Wunderhorn* (1806). (Referências da ed. 1957, Munique.)

* ASHTON, J. (ed.) *Chap-books of the eighteenth century*, Londres, 1882.

ASHTON, J. W. "Folklore in the literature of Elizabethan England", em *Journal of American Folklore*, 70 (1957).

ASTAKHOVA, A. M. "Improvisation in Russian folklore" (1966), trad. Oinas/Soudakoff.

ATHERTON, H. M. *Political prints in the age of Hogarth*, Oxford, 1974.

AVÉ-LALLEMANT, F. C. B. *Das Deutsche Gaunerthum*, 4 v., Leipzig, 1858-62.

AVRICH, P. *Russian rebels*, Londres, 1973.

AXTON, R. *European drama of the early Middle Ages*, Londres, 1974. (900--1400).

AYDELOTTE, F. *Elizabethan rogues and vagabonds*, Oxford, 1913, reed. Londres, 1967.

D'AZEVEDO, J. Lucio. *A evolução do sebastianismo*, Lisboa, 1918.

* BADECKI, K. (ed.), *Polska Komedja Rybaltowska*, Lwów, 1931.

BAHLMAN, D. W. R. *The moral revolution of 1688*, New Haven, 1957.

BAKHTIN, M. *Rabelais and his world* (1965), trad. ingl., Cambridge, Mass., e Londres, 1968.

BALYS, J. "Estonian folklore and mythology" em *Funk and Wagnall*.

_____. "Latvian folklore and mythology", em *Funk and Wagnall*.

_____. "Lithuanian folklore and mythology", em *Funk and Wagnall*.

BALZER, B. *Bürgerliche Reformationspropaganda*, Stuttgart, 1973. (Sobre H. Sachs.)

BARANOWSKI, B. *Procesy Czarownie w Polsce w 17 i 18 Wieku*, Łodz, 1952.

BARBEAU, M. "French folklore", em *Funk and Wagnall*.

BARLEY, M. W. (1961) *The English farmhouse and cottage*, Londres.

_____. (1967) "Rural housing in England", em J. Thirsk (ed.), *Agrarian history of England and Wales*, 4, Cambridge.

BARRY, P. "The part of the folk singer in the making of folk ballads", em LEACH, M./ COFFIN, T. (eds.) *The critics and the ballad*, Carbondale, 1961.

BARTÓK, B. *Hungarian folk music* (1924), trad. ingl., Oxford, 1931.

BASKERVILL, C. R. (1920) "Dramatic aspects of medieval folk festivals in England", em *Studies in Philology*, 17.

BASKERVILL, C. R. (1923-4). "'Mummers' wooing plays in England", em *Modern Philology*, 21.

———. (1929). *The Elizabethan jig*, Chicago, reed. Nova York, 1965.

BAUSINGER, H. (1967) (ed.), *Masken zwischen Spiel und Ernst*, Tübingen.

———. (1968), *Formen der "Volkspoesie"*, Berlim.

BEATTIE, B. "Oral-traditional composition in the Spanish *romanceros* of the sixteenth century", em *Journal of the Folklore Institute*, 1 (1964).

BEERLI, C. A. (1953) *Le peintre poete Nicolas Manuel*, Genebra.

———. (1956) "Quelques aspects des jeux, danses et fêtes à Berne pendant la première moitié du 16ᵉ siècle", em J. Jacquot (ed.), *Les fêtes de la Renaissance*, 1; Paris.

BELMONT, N. *Mythes et croyances dans l'ancienne France*, Paris, 1973.

BENNASSAR, B. *L'Homme espagnol*, Paris, 1975.

BERCÉ , Y. M. (1974a) *Histoire des croquants, 2* v., Genebra/Paris.

*———. (1974b) (ed.) *Croquants et nu-pieds*, Paris.

———. (1976) *Fête et révolte*, Paris.

* BERGER, A. E. (ed.) *Lied-, Spruch-, und Fabeldichtung im Dienste der Reformation*, Leipzig, 1938.

BERGERON, D. M. *English civic pageantry, 1558-1642*, Londres, 1971.

BERNHEIMER, R. *Wild men in the Middle Ages*, Cambridge, Mass., 1952.

BLICKLE, P. *Die Revolution von 1525*, Munique/Viena, 1975.

BLUM, A. *L'Estampe satirique en France pendant les guerres de religion*, Paris, s.d.

BØ, O. *Heilag-Olav i Norsk Folketradisjon*, Oslo, 1955.

BOAS, G. *Vox populi*, Baltimore, 1969.

BØDKER, L. *Folk literature (Germanic)*, Copenhague, 1965.

BOLLÊME, G. (1965) "Littérature populaire et littérature de colportage au 18ᵉ siècle", em F. Furet (ed.), *Livre et société*, 1, Paris.

———. (1969) *Les Almanacs Populaires au 17ᵉ et 18ᵉ Siècles*, Paris/Haia.

*———. (1971) (ed.) *La Bibliothèque Bleue*, Paris.

BOLTE J. /POLÍVKA, G. *Anmerkungen zu den Kinder-und Hausmärchen der Brüder Grimm*, 5 v., Leipzig, 1913-32.

BONNER, W. H. *Pirate laureate: the life and legends of Captain Kidd*, New Brunswick, 1947.

* BORDIER, H. L. (ed.) *Le chansonnier huguenot de 16ᵉ siècle*, Paris, 1870.

BOSANQUET, E. F. (1917) *English printed almanacs ... to the year 1600*, Londres.

———. (1930) "English 17th-century almanacs", em *The Library*.

BOSKOVIĆ-STULLI, M. "Regional variations in folktales", em *Journal of the Folklore Institute*, 3 (1966).

BOSSY, J. "The Counter-reformation and the people of catholic Europe", em *P&P* 47 (1970).

BOST, C. (1912) *Les prédicants protestants des Cévennes, 2* v., Paris.

———. (1921) "Les prophètes du Languedoc en 1701 et 1702", em *Revue Historique*, 136-7.

420

BOUCHARD, G. *Le Village immobile: Sennely-en-Sologne au 18ᵉ siècle*, Paris, 1972.

BOWEN, B. C. *Les Caractéristiques essentielles de la farce française*, Urbana, 1964.

BRADBROOK, M. C. *The rise of the common player*, Londres, 1962 (England 1300-1600).

BRAGA, T. (1867a) *Historia da poesia popular portugueza*, Porto.

*_____. (1867b) (ed.) *Cancioneiro popular*, Coimbra.

_____. (1886) *O povo portuguez*, 2 v., Lisboa.

*_____. (1906-9) (ed.) *Romanceiro geral portuguez*, 3 v., 2ª ed., Lisboa.

BREWER, J. *Party ideology and popular politics at the accession of George III*, Cambridge, 1976.

BRIGGS, K. M. *The anatomy of Puck*, Londres, 1959.

BROCKETT, O. G. "The fair theatres of Paris in the 18 th century", em ANDERSON M. J. (ed.) *Classical drama and its infuence*, Londres, 1965.

BRODY, A. *The English mummers and their plays*, Londres, 1970.

BRONSON, B. H. (1959) *The traditional tunes of the Child Ballads*, 3 v., Princeton.

_____. (1969) *The ballad as song*, Berkeley e Los Angeles.

BRÜCKNER, W. (1958) *Die Verehrung des Heiligen Blutes in Walldürn*, Frankfurt. W. Brückner (1966), *Bildnis und Brauch*, Berlim.

_____. (1968) "Popular piety in central Europe", em *Journal of the Folklore Institute*, 5.

_____. (1974) (ed.) *Volkserzählung und Reformation*, Berlim.

BUCHAN, D. (1968), "History and Harlaw", em *Journal of the Folklore Institute*, 5.

_____. (1972) *The ballad and the folk*, Londres.

*_____. (1973) (ed.) *A Scottish ballad book*, Londres.

BURDET, J. *La Danse populaire dans le Pays de Vaud*, Basileia, 1958.

BURSZTA, J. (ed.), *Kultura Ludowa Wielkopolska*, 3 v., Poznan, 1960-7.

BUTLER, E. M. *The fortunes of Faust*, Cambridge, 1952.

BUTTITTA, A. "Cantastorie in Sicilia", em *Annali del Museo Pitrè*, 8-10 (1957-9).

*CAMPORESI, P. (ed.), *Il libro dei vagabondi*, Turim, 1973.

CARO BAROJA, J. (1961), *The world of the witches*, trad. ingl., Londres, 1964.

_____. (1965) *El Carnaval*, Madri.

*_____. (1966) (ed.), *Romances de Ciego*, Madri.

_____. (1969), *Ensayo sobre la literatura de cordel*, Madri.

*CASTAÑEDA, V./HUARTE, A. (eds.) *Colección de pliegos sueltos*, Madri, 1929.

*CASTAÑEDA, V. (ed.) *Nueva colección de pliegos sueltos*, Madri, 1933.

CATHOLY, E. *Fastnachtspiel*, Stuttgart, 1966.

*CHADWICK, N. K. (ed.) *Russian heroic poetry*, Cambridge, 1932.

CHAMBERS, E. K. (1903) *The medieval stage*, 2 v., Oxford.

_____. (1933), *The English folk-play*, Oxford.

CHERNIAVSKY, M. (1961) *Tsar and people: studies in Russian myths*, New Haven.

_____. (1966) "The old believers and the new religion", em *Slavic Review*, 25.

*CHRISTENSEN, A. (ed.) *Molboernes Vise Gerninger*, Copenhague, 1939.

CHRISTIE, S. *Den Lutherske Ikonografi i Norge inntil 1800*, 2 v., Oslo, 1973.

CIONI, A. (ed.) *Bibliografia delle sacre rappresentazioni*, Florença, 1961.

CIPOLLA, C. M. *Literacy and development in the West*, Harmondsworth, 1969.

CIRAC ESTAPAÑÁN, S. *Los procesos de hechicerías en la Inquisición de Castilla la Nueva*, Madri, 1942.

CLAUSEN, V. E. *Det folkelige Danske Traesnit i Etbladstryk, 1650-1870*, Odense, 1971.

CLEMEN, O. (1937) *Die Volksfrömmigkeit des Ausgehenden Mittelalters*, Dresden/ Leipzig.

———. (1938) *Luther und die Volksfrömmigkeit seiner Zeit*, Dresden/Leipzig.

CLEMENTI, F. *Il Carnevale romano*, Roma, 1899.

COBB, R. *The police and the people: French popular protest 1789-1820*, Oxford, 1970.

COCCHIARA, G. (1952) *Storia del folklore in Europa*, Turim.

———. (1956) *Il paese di Cuccagna*, Turim.

———. (1963) *Il mondo alla Rovescia*, Turim.

COHN, N. (1957) *The pursuit of the millennium*, nova ed., Londres, 1970.

———. (1975) *Europe's inner demons*, Londres.

COIRAULT, P. *Recherches sur notre ancienne chanson populaire traditionnelle*, 5 partes, Paris, 1933.

COLLINSON, F. *The traditional and national music of Scotland*, Londres, 1966.

COTTIGNIES, F. *Chansons et pasquilles*, ed. F. Carton, Arras, 1965.

COUPE, W. A. *The German illustrated broadsheet in the seventeenth century*, 2 v., Baden-Baden. 1966.

CRESSY, D. "Literacy in preindustrial England" em *Societas*, 4 (1974).

*CRONIA, A. (ed.). *Poesia popolare Serbo-Croata*, Pádua, 1949.

CUMING, G. J. /BAKER, D. (eds.) *Popular beliefs and practice*. Cambridge, 1972.

DAHL, F. (1939). "Amsterdam — earliest newspaper centre of Western Europe", em *Het Boek*, 25.

———. (1946) *Dutch Corantos, 1618-1650*, Haia.

DANCKERT, W. *Unehrliche Leute*, Berna/Munique, 1963.

DAUR, A. *Das Alte Deutsche Volkslied*, Leipzig, 1909.

*DAVENSON, H. (ed.) *Le Livre des chansons*, Neuchâtel, 1946.

DAVIDS, C. A. "Het Nederlandse Zeemanslied in de 17de en 18de Eeuw", em *Mededelingen van de Nederlandse Vereniging voor Zeegeschiedenis* 23 (1974).

DAVIS, N. Z. (1974), "Some tasks and themes in the study of popular religion", em TRINKAUS, C. /OBERMAN, H. (eds.) *The pursuit of holiness*, Leiden.

———. (1975) *Society and culture in Early Modern France*, Londres.

DEJEAN, E. *Un prélat indépendant au 17ᵉ siècle: Nicolas Pavillon*, Paris, 1909.

DELUMEAU, J. *Le Catholicisme entre Luther et Voltaire*, Paris, 1971.

DHOTEL, J. C. *Les Origines du catéchisme moderne.* Paris, 1967.

DIS, L.-M. van *Reformatorische Rederijkersspelen*, Haarlem, s. d.

*DITFURTH, F. W. von (1869) (ed.) *Einhundert Historische Volkslieder des Preussischen Heeres von 1675 bis 1866*, Berlim.

422

*DITFURTH, F. W. von (1874) (ed.), *Die Historische Volkslieder des Oestreichischen Heeres*, Viena.

*_____. (1882) (ed.) *Die Historiche-Politische Volkslieder des Dreissig-Jährigen Kriegs*, Heidelberg.

DJURIC, V. "Prince Marko in epic poetry", em *Journal of the Folklore Institute*, 3 (1966).

DOMOKOS, S. "Zur Geschichte der Räuberballaden", e*m Acta Litteraria*, 3 (1960).

* DONCIEUX, G. (ed.), *Le Romancéro populaire de la France*, Paris, 1904.

DOUBLET, G. (1895a) "Un diocèse pyrénéen sous Louis XIV", em *Revue des Pyrénéés*, 7.

_____. (1895b) *Un Prélat janséniste, F. de Caulet*, Paris/Foix.

DOUEN, O. *Clement Marot et le Psautier huguenot*, 2 v., Paris, 1878-9.

DRIESEN, O. *Der Ursprung des Harlekin*, Berlim, 1904.

DUCHARTRE, P. L. *L'Imagerie populaire russe et les livrets gravés, 1629-1885*, Paris, 1961.

DUCHARTRE, P. L./SAULNIER, R. *L'Imagerie populaire*, Paris, 1925.

DUMONT, L. *La Tarasque*, Paris, 1951.

DUNDES, A. /FALASSI, A. *La terra in piazza: an interpretation of the Palio of Siena*, Berkeley e Los Angeles, 1975.

DURRY, M. J. "L'Académie Celtique et la chanson populaire", em *Revue de Littérature Comparée*, 9 (1929).

DUYSE, P. van. *De Rederijkkamers in Nederland*, 2 v., Gante, 1900-2.

EBERHARDT, H. "Der Kyffhäuserberg in Geschichte und Sage", em *Blätter für Deutsche Landesgeschichte*, 96 (1960).

EDSMAN C. M. (1967) "A Swedish female folk healer", em EDSMAN (ed.), *Studies in Shamanism*, Estocolmo.

EECKAUTE, D. (1965), "Les brigands en Russie au 17ᵉ and 19ᵉ siècles", em *Revue d'Historie Moderne*, 12.

ELSCHEK, O. "The problem of variation in 18th-century Slovak folk music", em *Studio Musicologica*, 1 (1965).

ENTWISTLE, W. J. *European balladry*, Oxford, 1939.

ERIXON, S. (1938), *Folklig Möbelkultur i Svenske Bygder*, Estocolmo.

_____. (1939), "Turwächter und Prangerfiguren", em *Folk-Liv*, 3.

*ERK, L. /BÖHME, F. M. (eds.), *Deutsche Liederhort*, 3 v., Leipzig, 1893-4.

ESPINOSA, A. "Spanish folklore", em *Funk and Wagnall*.

FABRE D./LACROIX, J. *La Vie quotidienne des paysans de Languedoc au 19ᵉ siècle*, Paris, 1973.

FEHR, H. *Massenkunst im 16. Jahrhundert*, Berlim, 1924.

FÉL, E. /HOFER, T./CSILLÉRY, K. *Hungarian peasant art*, Budapeste, 1958.

FÉL, E. /HOFER, T. *Saints, soldiers, shepherds*, Budapeste, 1966.

FELICE, R. de "Paura e religiosità popolare nello stato della Chiesa alla fine del 18 secolo", em seu *Italia Giacobina*, Nápoles, 1965.

423

FERTÉ, J. *La Vie religieuse dans les campagnes parisiennes 1622-96*, Paris, 1962.

FINNEGAN, R. "Literacy v. non-literacy: the great divide?", em R. Horton/R. Finnegan (eds.), *Modes of Thought*, Londres, 1973.

FLEURY M./VALMARY, P. "Les Progrès de l'instruction elémentaire de Louis XIV à Napoléon III", em *Population*, 1 (1957).

FOSTER, G. M. (1960) *Culture and conquest: America's Spanish heritage*, Chicago.

————. (1965) "Peasant society and the image of limited good", em *American Anthropologist*, 67.

FOURNÉE, J. *Enquête sur le cult populaire de st Martin en Normandie*, Nogent, 1963.

FOWLER, D. C. *A literary history of the popular ballad*, Durham, N. C., 1968.

FRANZ, G. (1933), *Der Deutsche Bauernkrieg*, Munique/Berlim, 7ª ed., 1965.

*————. (1963) (ed.) *Quellen zur Geschichte des Bauernkrieges*, Munique.

FRIEDMAN, A. B. (1961a) *The ballad revival*, Chicago, 1961.

————. (1961b), "The formulaic improvisation theory of ballad tradition", em *Journal of American Folklore*, 74.

Funk and Wagnall's Standard Dictionary of Folklore, Mythology and Legend, ed. M. Leach, 2 v., Nova York, 1949-50.

FURET, F./SACHS, W. "La Croissance de l'alphabétisation en France", em *AESC*, 29 (1974).

FUSTER, J. *El bandolerisme català*: v. 2, *La Llegenda*, Barcelona, 1963.

GAIGNEBET, C. (1972) "Le Combat de Carnaval et de Carême", em *AESC*, 27.

————. (1974) *Le Carnaval*, Paris.

————. (1975) "Le Cycle annuel des fêtes à Rouen au milieu du 16ᵉ siècle", em JACQUOT, J. (ed.), *Les Fêtes de la Renaissance*, 3, Paris.

GALARNEAU, C. "La Mentalité paysanne en France sous l'Ancien Régime", em *Revue de L'Histoire de l'Amérique Française*, 14 (1960).

GALLEGO Y BURÍN, A./GÁMIR SANDOVAL, A. *Los moriscos del Reino de Granada*. Granada, 1968.

GALPERN, A. N. "Late medieval piety in sixteenth-century Champagne", em TRINKAUS, C./OBERMAN, H. (eds.) *The pursuit of holiness*, Leiden, 1974.

GARCÍA DE DIEGO, P. "El testamento en la tradición" em *Revista de D'alectología y Tradiciones Populares*, 9-10 (1953-4).

GARDINER, H. C. *Mysteries' end*, New Haven, 1946.

GENNEP, A. van. *Manuel de Folklore Française*, 3 v., Paris, 1937-43.

GEORGE, M. D. *English political caricature*, vol. 1, Oxford, 1959.

*GESEMANN, G. (1925) (ed.), *Erlangenski Rukopis*, Sremski Karlovci (Carlowitz).

————. (1926) "Kompositionsschema und Heroisch-Epische Stilisierung", em seu *Studien zur Südslavischen Volksepik*, Reichenberg.

GINZBURG, C. (1966) *I Benandanti*, Turim.

————. (1972) "Folklore, magia, religione", em ROMANO, R./VIVANTI, C. (eds.), *Storia d'Italia*, 1, Turim.

GINZBURG, C. (1976) *Il formaggio e le vermi*, Turim.

GODECHOT, J. "Caractères généraux des soulèvements contre-révolutionnaires", em *Homenaje a J. Vicens Vives*, 2, Barcelona, 1967.

GONZÁLEZ PALENCIA, A./MELE, E. *La Maya*, Madri, 1944.

GRANBERG, G."Krykan och Folktron", (1948), repr. in ROOTH, A. B. (ed.), *Folkdikt och Folktro*, Lund, 1971.

GRANT, H. "El mundo al Reves", em *Hispanic Studies in Honour of J. Manson*, Oxford, 1972. (Em inglês.)

GRAVIER, M. *Luther et l'opinion publique*, Paris, 1942.

GREVE, R. *Studien über den Roman Buovo d'Antona in Russland*, Berlim, 1956.

*GRIMM, J./GRIMM, W. (eds.) *Kinder-und Hausmärchen* (1812).

Grove's Dictionary of Music and Musicians, 5ª ed., ed. E. Blom, 9 v., Londres, 1954.

*GRUNDTVIG, S. (ed.) *Danmarks Folkeviser i Udvalg*, Copenhague, 1882.

*GUASTI, C. (ed.), *Le Feste di S. Giovanni Battista in Firenze*, Florença, 1884.

GUERRINI, O. *G. C. Croce*, Bolonha, 1879.

GUERSHOON, A. *Certain aspects of Russian proverbs*, Londres, 1941.

GUILCHER, J. M. *La Tradition populaire de danse en Basse-Bretagne*, Paris/Haia, 1963.

HAAN, T. W. R. de (1950) *Volk en Dichterschaap*, Assen.

_____. (1965) (ed.) *Volkskunst der Lage Landen*, 3 v., Amsterdã/Bruxelas.

HAEBLER, H. C. von *Das Bild in der Evangelischen Kirche*, Berlim, 1957.

HAMPE, T. *Die Fahrenden Leute in der Deutschen Vergangenheit*, Leipzig, 1902.

HARMON, M./ COCCHIARA, G./MARABOTTI, A. M. "Folk art" em *Encyclopaedia of World Art*, 5, Londres, 1971.

HANSEN, H. J. (ed.) *European folk art*, trad. ingl., Londres, 1968.

HART, S. "Enige Statistische Gegeuens inzake Analfabetisme te Amsterdam in de 17e en 18e eeuw", em *Amstelodanum*, 55 (1968).

*HARTMANN, A. (1880) (ed.) *Das Oberammergauen Passionspiel*, Leipzig.

*_____. (1907-13) (ed.) *Historische Volkslieder*, Munique.

HARVEY, H. G. *The theatre of the basoche*, Cambridge, Mass., 1941.

HARVEY, L. P. "Oral composition and the performance of novels of chivalry in Spain", em DUGGAN, J. J. (ed.) *Oral literature*, Edimburgo/Londres, 1975.

HASLUCK, F. W. *Christianity and Islam under the sultans*, 2 v., Oxford, 1929.

HAUGLID, R. (ed.), *Native art of Norway*, Oslo, 1965.

HAUSER, H. (1899) *Ouvriers du temps passé*, Paris.

_____. (1909) *Études sur la Réforme Française*, Paris.

HAY, D. (1975) (ed.) *Albion's fatal tree: crime and society in 18th-century England*, Londres.

HEERS, J. (1971) *Fêtes, jeux et joutes dans les dociétés d'Occident à la fin du Moyen Âge*, Montreal.

HEERS, J. (1973) "Les Métiers et les fêtes médiévales en France du Nord et en Anglaterre", em *Revue du Nord*, 55.

HEFELE, H. *Hl Bernardin von Siena und die Franziskanische Wanderpredigt in Italien*, Friburgo, 1912.

*HEILFURTH, G. (1959) (ed.) *Bergreihen*, Tübingen.

_____. (1967) *Bergbau und Bergmann in der Deutschsprachigen Sagenüberlieferungen Mitteleuropas*, Marburg.

HENNINGSEN, H. *Crossing the Equator*, Copenhague, 1961.

HEURCK, E. van *Les Livres populaires flamands*, Antuérpia, s.d. (cerca de 1931).

*HILDERMAN, K. I. *et al.* (eds.) *Politisk Rimdans*, Estocolmo, 1960.

HILL, C. (1958) *Puritanism and revolution*, Londres.

_____. (1964) *Society and puritanism in pre-revolutionary England*, Londres.

_____. (1965) "The many-headed monster in late Tudor and early Stuart political thinking", reeditado em Hill (1974).

_____. (1972) *The world turned upside down: radical ideas during the English Revolution*, Londres.

_____. (1974) *Change and continuity in seventeenth-century England*, Londres.

HOBSBAWM, E. J. (1959) *Primitive rebels*, nova ed., Manchester, 1971.

_____. (1969) *Bandits*, Londres.

_____. (1971) "Class consciousness in history", em MÉSZAROS, I. (ed.) *Aspects of history and class consciousness*, Londres.

HODGART, M. (1950) *The ballads*, nova ed., Londres, 1962.

*_____. (ed.) *The faber book of ballads*, Londres.

HOFFMANN, M. *En Gruppe Vevstoler pa Vestlandet*, Oslo, 1958.

*HORÁK, J. (ed.) *Slovenske L'udove Balady*, Bratislava, 1956.

HORNBERGER, T. *Der Schäfer*, Stuttgart, 1955.

HOSKINS, W. G. "The rebuilding of rural England", reed. em seu *Provincial England*, Londres, 1963.

_____. *The midland peasant*, Londres, 1957. ('Excursus' on peasant houses 1400-1800.)

*HRABÁK, J. (ed.), *Staroceské Drama*, Praga, 1950.

HUSTVEDT, S. B. *Ballad criticism in Scandinavia and Great Britain during the eighteenth century*, Nova York, 1916.

*HYLTÉN-CAVALLIUS, G. O./STEPHENS, G. (eds.) *Sveriges Historiska och Polistska Visor*, 1, Örebro, 1853.

Images du Peuple au 18ᵉ siècle, Paris, 1973.

JACKSON, K. (1936) "The international folktale in Ireland", em *Folklore*, 47.

_____. (1961) *The international popular tale and early Welsh tradition*, Cardiff.

JACOBEIT, W. *Schafhaltung und Schäfer*, Berlim, 1961.

*JACOBSEN, J. P. *et al.* (eds.) *Danske Folkeboger*, 14 v., Copenhague, 1915-36.

JAKOBSON, R. (1944) "On Russian fairy tales", reed. em Jakobson, *Selected writings*, 1966.

_____. *Selected writings*, 4, Haia/Paris, 1966.

JAKOBSON, R./BOGATYREV, P. "Die Folklore als eine Besondere Form des Schaffens" reed. *ibid.*

JAKOBSON, S. P. "Slavic folktales", em *Funk and Wagnall.*

*JENTE, R. (ed.), *Proverbia communia*, Bloomington, 1947 (803 provérbios holandeses de uma coletânea do século XV).

JOBST, A. *Evangelische Kirche und Volkstum*, Stuttgart, 1938.

JOHANSSON, E. (1969) *Kvantitativa Studier av Alphabetiseringen i Sverige*, Umeå.

———. (1973) *Literacy and Society in a Historical Perspective*, Umeå.

JOLIBOIS, E. *La Diablerie de Chaumont*, Chaumont, 1838.

JONES, J. H. "Commonplace and memorisation in the oral tradition of the English and Scottish popular ballads", em *Journal of American Folklore*, 74 (1961).

JONES, T. G. *Welsh folklore and folk-custom*, Londres, 1930.

JONSSON, B. R. *Svensk Balladtradition*, 1, Estocolmo, 1967.

JÜRGENSEN, W. (1910) *Martinslieder.*

KAPLOW, J. *The names of kings: the Parisian labouring poor in the eighteenth century*, Nova York, 1972.

KAPP, R. *Heilige und Heiligenlegende in England*, Halle/Saale, 1934.

KARADŽIĆ, V. S. (ed.) *Srpske Narodne Pjesme*, 4 v., (1824-33).

*———. (ed.) *Srpske Narodne Prilovetke*, (1853), trad. ingl. *Hero tales and legends of the Serbians*, Londres, 1914.

KATONA, I. *Historische Schichten der Ungarische Volksdichtung*, Helsinki, 1964 (*FFC* n⁰ 194).

KEEN, M. *The outlaws of medieval legend*, Londres, 1961.

*KELLER, A. (ed.), *Fastnachtspiele*, 3 v., Stuttgart, 1853-8.

KEMP, P. *Healing ritual*, Londres, 1935. (Sobre Iugoslávia.)

KIECKHEFER, R. *European witch-trials: their foundations in popular and learned culture, 1300-1500*, Londres, 1976.

KLERSCH, J. *Die Kölnische Fastnacht*, Colônia, 1961.

KLINGNER, E. *Luther und der Deutsche Volksaberglaube*, Berlim, 1912.

KLOSTER, R. "Handverksbygden og bygdehandverkeren", em reed. Svensson (1968).

KNUTTEL, W. P. C. (ed.) *Catalogus van de Pamfletten Verzameling Berustende in de Koninklijke Bibliotheek*, 9 v., Haia, 1889-1920.

KODÁLY, Z. *Folk music of Hungary* (1952), trad. ingl. Londres, 1971.

KOHLER, E. *Martin Luther und der Festbrauch*, Colônia/Graz, 1959.

*KOHLSCHMIDT, W. (ed.) *Das Deutsche Soldatenlied*, Berlim, 1935.

KOHT, H. (1926) *Norsk Bondereising*, reed. Oslo, 1975. (A trad. franc., *Les Luttes des paysans en Norvège*, Paris, 1929, é muito resumida.)

———. (1929) "The importance of the class struggle in modern history", em *Journal of Modern History.*

KOLVE, V. *The play called Corpus Christi*, Stanford, 1966.

KOMOROVSKY, J. *Král Matej Korvín v L'udovej Prozaickej Slovesnosti*, Bratislava, 1957.

KORF, D. *Dutch tiles*, trad. ingl., Londres, 1963.

KREBS, W. *Alte Handwerksbräuche*, Basileia, 1933.

KÜGLER, H. "Friedrich der Grosse", em MACKENSEN, L. (ed.) *Handwörterbuch des Deutsche Märchens, 2,* Berlim, 1940.

*KUIPER, E. T. (ed.), *Het Geuzenliedboek,* 2 v., Zutphen, 1924.

KUNZLE, D. *The early comic strip,* Berkeley e Los Angeles, 1973.

LAGET, M. "Pétites écoles en Languedoc au 18ᵉ siècle", em *AESC,* 26 (1971).

LANDSVERK, H. "Fra Biletverda i Folkekunsten", em *By og Bygd,* 18 (1952-3).

LANTERNARI, V. "La política culturale della chiesa nelle campagne: la festa di S. Giovanni", em *Società,* 11 (1955).

LASLETT, P. *The world we have loste,* Londres, 1965.

LATHAM, M. W. *The Elizabethan faires,* Nova York, 1930.

LAZZARESCHI, E. *Un Contadino poeta: Giovan Domenico Pèri d'Arcidosso,* 2 v., Roma, 1909-11.

LEA, K. M. *Italian popular comedy,* 2 v., Oxford, 1934.

LEADER, N. A. M. *Hungarian classical ballads and their folklore,* Cambridge, 1967.

*LEBER, C. (ed.) *Collection des meilleures dissertations,* 9, Paris, 1826.

LE BRAS, G. *Études de sociologie religieuse,* 2 v., Paris, 1955-6.

LEBRUN, F. *Les Hommes et la mort en anjou aux 17ᵉ et 18ᵉ siècles,* Paris/Haia, 1971.

LEFEBVRE, G. (1924) *Les Paysans du Nord pendant la Révolution Française,* reed. Bari, 1959.

———. (1932) "La Révolution Française et les paysans", reed. em seu *Études sur la Révolution Française,* Paris, 1954.

———. (1934), "Foules révolutionnaires", reed. *ibid.*

LEFEBVRE, J. (1964), "Le Jeu de Carnaval de Nuremberg", em J. Jacquot (ed.), *Le Lieu théâtral à la Renaissance,* Paris.

———. (1968) *Les Fols et la folie,* Paris.

———. (1975) "Vie et mort du jeu de Carnaval à Nuremberg", em JACQUOT (ed.) *Les Fêtes de la Renaissance,* 3, Paris.

LE ROY LADURIE E. (1966) *Les Paysans de Languedoc,* 2 v., Paris; trad. ingl. resumida, Urbana, 1974.

———. (1971) "Mélusine ruralisée", em *AESC,* 26.

———. (1975) "De la crise ultime à la vraie croissance", em DUBY, G./ WALLON, A. (eds.), *Histoire de la France rurale,* Paris.

LEVI, E. *I cantari leggendari del popolo italiano,* Turim, 1914.

LIESKE, R. *Protestantische Frömmigkeit im Spiegel der Kirchlichen Kunst des Herzogtums Württemberg,* Munique/Berlim, 1973.

*LIESTØL, A. (ed.) *Norske Folkeviser,* Oslo, 1964.

LIESTØL, K. *Scottish and Norwegian Ballads,* Oslo, 1946.

*LILIENCRON, R. von (ed.), *Die Historische Volkslieder der Deutschen vom 13. bis 16. Jahrhundert,* 4 v., Leipzig, 1865-9.

LLOYD, A. L. *Folksong in England* (1967), nova ed., Londres, 1969.

LOCKRIDGE, K. A. *Literacy in colonial New England,* Nova York, 1974.

LOOMIS, C. G. *White magic; an introduction to the folklore of Christian legend*, Cambridge, Mass., 1948.

———. "Celtic folklore", em *Funk and Wagnall.*

LORD, A. B. *The singer of tales* (1960), nova ed., Nova York, 1966.

LOTTIN, A. *Vie et mentalité d'un lillois sous Louis XIV*, Lille, 1968.

LOUIS, M. *Le Folklore et la danse*, Paris, 1963.

*LOW, D. S. (ed.), *The ballads of Marko Kraljević*, Cambridge, 1922.

LOWENTHAL, L. *Literature, popular culture and society*, Englewood Cliffs, 1961.

LÜTHI, M. (1947) *Das Europäische Volksmärchen*, nova ed., Berna, 1960.

———. (1970) *Volksliteratur und Hochliteratur*, Berna/Munique.

MACDONALD, D. "Masscult and midcult", em seu *Against the American grain*, Nova York, 1962.

MACFARLANE, A. *Witchcraft in Tudor and Stuart England*, Londres, 1970.

MALCOLMSON, R. W. *Popular recreations in English society 1700-1850*, Cambridge, 1973.

MANDROU, R. (1964) *De la culture populaire au 17ᵉ et 18ᵉ Siècles*, Paris.

———. (1968), *Magistrats et sorciers en France au 17ᵉ siècle*, Paris.

MANNING, B. *The English people and the English Revolution, 1640-9*, Londres, 1976.

*MANZONI, L. (ed.), *Libro di Carnevale*, Bolonha, 1881.

MAZZI, C. *La Congrega dei Rozzi di Siena nel secolo 16*, Florença, 1882.

*MEDIN, A./FRATI, L. (eds.), *Lamenti storici*, 4 v., Bolonha, 1887-94.

MEHRING, G. "Das Vaterunser als Politische Kampfsmittel", em *Zeitschrift des Vereins für Volkskunde*, 19 (1909).

MEIER, J. *Kunstlied und Volkslied in Deutschland*, Halle, 1906.

MEISEN, K. (1931) *Nikolauskult und Nikolausbrauch im Abendlande*, Düsseldorf.

———. (1962-3), "St Michael in der Volkstümliche Verehrung des Abendlandes", em *Rheinische Jahrbuch für Volkskunde*, 13-4.

MELICHERČÍK, A. *Jánošíkovská Tradícia na Slovensku*, Bratislava, 1952.

MENÉNDEZ PIDAL, R. (1924) *Poesia juglaresca y juglares*, Madri.

———. (1938) (ed.) *Flor nueva de romances viejos*, 16ᵃ ed., Buenos Aires, 1967.

Midelfort, H. C. E. *Witch hunting in Southwestern Germany 1562-1684*, Stanford, 1972.

*MILÁ Y FONTANALS, M. (ed.), "Romancerillo catalan", em suas *Observaciones sobre la poesia popular*, Barcelona, 1853.

MISTLER, J. *et al.* *Epinal et l'imagerie populaire*, Paris, 1961.

MONTER, E. W. *Witchcraft in France and Switzerland*, Ithaca/Londres, 1976.

*MOSER-RATH, E. (1964) (ed.) *Predigtmärlein der Barockzeit*, Berlim.

———. (1968) "Literature and folk tradition", em *Journal of the Folklore Institute*, 5.

MOUSNIER, R. *Fureurs paysannes*, Paris, 1967. Trad. ingl. *Peasant uprisings*, Londres, 1971.

MUCHEMBLED, R. "Sorcellerie, culture populaire et christianisme au 16ᵉ siè-cle", em *AESC*, 28(1973).

NEUBURG, V. E. *Popular education in 18th-century England*, Londres, 1971.

NICOLL, A. *The world of harlequin*, Cambridge, 1963.

*NIELSEN, H. G. (ed.), *Danske Viser fra Adelviseboger og Flyveblader, 1530-1630*, Copenhague, 1912.

NODERMANN, M. *Nordisk Folkkonst*, Estocolmo, 1968.

*NOREEN, A./SCHÜCK, H. (eds.), *1500-och 1600-talens Visböcker*, 12 partes, Estocolmo/ Uppsala, 1884-1927.

*NORTON, F. J./WILSON, E. M. (eds.), *Two Spanish verse chap-books*, Cambridge, 1969.

NYGARD, H. O. *The ballad of Heer Halewijn*, Helsinque/Knoxville, 1958 (*FFC* nᵒ 169).

OINAS, F. J./SOUDAKOFF, S. (eds.) *The study of Russian folklore*, Haia/Paris, 1975.

OLRIK, A. (1908) "Epic laws of folk narrative", trad. em DUNDES, A. (ed.), *The study of folklore*, Englewood Cliffs, 1965.

*_____. (1939) (ed.) *A book of Danish ballads*, Princeton/Nova York.

OLSSON, B. "Psalmboken som Folkbok" (1942), reed. em Pleijel (1967).

ORTUTAY, G. (1959a), "Principles of oral transmission in folk culture", em *Acta Ethnographica*, 8.

_____. (1959b) "Das Ungarische Volksmärchen", em *Acta Litteraria, 2*.

*_____. (1968) (ed.) *Magyar Népballadák*, Budapeste.

OVSYANNIKOV, Y. (1968), *The Lubok: 17th-18th century Russian broadsides*, Moscou.

_____. (1970), *Russian folk arts and crafts*, Moscou.

OZOUF, M. (1971) "Les Cortèges révolutionnaires et la ville", *em AESC*, 26.

_____. (1975) "Space and time in the festivals of the French Revolution", em *Comparative Studies in Society and History*, 17 (1975).

_____. (1976) *La Fête revolutionnaire*, Paris.

* PANDOLFI, V. (ed.) *La Commedia dell'arte*, 6 v., Florença, 1957-61.

PASCAL, P. (1938), *Avvakum et les Débuts du Raskol*, Paris.

*_____. (1971) *La Révolte de Pougatchëv*, Paris.

* PERCEVAL, M. (ed.), *Political ballads illustrating the administration of sir Robert Walpole*, Oxford, 1916.

*PERCY, T. (ed.), *Reliques of ancient poetry* (1765), nova ed., 3 v., Londres, 1891.

PETIT DE JULLEVILLE, L. *Les Comédiens en France au Moyen Age*, Paris, 1885.

*PETRACCONE, E. (ed.) *La Commedia dell'arte*, Nápoles, 1927.

PETROVIĆ, R. "The oldest notation of folk tunes in Yugoslavia", em *Studio Musicologica*, 7 (1965).

PFANDER, H. G. *The popular sermon of the medieval friar in England*, Nova York, 1937.

PHILLIPS, J. *The reformation of images: destruction of art in England 1535-1660*, Berkeley e Los Angeles; 1973.

430

PHYTHIAN-ADAMS, C. (1972) "Ceremony and the citizen: the communal year at Coventry 1450-1550", em CLARK, P./SLACK, P. (eds.) *Crisis and order in English towns*, Londres.

———. (1975) *History and folklore*, Londres.

*PICOT, E. (ed.), *Recueil général des sotties*, 3 v., Paris, 1902-12.

PINON, R. "Qu'est-ce qu'un charivari?", em *Festschrift für G. Heilfurth*, Göttingen, 1969.

PITRÈ, G. (1872) *Studi di poesia popolare*, reed. Florença, 1957.

———. (1876) *Della sacre rappresentazioni popolari in Sicilia*, Palermo.

———. (1889) *Usi e costumi del popolo siciliano*, 4 v., Palermo.

PLEIJEL, H. (1955) *The devotional literature of the Swedish people*, Lund.

———. (1958) *Das Luthertum im Schwedischen Volksleben*, Lund.

———. (1965) *Husandakt, Husaga, Husförhör*, Estocolmo.

———. *et al.* (1967) *Våra Äldsta Folkböcker*, Lund.

PLUMB, J. H. (1968), "Political man", em CLIFFORD, J. L. (ed.), *Man versus society in 18th-century England*, Cambridge.

———. (1973) *The commercialisation of leisure in 18th-century England*, Reading.

POLA FALLETTI-VILLAFALLETTO, G. C. *Associazioni Giovanili e feste antichi*, 4 v., Turim, 1939-42.

PORCHNEV, B. *Les Soulèvements populaires en France de 1623 à 1648* (1948), trad. franc., Paris, 1963.

POUTET, Y. "L'Enseignement des pauvres dans la France du 17ᵉ siècle", em *Dix Septième Siècle*, 90-1 (1971).

PROPP, V. *Morphologie du conte* (1928), trad. franc., Paris, 1970.

RAEL, J. B. *The sources and diffusion of the Mexican Shepherd's plays*, Guadalajara, 1965.

RALSTON, W. *The songs of the Russian people*, Londres, 1872.

REDFIELD, R. *Peasant society and culture*, Chicago, 1956.

REED, J. *Border ballads*, Londres, 1973.

REGLÀ, J. *El Bandolerisme catalã*: 1, *La Historia*, Barcelona, 1962.

REHNBERG, M. *Vad Skal Vi Göra med de Blanke Gevär*, Estocolmo, 1967.

REINHARD, M. *La Légende de Henri IV*, Paris, 1936.

RIEDEL, K. V. *Der Bänkelsang*, Hamburgo, 1963.

RIFF, A. (1945), *L'Arte populaire et l'artisanat rural en Alsace*, Estrasburgo.

———. (1963) (ed.), *Art populaire d'Alsace*, Estrasburgo/Paris.

RIGOLI, A. (ed.), *Scibilia nobili e altre storie*, Parma, 1965.

ROBERTS, W. E. "Folklore in the novels of Thomas Deloney", em RICHMOND, W. E. (ed.), *Studies in folklore*, Bloomington, 1957.

RODRÍGUEZ-MOÑINO, A. (ed.), *Diccionario Bibliográfico de Pliegos Sueltos Poeticos (Siglo XVI)*, Madri, 1970.

ROLLER, H. U. *Der Nürnberger Schembartlauf*, Tübingen, 1965.

ROLLINS, H. E. (1919). "The black-letter broadside ballad" em *Proceedings of the Modern Language Association*.

*ROLLINS, H. E. (1929-32) (ed.), *The Pepys ballads*, 8 v., Cambridge, Mass.

ROMEU, J. (1948), *El mito de "El Conte Arnau"*, Barcelona.

*_____. (1957) (ed.) *Teatre hagiogràfic*, Barcelona.

ROMMEL, O. *Die Alt-Wiener Volkskomödie*, Viena, 1952.

ROSENFELD, H. F. *Der hl Christophorus*, Leipzig, 1937.

ROSENFELD, S. (1939) *Strolling players and drama in the provinces 1660-1765*, Cambridge.

_____. (1960) *The theatre of the London fairs in the eighteenth century*, Cambridge.

ROSSI, V. "Un Cantastorie ferrarese del secolo 16", em *Rassegna Emilian*, 2 (1889-90).

Rotunda, D. P. *Motif-Index of the Italian novella in prose*, Bloomington, 1942.

*ROUANET, L. (ed.) *Colección de autos, farsas y coloquis del siglo 16*, 4 v., Barcelona/Madri, 1901.

RUDÉ, G. (1959) *The crowd in the French Revolution*, Oxford.

_____. (1964) *The crowd in history, 1730-1848*, Nova York.

_____. (1974) *Paris and London in the eighteenth century*, Londres.

RUDWIN, M. (1920), *The origin of the German Carnival comedy*, Londres.

_____. (1931) *The devil in legend and literature*, Chicago/Londres.

SACHS, C. *A world history of the dance*, trad. ingl., Londres, 1938.

*SAENZ, J. (ed.) *Collectio maxima conciliorum omniun hispaniae*, Roma, 1755, v. 5, 6.

*SAHLGREN, J. (ed.) *Svenska Folkböcker*, 8 v., Estocolmo, 1946-56.

SAHLIN, M. *Études sur la Carole médiévale*, Uppsala, 1940.

SAINÉAN, L. *L'Argot ancien, 1455-1850*, Paris, 1907.

*SALGÃDO, G. (ed.) *Cony-catchers and bawdy baskets*, Harmondsworth, 1972.

SALIES, P. "Imagerie populaire et confréries toulousaines" em *Gazette des Beaux-Arts*, 1962.

SALILLAS, R. *El delincuente español*, 2 v., Madri, 1896-8.

SALMEN, W. *Der Fahrende Musiker im Europäischen Mittelalter*, Kassel, 1960.

*SALOMONE-MARINO, S. (1875) (ed.) *Storie popolari in poesia siciliana*, Bolonha.

_____. (1924) *Costumi ed usanze dei contadini di Sicilia*, Palermo.

SAMAHA, J. "Sedition amongst the 'inarticulate', em Elizabethan England", em *Journal of Social History*, 8 (1975).

SAMUEL, R. "People's history" em seu *Village life and labour*, Londres, 1975.

SAULNIER, R./AYNAUD, A. "Prototypes de l'imagerie populaire", em *Arts et traditions populaires*, 1 (1953).

SCHACHER, J. *Das Hexenwesen im Kanton Luzern*, Lucerna, 1947.

*SCHADE, O. (ed.) *Handwerkslieder*, Leipzig, 1864.

*SCHANNAT, J. F. (ed.) *Concilia germaniae*, 11 v., Colônia, 1759-90 (esp. v. 5-10.).

SCHANZ, G. *Zur Geschichte der Deutschen Gesellen-Verbände*, Leipzig, 1877.

SCHARFE, M. (1967) "Bildzeugnisse Evangelischer Frömmigkeit", em M. Scharfe *et al.*, *Volksfrömmigkeit*, Stuttgart.

SCHARFE, M. (1968) *Evangelische Andachtsbilder*, Stuttgart.

SCHAUMKELL, E. *Der Kultus der hl Anna am Ausgang des Mittelalters*, Friburgo/ Leipzig, 1893.

SCHENDA, R. (1965-6) "Italienische Volkslesestoffe im 19. Jahrhundert" em *Archiv für Geschichte des Buchwesens*, 7.

————. (1970), *Volk ohne Buch*, Frankfurt.

SCHEURLEER, D. F. (ed.) *Van Varen en van Vechten*, 3 v., Haia, 1914.

SCHMIDT, E. *Deutsche Volkskunde im Zeitalter des Humanismus*, Berlim, 1904.

SCHMIDT, L. (1955) (ed.) *Masken in Mitteleuropa*, Viena.

————. (1963), *Die Volkserzählung*, Berlim.

*————. (1965) (ed.) *Le Théatre populaire européen*, Paris.

*————. (1971) (ed.) *Historische Volkslieder aus Österreich*, Viena.

SCHOCHET, G. "Patriarchalism, politics and mass attitudes in Stuart England", em *Historical Journal*, 12 (1969).

SCHOEBEL, C. *La Légende du juif errant*, Paris, 1877.

SCHOFIELD, R. (1968) "The measurement of literacy in pre-industrial England" em GOODY, J. (ed.) *Literacy in traditional societies*, Cambridge.

————. (1973) "Illiteracy in pre-industrial England" em JOHANSSON (1973).

SCHOOF, W. *Zur Entstehungsgeschichte der Grimmschen Märchen*, Hamburgo, 1959.

SCHOTEL, G. D. J. (1862-4) *Geschiedenis der Rederijkers in Nederland*, 2 v., Amsterdam.

————. (1868) *Het Oud-Hollandsch Huisgezin der 17e Eeuw*, Haarlem.

————. (1873-4) *Vaderlandsche Volksboeken*, 2 v., Haarlem.

SCHOTTENLOHER, K. *Flugblatt und Zeitung*, Berlim, 1922.

SCHREIBER, G. *et al.* (1959) *Die Vierzehn Nothelfer*, Innsbruck.

SCHREIBER, G. (1962) *Der Bergbau in Geschichte, Ethos und Sakralkultur*, Berlim/ Opladen.

SCHRIJNEN, J. *Nederlandsche Volkskunde*, 2 ed., 2 v., Zutphen, 1930.

SCOTT, W. *Minstrelsy of the Scottish border*, ed. T. F. Henderson, 3 v., Edimburgo, 1902.

SÉBILLOT, P. (1883) *Gargantua dans les Traditions Populaires*, Paris.

————. (1894) *Les Travaux publics et les mines dans les traditions et les superstitions de tous les pays*, Paris.

————. (1901) *Le Folklore des pêcheurs*, Paris.

*SEEMANN, E. *et al.* (eds.) *European folk ballads*, Copenhague, 1967.

SEGUIN, J. P. *L'Information en France de Louis XII à Henri II*, Genebra, 1961.

SHAABER, M. A. *Some forerunners of tyhe newspaper in England*, Filadélfia, 1929.

SHARP, C. *English folksong: some conclusions*, Londres, 1907.

SHEPARD, L. (1969) *John Pitts*. Londres.

————. (1973) *The history of street literature*, Newton Abbot.

SIMPSON, C. M. (1941-2) "Tudor popular music", em *Huntington Library Quarterly*, 5.

SIMPSON, C. M. (1966) *The British broadside ballad and its music*, New Brunswick.

*SINGLETON, C. S. (ed.) *Canti carnascialeschi del Rinascimento*, Bari, 1936.

SISSON, C. *Lost plays of Shakespeare's age*, (1936), repr. Londres, 1970.

SOBOUL, A. (1958) *Les Sans-Culottes parisiens en l'an II*, Paris, trad. inglesa resumida, Oxford, 1964.

———. (1966) "Classes populaires et rousseauisme", repr. no seu *Paysans, sans--culottes et jacobins*, Paris.

———. (1970) *La Civilisation et la Révolution Française*, Paris.

SOKOLOV, Y. M. *Russian folklore* (1938), repr. trad. ingl. Detroit, 1971.

SOLÉ, J. "Lecture et classes populaires à Grenoble" em *Images du peuple.*

*SOLTAU, F. L. von (ed.), *Ein Hundert Deutsche Historische Volkslieder*, Leipzig, 1836.

SORIANO, M. *Les Contes de Perrault*: *culture savante et traditions populaires*, Paris, 1968.

SPAMER, A. (ed.) *Die Deutsche Volkskunde*, 2 v., Leipzig/Berlim, 1934-5.

SPEZZANI, P. "L'Arte rappresentativa di Andrea Perrucci e la lingua della commedia dell'arte" em FOLENA, G. (ed.) *Lingua e strutture del teatro italiano del Rinascimento*, Pádua, 1970.

SPUFFORD, M. *Contrasting communities*, Cambridge, 1974.

STIEF, C. *Studies in the Russian historical song*, Copenhague, 1953.

STOIANOVICH, T. "Material foundations of pre-industrial civilisation in the Balkans", em *Journal of Social History*, 4 (1970-1).

STONE, L. (1964) "The educational revolution in England, 1560-1640" em *P&P*, nº 28.

———. (1969) "Literacy and education in England, 1640-1900" *em P&P*, nº 42.

STRAETEN, E. van der *Le Théatre Villageois en Flandre*, 2 v., Bruxelas, 1881.

Strauss, G. "Success and failure in the German reformation" em *P&P*, nº 67 (1975).

*STROBACH, H. *Bauernklangen*: *Untersuchungen zum Sozialkritischen Deutschen Volkslied*, Berlim oriental, 1964.

SUBOTIĆ, D. *Yugoslav popular ballads*, Cambridge, 1932.

SUMBERG, S. L. *The Nuremberg Schembart Carnival*, Nova York, 1941.

SVÄRDSTRÖM, S. (1949) *Dalmålningarna och deres Förlagor*, Estocolmo.

———. (1957) *Masterpieces of Dala peasant painting*, Estocolmo.

SVENSSON, S. (1955) "Gustaf Adolf und die Schwedische Volkskunde", em *Festschrift für W. E. Peuckert*, Berlim.

———. (1967) "Almanackan", em H. Pleijel (1967).

———. (1968) (ed.) *Nordisk Folkkunst*, Estocolmo.

SZABOLCSI, B. "Folk music, art music, history of music", em *Studia Musicologica*, 7 (1965).

SZÖVERFFY, J. "History and folk tradition in East Europe" em *Journal of the Folklore Institute*, 5 (1968).

TASSY, F. "Il paese di Cuccagna", em *Acta Litteraria*, 2 (1959).

*TAVIANI, F. (ed.), *La commedia dell'arte e la società barocca*, Roma, 1970.

TAYLOR, A. (1921) "The devil and the advocate", em *Proceedings of the Modern Language Association*, 36.

———. (1931) *"Edward" and "Sven i Rosengard"*, Chicago.

———. (1937) *The literary history of Meistergesang*, Nova York, Londres.

———. (1949) "Germanic folklore", em *Funk and Wagnall*.

TAYLOR, R. *The political prophecy in England*, Nova York, 1911.

TAZBIR, J. "Die Geselschaftliche Funktion des Kultus des Heiligen Isidor des Pflügen in Polen", em *Acta Polonica Historica*, 20 (1969).

THOMAS, K. V. (1964) "Work and leisure in pre-industrial society", em *P&P*, nº 29.

———. (1971) *Religion and the decline of magic*, Londres.

THOMPSON, E. P. (1963) *The making of the English working class*, Londres.

———. (1967) "Time, work-discipline and industrial capitalism", em *P&P*, nº 38.

———. (1971) "The moral economy of the English crowd", em *P&P*, nº 50.

———. (1972) "Rough music", em *AESC*, 27.

———. (1973-4) "Patrician society, plebeian culture", em *Journal of Social History*, 7.

———. (1975) "The crime of anonymity", em D. Hay *et al.* (eds.), *Albion's fatal tree*, Londres.

THOMPSON, R. "Popular reading and humour in Restoration England", em *Journal of Popular Culture* (1976).

THOMSON, D. S. (1952) *The Gaelic sources of Macpherson's Ossian*, Edimburgo/Londres.

———. (1974) *An introduction to Gaelic poetry*, Londres.

*TIDDY, R. J. E. *The Mummer's play*, Oxford, 1923.

TIERSOT, J. *Les Fêtes et les chants de la Révolution Française*, Paris, 1908.

TILHAGEN, C. H. (1962) *Folklig Läkekonst*, 2ª ed., Estocolmo.

———. (1969) "Finnen und Lappen als Zauberkundige", em *Festschrift für G. Heilfurth*, Göttingen.

TILLIOT, J. B. du *Mémoires pour servir à l'histoire de la Fête des Fous*, Lausanne/Genebra, 1741.

TINDALL, W. Y. *John Bunyan, mechanick preacher*, Nova York, 1934.

TOGEBY, K. *Ogier le Danois dans les littératures européennes*, Copenhague, 1969.

TOSCHI, P. (1935) *La poesia popolare religiosa in Italia*, Florença.

———. (1955) *Origini del teatro italiano*, Turim.

———. (1964) *La legenda di S. Giorgio nei canti popolari italiani*, Roma.

TRACHTENBERG, J. *The devil and the Jews*, New Haven, 1943.

TREVOR-ROPER, H. R. *The European witch-craze*, Harmondsworth, 1969.

TREXLER, R. C. (1972) "Florentine religious experience: the sacred image", em *Studies in the Renaissance*, 19.

TREXLER, R. C. (1974) "Ritual in Florence: adolescence and salvation in the Renaissance", em TRINKAUS, C./OBERMAN, H. A. (eds.), *The pursuit of holiness*, Leiden.

TROELS-LUND, T. F. *Dagligt Liv i Norden i det Sekstende Aarhundred*, 14 v., Copenhague/Oslo, 1908-10.

TRÜMPY, H. "Die Reformation als Volkskundliches Problem", em *Festscgruft für G. Heilfurth*, Göttingen, 1969.

TURI, G. *Viva Maria: la reazione alle Riforme Leopoldine, 1790-99*, Florença, 1969.

UKHOV, P. D. "Fixed epithets in the Byliny", em *Oinas/Soudakoff.*

ULDALL, K. *Dansk Folkekunst*, Copenhague, 1963.

VAREY, J. E. *Historia de los títeres en España*, Madri, 1957.

VAREY, J. E./SHERGOLD, N. D. "La tarasca de Madrid", em *Clavileño*, 4 (1953).

VARGYAS, L. *Researches into the medieval history of folk ballad*, Budapeste, 1967.

VAULTIER, R. (1946) *Les Fêtes populaires à Paris*, Paris.

————. (1965) *Le Folklore pendant la Guerre de Cent Ans*, Paris.

VECCHI, A. *Il Culto delle immagine nelle stampe popolari*, Florença, 1968.

VERY, F. G. *The Spanish Corpus Christi procession*, Valência, 1962.

* VIOLLET-LE-DUC, M. (ed.) *Ancien théatre français*, 3 v., Paris, 1854.

VOGLER, B. "La Législation sur le sépultures dans l'Allemagne protestante", em *Revue d'Histoire Moderne et Contemporaine*, 22 (1975).

VOVELLE, M. (1973) *Piété baroque et déchristianisation en Provence au 18e siècle*, Paris.

————. (1975) "Y a-t-il eu une révolution culturelle au 18e siècle? L'Education populaire en Provence?", em *Revue d'Histoire Moderne et Contemporaine*, 22.

VRIES, J. de "Peasant demand patterns and economic development: Friesland 1550-1750", em PARKER, W. N./JONES, E. L. (eds.) *European peasants and theirs markets*, Princeton, 1975.

WAAS, G. E. *The legendary character of the emperor Maximilian*, Nova York, 1941.

*WACKERNAGEL, P. (ed.) *Das Deutsche Kirchenlied*, 5 v., Leipizig, 1864-7.

WALSH, J. "Methodism and the mob in the 18th century", em CUMING/BAKER.

*WARDROPER, B. W. (ed.) *Cancionero espiritual*, Oxford, 1954.

WEARMOUTH, R. F. *Methodism and the common people*, Londres, 1945.

WEBBER, R. H. *Formulistic diction in the Spanish ballad*, Berkeley e Los Angeles, 1951.

WELSFORD, E. *The fool* (1935), reed. Londres, 1968.

WERNER, R. M. "Das Vaterunser als Gottesdienstliche Zeitlyrik", em *Vier-teljarh-schrift für Literaturgeschichte*, 5 (1892).

WIDÉN, B. "Literacy in the ecclesiastical context", em JOHANSSON (1973).

WIERTZ, P. "Zur Religiösen Volkskultur der Orientalischen und Orthodoxen Kirchen", em IVÁNKA, E. von *et al.* (eds.) *Handbuch der Ostkirchenkunde*, Düsseldorf, 1971.

WILSON, D. *The life and times of Vuk Stefanović Karadžić*, Oxford, 1970.

WIMBERLEY, L. C. *Folklore in the English and Scottish ballads*, Chicago, 1928.

WINDAKIEWICZ, S. *Teatr Ludowy w Dawnej Polsce*, Cracóvia, 1904.

WIRTH, H. F. *Der Untergang des Niederländischen Volksliedes*, Haia, 1911.

WOHLFEIL, R. (ed.) *Reformation oder Frühbürgerliche Revolution*, Munique, 1972.

*WOLF, F. J./HOFMANN, C. (eds.), *Primavera y flor de romances*, 2 v., Berlim, 1856.

*WOSSIDLO, R. (ed.) *Herr und Knecht: Anti-Feudale Sagen aus Meckelnburg*, Berlim, 1960.

WRIGHT, L. B. *Middle-class culture in Elizabethan England*, Chapel Hill, 1935.

*WRIGHT, T. (ed.), *Songs and ballads*, Londres, 1860.

WUORINEN, J. H. *Nationalism in modern Finland*, Nova York, 1931.

*WUTTKE, D. (ed.) *Fastnachtspiele des 15. und 16. Jahrhunderts*, Stuttgart, 1973.

WYCZAŃSKI, A. "Alphabétisation et Structure Sociale en Pologne au 16ᵉ siècle", em *AESC*, 29 (1974).

ZGUTA, R. "Skomorokhi", em *Slavic Review*, 31 (1972).

ZINS, H. "Aspects of the peasant rising in East Prussia in 1525", em *Slavonic and East European Review*, 38 (1959-60).

ZIWÈS, A. *Le Jargon de maître François Villon*, Paris, 1960.

BIBLIOGRAFIA COMPLEMENTAR

ALLEGRA, L. (1981), "Il parroco: un mediatore fra alta e bassa cultura", *Storia d'Italia Annali*, 4, 897-947.

APPADURAI, A. (1986) (ed.) *The social life of things*, Cambridge.

ARANTES, A. A. (1981) *O que é cultura popular?*, São Paulo.

BAILEY, P. (1987) *Leisure and class in Victorian England*, 2ª edição, Londres e Nova York.

BAKHTIN, M. (1929) *Problems of Dostoyevsky's poetics*, trad. inglesa, Manchester, 1981.

———. (1981) *The dialogic imagination*, Austin.

BEAUROY, J. *et. al.* (1976) (eds.) *The wolf and the lamb: popular culture in France from the Old Regime to the 20th Century*, Saratoga.

BERTRAND, M. (1985) (ed.) *Popular traditions and learned culture in France*, Saratoga.

BETHENCOURT, F. (1987), *O imaginário da magia: feiticeiras, saludadores e nigromantes no século XVI*, Lisboa.

BOITEUX, M. (1977) "Le carnaval annexé", *Annales ESC*.

BREWER, J. e STYLES, J. (1980) (eds.) *An ungovernable people*, Londres.

BROWN, P. (1981), *The cult of the saints*, Londres.

BRÜCKNER, W./BLICKLE, P./BREUER, D. (1985) (eds.) *Literatur und Volk im 17. JHT*, Wiesbaden.

BURKE, P. (1979) *Dutch popular culture in the 17th century*, Rotterdam.

———. (1981) "The classical tradition and popular culture", em Vovelle.

———. (1981) "The Bibliothèque Bleue in comparative perspective", *Quaderni del 600 francese.*

———. (1982) "A question of acculturation", in ZAMBELLI.

———. (1984) "Popular culture between history and ethnology", *Ethonologia Europea*, 14, 5-13.

———. (1986) "Revolution in popular culture", em PORTER, R./TEICH, M. (ed.) *Revolution*, Cambridge, cap. 10.

———. (1987) *Historical anthropology of Early Modern Italy.*

———. (1988) *"Popular piety" in the Counter-Reformation: a guide to research*, ed. J. O'Malley, St. Louis.

BURNS, E. B. (1980), *The poverty of progress*, Berkeley.

BUSHAWAY, B. (1982), *By rite: custom, ceremony and community in England 1700--1880*, Londres.

BUSZELLO, H. "The common man's view of the state", em SCRIBNER, R./ BENECKE, G. (ed.) *The German Peasant War*, ed. cap. 9.

CAMERON, E. *The reformation of the heretics: the waldenses of the Alps 1480-1580*, Oxford.

CAMPORESI, P. (1978) *Il paese della fame*, Bolonha.

———. (1980), *Il pane selvaggio*, Bolonha.

———. (1981) "Cultura popolare e cultura d'elite fra medioevo ed età moderna", *Storia d'Italia Annali*, 4, 81-157.

———. (1983) *La carne impassibile*, Milão.

CAPP, B. (1979) *Astrology and the popular press*, Londres.

———. (1985) "Popular literature", em REAY, cap, 6.

CASALE, E. (1982), *Il villano dirozzato*, Florença.

CHARTIER, R. (1982), "Intellectual history or sociocultural history", em LA CAPRA/KAPLAN.

———. (1984) "Culture as appropriation: popular cultural uses in Early Modern France", em Kaplan, cap. 9.

———. (1987) *Lectures et lecteurs dans la France d'Ancien Régime*, Paris.

CHRISTIAN, W. A. (1981), *Apparitions in late medieval and Renaissance Spain.*

———. (1981) *Local religion in 16th-century Spain.*

CLARK, P. (1978) "The alehouse and the alternative society", em PENNINGTON, D./THOMAS, K. (eds.) *Puritans and revolutionaries*, Oxford, 47-72.

———. (1983), *The English alehouse*, Londres.

CLARK, S. (1983) "French historians and Early Modern popular culture", em *P&P*, 100, 62-99.

COLLINSON, P. (1982), *The religion of protestants*, Oxford (esp. cap. 5, "Popular and unpopular religion").

COLLS, R. (1977), *The Collier's rant*, Londres.

CONTRERAS, J. (1982), *El santo oficio de la inquisición en Galicia 1560-1700*.

COUSIN, B. (1983) *Le miracle et le quotidien: les ex-voto provençaux, images d'une société.*

CUNNINGHAM, H. (1980) *Leisure in the Industrial Revolution*, Londres.

CURTIS, T. C./SPECK, W. (1976) "The societies for the reformation of manners", *Literature and History*, 3, 45-64.

DARNTON, R. (1984), *The great cat massacre*, Nova York.

DAVIES, C. S. L. (1985) "Popular religion and the pilgrimage of grace", in FLETCHER A./ STEVENSON, J. *Order and disorder in Early Modern England.*

DAVIS, N. Z. (1982), "From popular religion to religious cultures", em OZMENT 321-36.

DEDIEU, J.-P. (1979) "Christianisation en nouvelle Castille: catechisme, communion, messe et confirmation dans l'archeveché de Tolède, 1540-1640", *Mélanges de la Casa de Velázques*, 15, 269-94.

_____. (1987) "The Inquisition and popular culture in New Castille", em HALICZER, cap. 7.

DEETZ, J. (1977) *In small things forgotten*, Nova York.

DEKKER, R. (1982) *Holland in beroering*, Baarn.

DEURSEN, T. van (1978-80) *Het kopergeld van de gouden eeuw* (4 v.), Assen.

DEVLIN, J. (1987) *The superstitious mind*, New Haven e Londres.

DUBOSCQ, G. (1979) (ed.) *La religion populaire.*

DÜLMEN, R. van (1983) (ed.) *Kultur der einfachen Leute*, Munique.

DÜLMEN, R. van/SCHINDLER, N. (1984) (eds.) *Volkskultur: zur Wiederentdeckung des vergessenen Alltags*, Frankfurt.

DÜLMEN, R. van (1985) *Theater des Schreckens*, Munique.

DUFFY, E. (1986) "The godly and the multitude in Stuart England", *The 17th Century*, 1, 31-55.

DUTU, A. (1985) "Popular literature, print and common culture", *Cahiers roumains d'études littéraires*, 2, 4-17.

FERGUSSON, C. A. (1959) "Diglossia", republicado em GIGLIOLI, P. P. (ed.) *Language and social context*, Harmonsworth, 1972, cap. 11.

FRIJHOFF, W. (1978) em DUPONT-BOUCHAT, M.-S. *et. al.*, *Prophètes et sorcières dans les Pays-Bas*, Paris.

_____. (1979) "Official and popular religion", em VRIJHOF/WAARDENBURG, cap. 3.

FROESCHLÉ-CHOPARD, M. (1980), *La religion populaire en Provence*, Paris.

GAMMON, V. (1981) "Babylonian performances: the rise and suppression of popular church music, 1660-1870", em YEO/YEO, 62-88.

GARCÍA CARCEL, R. (1980) *Herejia y sociedad en el siglo XVI la inquisición en Valencia, 1530-1609.*

GARRETT, C. (1985) "Spirit possession, oral tradition and the Camisard Revolt", em BERTRAND.

GARRIOCH, D. (1987), "Verbal insults in 18th-c Paris", em BURKE, P./PORTER, R. *The social history of language*, Cambridge, cap. 5.

GAWTHROP, R./STRAUSS, G. (1984), "Protestantism and literacy in Early Modern Germany", em *P&P*, 104, 31-55.

GEREMEK, B. (1978) (ed.) *Kultura elitarna a kultura masowa w Polce poznego sredniowiecza*, Varsóvia.

GINZBURG, C. (1979 (ed.) "Religione delle classi popolari", *Quaderni Storici*, 41.

————. (1978) "The dovecote has opened its eyes", trad. inglesa em HENNING-SEN/TEDESCHI (1986), 190-8.

GLUCK, C. (1979), "The people in history: recent trends in Japanese historiography", *Journal of Asian Studies*, 38.

GODZICH, W./SPADACCINI, N. (1986) (eds.), *Literature among discourses: the Spanish Golden Agen*, Minnesota.

GOMBRICH, R. (1971) *Precept and practice*, Oxford.

GRENDLER, P. F. (1982) "What Zuanne read in scholl", *16th. Journal*, 13, 41-53.

GREYERZ, K. von (1984) (ed.) *Religion and society in Early Modern Europe*, Londres.

GRIESSINGER, A. (1981), *Das symbolische Kapital der Ehre.*

GUHA, R. (1982-5) (ed.) *Subaltern studies*, 4 v., Delhi.

GUREVICH, A. J. (1981) *Medieval popular culture*, trad. inglesa, Cambridge, 1987.

————. (1983) "Popular and scholarly medieval traditions", *Journal of Medieval History*, 9, 71-90.

HALICZER, S. (1987) (ed.) *Inquisition and society in Early Modern Europe*, Londres e Sydney.

HALL, S./JEFFERSON, T. (1976) (eds.) *Resistance through rituals.*

HALL, S. (1981) "Notes on deconstructing the popular", em SAMUEL, R. (ed.) *People's history and socialist theory*, 227-40.

HARRIS, T. (1987) *Popular politics in Restoration England*, Cambridge.

HELD, J. (1983) "Goyas Reflexion der Volkskultur in Spanien", em HELD, J. (ed.) *Kultur zwischen Bürgertum und Volk*, Berlim, 149-62.

HENNINGSEN, G./TEDESCHI, J. (1986) (eds.), *The Inquisition in Early Modern Europe*, Dekalb.

HOBSBAWM, E./SCOTT, J. W. (1980) "Political shoemakers", em *P&P*, 89, 86-114.

HOBSBAWM, E./RANGER, T. (1983) (eds.) *The invention of tradition*, Cambridge.

HOERGER, H. (1984) "Organisational forms of popular piety in rural old Bavaria", em GREYERZ, K. von (ed.) *Religion and society in Early Modern Europe*, Londres, 212-22.

HOLMES, C. (1984) "Popular culture? Witches, magistrates and divines in Early Modern England", em KAPLAN, cap. 5.

440

HOLMES, C. (1985) "Drainers and fenmen: the problem of popular political consciousness in the 17thc", em FLETCHER/STEVENSON.

HOUSTON, R. (1982) "The literacy myth: illiteracy in Scotland, 1630-1760", em *P&P*, 96, 81-102.

INGRAM, M. (1984) "Ridings, rough music and the reform of popular culture in Early Modern England", em *P&P*, 105.

———. (1985) "The reform of popular culture?", em REAY, cap. 4.

———. (1985) "Ridings, rough music and mocking rhymes in Early Modern England", em REAY, cap. 5.

ISHERWOOD, R. M. (1981) "Entertainment in the Parisian fairs in the 18thc", *Journal of Modern History*, 53, 24-48.

———. (1986), *Farce and fantasy: popular entertainment in 18th-century Paris*, Oxford.

JOHNSON, D. A./NATHAN, J./RAWSKI, E. S. (1985) (eds.) *Popular culture in late Imperial China*, Berkeley.

KAPLAN, S. (1984 (ed.) *Understanding popular culture*, Berlim.

KINSER, S. (1983) "Les combats de Carnaval et de Carême", *AESC*.

Klaniczay, G. (1984) "Shamanistic elements in Central European witchcraft", em HOPPÁL, M. (ed.) *Shamanism in Eurasia*.

KLAPISCH, C. (1980) "The medieval Italian Mattinata", *Journal of Family History*, 2-24.

———. (1984) "Le chiavi fiorentine di Barbablu", *QS*, 57, 765-92.

KUNZLE, D. (1978) "World upside down", em BABCOCK, B. *The reversible world*.

LEBRUN, F. (1976) "Le 'Traité des Superstitions' de J.-B. Thiers", *Annales de Bretagne*, 83, 443-65.

LE GOFF, J./ SCHMITT, J.-C (eds.) *Le charivari*, Paris.

LE ROY LADURIE, E. (1979) *Carnaval*, Paris.

LEVI, G. (1985) *L'eredità immateriale*, Turim.

LIKHACEV, D. S./PANCENKO, A. M. (1976) *Smechovej mir drevnej Rusi*.

LÖFGREN, O. (1987) "Deconstructing Swedishness", em JACKSON, A. (ed.) *Anthropology at home*, 74-93, Londres.

LOTTES, G. (1984) "Popular culture and the Early Modern state in Germany", em KAPLAN, 173-9.

LOTTIN, A. (1979) "Contre-réforme et religion populaire: un mariage difficile mais réussi aux 16ᵉ et 17ᵉ siècles en Flandre et en Hainaut", em DUBUSCQ, 53-63.

LÜSEBRINK, H.-J. (1979) "Mandrin", *Revue de l'histoire moderne*, 26, 345-64.

MCKENDRICK, N. *et al.* (1982), *The birth of a consumer society*, Londres.

MANDROU, R. (1977) "Cultures populaires et savante", em BEAUROUY, 17-38.

MARCO, J. (1977) *Literatura popular en España en los siglos XVIII y XIX*, Madri.

MARTIN, J. (1987) "Popular culture and the shaping of popular heresy in Renaissance Venice", em HALICZER, cap. 6.

MEDICK, H. (1983) "Plebeian culture in the transition to capitalism", em SAMUEL, R. *et al.* (eds.) *Culture ideology and politics*, ed. Londres, 84-108.

MOLHO, M. (1976) *Cervantes: raíces folkloricos*, Madri.

MOOGK, P. N. (1979) "Thieving buggers and stupid sluts: insults and popular culture in New France", *Willam and Mary Quarterly*, 36, 523-47.

Muchembled, R. (1978) *Culture populaire, culture des elites.*

_____. (1982) "Les Jeunes, les jeux, la violence en Artois", em ARIÈS/MARGOLIN, 563-80.

MUKERJI, C. (1983) *From graven images: patterns of modern materialism.*

NALLE, S. (1987) "Popular culture in Cuenca on the eve of the Catholic Reformation", em HALICZER, cap. 4.

NICCOLI, O. (1987) *Profeti e popolo nell'Italia del Rinascimento*, Bari.

NIGRO, S. (1983) *Le brache di san Griffone: novellistica e predicazione tra '400 e '500*, Bari.

OBELKEVICH, J. (1979) (ed.) *Religion and the people*, Chapel Hill.

OBELKEVICH, J./ROPER, L./SAMUEL, R. (1986) (eds.) *Disciplines of faith*, Londres.

O'CONNELL, L. S. (1980) "The Elizabethan Bourgeois hero-tale", em MALAMENT, B. (ed.) *After the Reformation*, Manchester, 267-87.

O'NEIL, M. (1984) "Sacerdote ovvero strione: ecclesiastical ans supertitious remedies in 16th-century Italy", em KAPLAN, cap. 4.

_____. (1987) "Magical healing, love magic and the Inquisition in late 16th--century Modena", em HALICZER, cap. 5.

PARKER, G. (1980) "An educational revolution? The growth of literacy and schooling in Early Modern Europe", em *Tijdschrift voor Geschiedenis*, 93, 210-20.

PAULSON, R. (1979) *Popular and polite art in the age of Hogarth and Fielding*, Notre Dame.

PAYNE, H. (1979) "Elite v popular mentality in the 18thc", *Studies in 18th. Culture*, 8, 5-32.

PORTER, R. (1985) "The patient's view", *Theory and society.*

REAY, B. (1985) (ed.) *Popular culture in 17th-century England*, Londres.

_____. (1985) "Popular culture in Early Modern England", em Reay, cap. 1.

_____. (1985) "Popular religion", em Reay, cap. 3.

REVEL, J. (1984) "Forms of expertise: intellectuals and 'popular' culture in France (1650-1800)", em KAPLAN, cap. 10.

ROCHE, D. (1981) *Le peuple de Paris*, Paris.

ROGERS, P. (1985) *Literature and popular culture in 18th. century England.*

ROLLINSON, D. (1981), "Property, ideology and popular culture in a Gloucestershire Village", *P&P*, 93, 70-97.

SABEAN, D. (1984) *Power in the blood*, Cambridge.

SAMUEL, R. (1981) (ed.) *People's history and socialist theory*, Londres.

SANDGRUBER, R. (1982) *Die Anfänge der Konsumgesellschaft.*

SCARISBRICK, J. (1984) *The Reformation and the English people*, Londres.

SCHARFE, M. (1984), "The distances between the lower classes and official religion: examples from 18thc Württemberg", em GREYERZ, K. von (ed.) *Religion and society in Early Modern Europe*, Londres, 157-74. .

SCHENDA, R. (1985) "Orale und literarische Kommunikationsformen", em BRÜCKNER *et al.*

SCHIEDER, W. (1986) (ed.) *Volksreligiosität in der modernen Sozialgeschichte*, Göttingen.

SCHINDLER, N. (1984) "Spuren in die Geschichte der 'anderen' Zivilization", em van DÜLMEN e SCHINDLER, 13-77.

SCHUTTE, A. (1980) "Printing, piety and the people in Italy", *Archiv für Reformationsgeschichte*.

SCRIBNER, R. W. (1981) *For the sake of simple folk*, Cambridge.

_____. (1987) *Popular culture and popular movements in Reformation Germany*, Londres.

SHARPE, J. (1985) "The people and the law", em REAY. cap. 7.

SIDER, G. (1980) "The ties that bind", *Social History*, 5, 1-39.

SILVER, L. (1986) "The state of research in Northern European art of the Renaissance era", *Art Bulletin*, 68, 518-35.

SPUFFORD, M. (1981), *Small books and pleasant histories*, Londres.

STALLYBRASS, P. e WHITE, A. (1986) *The politics and poetics of transgression*, Londres.

STEVENSON, J. (1985), "The moral economy of the English crowd: myth and reality", em FLETCHER/STEVENSON.

_____. (1986) *Praise and paradox: merchants and craftsmen in Elizabethan popular literature*, Cambridge.

STORCH, R. (1982) (ed.) *Popular culture and custom in 19th. England*, Londres.

TAZBIR, J. (1980) "Hexenprozesse in Polen", *Archiv für Reformationsgeschichte*, 71, 280-307.

THOMAS, K. V. (1977) "The place of laughter in Tudor and Stuart England, *TLS*, 21, jan. 1977.

_____. (1986) "The meaning of literacy in Early Modern England", em *The Written Word*, ed. G. Baumann, Oxford, 97-131.

TORRE, A. (1986) "Village ceremonial life and politics in 18thc Piedmont", em *Obelkevich Roper and Samuel*, cap. 13.

ULTEE, J. M. (1976) "The suppression of fêtes", *Catholic Historical Review*, 62.

UNDERDOWN, D. (1985) *Revel riot and rebellion*, Oxford.

VOVELLE, M. (1981) (ed.) *Les intermédiaires culturels*, Paris.

_____. (1982) *Idéologies et mentalités* (parte 3, "La populaire en question").

VRIJHOF, P. F./WAARDENBURG, J. (1979) (eds.) *Offical and popular religion*, Haia.

WALTER, J. (1980) "Grain riots and popular attitudes to the law: Maldon and the crisis of 1629", em BREWER/STYLES, cap. 2.

443

WALTER, J. (1985) "A rising of the people? The Oxfordshire rising of 1596", *P&P*, 107.

WEBSTER, C. (1982) "Paracelus and demons: science as a synthesis of popular belier", em ZAMBELLI, 3-20.

WEIMANN, R. (1978) *Shakespeare and the popular tradition in the theater*, trad. ingl., Baltimore.

WIEGELMANN, G. (1980) (ed.) *Geschichte der Alltagskultur.*

WOUDE, A. van der/SCHUURMAN, A. (1980) (eds.) *Probate Inventories*, Wageningen.

WRIGHTSON, K. (1980) "Two concepts of order", em BREWER/STYLES, cap. 1.

_____. (1981) "Alehouses, Order and Reformation in Rural England, 1590-1660", em YEO/YEO, 1-22.

WUNDER, K. (1979), "The mentality of rebellious peasants", em SCRIBNER, R./ BENECKE, G. (eds.) *The German peasant war*, Londres, cap. 12.

YEO, E./ YEO, S. (1981) (eds.) *Popular culture and class conflict*, Brighton.

ZAMBELLI, P. (1982) (ed.) *Scienze, credenze occulte, livelli di cultura*, Florença.

ÍNDICE REMISSIVO

Aachen, 71
Abadal, família, gravadores catalães do século XVIII, 131
Abbaye de Connard, associações de foliões de Rouen, 52, 147, 250, 269
Abingdon, 54, 246
Abraham a Sancta Clara (c. 1646-1709), pregador suábio, 106, 108
Addison, Joseph (1672-1719), crítico inglês, 94-5, 373-4
Adolfo, Gustavo, rei da Suécia, 206, 345, 370
Afanasiev, Aleksandr (1826-71), folclorista russo, 30
África, 16, 90-1, 104, 127, 274, 325
África do Sul, 75
Afzelius, Arvid August (1785-1871), folclorista sueco, 28, 36
Ágata, santa, 225, 234, 264
Agostinho, santo, 292, 313
Agueda, santa, 264
Aix, 211
Aksakov, Serguei (1791-1859), nobre russo, 368
alabanzas (espanhol), poema de louvor, 168
Alcocer, Francisco de, frei espanhol do século XVI, 322
Alemanha, 15, 26, 28-9, 35, 36, 39, 45, 62, 64, 70-1, 80, 89, 94, 108, 133, 145, 166, 204, 215, 218-9, 221, 225, 232, 242, 247, 251, 267, 300, 308, 319, 321, 328, 343-4, 348
Alemán, Mateo (1547-c.1641), escritor espanhol, 79, 106

Alet, 314-5, 321
Alexandre, o Grande, 205-6, 212
All Saints, 371
Alpes, cordilheiras dos, 60-2, 85
Alpujarras, montes, 60, 298
Alsácia, 35, 133, 326-7
Altenburg, 370
"Altissimo", Cristoforo (fal. c. 1515), *cantastorie* italiano, 103, 197, 200
Ambachtslied (alemão), canção de trabalho, 67
América do Norte, 24
América Latina, 15-6, 127
ameríndios, 181, 193
Amilha, Bartholomé (c. 1618-73), padre do Languedoc, 315
Amsterdam, 83, 287, 328, 333, 350
Ana, santa, 64, 73
Andaluzia, 39, 60, 227
Andreini, Francesco (c. 1548-1624), ator italiano, 102-3
André, santo, 216
Anes, Gonçalo, "Bandarra" (1500-56), profeta português, 69, 151
Angiolillo, fora da lei napolitano do século XVIII, 227
Annaberg, 64
Antibes, 78
Antônio Abade, santo, 205, 213, 247
Antônio de Pádua, santo, 216
Antônio, santo, 157, 247, 317
Antuérpia, 283, 344
Apúlia, 165
Arezzo, 143, 213
Argélia, 127

445

Argyll, 53

Ariosto, Ludovico (1474-1533), poeta italiano, 98-100, 149

Arndt, Johan (1555-1621), escritor religioso alemão, 303, 306

Arnim, Achim von (1781-1831), poeta e folclorista alemão, 28, 30, 36-7, 39, 41-2, 45, 75

Arthur, rei, 143, 210

Asbjornsen, Peter, folclorista sueco, 30

Ásia, 15, 198, 325

Assis, 330

Asti, 148

Astley, Philip (1742-1814), diretor de circo, 329

Astrakhan, 206

Aubrey, John (1626-97), antiquário inglês, 54, 185, 371

Auchnasheal, 32

Auger, Emond, jesuíta francês do século XVI, 145

Aulnoy, Mme. D' (1650-1705), escritora francesa de contos de fada, 373

Áustria, 30, 38, 133, 245, 316, 353

auto (espanhol), peça, 30, 62, 139, 170, 244

Avvakum, (*c.* 1620-81) arcipreste russo, 288, 289

Baba Yaga, bruxa do folclore russo, 230

Babilônia, 265

Bagdá, 208

Balandier, Georges, antropólogo francês contemporâneo, 127

Balbín, Bohuslav (1621-88), jesuíta tcheco, 358

Bálcãs, 63, 164, 328

Ball, John (fal. 1381), líder rebelde inglês, 87

Bandarra, *ver* Anes

Bänkelsänger (alemão), cantor sobre o banco, 135

Bárbara, santa, 64, 194

Barcelona, 245, 353

Barletta, Gabriele, pregador italiano do século XV, 103-4, 144

Barry, Phillips, folclorista norte americano, 159

Bartók, Béla (1881-1945), compositor e colecionador de canções folclóricas, 122

Bartolomeu, são, 62, 138, 158, 266-7

Bascapè, Cario (1550-1615), bispo de Navarra, 290, 296

Basile, Gianbattista (*c.* 1575-1632), escritor napolitano, 106

Basileia, 138, 276, 305

Basilicata, 142

Basset, família, gravadores franceses do século XVIII, 131

bateleurs (francês), atores ambulantes, 139, 289

Bath, 137

Baviera, 60, 88, 314

Bayle, Pierre (1647-1706), estudioso francês, 360

Beattie, James (1735-1803), escritor escocês, 367

Beauvaisis, 58

Bebei, Heinrich (1472-1518), humanista suábio, 369, 370

Bede, são, 104

Bekker, Balthasar (1634-98), adivinho holandês, 321

Bélgica, 42

Bellarmine, Roberto (1542-1621), jesuíta italiano, 312

Benedito, são, 213

Bergen, 351, 358

Bergerac, 345

Berggeist (alemão), espírito que assombra as minas, 64

Bergmannslieder (alemão), canções mineiras, 64

Bergreiheb (alemão), canções mineiras, 64

Berkshire, 221

Berna, 276, 305, 313

Bernardino da Feltre 91439-94), frei italiano, 144

Bernardino, santo (1380-1444), 117, 144, 292, 313

Bettws, 318

bétyár (húngaro), fora da lei, 226

Beuningen, Coenraad van (1622-93), estadista holandês, 360

Bevis de Hampton, herói guerreiro, 96, 204, 365

Bibliothèque Bleue (livretos populares), 22, 95, 110, 335-6, 338, 346, 362

Billingsgate, 80

Bindoni, família, impressores venezianos do século XVI, 337

Blair, Hügh, (1701-57), professor escocês, 35, 43

Bloch, Marc (1886-1944), historiador francês, 121, 123, 125

Boehme, Jakob (1575-1624), místico silésio, 69

Boêmia, 64, 71, 164, 210, 345, 358

bogatyr (húngaro), termo que define fora da lei, 228

Böhm, Hans, profeta alemão do século XV, 151, 240

Boileau, Nicolas (1636-1711), crítico francês, 137, 363, 365, 372

Bolonha, 144, 149, 219, 251-2, 267, 287, 296-8, 325

bonadmaleri (sueco), pinturas em cortinas, 132

Borromeu, são Carlos (1538-84), arcebispo de Milão, 19, 282, 296, 308, 310, 314, 321, 356

Bósnia, 81-2, 143, 337

Bossuet, Jacques-Bénigne(1627-1704), bispo de Meaux, 307, 309

Boswell, James (1740-95), literato, 31, 32, 35, 47, 361

Bourdieu, Pierre, antropólogo francês comtemporâneo, 127

Bourne, Henry (1694-1751), antiquário inglês, 371

"Bova", *ver* Bevis

Brahe, Per (1602-80), astrônomo dinamarquês, 53, 370

branle (francês), dança, 164

Brant, Sebastian (1458-1521), escritor alemão, 287, 292

Brasil, 15

Bratislava, 216

Brentano, Clemens (1778-1842), poeta alemão, 28, 45

Breslau, 164

Bretanha, 9, 77-8, 84, 86, 89, 92, 101, 166, 185-6, 216, 227, 251, 261, 308-9, 311, 314, 320, 327, 336

Brie, 62

Brielle, 344

Brioché, François (1620-81), titereiro francês, 137

broadside (inglês) folha impressa de um só lado, usualmente colocada na parede, 32, 175, 205, 207, 216, 226, 337

Browne, sir Thomas (1605-82), médico inglês, 359

Brown, sra., de Falkland, cantora escocesa do século XVIII, 112, 148, 198

Bruscambille (fal. 1598-1629), palhaço francês, 98

bruscelli (italiano), jogos de maio, 244

Bruxelas, 171, 205, 344

Buckinghamshire, 211

Bulgária, 164

bululú (espanhol), ator individual, 139-40

447

Bunyan, John (1628-88), escritor inglês, 118, 145, 186, 198, 303

Bure, Johan (1568-1652), antiquário sueco, 370

Burgúndia, 327

byliny (russo), baladas, 27, 122, 137, 149

Cádiz, 250

Calábria, 150, 354

Calderón, de la Barca, Pedro (1600--81), dramaturgo espanhol, 100, 322

Calvino, João (1509-64), reformador francês, 19, 96, 117, 294-5, 301-2, 315, 321, 368

cambaleo (espanhol), grupo de atores ambulantes, 139

Cambridge, 9, 15, 158, 364

Cambry, J. de (1749-1807), folclorista francês, 40

Camões, Luís de (*c.* 1524-80), poeta português, 76

Canisius, Peter (1521-97), folclorista alemão, 312

cantastorie (italiano), cantor de estórias, 52, 140

cantimbanchi (italiano), cantores sobre bancos, 135

Caracciolo, Roberto, frade italiano do século XV, 144

Cardano, Girolamo, médico milanês, 113

Cardiganshire, 266

Carlos Magno, 95, 206, 210, 212, 215

Carlos V, 52, 231

Carlos XII, 206, 327, 350

carmagnole (francês), dança de roda, 164

Carmarthen, 47

Carolan (1670-1738), harpista irlandês, 143, 159

Cartouche, Louis-Dominique (1693--1721), ladrão francês, 156, 203, 227

Castela, 39, 50

Castellani, Castellano de (1461-*c.*1519), escritor toscano, 148

Castiglione, Baldassere (1478-1529), cortesão italiano, 357, 362, 373

Catalunha, 131, 188, 226, 276

Catarina, santa de Alexandria, 188, 225

Caulet, François de (1610-80), bispo de Palmiers, 286, 314-6

Caylus, conde de (1692-1765), 373

Cervantes, Miguel de (1547-1616), escritor espanhol, 79, 106, 202

Cévennes, 69, 84, 145, 301, 302

Chalons-sur-Marne, 312

Champagne, 110, 271

chap-books (inglês), livreto de baladas, contos ou modinhas, 23, 335

chapmen (inglês), vendedor de *chap--books*, 335

Chappell, William (1809-88), editor de canções folclóricas, 46

charivari (italiano), ritual de justiça popular, 269-71, 276, 281, 284, 298, 314

Chartier, Roger, foclorista francês, 20-2

Chateaubriand, visconde de (1768--1848), escritor francês, 30, 35

Chelmsford, 295

Chester, 265, 294

Chesterfield, lorde (1694-1773), 365

Child, Francis James (1825-96), editor de baladas americano, 44, 89, 112, 125, 152, 166, 175-81, 190-2, 195, 205, 209, 214, 221, 227, 229

China, 15, 16, 34, 281

Chodokowski, *ver* Czarnocki

Christian, Willian, folclorista espanhol, 15, 20

ciarlatano (italiano), charlatão, 135, 282

Cid, herói guerreiro espanhol, 215, 218, 323

ciego (espanhol), cego cantor de rua, 142

Cimador, Zane, palhaço veneziano do século XVI, 137

ciurmatore (italiano), *ver ciarlatano*

Clackwell, Thomas (1701-57), professor escocês, 374

Clara, santa, 106, 108

Cláudio, são, 245

Cocanha, terra da, 240, 257, 259, 264

Colchester, 67

Collinges, John (1623-90), adivinho inglês, 67

Collins, Samuel (1617-85), médico inglês, 102

Colônia, 46, 164

colporteurs (francês), mascates, 110, 335

commedia dell'arte (italiano), comédia improvisada, 48, 170, 186-7, 194-5, 197, 199-200, 218-9, 250

Comminges, Alto, 61, 335

Compagnie de la Mère Folle (francês), associação dos foliões de Dijon Folie, 147, 250, 287

Compagnie della Calza (italiano), associação dos foliões de Veneza, 250

compagnonnages (francês), associação de oficiais, 70

complainte (francês), versos de lamento, 169

Confrérie de la Passion (francês), companhia de teatro de Paris, 146

Congo, 127

Constantinopla, 134, 249

contrasto (italiano), discussão dramatizada, 167, 170, 190

Corbet, Richard (1582-1635), adivinho inglês, 54

Corentin, são, 84

Cornualha, 64, 84, 86

Cornwallis, sir William (fal. *c.* 1631), ensaísta inglês, 364

Corrientes, Diego, fora da lei adaluz do século XVIII, 227

Coryat, Thomas (*c.* 1577-1617), viajante e palhaço inglês, 198

"Costillares" (Joaquín Rodriguez), toureiro espanhol, 330

Courbet, Gustave (1819-77), pintor francês, 31

Coventry, 146, 265, 295

Cracóvia, 55, 84, 163

Croácia, 92, 97

Croce, Giulio Cesare (*c.* 1550-1609), poeta bolonhês, 100, 118, 149, 156

Crowley, Robert (*c.* 1518-88), adivinho inglês, 287

Cuenca, 61

Cumberland, 148

curandero (espanhol), *ver* saludadores

cyfarwydd (galês), contador de estórias, 150

Czarnocki, Adam ("Chodakowski", 1784-1825), escritor polonês, 33

Czinka, família, músicos ciganos húngaros do século XVIII, 140

Dalarna, 87, 118, 133, 160, 328

Dalmácia, 31, 35, 39, 89, 196, 243

Dante Alighieri (1265-1321), poeta toscano, 47, 94, 95

Dantzig, 138, 164

Danúbio, rio, 78

Dartmouth, 78

Dauphiné, 163, 227, 276

"Davenson" (H. I. Marrou), estudioso francês contemporâneo, 41

Davi, santo, 191, 192, 216

débat (francês), discussão dramatizada, 170

Defoe, Daniel (*c.* 1661-1713), escritor inglês, 269, 341, 349

Deloney, Thomas (*c.* 1543-1600), escritor inglês, 67-8, 100, 138

Dent, Arthur (fal. *c.* 1607), adivinho inglês, 303

Deslyons, Jean (1615-1700), adivinho francês, 283

Deventer, 295

devoir (francês), associação de oficiais, 70

Dias, Batazar, cantor cego português do século XVII, 143

Dicey, família, impressores ingleses do século XVIII, 337

Diderot, Denis (1713-84), filósofo francês, 144

Didier, família, gravadores franceses do século XVIII, 131-2

Dieppe, 171

Dijon, 52, 105, 147, 211, 250, 276, 287

Doccum, 295

Dordrecht, 328

Dormi secure (italiano), denominação popular de uma coletânea de sermões, 104

Dovbuš, Oleks, fora da lei russo do século XVIII, 227

drängvisor (sueco), canções de trabalhores rurais, 59

Dresden, 35

drilles (francês), soldados desengajados, 74

Du Bellay, Joachim (*c.* 1522-60), poeta francês, 372

Duck, Stephen (1705-56), poeta inglês, 149

Dulaure, Jacques-Antoine (1755-1835), antiquário francês, 40

Dumferling, 178

Durham, 333

Durrenberg, 64

East Anglia, 9, 120

Eboli, 61

Edam, 295

Edimburgo, 328, 366

Elba, rio, 39, 58, 92

Elderton, William (fal. *c.* 1592), autor de baladas inglês, 138

Eliasson, Erik (1754-1811), pintor sueco, 132, 160

Ely, ilha de, 297

Epinal, 118, 131

Equador, 77

Erasmos, Desiderius (*c.* 1466-1536), humanista holandês, 282, 284, 295

Escandinávia, 85, 87, 89, 166, 223, 261, 320, 350-1

Escócia, 31, 37, 40, 43, 50, 60-1, 75, 84, 87, 92, 148, 152, 196, 227, 245, 294, 318, 333-4, 358, 366

Eslováquia, 87, 175, 227

Espanha, 14-5, 20, 32, 35, 39, 42, 52, 61-2, 66, 79, 81, 90, 127, 140, 142, 148, 151, 156, 165, 167, 186, 216, 220, 227, 229, 251, 261, 264, 265, 275, 298, 311, 322-3, 330, 333, 335, 345, 350, 353-4, 356-7

Essex, 69, 147, 240, 361

Estienne, Henri (1531-98), impressor francês, 285

Estíria, 64

Estocolmo, 9, 138

Estônia, 266

Estrasburgo, 287, 292

EUA, 57, 122, 184

Eugênio de Savoia, príncipe (1663--1736), general, 216

Eulenspiegel, Till, escritor alemão, 108-9, 234, 293, 296, 340

Évora, 285

Eynatten, Maximilian van (1574-1631), cônego de Anuérpia, censor, 283

Eyre, Simon, comerciante londrino, 221

Fabri, Felix, padre do século XV, 75
Fagerberg, Catharina, curandeira sueca do século XVIII, 153
fandango (espanhol), dança para casais, 165
farandoulo (provençal), dança em linha, 164
farsa, peça cômica de um só ato, 170, 251, 289
Fauriel, Claude (1772-1844), estudioso francês, 28, 37, 47
Feijóo, Benito (1676-1764), beneditino espanhol, 322
Ferguson, Adam, escritor francês, 148, 149, 358
Fernández de Moratín, Nicolas (1737--80), crítico espanhol, 322
Ferrara, 52, 107, 225
Filipe II, rei da Espanha, 171, 210, 308, 347, 350
Finistère, 40, 86, 314
Finlândia, 14, 28, 36, 44, 54, 89, 152, 332, 358
Fiorillo, Silvio (fal. *c.* 1632), ator napolitano, 160
Flandres, 88, 95, 147
Flavel, John (*c.* 1630-91), adivinho inglês, 78, 185
Fletcher, Andrew (1655-1716), político inglês, 109
Florença, 12, 52, 94, 107, 126, 146, 148, 156, 213, 251, 265, 268, 271, 292, 297, 308, 362
Folz, Hans (*c.* 1450-1513), poeta de Nuremberg, 146
Fontenelle, Bernard de (1657-1757), escritor francês, 360
forlana (italiano), dança animada de Friuli, 163

Fortis, Alberto (1741-1803), antiquário italiano, 31, 35, 196, 243
Foster, George, antropólogo americano contemporâneo, 127
Fox, George (fal. 1661), quacre, 69
França, 14-5, 35, 39-40, 42, 53, 60, 63, 67, 70, 72, 80, 83, 92, 95, 106, 108, 110, 114, 123, 135, 142-3, 148, 152, 155-6, 166, 170, 203-4, 208, 210, 212, 215, 219-20, 225, 227, 230-2, 235, 251, 261-2, 267, 270, 276, 294, 297, 300-1, 312, 319, 321, 327, 331-5, 341, 344-6, 348, 350-4, 360-2, 364-5, 371, 373
Francisco, são, 144, 213, 296
Franck, Sebastian (1499-1542), herege alemão, 55, 369, 370
Frankenhausen, 209
Frankfurt, 157
Frazer, sir James (1854-1941), antropólogo inglês, 123, 260, 282, 284
Frederico, imperador, 209, 232
Frederico, o Grande, rei da Prússia, 171, 207, 232, 234
Friese, Freidrich, antiquário alemão do século XVII, 370
Friesland, 326
Friuli, 116, 163
Fullone, Pietro, poeta siciliano do século XVII, 149

Gaal, George von (1783-1855), folclorista húngaro, 29
Gaismair, Michael (*c.* 1491-1532), líder camponês austríaco, 239
Galícia, 31, 83
gangarilla (espanhol), companhia de artistas, 139
Gante, 345
Gap, 163
García, Carlos, escritor espanhol do século XVI, 79, 106

451

Garrett, Almeida (1799-1854), escritor português, 42
Gasconha, 372
Gassensanger (alemão), ver ciarlatano
gavotte (francês), dança de Dauphiné, 163
Gay, John (1685-1732), escritor inglês, 98
Geijer, Erik Gustaf (1783-1847), poeta e historiador sueco, 28, 31, 34, 36, 42, 48
Geiler von Kaiserberg, Johan (1445--1510), pregador sueco, 292, 295
Genebra, 92, 171, 287, 296, 299-300
Gengenbach, Pamphilus (c. 1480-c. 1525), dramaturgo suíço, 214, 305
Gênova, 220
Genoveva de Brabante, heroína popular, 340
Gent, Thomas (1693-1778), impressor inglês, 70
Gerhardt, Paul (1604-76), compositor de hinos alemão, 303
Gerson, Jean (1363-1429), clérigo francês, 292
Giberti, Gian Matteo (1495-1543), bispo de Verona, 284, 295
Ginzburg, Carlo, historiador italiano contemporâneo, 14, 17
giravoli (italiano), homens sábios, 151
Glamorgan, 46
Glinka, Mikhail (1805-57), compositor russo, 31
Gluckman, Max, antropólogo inglês contemporâneo, 272, 274
Goethe, Johan Wolfgang von (1749--1832), escritor alemão, 27, 30, 34-5, 97, 102, 150, 250
Gołebiowski, Łukasz (1773-1849), folclorista polonês, 37
Görres, Josef von (1776-1848), jornalista alemão, 26, 29

Görtz, Barão (1668-1719), político sueco, 350-1
Gotham, 88
Gottsched, Johann Cristoph (1700--66), crítico alemão, 34, 320, 322
Goya, Francisco de (1746-1828), pintor espanhol, 15, 32
Grã-Bretanha, 9, 89, 101, 166, 185, 186, 216, 227, 251, 261, 320
Graeme, John, cantador do século XVIII, 148, 176
Graff, Jörg (c. 1475-c. 1541), cantor alemão, 143
Gramsci, Antonio (1891-1937) escritor político italiano, 11, 19-20, 57
Granada, 73, 81, 102, 307
Gray, Thomas, escritor inglês, 244
Graz, 353
Grazzini, Anton Francesco, "il Lasca" (1503-84), poeta florentino, 95
Grécia, 28, 37, 47, 126, 321
Grégoire, Henri (1750-1831), revolucionário francês e bispo de Blois, 40
Grenoble, 336
Grimm, Jacob (1785-1863), filósofo alemão, 27-9, 32, 35, 36, 43-5, 47-8, 80, 90, 94, 99, 106, 111-2, 130, 158, 160, 170, 182, 184, 241
Grindal, Edmund (c. 1519-83), arcebispo de York, 294
Griselda, heroína popular, 225
Groningen, 267
Gudbrandsdal, 132, 160, 328
gudemen (escocês), agricultores prósperos, 328
Guicciardini, Francesco (1483-1540), escritor italiano, 55
Guilherme III, rei da Inglaterra, 125, 206, 231-2, 320
Guillot-Gorju (c. 1598-1648), charlatão francês, 135

Gunnarsdotter, Ingierd (*c.* 1600-86), cantor sueco, 200

guslari (servo-croata), cantores de estória ao som do gusle, 140, 143

gusle (servo-croata), rabeca de uma só corda, 140, 143

Gustavo Adolfo, rei da Suécia, 206, 345, 370

Haarlem, 296, 328, 350

Habsburgo, 38, 74, 92

Hadorph, Johan (1630-93), antiquário sueco, 370

hajduk, fora da lei da Europa oriental, 63-4

Hakansson, Clemet (1729-95), pintor sueco, 132

Halland, 87

Hallingdal, 132, 163

halling (norueguês), dança para uma só pessoa de Hallingdal, 163, 165

Hall, Thomas (1610-65), adivinho inglês, 283, 286

Halsingland, 132

Hampshire, 171

Händel, George Frideric (1685-1759), compositor alemão, 97

Hanover, 62

Hansson, Ola, pintor norueguês do século XVIII, 132

Härnösand, 333

Harris, Howel (1714-73), metodista galês, 318

Harvard, 175

Harz, 41, 60

Hauge, Hans (1771-1824), pregador revivalista norueguês, 320

Haydn, Josef (1732-1809), compositor austríaco, 30, 46

Hébert, Jacques (1757-94), jornalista revolucionário francês, 351

Hébridas, 34-5, 47, 361

Heidelberg, 234, 301

Heilbronn, 257

Henrique II, rei da França, 210

Henrique III, rei da França, 52, 210, 344-5, 347

Henrique IV, rei da França, 208, 231-2

Henrique VIII, rei da Inglaterra, 52, 124, 209, 211-2, 305

Herder, Johann Gottfried (1744-1803), escritor alemão, 26-8, 30-2, 34-6, 38-9, 41, 47-9, 51, 57, 94, 128, 266, 370, 374

Herefordshire, 185

Herkomer, sir Hubert (1849-1914), pintor anglo-germânico, 47

Herodes, 210, 212, 261-2

Hesse, 45

Hesse, Johann, compositor alemão, 303

Hillo, Pepe, toureiro espanhol do século XVIII, 330

Hilverding, família, titereiros da Europa Central, 137-8

Hobson, comerciante e herói popular inglês do século XVI, 221

Hogarth, William (1697-1764), artista inglês, 131, 189, 267

Holanda, 37, 77-8, 85, 88-9, 96, 131, 147, 155, 166, 171, 204, 210, 226, 233, 238, 249, 269, 295, 301, 313, 321, 328, 332, 346, 350, 353-4, 358, 360

Holberg, Ludvig (1684-1754), dramaturgo escandinavo, 358, 365, 371

Hölle (alemão), carro alegórico do Carnaval de Nuremberg, 251

Homero, poeta grego, 35, 43-4, 47, 122, 143, 179, 374

Hone, William (1780-1842), folclorista inglês, 30, 33

Hooft, Pieter Cornelisz (1581-1647), poeta holandês, 52

453

Hooghe, Romeyn de (1645-1708), gravador holandês, 131, 350

hora, horo, ver kolo

hornpipe (inglês), dança dos marinheiros ingleses, 77, 164-5

How, Samuel, sectário londrino do século XVII, 69

Huelva, 281

Hungria, 26, 29, 58, 61, 71, 82, 89, 92-3, 97, 138, 140, 143, 155, 168, 178, 206, 208, 210, 226, 233, 269, 294, 301, 312, 366

hwyl (galês), oração improvisada, 185

Inácio, santo, 310

Índia, 16, 90, 127, 307, 340

Inglaterra, 14-6, 31, 39, 42, 58, 60, 67, 69, 70, 72, 80, 84-5, 89, 92, 95-7, 124, 133, 139-40, 145, 148, 151, 154, 155, 158, 171, 198, 204, 210, 220-1, 224, 226, 229-31, 233, 235, 239, 249, 257, 259, 262-7, 276, 280-1, 283, 297, 302, 306, 319-21, 326-30, 333-4, 336, 339, 341, 346-9, 351-3, 356, 362-5, 371

Innsbruck, 71, 169, 303

Irlanda, 12, 23, 84, 90, 140, 149-50, 206

iroqueses, ameríndios, 40

Isabel, rainha da Espanha, 52, 148

Isidoro, santo, 310

Islândia, 34

Istambul, 324

Itália, 14, 20, 37, 39, 40, 42, 58, 61, 67, 79, 93-5, 116, 135, 140, 142, 151, 167, 185, 197, 214-5, 221, 224, 251, 261, 263-4, 273, 297, 311, 330, 333, 335-6, 346, 353-4, 356, 360, 362, 371-2

Iugoslávia, 38, 112, 123, 167, 196

Ivã, o Terrível, czar russo, 52, 53, 203, 206, 209, 211, 233

Ivo, santo, 221

Jachymov, 64

Jack de Newbury, herói comerciante, 221

Jaime, são, 15, 188, 215-6, 323

Jakobson, Roman, linguista contemporâneo, 202

James, Richard (1592-1638), adivinho inglês e viajante na Rússia, 102

Jánošík, Juraj, fora da lei eslovaco do século XVIII, 227

Japão, 90, 159, 197

Jerônimo, são, 213

Joachimstal, 64-5

João Batista, são, 69, 120, 146, 205, 234, 246-7, 264, 265, 271, 275-6, 307

João Nepomuceno, são, 310

Johnson, Samuel (1709-84), escritor inglês, 31-2, 35, 47, 59-60, 267, 361

Jolain, família, gravuristas franceses, 131

Jones, Griffith (1684-1761), pregador não conformista galês, 318

Jonson, Ben, dramaturgo inglês, 267

Jordão, rio, 247

Jorge, são, 124-5, 187-8, 191, 204, 215-6, 236, 264, 291

Jovellanos, Gaspar de (1744-1811), estadista espanhol, 322-3, 334

judeus, 242

Jura, 245

kaleki (russo), aleijados, 140, 143, 299

Kampfgespräch (alemão), discussão dramatizada, 170

Karadžić, Vuk Stefanović (1784-1864), folclorista sérvio, 28, 33, 38-9, 43-4, 81, 111-2, 143, 160-1, 199

kasor (sueco), tinas entalhadas, 54

Kassel, 130

Katzenmusik (alemão), música grosseira que acompanha o *chariatti*, 269

Kazan, 206

Kendal, 169

Kent, 155

ketelmusik (holandês), *ver katzenmusik*

Kidd, capitão William (*c.* 1645-1701), pirata inglês, 227-8

Kiev, 215

Kingston-on-Thames, 246

Kingston Saint Michael, 185

Kirchmair, *ver* Naogeorgus

Klage (alemão), canções de lamento, 169

kloka (sueco), homens sábios, 151

Klukstad, Jakob (fal. *c.* 1750), entalhador norueguês, 132, 160

Knox, John (1505-72), reformador escocês, 304, 334

kobza (russo), instrumento de cordas, 140

kobzari (russo), tocador de *kobza*, 140, 143

Kodály, Zoltán (1882-1967), compositor e copilador de canções folclóricas, 58-9, 174-5, 366

Koenigsberg, 253-4

Kołataj, Hugo (1750-1812), intelectual polonês, 37

kolo (servo-croata), dança de roda, 164

Kopitar, Jernej (1780-1844), intelectual esloveno, 38

Kósciuszko, 37

Kovac, Novak, herói sérvio, 63

krakowiak (polonês), dança da Cracóvia, 163, 187

Kreymen, 218

Kullen, cabo, 77

Kutná Hora, 64

Kyffhaüser, 209

Lanarkshire, 45

Langres, 265

Languedoc, 12, 140, 286, 314, 316, 318, 336, 358

Lapônia, 85

"Lasca", *ver* Grazzini

Latimer, Hugu (*c.* 1485-1555), bispo de Worcester, 186

laude (italiano), poema de louvor, 168, 311

Lausanne, 301

lazzi (italiano), trecho da *commedia dell'arte*, 187, 199-200

Lectum, 77

Leeuwarden, 328

Leicestershire, 69

Leiden, 325, 344

Leipzig, 34, 39, 164, 302, 320

Leksand, 87, 91

Le Nobletz, Michel (1577-1652), missionário francês, 309

León, 61

Les Halles, 108

Leslie, Charles (1650-1722), adivinho e jornalista inglês, 349

Lessing, 29, 30, 188

L'Estrange, Roger, censor, 355, 356

Lévi-Strauss, Claude, antropólogo francês contemporâneo, 172, 181, 193, 255

Lheritier, madade (1664-1734), escritora francesa de contos de fadas, 373

Lilburne, John (*c.* 1615-57), líder inglês, 219, 269

Lille, 140, 156, 251

Lincolnshire, 69, 102

Lisboa, 137

Lismore, 53

literatura de cordel, livretos populares, 21, 335

Lituânia, 85

Lodève, 316

Lofthus, Christian (1750-97), líder camponês norueguês, 351, 355

Lombardia, 165, 357

Londres, 21, 66, 72-3, 79, 80, 133, 137, 155, 221, 235, 246, 255, 264, 267, 287, 288, 301, 324, 329, 335, 337, 341, 347, 349, 364

Lönnrot, Elias (1802-84), folclorista finlandês, 28, 33, 37, 43-4

Lope de Vega (1562-1635), dramaturgo espanhol, 100, 322

Lorena, 131

Loreto, 330

Lourdes, 330

Louvain, 317

Lowth, Robert, estudioso inglês, 374

Lübeck, 71, 78, 164

lubok (russo), livreto popular, 367

Lucca, 149

Lucerna, 308

Lúcia, santa, 234

Ludlow, 251

Luís IX, rei da França, 208, 232

Luís XII, rei da França, 208, 210, 232, 235, 239

Luís XIV, rei da França, 208, 211, 231, 235, 307, 327, 350, 363, 373

Luís XVI, rei da França, 353

Lusácia, 69

Lutero, Martinho (1483-1546), reformador alemão, 93, 96, 107, 205, 232, 235, 257, 290, 293, 294-5, 299-301, 303, 306, 308, 319, 343-4, 348, 368

Luzia, santa, 225

Lydgate, Yorkshire, 360

Lyon, 67-8, 70, 301, 325, 336

Macaulay, Thomas (1800-59), historiador inglês, 31

MacGregor, sir James (fal. *c.* 1500), folclorista inglês, 53

Machiavelli, Niccolò (1469-1527), es-

critor florentino, 52, 148, 156, 270

Macpherson, James (1736-96), poeta escocês, 34-5, 43-4, 160, 175

Macpherson, James (*c.* 1675-1700), rabequista escocês, 160

madonneri (italiano), pintores de imagens de Nossa Senhora, 133

Madri, 32, 143, 156, 252, 254, 277, 288, 330, 335, 354

madry (polonês), homem sábio, 151

Maillard, Olivier (*c.* 1430-1502), pregador francês, 103, 107, 144

Malherbe, François de (1555-1628), poeta francês, 52, 372-3

Manchester, 328

Mandrin, Louis, contrabandista francês, 203, 227-8

Manuel, Niklas (*c.* 1484-1530), pintor e herói suíço, 305

Marcolf, herói popular, 222, 224

Margarete, santa, 242

Margarida de Navarra (1492-1549), escritora francesa, 148

Margarida, santa, 291, 311

Maria Madalena, santa, 310

Mariana, Juan de (1536-1624), jesuíta espanhol, 286, 322

Mariette, família, gravadores franceses dos séculos XVII e XVIII, 131

Marlborough, 216

Marly, 211

Marselha, 77, 319, 333

Martinho, são, 119, 169, 176-7, 188, 204, 213, 215-6, 232, 244, 247, 266, 267, 296, 309, 317

Martin Martin (fal. 1719), fidalgo escocês, 318

Marvell, Andrew (1621-78), poeta inglês, 148

Mathesius, Johan (1504-65), adivinho alemão, 65, 303

Mátyás, rei da Hungria, 206, 208, 210, 233

Maunoir, Julian, jesuíta francês do século XVII, 309, 311

Maurício, são, 215

Maximiliano, imperador, 208, 211

Mazarino, Jules, cardeal (1602-61), 270, 346

Meaux, 307

Meca, 245

Mecklenburgo, 122, 218

Mededović, Avdo, *guslar* iugoslavo contemporâneo, 196

Medici, Catarina de, nobre italiana, 344

Medici, Lorenzo de (1449-92), poeta toscano, 52, 97, 148

Meistergesang (alemão), poema de métrica complexa, 147

Meléndez Valdés, Juan (1754-1817), escritor espanhol, 322-3

Mendelssohn, Felix (1809-47), compositor alemão, 34

Mendoza, Daniel (1764-1834), pugilista inglês, 155, 330

ménétriers (francês), atores, 150

Mercurio, Scipione, médico italiano do século XVII, 359

"Merton", *ver* Thoms

México, 153

Michelet, Jules (1798-1874), historiador francês, 31

Michiel, Giustina Renier (1755-1832), antiquária veneziana, 30

Middelburgh, 305

Miguel, são, 244

Milão, 282, 287, 296-7, 308

Misère, Bonhomme, herói popular francês, 222, 224, 241, 342

Módena, 152, 372

Moe, Jørgen (1813-82), folclorista norueguês, 30, 33

Möklinta, 333

Molanus, Johannes, teólogo de Louvain, 317

Molière (Jean-Baptiste Poquelin, 1622--73), dramaturgo francês, 202

Mols, 88

Mompesson, sir, Giles (1584-*c*.1651), monopolista inglês, 220

Montaigne, Michel de (1533-92), escritor francês, 102, 149, 197, 330, 372, 374

Montesino, Ambrosio, frei espanhol do século XVI, 148, 311

montimbanco (italiano), ciarlatano que utilizava acessórios mais elaborados, 135

Montpellier, 147, 248, 268, 308

Montpeyroux, 316

Mora, 328

Morávia, 31

Morbihan, 86, 110

Mordred, 218

Morganwg, *ver* Williams

morisca (espanhol), combate dançado, 164

Morlacchia, 31

Moscou, 255, 289

Mundinga, 88

Munique, 253, 287

Münster, 240

Münzer, Thomas (*c*. 1489-1525), líder rebelde alemão, 240

Muratori, Ludovico Antonio (1672--1750), antiquário italiano, 371, 372

Murner, Thomas (1475-1537), frei alemão, 107-9

Myra, 213

Nachtigall, *ver* "Otmar"

Nantes, 112, 140

Naogeorgus, Thomas (Kirchmair) (1511-63), dramaturgo bávaro, 282, 293, 305

Napoleão, imperador francês, 35-6
Nápoles, 88, 133, 150, 227, 243, 254, 275-6, 308, 324
ñaque (espanhol), dupla de atores ambulantes, 139
Narbonne, 332
Naturpoesie (alemão), poesia da natureza, 27
Neronov, arcipreste russo, 288
Nevers, 328, 352
Newbury, 67, 221
Nice, 46
Nicolau, são, 78, 85, 204, 213, 227, 234, 295
Nigéria, 50, 56, 338, 339
Niklashausen, 151, 240
Nikon (1605-81), patriarca de Moscou, 289
Nilsson, Per, pintor sueco do século XVIII, 132
Nîmes, 294, 345
Nobili, Roberto de, jesuíta italiano, 307
Nonna, santa, 84
Norfolk, 124, 257
Normandia, 53, 119, 208, 210, 276, 333
Northamptonshire, 28
Nortúmbria, 34
Noruega, 9, 12, 30, 42, 58, 60, 87, 92, 94, 123, 132, 153-4, 160, 197, 208, 210, 236, 314, 317, 320, 327-8, 350-1, 355, 358
Norwich, 67, 291, 294, 364
Nottingham, 177, 212
Nova Inglaterra, 339
Nuremberg, 46, 52, 71, 138, 146, 248, 250-1, 253, 260, 271, 293, 298, 313

Oberammergau, 314
Ochsenfurt, 140

Ogier, o Dinamarquês (Holger Danske), 96, 212, 215, 362, 366
Olavo, santo, rei da Noruega, 208, 210, 235, 239, 318
Olrik, Axel (1864-1917), folclorista dinamarquês, 189, 191-2
Onitsha, 338
opèrateur (francês), *ver ciarlatano*
Oriente Médio, 16, 338-9
Orlando, *ver* Rolando
Orléans, 107, 317
Osiander, Andreas (1498-1552), adivinho alemão, 19, 293, 298
Ossian (James Macpherson), 34, 35, 43, 112, 175, 331
Otmar (Johan Nachtigal, 1753-1819), folclorista alemão, 41, 60, 160
Otomano, império, 92
Otranto, 175
Ottonelli, Giovanni (1584-1670), jesuíta italiano, 282
Oudot, família, impressores do séculos XVII e XVIII, 337
Oxford, 138, 329, 364

Pádua, 157
Paine, Thomas (1737-1809), revolucionário inglês, 270, 353
País Basco, 60
País de Gales, 84-5, 138, 140, 143, 145, 196, 221, 281, 314, 318, 327, 334, 358
Países Baixos, 80, 84, 92, 125, 204, 210, 215, 225, 249, 267, 297, 305, 328, 344-5, 348, 351, 353
Palacký, Frantisek, historiador tcheco, 31
Paleotti, Gabriele, arcebispo de Bolonha, 287, 296, 298
Palermo, 143, 149, 272, 275
Pamiers, 286, 314-5
Paris, 5, 18, 21, 52, 70, 105, 131, 137, 146-7, 156-7, 227, 250, 284, 297,

305, 317, 319, 324, 335, 341, 345, 351, 359, 361-3

Parry, John (fal. 1782), harpista galês, 53, 138, 143, 159

Parry, Milman, estudioso americano, 122

Pasquino, a estátua de, 73

Patrício, são, 216

Paulinus, Laurentius, bispo sueco, 302

Pavillon, Nicholas (1637-77), bispo de Alet, 314-6, 321

Pedro, o Grande, czar da Rússia, 172, 203, 209, 211, 233, 367

Pedro, são, 177, 236

pennyll (galês), forma poética, 196

Pequim, 21, 134

Percy, Thomas (1729-1811), compilador de baladas, 28, 33-4, 43-4, 47, 111-2, 134, 367

Pèri, Giovan Domenico (*c.* 1564-1639), poeta toscano, 149

Perkins, William (1558-1602), adivinho inglês, 285, 360

Perm, 85

Perrault, Charles (1628-1703), escritor francês, 98, 112, 373

Pierre da Provença, herói francês, 96, 204, 215, 340

piesni meśkie (polonês), canções de homens, 83

pieśni zenśkie (polonês), canções de mulheres, 83

Pinkerton, John (1758-1826), compilador de baladas escocês, 45, 177, 179

piqvisor (sueco), lamento de criadas, 59

Pireneus, 60-2, 335

Pisa, 148, 271

Pistoia, 316-7

Placucci, Michele (1782-1840), floclorista da Romagna, 40, 41

Playford, John (1656-86), músico inglês, 97

Plumb, J. H., escritor inglês, 329

Poch, Ianot, fora da lei catalão do século XVI, 228

Poliziano, Angelo (1454-94), poeta toscano, 52

Polônia, 15, 60-1, 89, 131, 151, 164, 210, 245, 321, 366

Pontano, Giovanni (1429-1503), humorista napolitano, 52

Port-au-Foin, 373

Porthan, Henrik Gabriel (1739-1804), folclorista finlandês, 36

Portobello, 216

Portugal, 14, 23, 42, 88, 96, 204, 206, 210, 231, 233, 269, 285

Powell, Martin (fam. 1710-29), apresentador de espetáculos de bonecos inglês, 137

Powell, Vavasor (1617-70), pregador galês, 137, 145

Praga, 138, 296

Prato, 244, 316

Propp, Vladimir, folclorista russo contemporâneo, 183, 193, 202

Provença, 164, 245, 345

Púchkin, Aleksandr (1799-1837), escritor russo, 31, 95

Pugatchev, Emilian, fora da lei russo do século XVIII, 227, 233

Pulci, Luigi (1432-84), 79, 97

quack ou *quacksalver* (inglês), charlatão, 134

Rabelais, François (*c.* 1494-*c.* 1553), escritor francês, 98, 104-6

Ramírez, Román (*c.* 1540-99), contador de estórias mourisco, 152, 198, 199

Ratsey, Gamaliel (fal. 1605), ladrão inglês, 233

459

Rättvik, 87, 91, 132
Rayleigh, 69
Raz, cabo, 77
razboinik (russo), fora da lei, 226
Razin, Stenka (fal. 1671), fora da lei cossaco, 226-8, 233, 235, 239
Reading, 246
rederijkkamers (holandês), sociedades de poesia, 147
Redfield, Robert (1897-1958), antropólogo americano, 51-2, 56-7, 94, 99
Reenberg, Tøgen Clausen (1656-1742), escritor dinamarquês, 365-6
Renaud de Montalban, *ver* Rinaldo
rencontre (francês), número cômico de duas pessoas, 170
Reuter, Gustaf (1699-1783), pintor sueco, 132, 206
Rheims, 296-7, 352
Ricci, Scipione (1741-1810), bispo de Pistoia e Prato, 316-7
Riga, 30, 35, 41, 78, 266
Rinaldo, herói guerreiro, 95, 215
Robin Hood, fora da lei inglês, 168, 177, 181, 209, 212, 214, 226-7, 233, 235, 246-7, 264
Rob Roy, fora da lei escocês do século XVIII, 227, 233
Rolando, herói guerreiro, 204, 214, 216, 228
Roma, 21, 24, 73, 97, 102, 137, 156, 250, 255, 268, 274, 283, 305, 330, 344, 362
Romagna, 40
Romans, 276
Romênia, 93
Romero, Pedro, toureiro espanhol do século XVIII, 330
Rosenplüt, Hans (fal. 1427-60), dramaturgo de Nuremberg, 146
Rothenburg, 62
Rouen, 52, 147, 250, 269

Rousseau, Jean-Jacques (1712-78), escritor franco-suíço, 35, 100, 363, 366, 368
Rússia, 30, 36, 38, 53, 63, 81, 85, 92, 140, 149-50, 186, 209-10, 226-7, 230, 233, 249, 263, 288, 333, 337, 355
Rygg, Kittik (*c.* 1727-1809), pintor norueguês, 132
Ryther, John (*c.* 1634-81), adivinho inglês, 78

Saboia, 140, 216
Sacheverell, Henry (*c.* 1674-1724), adivinho inglês, 206, 348-9
Sachs, Hans (1495-1576), poeta de Nuremberg, 71, 100, 146, 161, 225
"Saintyves" (E. Nourry), 41
Salomão, rei, 205, 208, 212, 222, 244
saludadores (espanhol), curandeiros, 151
Salzburg, 160, 314
sarabande (espanhol), dança para casais, 165
sardana (espanhol), dença de roda, 164
Sardenha, 78
Savonarola, Girolamo (1452-98), frei italiano, 107, 268, 292-3, 295, 308
Saxônia, 64
Scarlet, 176
Schembartlauf (alemão), festa folclórica alemã, 293, 298
Schembartläufer, associação dos foliões de Nuremberg, 250
Schiller, Friedrich (1759-1805), poeta alemão, 30
Schlegel, August Wilhelm (1767-1845), crítico alemão, 158
Schuhplattler (alemão), dança bávara para casais, 165
Scott, Walter (1771-1832), escritor es-

cocês, 31, 37, 41-3, 45, 148, 159, 177, 366

Scupoli, Lorenzo (1530-1610), escritor religioso italiano, 312

seanchaidhthe, ou *shanachie* (irlandês), contador de estórias, 149

Sebastião, rei de Portugal, 206, 210, 231, 233

Sebastião, são, 242

Segóvia, 61, 67

Serrallonga, Juan de, fora da lei catalão do século XVII, 226, 228

Sérvia, 47, 50, 63, 83, 140, 143, 161, 229, 236

Setran, 351

Setúbal, 69

Sevilha, 156, 255, 281, 308

sfida (italiano), desafio para um improviso, 159

Sharp, Cecil (1859-1924), compilador de canções folclóricas inglês, 122, 161, 175

Sheale, Richard, menestrel inglês do século XVI, 117, 134

Shklovsky, Victor, crítico russo contemporâneo, 189, 193

Sicília, 12, 14, 39, 89, 95, 126, 151, 159, 165, 197, 266, 275, 314, 337

Sidney, Philip (1554-86), poeta inglês, 363, 374

Siena, 117, 146, 282, 292

Silésia, 64, 68

Skadar, 143

Skelleftea, 333

skillingtryck (sueco), livreto popular, 336

skocná (tcheco), passo de dança tcheco, 187

skomakarvisa (sueco), canção de sapateiro, 69

skomorokhi (russo), menestréis, 137, 139, 140, 142, 288, 289, 292, 299

Småland, 87, 132, 153

Smith, Adam (1723-90), economista escocês, 367

Smithfield, 158, 267

Snegirov, Ivan (1793-1868), folclorista russo, 30

Sofia, rainha da Dinamarca, 53, 370

Sologne, 84

Somerset, 122

Sonnenfels, Josef von (1733-1817), reformador austríaco, 320, 322

Soria, 61

Southcott, Joanna (1750-1814), profetisa inglesa, 360

South Kyme, 102

Spener, Phillip Jakob (1635-1705), adivinho alemão, 319

Speyer, 115

Spitalfields, 93

Staffordshire, 118, 214, 328, 349

stev (norueguês), estrofe, 197

stevleik (norueguês), competição de estrofes, 197

stikhi (russo), canções folclóricas religiosas, 299

Stopford, Joshua (1636-75), adivinho inglês, 283

Stourbridge, 158

Strafford, 347

Stralsund, 305

Stranitzky, Josef Anton (1676-1726), ator austríaco, 135, 160

Straparola (*c.* 1500-57), contador de histórias italiano, 150, 183, 192-3

strathspey, dança escocesa, 163

Struensee, J. F. (1737-72), político dinamarquês, 351

Strutt, Joseph (1749-1802), antiquário inglês, 30

Stubbes, Phillip (fal. 1581-93), puritano inglês, 286, 294

Suábia, 88, 115, 369

Suazilândia, 272

Sucevita, 210

461

Suécia, 9, 31, 36, 53-5, 60, 87, 92, 94, 132-3, 150-3, 157, 160, 206, 244, 294, 300, 302, 312, 327, 328, 332-4, 336, 345, 350, 370
Suíça, 137, 150
Susana, heroína popular, 154, 225
Sussex, 69
Swift, Jonathan (1667-1745), escritor irlandês, 93, 148
Sydow, Carl von (1878-1952), folclorista sueco, 85-6, 90, 130
Syv, Peder (1631-1702), adivinho dinamarquês, 370
szewc (polonês), dança de sapateiro, 69

"Tabarin" (Antoine Girard, fal. 1626), charlatão francês, 53, 98, 135, 137, 140, 198, 359
Taiti, 40
Tâmisa, 149
Tarleton, Richard (fal. 1598), palhaço inglês, 53, 102-3, 137, 155, 159, 198
Tarragona, 236
Tasso, Torquato (1544-95), poeta italiano, 94, 97, 149
Taylor, John (1580-1653), escritor inglês, 149
Tchecoslováquia, 31, 187, 226, 299, 358
Telemark, 132, 197, 236, 239
Tenterden, 67
Teresa d'Ávila, santa (1515-82), 310
Thiers, Jean-Baptiste (1636-1703), padre francês, 371
Thomason, George (fal. 1666), livreiro inglês, 347
Thompson, Edward, historiador inglês, 14, 19, 96
Thompson, Stith, folclorista americano contemporâneo, 183
Thoms, William ("Merton") (1803-85), folclorista inglês, 41

Thouars, 211
Tieck, Ludwig (1773-1853), escritor alemão, 29, 33, 34
Timoneda, Juan (*c.* 1500-83), escritor espanhol, 100, 183
Tinódi, Sebastyén (*c.* 1505-56), bardo húngaro, 53, 103, 138, 143
Tirol, 239
Toledo, 296
Tommaseo, Niccolò (1802-74), escritor italiano, 37, 39, 42
Topham, Thomas (*c.* 1710-49), homem hercúleo inglês, 155, 329
Toscana, 149, 165, 197, 244, 316, 354
Toulouse, 147, 319
Tours, 213
Toynbee, Arnold, historiador inglês, 57, 87
Trácia, 125
Transilvânia, 93, 122
trasák (tcheco), passo de dança tcheco, 187
Trento, concílio de, 295-6, 311, 316-7, 356
Tribunal, 269
Troia, 77
trollskotter (sueco), doenças diagnosticadas como obras de canções, 153
Troyes, 110, 337, 338
trullo (italiano), casa de pedra de Apúlia, 89
Trutovsky, V. F. (*c.* 1740-*c.* 1810), músico russo, 30, 46
Tübingen, 369
Turim, 215, 244, 269
Turíngia, 240
Turku, 37
Turner, Victor, antropólogo inglês contemporâneo, 272, 274
Turpin, Dick, salteador inglês do século XVIII, 227, 233, 235
Turquia, 37-9, 90, 125, 204, 216, 228, 233, 235, 241-2

Tyburn, 268-9, 272
Tyndale, 299

Uist, 331
unehrrlich (alemão), sem honra, 62, 142
Urach, 62
uskok (servo-croata), pirata, 226
Usun, 235
Utenhove, J., escritor holandês, 301

Valladolid, 308
Västergötland Sue, 28
Vaugelas, Claude Favre de (1595-1650), crítico francês, 363
Veckodagsvisa (sueco), canção dos dias da semana, 71
Vedel, Anders (1542-1616), antiquário dinamarquês, 370
Vegécio, 105
veglia (italiano), vigílai, 154
veillée (francês), vigília, 83
Vendeia, 354
Venerando, 104
Vêneto, 165
Veneza, 66, 94, 102, 126, 133, 137, 144, 150, 156-7, 248, 250, 252, 255, 271, 324, 330, 333, 337
verbunkos (húngaro), música de recrutamento, 74
Vernon, Edward (1684-1757), almirante inglês, 125, 216, 349
Verona, 284, 295
Versalhes, 363
Vicente, Gil, teatrólogo português, 137
Viehmännin, die Frau (1755-1835), contadora de estórias alemã, 112, 130, 149
vielle (francês), viela, 140
Viena, 29, 38-9, 69, 135, 341, 353, 358
Villemarqué, T. H. C. Hersart de la (1815-95), folclorista bretão, 39
Villeneuve-Saint-Georges, 236

Villon, François (1431-*c.* 1463), poeta francês, 98, 104-5, 108
Vilna, 308
Virág, Benedek (1754-1830), poeta húngaro, 366
visböcker (sueco), livro de canções, 53, 56
Višnjić, Filip (1765-1835), poeta bósnio, 143, 160
Vístula, rio, 78-9
Vivarais, 241, 257
Volga, rio, 78
Volkskunde (alemão), folclore, 26
Volkslied (alemão), canção folclórica, 26
Volksmärchen (alemão), conto popular, 26
Voltaire (François-Marie Arouet, 1694-1778), filósofo francês, 35, 334, 368
vrták (tcheco), passo de dança tcheco, 187

Wakefield, 294
Walsall, 211
Walton, Izaak (1593-1683), escrior inglês, 112
Walzer, 165
Wapping, 78
Ward, Ned (1667-1731), escritor inglês, 77, 158
Warton, Thomas (1648-1715), político inglês, 148
Warwick, Guy de, herói francês, 96, 215, 365
Wedgwood, 328
Wells, 298
Wenceslau, são, 210
Wendelin, são, 62
Westminster, 267, 269, 329, 347
Whitefield, George (1714-70), pregador metodista, 186, 198, 318
Whittington, Dick, herói inglês, 66, 221, 233

463

Wilkes, John (1727-97), político inglês, 349

Willems, Jan-Frans (1793-1846), escritor flamengo, 37, 42

Williams, Edward (Iolo Morgannwg), antiquário galês (1746-1826), 46, 53

Wiltshire, 149

Winstanley, Gerrard (c. 1609-c. 1660), líder *digger*, 219

Wisbech, castelo de, *ver* Ely, ilha de

Wittenberg, 305

Wittewrongel, Petrus, pregador em Amsterdam, (1638-62), 295

Wolfgang, são, 14, 62

Worcester, 294

Württemberg, 75

Würzburg, 151, 240

York, 146, 235, 263, 265, 294, 348, 364

zambra (espanhol), dança para casais, 82

Zan Polo (fal. 1504-33), palhaço veneziano, 53, 137

zapis (verso-croata), talismã escrito, 89

zbójnicki (polonês), dança de fora da lei, 164

zeeroover (holandês), pirata, 226

Zrínyi, Miklós (1620-64), escritor húngaro, 97

Zululândia, 272

Zurique, 294, 313

464

PETER BURKE (1937) é professor emérito de história na Universidade de Cambridge. Entre seus livros mais recentes estão *Hibridismo cultural* (2003), publicado originalmente em português, *Languages and communities in Early Modern Europe* (2004), *O que é história cultural?* (2004) e *Social theory in the tropics*: *Gilberto Freyre*, com Maria Lucia Pallares Burke (2008).

COMPANHIA DE BOLSO

Jorge AMADO
Capitães da Areia
Mar morto
Carlos Drummond de ANDRADE
Sentimento do mundo
Hannah ARENDT
Homens em tempos sombrios
Origens do totalitarismo
Philippe ARIÈS, Roger CHARTIER (Orgs.)
História da vida privada 3 — Da Renascença
ao Século das Luzes
Karen ARMSTRONG
Em nome de Deus
Uma história de Deus
Jerusalém
Paul AUSTER
O caderno vermelho
Ishmael BEAH
Muito longe de casa
Jurek BECKER
Jakob, o mentiroso
Marshall BERMAN
Tudo que é sólido desmancha no ar
Jean-Claude BERNARDET
Cinema brasileiro: propostas para uma
história
Harold BLOOM
Abaixo as verdades sagradas
David Eliot BRODY, Arnold R. BRODY
As sete maiores descobertas científicas da
história
Bill BUFORD
Entre os vândalos
Jacob BURCKHARDT
A cultura do Renascimento na Itália
Peter BURKE
Cultura popular na Idade Moderna
Italo CALVINO
Os amores difíceis
O barão nas árvores
O cavaleiro inexistente
Fábulas italianas
Um general na biblioteca
Os nossos antepassados
Por que ler os clássicos
O visconde partido ao meio
Elias CANETTI
A consciência das palavras
O jogo dos olhos
A língua absolvida
Uma luz em meu ouvido

Bernardo CARVALHO
Nove noites
Jorge G. CASTAÑEDA
Che Guevara: a vida em vermelho
Ruy CASTRO
Chega de saudade
Mau humor
Louis-Ferdinand CÉLINE
Viagem ao fim da noite
Sidney CHALHOUB
Visões da liberdade
Jung CHANG
Cisnes selvagens
John CHEEVER
A crônica dos Wapshot
Catherine CLÉMENT
A viagem de Théo
J. M. COETZEE
Infância
Juventude
Joseph CONRAD
Coração das trevas
Nostromo
Mia COUTO
Terra sonâmbula
Alfred W. CROSBY
Imperialismo ecológico
Robert DARNTON
O beijo de Lamourette
Charles DARWIN
A expressão das emoções no homem e nos
animais
Jean DELUMEAU
História do medo no Ocidente
Georges DUBY
Damas do século XII
História da vida privada 2 — Da Europa
feudal à Renascença (Org.)
Idade Média, idade dos homens
Mário FAUSTINO
O homem e sua hora
Meyer FRIEDMAN,
Gerald W. FRIEDLAND
As dez maiores descobertas da medicina
Jostein GAARDER
O dia do Curinga
Maya
Vita brevis
Jostein GAARDER, Victor HELLERN,
Henry NOTAKER
O livro das religiões

Fernando GABEIRA
O que é isso, companheiro?
Luiz Alfredo GARCIA-ROZA
O silêncio da chuva
Eduardo GIANNETTI
Auto-engano
Vícios privados, benefícios públicos?
Edward GIBBON
Declínio e queda do Império Romano
Carlo GINZBURG
Os andarilhos do bem
História noturna
O queijo e os vermes
Marcelo GLEISER
A dança do Universo
O fim da Terra e do Céu
Tomás Antônio GONZAGA
Cartas chilenas
Philip GOUREVITCH
Gostaríamos de informá-lo de que amanhã
seremos mortos com nossas famílias
Milton HATOUM
A cidade ilhada
Cinzas do Norte
Dois irmãos
Relato de um certo Oriente
Um solitário à espreita
Patricia HIGHSMITH
Ripley debaixo d'água
O talentoso Ripley
Eric HOBSBAWM
O novo século
Sobre história
Albert HOURANI
Uma história dos povos árabes
Henry JAMES
Os espólios de Poynton
Retrato de uma senhora
P. D. JAMES
Uma certa justiça
Ismail KADARÉ
Abril despedaçado
Franz KAFKA
O castelo
O processo
John KEEGAN
Uma história da guerra
Amyr KLINK
Cem dias entre céu e mar
Jon KRAKAUER
No ar rarefeito

Milan KUNDERA
A arte do romance
A brincadeira
A identidade
A ignorância
A insustentável leveza do ser
A lentidão
O livro do riso e do esquecimento
Risíveis amores
A valsa dos adeuses
A vida está em outro lugar
Danuza LEÃO
Na sala com Danuza
Primo LEVI
A trégua
Alan LIGHTMAN
Sonhos de Einstein
Gilles LIPOVETSKY
O império do efêmero
Claudio MAGRIS
Danúbio
Naguib MAHFOUZ
Noites das mil e uma noites
Norman MAILER (JORNALISMO LITERÁRIO)
A luta
Janet MALCOLM (JORNALISMO LITERÁRIO)
O jornalista e o assassino
A mulher calada
Javier MARÍAS
Coração tão branco
Ian McEWAN
O jardim de cimento
Sábado
Heitor MEGALE (Org.)
A demanda do Santo Graal
Evaldo Cabral de MELLO
O negócio do Brasil
O nome e o sangue
Luiz Alberto MENDES
Memórias de um sobrevivente
Gita MEHTA
O monge endinheirado, a mulher do bandido
e outras histórias de um rio indiano
Jack MILES
Deus: uma biografia
Vinicius de MORAES
Antologia poética
Livro de sonetos
Nova antologia poética
Orfeu da Conceição
Fernando MORAIS
Olga
Helena MORLEY
Minha vida de menina

Toni MORRISON
Jazz
V. S. NAIPAUL
Uma casa para o sr. Biswas
Friedrich NIETZSCHE
Além do bem e do mal
O Anticristo
Aurora
O caso Wagner
Crepúsculo dos ídolos
Ecce homo
A gaia ciência
Genealogia da moral
Humano, demasiado humano
Humano, demasiado humano, vol. II
O nascimento da tragédia
Adauto NOVAES (Org.)
Ética
Os sentidos da paixão
Michael ONDAATJE
O paciente inglês
Malika OUFKIR, Michèle FITOUSSI
Eu, Malika Oufkir, prisioneira do rei
Amós OZ
A caixa-preta
O mesmo mar
José Paulo PAES (Org.)
Poesia erótica em tradução
Orhan PAMUK
Meu nome é Vermelho
Georges PEREC
A vida: modo de usar
Michelle PERROT (Org.)
História da vida privada 4 — Da Revolução
Francesa à Primeira Guerra
Fernando PESSOA
Livro do desassossego
Poesia completa de Alberto Caeiro
Poesia completa de Álvaro de Campos
Poesia completa de Ricardo Reis
Ricardo PIGLIA
Respiração artificial
Décio PIGNATARI (Org.)
Retrato do amor quando jovem
Edgar Allan POE
Histórias extraordinárias
Antoine PROST, Gérard VINCENT (Orgs.)
História da vida privada 5 — Da Primeira
Guerra a nossos dias
David REMNICK (JORNALISMO LITERÁRIO)
O rei do mundo
Darcy RIBEIRO
Confissões
O povo brasileiro

Edward RICE
Sir Richard Francis Burton
João do RIO
A alma encantadora das ruas
Philip ROTH
Adeus, Columbus
O avesso da vida
Casei com um comunista
O complexo de Portnoy
Complô contra a América
Homem comum
A humilhação
A marca humana
Pastoral americana
Patrimônio
Operação Shylock
O teatro de Sabbath
Elizabeth ROUDINESCO
Jacques Lacan
Arundhati ROY
O deus das pequenas coisas
Murilo RUBIÃO
Murilo Rubião — Obra completa
Salman RUSHDIE
Haroun e o Mar de histórias
Oriente, Ocidente
O último suspiro do mouro
Os versos satânicos Oliver SACKS
Um antropólogo em Marte
Enxaqueca
Tio Tungstênio
Vendo vozes
Carl SAGAN
Bilhões e bilhões
Contato
O mundo assombrado pelos demônios
Edward W. SAID
Cultura e imperialismo
Orientalismo
José SARAMAGO
O Evangelho segundo Jesus Cristo
História do cerco de Lisboa
O homem duplicado
A jangada de pedra
Arthur SCHNITZLER
Breve romance de sonho
Moacyr SCLIAR
O centauro no jardim
A majestade do Xingu
A mulher que escreveu a Bíblia
Amartya SEN
Desenvolvimento como liberdade

Dava SOBEL
Longitude
Susan SONTAG
Doença como metáfora / AIDS e suas metáforas
A vontade radical
Jean STAROBINSKI
Jean-Jacques Rousseau
I. F. STONE
O julgamento de Sócrates
Keith THOMAS
O homem e o mundo natural
Drauzio VARELLA
Estação Carandiru
John UPDIKE
As bruxas de Eastwick
Caetano VELOSO
Verdade tropical

Erico VERISSIMO
Caminhos cruzados
Clarissa
Incidente em Antares
Paul VEYNE (Org.)
História da vida privada 1 — Do Império Romano ao ano mil
XINRAN
As boas mulheres da China
Ian WATT
A ascensão do romance
Raymond WILLIAMS
O campo e a cidade
Edmund WILSON
Os manuscritos do mar Morto
Rumo à estação Finlândia
Edward O. WILSON
Diversidade da vida
Simon WINCHESTER
O professor e o louco

1ª edição Companhia das Letras [1989]
2ª edição Companhia das Letras [1995] 2 reimpressões
1ª edição Companhia de Bolso [2010] 3 reimpressões

Esta obra foi composta pela Verba Editorial
em Janson Text e impressa pela Gráfica Bartira em
ofsete sobre papel Pólen Soft da Suzano S.A.

A marca FSC® é a garantia de que a madeira utilizada na fabricação do papel deste livro provém de florestas que foram gerenciadas de maneira ambientalmente correta, socialmente justa e economicamente viável, além de outras fontes de origem controlada.